普通高等教育"十三五"工程管理专业系列规划教材

建筑企业管理

（第2版）

主　编　张涑贤　苏　秦

副主编　刘　华　姜早龙　李　芊

西安交通大学出版社

XI'AN JIAOTONG UNIVERSITY PRESS

内容简介

本书系统地阐述了建筑企业管理的基本内容以及企业管理前沿理论在建筑企业中的应用。全书内容共分 12 章，主要包括建筑企业管理总论、建筑企业组织管理、战略管理、人力资源管理、企业文化、经营预测与决策、计划管理、经营方式及投标、生产要素管理、技术管理、质量管理以及信息化管理等。为便于读者深入理解教材的内容并检查学习效果，各章附有学习要点和思考与练习。

本书可作为高等院校工程管理专业、土木工程专业及管理类其他专业的教材或教学参考书，亦可供管理科学与工程专业研究生及有关企事业单位人员学习和参考。

图书在版编目(CIP)数据

建筑企业管理/张涑贤,苏秦主编. —2 版. —西安:西安交通大学出版社,2015.8(2018.1 重印)
ISBN 978 - 7 - 5605 - 7742 - 5

Ⅰ.①建…　Ⅱ.①张…　②苏…　Ⅲ.①建筑企业-工业企业管理
Ⅳ.①F407.96

中国版本图书馆 CIP 数据核字(2015)第 187410 号

书　　名	建筑企业管理(第 2 版)
主　　编	张涑贤　苏　秦
责任编辑	祝翠华
出版发行	西安交通大学出版社
	(西安市兴庆南路 10 号　邮政编码 710049)
网　　址	http://www.xjtupress.com
电　　话	(029)82668357　82667874(发行中心)
	(029)82668315(总编办)
传　　真	(029)82668280
印　　刷	陕西奇彩印务有限责任公司
开　　本	787mm×1092mm　1/16　印张　17.5　字数　412 千字
版次印次	2011 年 1 月第 1 版　2015 年 8 月第 2 版　2018 年 1 月第 3 次印刷
书　　号	ISBN 978 - 7 - 5605 - 7742 - 5
定　　价	38.80 元

读者购书、书店添货、如发现印装质量问题,请与本社发行中心联系、调换。
订购热线:(029)82665248　(029)82665249
投稿热线:(029)82668133　(029)82665375
读者信箱:xj_rwjg@126.com

普通高等教育"十三五"工程管理专业规划教材

编写委员会

编委会主任:罗福周

编委会副主任:李 芊

编委会委员(按姓氏笔画排序):

王 莹 韦海民 卢 梅 兰 峰 刘 桦

刘炳南 张涑贤 宋 宏 郭 斌 徐勇戈

唐晓灵 雷光明 廖 阳 撒利伟

策 划:魏照民 祝翠华

总 序

　　高等学校工程管理专业是教育部 1998 年颁布的《普通高等学校本科专业目录》中设置的专业,是在整合原"建筑管理工程"、"国际工程管理"、"基本建设投资管理"及"房地产经营管理"等专业的基础上形成的,具有很强的综合性和较大的专业覆盖范围,主要研究工程项目建设过程中的计划、组织、指挥、控制、协调与资源配置等管理问题。工程管理专业旨在为国家经济建设和社会发展培养掌握土木工程技术、管理学、经济学及相关法律法规知识,掌握现代工程项目管理的理论、方法与手段,具备综合运用所学知识在国内外工程建设领域从事建设项目全过程的投资、进度、质量控制及合同管理、信息管理和组织协调能力的复合型高级管理人才。

　　随着我国建筑业、房地产业在国民经济中地位和作用的日益突显,工程管理人才需求呈明显增长趋势,同时也对工程管理专业毕业生提出了更高的要求。因此,如何进一步提高人才培养质量成为设置工程管理专业的高等学校面临的重要课题。而高水平的专业教材作为实现人才培养目标的载体,必将对人才培养质量的提高发挥重要作用。

　　西安建筑科技大学是全国最早设立工程管理专业的院校之一,该专业于 1999 年首批通过了"全国工程管理专业评估委员会"的评估,2004 年和 2009 年分别以全票通过复评;2004 年该专业被评为陕西省名牌专业,2008 年又被评为国家级特色专业。近年来,西安建筑科技大学工程管理专业在人才培养模式创新方面进行的改革与实践取得了显著效果,得到了社会用人单位和同行的肯定。所以,西安交通大学出版社此次依托西安建筑科技大学工程管理专业的优质办学资源,联合省内外多所兄弟高校,编写出版了这套工程管理专业系列教材。

　　这套教材以专业必修课程为主,适当考虑专业选修课程。教材的作者都来自工程管理专业教学和科研第一线,对工程管理专业的教育教学与教材建设有切身的体会和感受,并有一些独到的见解。在教材编写过程中,编者结合多年的教学及工程实践经验,经过反复讨论斟酌,不仅从教材内容的准确性和规范性上下功夫,而且从有效培养学生综合运用所学知识解决工程实际问题的能力出发,注重贴近工程管理实践,对教材内容和结构进行大胆创新,力求使其更加适合学生今后从事相关专业工作的学习需要,更有利于应用型高级工程技术与管理人才的培养。同时,这套教材注意吸收工程管理领域的前沿理论与知识。

由于院校之间、编者之间的差异性,教材中难免会出现一些问题和不足,欢迎选用本系列教材的教师、学生提出批评和建议,也希望参加这套教材编写的教师在今后的教学和科研实践中能够不断积累经验,充实教学内容,以使这套教材能够日臻完善。

建设部高等教育工程管理专业指导委员会委员
建设部高等教育工程管理专业评估委员会委员
西安建筑科技大学教授、博导

2010 年 2 月

前言

供职于企业是大部分学生毕业后步入社会的第一步，工程管理专业乃至其他有土木专业相关背景的学生有相当一部分将在建筑企业里工作。《建筑企业管理》作为工程管理专业的学科方向课，旨在使学生在走向工作岗位之前，对建筑企业的生产、经营管理活动有一个全面的了解，以便更快地适应将来的实践工作。

《建筑企业管理》是一门综合性的交叉学科，其内容涉及建筑企业生产与经营活动的方方面面。本教材在编写的过程中体现了以下特点：

（1）尽量减少理论阐述，增加实践应用的内容，提供了多种具体的技术方法在建筑企业管理相应领域的应用。

（2）考虑与工程管理专业其他相关课程的内容衔接，又不失本教材的独立性与完整性，综合权衡后安排教材编写内容。在编写过程中尽量避免内容重复，同时保证知识模块的完整。

（3）本教材融入了最新的企业管理理论和方法及其在建筑企业管理中的应用现状和前景。

本教材包括建筑企业管理总论、建筑企业组织管理、建筑企业战略管理、建筑企业人力资源管理、建筑企业文化、建筑企业经营预测与决策、建筑企业计划管理、建筑企业经营方式及投标、建筑企业生产要素管理、建筑企业技术管理、建筑企业质量管理、建筑企业信息化管理等，共12章内容。本书由西安建筑科技大学张涑贤副教授和西安交通大学苏秦教授担任主编并统稿，西安建筑科技大学刘华副教授、湖南大学姜早龙副教授和西安建筑科技大学李芊副教授担任副主编，参加编写的还有西安建筑科技大学唐晓灵副教授、王莹副教授和硕士研究生何书渊、冯慧丽、王瑾、张利娟、李小利、王秀果等。其中，第1章、第2章由张涑贤、何书渊编写；第4章由刘华、王瑾编写；第5章由姜早龙、王瑾编写；第3章、第12章

— 1 —

由张涑贤、唐晓灵、冯慧丽编写;第6章、第7章由张涑贤、王莹、张利娟编写;第8章、第9章由张涑贤、李芊、李小利编写;第10章、第11章由苏秦、张涑贤、王秀果编写。考虑到内容的完整性以及便于读者学习,各章附有学习要点和思考与练习。

广州大学庞永师教授、中国建筑股份有限公司海外事业部副总经理朱子君高级工程师在本书的成稿过程中提出了重要的指导性意见;在编写的过程中,编者广泛参考了大量的同类著作、教材和教学参考书,在此一并表示衷心的感谢。

由于编者水平有限,本教材难免有不当或疏漏之处,恳请广大读者提出宝贵意见,以便修订改进。

编　者

2015 年 6 月于西安建筑科技大学

目录

第 12 章　建筑企业信息化管理

第 1 章　建筑企业管理总论

学习要点

1. 企业的概念与分类
2. 现代企业的一般特征
3. 企业管理的概念、性质及基本观念
4. 国民经济中建筑业的支柱作用
5. 建筑企业的概念、分类及特点，建筑企业管理的内容和特点
6. 建筑企业系统的构成要素，企业素质的概念，建筑企业素质的内容
7. 建筑企业资质等级及其管理

1.1　企业及企业管理

1.1.1　企业的概念及其分类

1. 企业的概念

企业是从事生产、流通和服务等经济活动，以盈利为目的，向社会提供产品或劳务，依法自主经营、自负盈亏、自我发展、自我约束，依照法定程序成立的经济组织。

2. 企业的分类

企业作为国民经济的基本单位或细胞，对社会的发展、国家经济的繁荣、人民生活的改善都起着十分重要的作用。企业可从以下不同的角度进行分类：

（1）按行业的不同，企业可分为工业企业、建筑企业、农业企业、交通运输企业、邮电通讯企业、商业企业、物资企业、金融企业、服务企业等。

（2）按从事经济活动的不同，企业可分为：从事商品生产的生产性企业，如工业企业、农业企业、建筑企业等；在流通领域中为交换和分配服务的企业，如交通运输企业、商业企业、金融企业等；为生产、流通、消费服务的各类服务性企业（如提供咨询、信息服务的企业）和提供生活消费和文化娱乐等服务的企业（如饭店、旅馆、文娱体育场所等）。

（3）按生产资料所有制不同，企业可分为国有企业、集体所有制企业、私营个体企业、三资

企业和混合所有制企业等。

(4)按生产力各要素所占比重不同,企业可分为劳动密集型企业、技术密集型企业和知识密集型企业。

(5)按资产组织形式和所承担的法律责任不同,企业可分为独资企业(即个人业主制企业)、合伙制企业和公司制企业等。

▶ 1.1.2 现代企业的本质及一般特征

1. 企业的本质

一般来说,企业(firm)是指市场经济中工业(industry)和商业(business)组织的基本单位。不同时期,经济学和管理学对企业本质的认识和表述有所不同,基本观点有两种。

(1)实体观。传统企业理论将企业作为生产实体来研究,认为企业是在市场价格引导下以"利润最大化"为目标的"黑箱"(black box)。企业的基本行为是优化投入、合理组织生产和销售、提高生产率、降低生产和经营成本、提高产品和服务质量,以获得最大利润。企业管理的重点是"黑箱"里的操作,即以生产组织为核心的,包括计划、生产、技术、质量、物资、设备、劳动人事、成本财务及销售等职能管理,如图 1-1 所示。

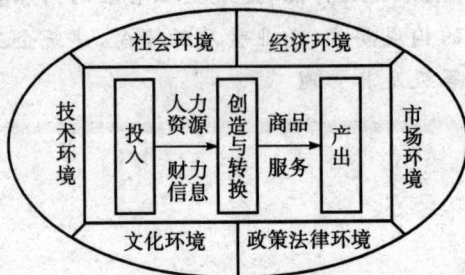

图 1-1 企业——实体观

(2)契约观。现代企业理论认为,企业是多利益主体之间契约关系的集合,其管理的重点应是各利益主体的行为和关系以及企业制度的建立和改善,体现在动态、柔性的企业战略管理全过程之中,如图 1-2 所示。

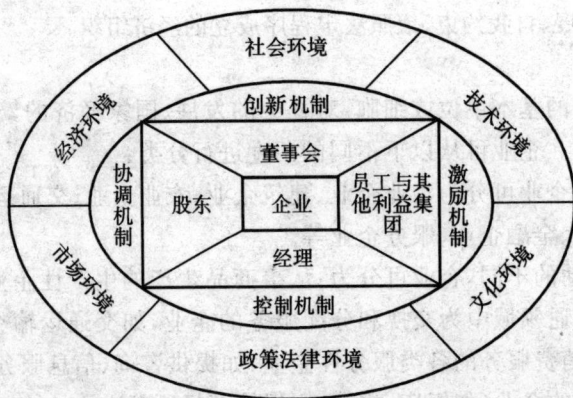

图 1-2 企业——契约观

2. 现代企业的一般特征

现代企业是面向市场的经济组织,是具有一定规模和社会分工的组织。现代企业制度是超越国家范围的制度模式,具有国际通用性。现代企业具有以下几个一般特征:

(1)规模与范围并重。现代企业为了满足市场需要和提高生产率,通过有效使用各种设备、专业人才和雄厚资金兼顾品质与批量以提高获利能力。

(2)分工适度。分工是现代生产的基础,一定的分工和专业化可以提高生产效率,但分工过细则会增加协调成本。因此,现代企业的分工更趋向于过程导向。

(3)组织高效。为保证分工的科学性和协作的有效性,企业必须有高效合理的组织。

(4)大量采用高新技术。企业发展依赖科技进步,大量采用高新技术改造生产设备和生产工艺、开发新产品、提高产品质量、提高管理水平是现代企业的显著特征。

(5)高素质人才。随着生产力的不断提高和世界经济一体化的发展,人力资源,特别是掌握现代科技和管理知识的专业人才,对现代企业生存和发展的作用日益突出。

(6)所有权与管理权分离。企业经营环境的多变性和管理活动的复杂性以及人类能力分布的不均衡性,使得企业的经营管理越来越多地采用所有权与管理权相分离的方式进行。

(7)快速反应。随着信息技术的进步和人类需求个性化趋势的发展,对市场作出快速反应已成为现代企业的专业特征之一。为保证企业具有快速反应能力,各种新的组织和管理技术应运而生。

(8)柔性联盟的大量出现。综合大、小规模组织的优点,现代企业发展的趋势明显表现出通过信息化、多元化、国际化发展战略联盟的趋势。

▶ 1.1.3 企业管理的概念和性质

1. 企业管理的概念

企业管理就是对企业的生产经营活动所进行的决策、计划、组织、控制,以及对职工的领导和激励等一系列工作活动的总称。企业的生产活动主要以内部活动为主,经营活动主要以外部活动为主。由于企业活动包含生产活动和经营活动两部分,所以企业管理包括生产管理和经营管理两大部分,如图1-3所示。

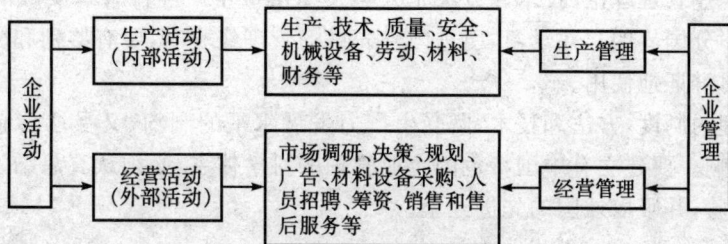

图1-3 企业活动与企业管理对应图

(1)企业内部生产活动。企业内部生产活动是指为了实现企业的经营目标,执行经营确定的方针和策略,对企业的生产活动及人、财、物、信息等资源所进行的计划、组织、控制等一系列工作活动,即生产管理。其目的是不断提高生产和工作效率,保证企业生产经营活动正常进行。企业生产管理,是以生产为对象的管理,其活动范围主要是企业内部的生产领域,其工作内容主要包括生产、技术、质量、安全、机械设备、劳动、材料、财务等具体管理业务。

(2)涉及企业外部流通领域的活动。企业的经营是面向市场、面向未来的,企业外部流通领域的活动指的是,企业时刻研究外部环境的变化,不断寻求新出路、新目标的总体思考和战略行动;同时也是其根据外部环境和内部条件,制定所应采取的目标、方针与策略等一系列具有全局性战略意义的活动。企业经营活动范围主要是社会市场,涉及商品流通领域,其工作内容主要包括市场调研、决策、规划、广告、材料设备采购、人员招聘、筹资、销售和售后服务等,对其称为经营管理。企业经营管理活动的目的在于不断提高企业的经济效益,保证企业生存和不断发展。

2. 企业管理的性质

企业作为一个生产经营活动的经济组织,具有二重性。一方面,它是组织生产力活动的组织,具有由生产力、社会化大生产所决定的自然属性;另一方面,它又是体现一定生产关系的组织,具有由生产关系、社会制度所决定的社会属性。企业本身既然具有二重性,那么对企业的管理工作也必然具有二重性。这种管理的二重性是客观存在的。

企业为了提供满足社会及用户需要的产品并获取盈利,为了其生存和发展,必须根据市场的需求和现代化大生产的客观要求,按照生产技术经济规律的要求,对生产经营过程合理地进行决策、计划、组织和控制,有效地利用企业的一切资源,提高企业的经济效益。这种由合理组织和发展生产力引起管理的需要,就是企业管理的自然属性。它是没有阶级性的,在任何社会的企业都是相同的。

企业的生产经营活动都是生产资料的所有者按照自己的利益和意志来进行的,企业管理就是要维护和完善一定的生产关系,实现特定的目的。生产资料所有制不同,生产目的、人们的相互关系、分配制度也就不同,这就决定了企业管理的社会属性。它是有阶级性的,生产资料所有制不同的企业其社会属性也是根本不同的。

正确认识企业管理的二重性,有着重大的现实意义。

(1)企业管理的二重性体现着生产力和生产关系的辩证统一关系。在重视企业管理对维护和完善社会主义生产关系作用的同时,更要重视企业管理对发展生产力方面的作用。要提高企业的生产水平,必须着重抓好企业经营和合理组织生产力方面的工作。

(2)外国的企业管理理论、技术和方法是人类长期从事生产经营管理实践的产物,是人类智慧的结晶,是不分国界的。在学习、引进国外先进的管理经验时,要有鉴别和分析,要根据我国的国情和特点,辩证地使用。

(3)企业管理的制度、方法和技术,既受生产力发展水平的制约,又受社会制度、民族文化传统的制约和影响。要建立有中国特色的企业管理的科学体系,必须认真总结、继承和发展我国企业管理的经验,并吸取外国的先进经验。

➢ 1.1.4　企业管理的基本观念

企业管理的基本观念要根据环境的变化不断更新,当今企业应具有的基本观念主要有以下几种。

1. 战略管理观念

战略管理是指企业围绕战略目标的实现而展开的管理活动,其内容包括战略制定管理、战略实施管理、战略控制管理。战略管理是一种系统的、科学的管理。企业战略和战略管理思想、战略管理理念的提出,是现代管理思想的新发展,与其他管理理论相比,产生的历史还比较短。战略管理是企业适应现代社会复杂多变环境的产物,现代管理活动中,复杂多变的经济、政治环境,要求管理主体必须有"高瞻远瞩"把握事物未来发展趋势的战略管理观念。如今社会发展越来越变化多端,而且变化越来越快,战略管理也越来越显示出其重要性。企业只有强化战略管理,才能在市场竞争中立于不败之地;缺少了战略管理观念,企业难以有大的作为,也难以持续发展。

2. 注意力管理观念

长期以来,处在工业经济时代的经济学家和企业家,按照传统的市场观念认为,启动生产和消费需要的最重要因素是价格。谁能以低于生产该商品的社会必要劳动时间的价格出售商品,谁就能在市场竞争中成为大赢家。随着信息社会的到来,这种情形正在改变。我国的企业和企业家们也必须重视研究注意力管理,学会和掌握注意力经营的技巧。企业一方面要采取各种方法扩大知名度,同时不断提高产品质量和服务水平,提高企业的美誉度,以此来吸引消费者的注意,抓住消费者的眼球。拥有了最广大客户的注意力,就能在市场竞争中获取最大的价值。另一方面,要从内部管理中获得并保持员工和股东们的注意力,以及面对过量的信息要合理地分配自己的注意力,使注意力这一新经济条件下最重要而又十分稀缺的资源得到最有效的利用。总之,树立注意力管理的观念,将为我国的企业管理开辟新的视野,加强注意力管理将成为企业管理的重要内容,把握注意力管理的方法和技巧,将使企业在新经济条件下大有作为。

3. 人力资源管理观念

人力资源管理是现代最先进的管理思想,它将人力资源视为第一资源,将人力资本视为最重要的资本,它强调加大对人力资本的投入,加强对员工潜能的开发,这样就会使企业得到最大的经济利益。今天,人力资源在企业的发展中扮演着越来越重要的角色。在全球性的市场竞争中,企业间比拼最激烈的不是资金,不是先进技术,也不是市场份额,而是人才,谁拥有了高素质的人力资源,谁就将获得最丰厚的回报。企业树立现代人力资源管理和"以人为本"观念,应当以人为中心,充分理解人、尊重人、关心人,千方百计通过各种措施吸引人才、留住人才,并且通过教育、培训、激励等多种方式,加大对人力资源的开发力度,充分发挥人的主动性和积极性。

4. 无形资产管理观念

企业无形资产的内容非常广泛,主要有企业形象、商誉、品牌、公共关系、专利权、商标权、非专利技术、企业文化、企业独特的管理艺术与方法等等。无形资产虽无实物形态,但能够给企业带来超额利润,是企业的宝贵财富。随着市场经济的发展,企业无形资产越来越显示其重要性,无形资产的价值越来越高,无形资产在企业中所占的比例越来越大。企业必须通过管理思想创新,加强对企业无形资产的培育和管理,要精心塑造企业形象,树立商誉观念、诚信观念,以优质的产品、优良的服务、独特的风格打造企业的品牌,扩大企业影响,提高企业的知名度、美誉度,使企业无形资产与有形资产有机结合,形成企业的特殊优势,取得超过同行业平均水平的级差收益。

5. 知识管理观念

知识管理作为一种全新的企业管理理念出现在实践中已显示出强大的生命力。所谓知识管理,简而言之,是通过知识的积累、共享和交流,运用集体智慧来提高企业应变、创新能力的一种新的管理思想。其主要内容便是最大限度地开发、共享和利用知识这一最重要的资源,确保企业在激烈的市场竞争中立于不败之地。正因为如此,实施知识管理,以知识创新促进人力资源开发和管理创新,便成为知识经济时代企业管理的最重要内容之一。企业实施知识管理应当抓好四项工作:一是创建学习型组织;二是建立适宜知识创新的流动网络;三是设立企业知识主管;四是建立开放管理机制。

6. 时间成本观念

胜利属于行动快捷者,伴随知识经济的崛起,全球市场的快速交流,要求企业战略的重点逐渐转变为时间。知识经济时代,一个重要特点就是"快":科技进步快、产品更新快、市场变化快。市场竞争不仅仅只是比价格、比质量、比服务,更重要的是比速度,看谁能更快地为目标消费者提供所需产品。因此,企业获取市场信息要快、决策要快、产品的研制开发要快、生产要快、上市要快、资金周转要快、产品销售后的信息反馈要快。快的"本质"就是降低时间成本。因此,时间成本成为知识经济时代最重要的成本概念。只有降低时间成本,才可能满足市场交易多样化和市场需求个性化所决定的多品种、少批量、灵活生产的要求。

7. 生态管理观念

企业生态是指企业所处的环境。企业生态管理观念的确立,则是指企业经营中应努力营造企业生存和发展的和谐环境,包括内部环境和外部环境。当今时代企业之间的竞争结果,不再一定是你死我活,而可以做到"双赢"。因为企业之间不仅仅只是竞争,也不仅仅只是合作,而是解决矛盾的"协同竞争"。这种思维方式昭示:大多数企业只有在其他企业成功时才会取得更大的成功。企业生态意识下的超越传统竞争观念的管理理念,很显然有利于企业的持续发展,企业能够在竞争与合作的和谐环境中,发挥优势和潜能,从而降低经营成本和风险。这就表明,企业同供应商合作,创建团队,同竞争对手建立战略性伙伴关系将成为时尚。因而,企业管理中必须明确生态管理的理念。

8. 危机管理观念

危机管理观念,就是对危机实行管理,以达到防止和规避危机或将危机造成的损害限制在最低限度的目的。伴随着知识经济的到来,高新技术快速发展,企业经营环境的变化节奏要比过去快得多,面临的不确定因素比以往多得多,遇到各种风险的可能性和概率比过去大得多,在此情况下,一种新的管理理念——危机管理被人们提上了重要日程。搞好危机管理有以下基本要求:

(1)要重视危机管理,要从危机处理意识向危机管理意识转变,培育预见能力,及早发现危机征兆,以便采取有先见的措施。

(2)要构建防范危机的预警系统,防患于未然,尽可能减少危机发生;对不可避免的危机,精心策划好各种应急预案。

(3)要提高危机管理水平,在危机到来时能够灵活应变,妥善处置,将危机造成的损失降到最低点,并能化险为夷,及时消除危机带来的不利影响。

9. 绿色管理观念

绿色管理是以环保作为企业生存发展的基础,将环保的价值观念融入企业的经营管理之中,从各个环节控制污染,节约能源;使用绿色技术,进行绿色生产;开展绿色营销。另一方面,企业作为社会基本经济细胞,存在于社会之中,企业不仅应通过各种形式将利润返还给社会,而且应该将自身目标与社会目标协调,追求企业与社会的共同发展。我国的环境问题已到了严重阻碍社会经济发展的地步,企业推崇绿色管理已刻不容缓,将环保意识融入管理活动中已成为当代企业不可推卸的社会责任。

上述几条管理观念,既有区别,又有联系;它们既体现了商品生产的要求,又体现了现代企业管理的特征。

1.2　建筑企业及建筑企业管理

▷ 1.2.1　国民经济中的建筑业

根据《国民经济行业分类》(GB/T4754—2002),建筑业属于第二产业,包括土木工程建筑业、线路、管道和设备安装业及装修装饰业。其中,土木工程建筑业包括房屋建筑业,矿山建筑业,铁路、公路、隧道、桥梁建筑业,堤坝、电站、码头建筑业及其他土木工程建筑业;线路、管道和设备安装业包括专门从事电力、通信线路、石油、燃气、给水、排水、供热等管道系统和各类机械设备、装置的安装活动;装修装饰业包括从事对建筑物的内、外装修和装饰的施工和安装活动,车、船、飞机等的装饰、装潢活动也包括在内。

目前,建筑业已毋庸置疑地成为我国国民经济中的支柱产业,并为推动国民经济增长和社会全面发展发挥着重要作用。主要表现在以下几方面:

(1)建筑业所创造的价值是国民收入的重要构成部分。2014 年建筑业增加值占 GDP 的比重高达 7.03％,所占比重达改革开放以来新高。

(2)建筑业是国民经济中各个部门的物质技术基础。建筑业通过建造大量的生产性房屋建筑、构筑物为生产提供保证。据统计,我国固定资产投资总额的 60％左右是由建筑业完成的。

(3)建筑业是国民经济中各部门物质产品的吸收者。在整个国民经济中,几乎所有部门都在向建筑业提供不同的材料、设备、生活资料、知识以及各种服务等。因此,建筑产品的生产过程也是物质资料的消费过程。

(4)建筑业是容纳大量劳动力,尤其是在吸纳农村富余劳动力进城就业方面的主要劳动就业部门。2014 年年底,全社会就业人员总数 77253 万人,其中建筑业从业人数 4960.58 万人,比上年末增加 461.28 万人,增长 10.25％。

(5)建筑业对国民经济的发展具有调节作用。当国民经济处于萧条时期,国家通过扩大公共事业投资,达到刺激与建筑业密切相关的上下游产业发展,进而达到摆脱萧条困境的目的。反之,则通过压缩公共投资规模等措施,抑制建筑业的发展。

▷ 1.2.2　建筑企业的概念、分类及特点

1. 建筑企业的概念及其分类

(1)建筑企业的概念。建筑企业是指依法自主经营、自负盈亏、独立核算,从事建筑商品生产和经营,具有法人资格的经济实体。具体地讲,建筑企业是指从事铁路、公路、隧道、桥梁、堤坝、电站、码头、机场、运动场、房屋(如厂房、剧院、旅馆、医院、商店、学校和住宅等)等土木工程建筑活动,从事电力、通讯线路、石油、燃气、给水、排水、供热等管道系统和各类机械设备、装置的安装活动,从事对建筑物内、外装修和装饰的设计、施工和安装活动的企业。建筑企业又称

建筑施工企业。它通常包括建筑公司、建筑安装公司、机械化施工公司、工程公司及其他专业性建设公司等。

根据工程专业特点,建筑企业有不同的名称,如工程局、工程处、建设公司、工程公司、市政公司、房修公司、建筑安装公司、机械施工公司、基础公司、装饰公司等。建筑企业(施工企业)是其总称。

建筑企业与一般工业企业相比较,既有相似之处,又有不同的特点。相似之处是:

①都把一系列资源投入生产过程,产出产品并进行销售;

②都具有生产的阶段性和连续性;

③都具有组织的专业化和协作化;

④都在经营上进入流通领域。

建筑商品包括各种建筑物、构筑物、设备安装,以及技术、劳务服务等。建筑商品具有一系列技术经济特点,例如地点固定、类型多样、体形庞大、使用寿命长等。这些特点决定了建筑企业本身也存在许多行业特征。比如,采取以承包为主的经营方式,通过承揽工程任务获得建筑商品的销售权;采取以现场管理为主的生产组织方式,以项目为对象建立基层管理机构;企业的生产经营地点总是不断流动,无法固定。此外,建筑企业在核算方式、机构设置、生产要素管理等方面,也存在许多行业特点。

(2)建筑企业的分类。建筑企业有多种类型,可以按照以下标准进行分类:

①按企业制度不同,建筑企业可分为个人业主制企业、合伙制企业、公司制企业。

②按资产所有制不同,建筑企业可分为国有企业、集体所有企业、个体企业,以及各种资产混合所有企业(如中外合资企业和国家参股、控股的企业等)。

③按经营范围不同,建筑企业可分为综合性建筑企业和专业性建筑企业。

④按企业规模不同,建筑企业可分为大型建筑企业、中型建筑企业、小型建筑企业。建筑业的企业规模主要表现为企业组织项目生产的专业门类多少和可以承担的与工程项目相关的服务范围的纵深程度。也就是说,建筑业的企业规模一定要与企业所拥有的要素性质及不同性质要素的密集程度相关联。具体到指标上,衡量建筑业企业规模大小最主要的指标应当包括:劳动力人数的多少、专业技术人员的数量、多专业的承包能力、资本金数量、年营业额、年利税额及人均利润。

⑤按资质条件不同,建筑企业可分为不同级别的企业。如房屋建筑工程施工总承包企业分为特级、一级、二级、三级;专业承包企业资质分为一级、二级、三级;劳务分包企业资质分为一级、二级。其他类型的建筑企业也都按相应的标准分成不同等级的企业。

2. 建筑产品及其生产的特点

一般企业管理的原理和方法,适用于各类企业。但是对建筑企业来说,其生产对象——建筑工程(产品)、生产的组织和技术、生产经营管理,都具有与一般工业企业不同的特点。因此,研究建筑企业管理,首先必须了解建筑产品及其生产的特点以及对企业管理的影响。

(1)建筑产品的特点。建筑产品是指建筑物或构筑物。它们具有以下特点:

①建筑产品的固定性。作为具有使用功能的最终工程产品,是不能移动的,只能在使用它的地方进行建造。许多建设工程如地下建筑、道路、隧道等本身就是土地不可分割的一部分。

②建筑产品的多样性。首先,使用功能多样性,使用功能不同,工程产品的类型也就不同;其次,即使使用功能、工程类型相同,但在不同的地区建造,也因建设地区条件的不同而表现出

差异。

③建筑产品形体庞大。建筑产品形体庞大,功能复杂,工程量大,占用广阔的空间,需要大量的物质资源。

④建筑产品使用寿命长。工程建成竣工投产交付使用后,使用寿命很长。一项建筑物或构筑物,无论是钢结构、钢筋混凝土结构,还是砖混结构的工程,交付使用后,少则使用十几年,多则几十年,甚至上百年才会丧失使用价值。

(2)建筑产品生产的特点。建筑产品生产有以下特点。

①生产的流动性。施工生产的流动性表现为:第一,各工种的工人在一个工程项目的不同部位上进行流动;第二,工人在一个工地现场范围内各个施工对象上进行流动;第三,施工队伍在不同工地、不同的建设地区间辗转流动。

②生产周期较长。这是由于建筑产品形体庞大、地点固定。形体庞大,占用和消耗的人力、物力和财力就多。地点固定,约束条件就多。建筑产品的生产周期,从几个月到一年、几年甚至十几年不等。

③生产的单件性。建筑产品由于类型繁多,要求各异,不可能进行批量生产。每一件产品都必须根据用户要求,进行单独的设计和施工。即使采用标准设计,也会因为地质、气候以及各种社会经济环境的不同,需要对基础、材料、施工组织、施工方法作修改,从而带来一系列单件性的特点。

④露天高空作业。一般工业产品的生产,多数在房屋内进行,而建筑产品的生产只能露天作业,受季节、气候、地质、自然条件变化的影响。此外,建筑产品形体庞大而又无法移动,造成高空作业多。

⑤机械化、自动化水平较低。由于建筑产品本身的特点,与一般工业产品生产相比较,建筑生产机械化、自动化水平提高较慢,手工作业较多,劳动强度大,劳动条件艰苦。

⑥协作关系复杂。建筑生产涉及面广,协作关系多。在企业内部,要在不同时期、不同地点和不同产品上组织多工种综合作业;在企业外部,要同建设单位(即用户)、勘察设计单位、材料供应单位等协作配合,从而具有广泛的社会综合性。

▷ 1.2.3 建筑企业管理的内容和特点

1. 建筑企业管理的概念和内容

建筑企业管理就是按客观的、技术的、经济的规律,合理地组织建筑企业的全部生产经营活动。如前所述,建筑企业的生产经营活动,大致也可以分为两部分:一部分是在企业内部的活动,它以生产活动为中心,包括施工生产过程(包括基本生产过程、辅助生产过程)、施工准备和技术准备过程,以及为施工生产的服务工作等等。对于这些活动的管理,叫做生产管理。建筑企业的另一部分活动,涉及企业外部,联系到社会的流通、分配、消费等过程,包括原材料、能源等物资供应问题,生产任务落实问题,企业系统外部环境的调查、预测问题,机械设备、劳动力等的调整补充问题以及企业需要处理的各种经济关系问题等等,对这些活动的管理,叫做经营管理。建筑企业生产活动及其管理与经营活动及其管理的关系,如图1-4所示。

2. 建筑企业管理的层次

建筑企业管理包括三个层次,即企业层次、项目层次和作业层次。

(1)企业层次。企业层次代表的是一个法人职责范畴,它具有3个主体特点:一是市场竞

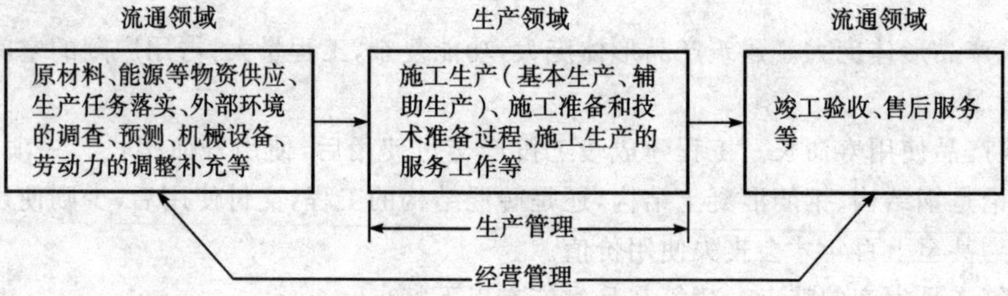

流通领域	生产领域	流通领域
原材料、能源等物资供应、生产任务落实、外部环境的调查、预测、机械设备、劳动力的调整补充等	施工生产（基本生产、辅助生产）、施工准备和技术准备过程、施工生产的服务工作等	竣工验收、售后服务等

生产管理
经营管理

图 1-4　建筑企业管理内容

争主体，二是合同履约责任主体，三是企业利益主体。企业层次作为生产要素控制的第一层面，要搞好工程信息市场、资金市场、劳动力市场、设备材料市场、租赁市场等五大市场的组织协调和动态管理工作。

（2）项目层次。项目层次的组织形式就是项目经理部。这是一种新型生产方式和经营管理模式的运行载体。项目层具有"三个一次性"的特点，即项目层是企业法人一次性的授权管理、一次性的临时组织、一次性的成本中心。项目经理部只负责一个单体项目的质量、工期、成本等，是企业面向市场为用户提供服务的直接责任层面。项目经理作为项目层次的代表，是企业法人所中标的工程项目负责组织施工的授权责任人；是实现一个单体项目质量、工期、成本、安全等目标的直接责任人；是一个企业面向市场、对接业主、服务用户的岗位责任人。

（3）作业层。作业层以劳务人员为主体，可以提供工程建设所需要的各种专业施工力量。其发展方向应是专业化、独立化和社会化。

上述三个层次之间的关系是：企业层次服务于项目层次，而项目层次一定要服从于企业层次，这是因为项目层次只是成本中心。企业法人层次与项目层次是授权委托关系，而项目层次与作业层次之间是合同商务关系，项目层次与供应商之间也是合同关系。

3. **建筑企业管理的特点**

建筑生产的特点，直接影响着建筑企业的生产经营管理，使其具有以下特点：

（1）生产经营业务不稳定。由于建筑产品的多样性，同一时期不同用户对建筑产品的种类需求是不同的，对一个建筑企业来说，其生产经营的对象和业务将是不固定和不稳定的。因此，就要求建筑企业善于预测社会经济发展趋势，以及固定资产投资规模、方向和产品种类构成比例，具有适应社会需求的应变能力。

（2）管理环境多变。由于建筑产品的固定性和生产的流动性，影响到企业管理环境变化大，可变因素多。管理环境可分为自然环境（包括地形、地质、水文、气候等）和社会环境（包括市场竞争、劳动力供应、物资供应、运输和配套协作条件等），这些环境是经常变化的。在大城市承包施工，组织分包、劳务、材料、运输等比较方便，而在边远地区或新开发地区就有许多不便。如果承包国外工程，则环境更为复杂、更为特殊。因而要使建筑企业生产经营的预见性、可控性提高，建筑企业的许多工作就要因环境制宜。

（3）特定的投标承包方式。建筑产品生产多是预约生产，以合同形式承包的。建筑企业首先需要通过投标竞争获得承包工程任务，并通过工程承包合同与用户建立经济法律关系。在招标投标中，往往是一家用户多家竞争，而且十分激烈。因此，必须讲究竞争策略。建筑企业要根据用户的委托，按合同要求完成预定的任务，并在工程进行过程中接受用户的监督。

（4）基层组织人员变动大。由于产品多样、生产流动、任务不稳定、环境多变等原因，引起直接领导生产经营活动的企业基层组织结构和人员，随工程对象的规模、性质、地理分布不同而适时变化和调整。在建设过程中，不同工程、不同季节，职工的需要量波动很大，工种的配合比例也会有较大的差异。因此，建筑企业内部的管理组织结构适宜项目管理制。

（5）计划管理较复杂。在计划管理方面，建筑企业的计划包括两类：一类是以企业为对象编制的生产经营计划，一类是以工程项目为对象编制的工程施工组织设计。这两类计划是相互依托、密切联系的，一般计划期较长的前一类计划由后一类计划去落实，而计划期较短的后一类计划受前一类计划的指导。

（6）固定工比例较小。在劳动用工方面，由于建筑施工生产的流动性和均衡性较差等因素所决定，建筑企业不宜保持庞大的固定工队伍，只宜拥有精干的经营管理人员、工程技术人员和适量的技术工人骨干，工程需要时，再雇用合同工和临时工。

（7）建筑产品计价方法特殊。由于建筑产品的多样性，几乎没有完全一样的建筑产品，所以建筑产品价格的确定不能像一般产品那样批量定价。建筑产品有其特殊的计价方法，即通过编制造价文件对不同工程个别定价，以此作为投标报价的基础或结算的依据。

（8）特定的计量与支付方式。建筑产品由于其生产周期长、占用资金多，所支付的贷款利息也大，所以在计量、支付方面有其特定的要求。

上述这些特点，说明建筑企业生产经营管理比一般工业企业更复杂，我们要研究和认识建筑企业生产经营管理的这些特点，运用企业管理的基本原理，有针对性地采取措施，解决建筑企业管理中的上述问题。

1.3 建筑企业系统及素质

▷ 1.3.1 建筑企业系统

所谓"系统"，就是由许多（至少两个以上）相互联系、相互制约的成分要素结合成的，能执行特定功能，达到特定目的的有机整体。

"系统"有自然系统（自然界本来存在的系统）和人造系统（经人改造或创造的系统）。建筑企业是人们按其性质、特点、任务设计的人造系统，它具有人造系统的基本特征。

1. 建筑企业系统的目的与功能

建筑企业系统的目的，就是要把输入的资源（人、财、物）转换为企业的成果输出，实现企业的目标。

建筑企业系统的功能，就是把资源（人、财、物）输入，经过转换机构，变成企业的成果输出；企业的内部、外部都有信息传送，有关输出的信息反馈到输入，输入就会根据收到的信息改变其内容、数量，从而使输入变为输出时总能满足企业的目的，如图1-5所示。为了实现企业的目标，必须强化企业系统的功能，因而就要掌握输入和输出以及转换过程中的各种规律、关系和方法。

2. 建筑企业系统的构成要素

企业系统的构成要素亦称企业系统元素，它是构成企业机体的、相互关联又相互区别（可以分离）的必

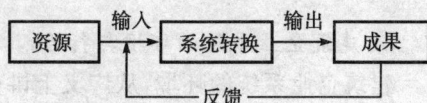

图 1-5　企业系统的功能

要因素。"要素"在系统中和从系统中分离出去时,它们的功能是不同的,整体的功能不是个别部分功能的叠加,新的组合会赋予系统以新的意义。因此,研究企业系统的构成要素、实现要素的最佳组合,对增强企业系统的功能具有重要的意义。

建筑企业是从事建筑产品生产活动的经济组织,所以企业系统必须具有从事建筑生产经营活动的劳动者、劳动对象和劳动手段等生产力要素,同时还要有反映这些要素相互结合和运动的价值表现和信息。建筑企业系统由以下基本要素构成,如图 1-6 所示。

图 1-6　建筑企业系统的构成要素

3. 建筑企业系统的子系统

建筑企业必须科学地确定目标、活动方案和各种技术组织措施并使其先进、合理、可行;必须不断地协调各种生产力要素,使其合理结合、正常运动,充分发挥作用,保证企业系统有组织、有秩序地实现企业目标。要做到这一点,一方面必须使企业系统的构成要素按照它们所具有的机能能动地发挥作用,另一方面则必须使企业系统有效地进行活动。这就要求我们必须对企业系统的构成要素进行科学的组合。这种组合除赋予企业系统特定的功能以外,同时也将产生企业的子系统、孙系统,如图 1-7 所示。

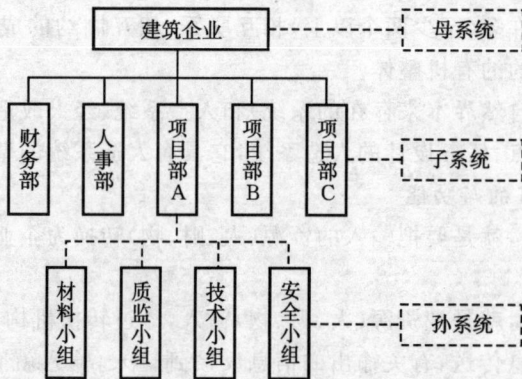

图 1-7　建筑企业系统的子系统

4. 建筑企业系统的环境与行为

建筑企业系统的环境,从广义上讲就是流向该企业系统的人、物、财、信息等其他一些外部系统的总称。从环境向企业系统的流动称为输入,从企业系统向环境的流动称为输出。通常,我们把构成企业系统的要素的输入称为直接输入;把企业系统的成果输出称为直接输出。其他输入和输出则分别称为间接输入和间接输出。这样,接收企业系统的间接输出和给出企业系统的间接输入的外部系统环境称为环境(狭义的环境)。

建筑企业是国民经济的基本单位,它必然要受整个社会经济发展的影响。具体说来,由于建筑企业的自然属性(在社会化大生产和社会分工中所处的地位)和社会属性(所有制、企业目的等),一方面,它离不开环境的支持,也摆脱不了国际形势、社会变动、经济动向、市场状况等对企业本身直接或间接的影响,它必须适应环境的变化和要求,使自己的活动与社会经济活动协调一致、密切衔接;另一方面,它必须对整个社会经济体系起积极推动作用,通过自己的活动,促进其他企业、其他经济单位、乃至整个社会经济的发展。

总之,在企业系统的概念中,我们着重强调的是整体性观念。然而,企业系统这个有机整体所具备的特定功能,是企业素质的外在表现。

➤ 1.3.2 建筑企业素质

1. 企业素质和建筑企业素质的概念

"素质"通常是指事物内在的特性。所谓企业素质,就是企业系统构成要素的质量及其有机结合形成的企业生存与发展的能力。企业素质从其内在因素看,包括人员素质、技术素质和管理素质;从其外在表现看,具体表现为企业的生存与发展能力。内在因素和外在表现,是企业素质的两个方面,二者紧密联系,相互制约,是不可分割的统一体。建筑企业素质是一个整体的概念、质量的概念,它是动态和不断发展变化的。

建筑企业素质是指其内部的人力、物力、财力、技术等各种要素有机结合所形成的综合质量,表现为建筑企业生存发展的能力。建筑企业素质决定企业的综合施工能力、管理水平和经济效益。建筑企业素质的高低,说明了建筑企业获取工程建设任务的可能性大小;说明了建筑企业施工生产能力的大小和施工管理水平的高低;说明了建筑企业降低成本增加盈利的水平;说明了建筑企业技术开发水平的高低;说明了建筑企业扩大再生产能力的大小。

2. 建筑企业素质的内容

(1)内在因素。内在素质体现在以下四个方面。

①领导班子素质。领导班子素质,包括领导者个人素质和领导班子整体素质两个方面。

领导者个人素质,是指领导者个人的政治思想觉悟、政策水平、文化程度、专业知识、业务能力、组织领导能力,以及年龄、健康状况等。其中企业主要领导人的个人素质尤为重要。

领导班子整体素质,一是指班子结构,包括年龄结构、知识结构、专业结构和智能结构是否合理;二是指班子的集合力。企业能否形成集合力,关键在于班子能否团结合作、相互支持。

②职工队伍素质。职工队伍指除领导班子外的工人、技术人员和管理人员。职工队伍素质,包括职工队伍的比例结构、职工的思想觉悟、文化和技术业务水平、处理技术和业务工作的能力。职工队伍素质是企业素质的基础。

③技术素质。技术素质是指企业的技术装备程度和施工工艺水平等。技术素质是搞好企业生产经营的物质基础。

④管理素质。管理素质包括管理思想、组织、方法和手段的科学化及现代化程度和企业管理基础工作的质量。管理是一种生产力,在现代化生产过程中,管理不仅是保证生产顺利进行的必要条件,也是充分发挥生产力要素的作用,提高生产能力和经济效益的推动力和创造力。

(2)外在表现。建筑企业素质的外在表现为企业的生存与发展能力,具体表现为:

①竞争能力。即企业在质量、成本、工期、服务、信誉等方面的水平和竞争地位,以及在竞争中取胜、赢得市场的能力。

②应变能力。即企业在瞬息万变的经营环境中,根据条件变化迅速作出反应,采取恰当对策的能力。

③盈利能力。即企业有效利用人力、物力和财力,获得预期利润的能力。

④技术开发能力。即企业在开拓市场,开发新产品、新技术、新工艺、新材料,开发管理技术等方面的创新能力。

⑤扩大再生产能力。即企业依靠自身的力量进行技术改造、增添设备、改善管理、扩大生产规模的能力。

3. 提高建筑企业素质的意义和途径

(1)提高企业素质的意义。为什么要提高企业的素质呢? 首先,提高建筑企业素质是适应国家大规模经济建设和社会发展的需要。我国的建设任务十分巨大,同时,现代的建设项目具有规模大、工艺先进、技术复杂、配套建设项目多、施工难度大等特点,客观要求建筑企业应具有较高的素质。其次,提高建筑企业素质,才能在激烈竞争的国内、国际建筑市场中生存发展。随着我国改革开放的深入进行和市场经济体制的建立和完善,企业正面临着一场严峻的挑战。如果企业不从根本上提高素质,在竞争中就有被淘汰的危险。再者,为了提高国民经济的宏观经济效益,也要求提高企业的素质。

(2)提高企业素质的途径。如何提高企业的素质? 企业的素质是一个整体。提高企业素质要采取内外结合的办法来进行。

首先,在宏观上要为企业创造一种环境,使企业具有提高素质的内在动力和外在压力。构成企业素质的每一类因素,企业经营管理的每一个方面,都同国民经济的管理体制密切相关,并受其制约和影响。因此,从宏观的环境上要使企业成为具有一定权利和义务的法人,并把它置于经营竞争的环境之中,使其自主经营、独立核算、自负盈亏,产生内在动力和外在的压力,就会增强企业提高素质的自觉性。

其次,提高企业素质的关键是在企业内部。要想真正提高企业素质,必须从企业的实际情况出发,一方面要注重提高企业系统构成因素的质量,另一方面则要抓好各种构成要素的有机结合,实现各种构成要素的最优结构,使其互相协调、互相促进,发挥最大的效率或收益。主要途径有:

①提高领导班子素质。提高领导班子素质是提高企业素质的关键。

A. 提高领导者个人的素质。作为现代企业的领导者,必须具备包括政治、知识、技能、身体、心理等五个方面的基本素质:有强烈的事业心和责任感、勇于改革、勇挑重担、不怕个人担风险,能密切联系群众、有民主作风、大公无私、作风正派;懂得基本经济理论,理解国家的各项方针、政策,掌握企业管理的基本原理方法和现代建筑科技知识,善于洞察形势,有远见,有战略头脑,能因势利导、驾驭企业的健康发展;有决策、组织、指挥、控制和协调的能力,有善于处理人际关系的能力、用人能力和创新能力;要身体健康、精力充沛;要有敏捷的认识力、健康的情感、坚强的意志和良好的个性等。

B. 提高领导班子的整体素质。提高领导班子整体素质的中心问题是要有一个合理的领导班子结构。这样,不仅能使各个领导成员人尽其才,而且还能通过有效的结构组合,迸发出巨大的集体能量。

什么样的领导班子结构才是合理的呢？一般应考虑以下四个方面的结构：

a. 年龄结构。合理的年龄结构是指不同年龄的领导成员在领导班子中应有一个合理的比例，并使之处于不断发展的动态平衡之中，以发挥成员的最优智力和效能。现代生理科学和心理科学的研究表明，一个人的年龄与智力有一定的定量关系。以知觉而言，最佳年龄是 10～17 岁；以记忆、动作和反应速度而言，最佳的年龄是 18～29 岁；以比较和判断而言，最佳年龄是 30～49 岁。可见领导年轻化，是完全符合科学规律的。合理的年龄构成应当是老、中、青合理搭配，形成梯形的年龄结构。

b. 知识结构。现代企业的领导成员必须具有足够的知识水平，特别是企业高级层次的领导，总是面对着全局的复杂变化的现实，必须具有更高知识水平。科学研究告诉我们，在现代社会，一个人的知识只有约 10% 是靠正规学校教育获得的，约 90% 的知识是在以后的工作实践和职业学习中获得的。因此，在选任干部时，除了要注意学历外，还必须考察干部的实际知识水平。

c. 专业结构。专业结构是指在领导班子中，各类专业人才的比例。作为企业的领导班子，比较理想的应是根据它所担负的职能，配备相应的各类专业人才，使整个班子成为具有综合业务领导能力的群体。

d. 智能结构。智能指的是人们掌握和运用知识的能力。其主要包括自学能力、研究能力、思维能力、表达能力、组织能力和管理能力。合理的智能结构，应由具有高超创造能力的思想家、具有高度组织能力的组织家和具有"一步一个脚印"的实干家共同构成。

综上所述，领导班子结构是多因素的、动态的综合体。为了提高领导班子整体素质，必须全面考虑年龄、知识、专业和智能结构，同时必须注意，一个合理的结构必然是自适应、自控制、自调整的，并不是一次成功、永恒不变的，其必须在不断运动中，逐步求得平衡和合理。只有这样，才能使领导班子内的"摩擦"和相互抵消力量转化成为动力，形成高效能的领导集体。

②提高职工队伍的素质。提高职工队伍素质必须做到：

A. 制定各类人员（管理人员、工程技术人员、工人）的素质标准。一般的素质标准包括政治素质、文化素质、技术业务素质、身体素质等，并采取各种形式进行全员培训以促进各类人员标准素质的形成。

B. 形成合理的企业职工的比例结构。一般主要是指：形成企业的生产、管理、服务三类人员的合理比例；生产人员中，形成基本生产、附属生产、辅助生产之间，各工种构成的合理比例；管理人员中，形成如政工、经营管理、技术人员之间的合理比例；服务人员中，形成职工的技术职称和等级的构成的合理比例。

③提高企业的技术素质。提高建筑企业技术素质的途径有：积极采用建筑施工新工艺、新技术；进行技术改造，采用先进的施工机械设备；积极进行技术开发及应用；形成和完善企业的适用技术体系，并不断提高其水平。

④提高企业的管理素质。提高建筑企业的管理素质的途径是：按照市场经济的要求，建立现代企业制度，加强企业管理的基础工作，结合企业实际，实行现代科学管理。

1.4 建筑企业资质等级及其管理

▶ 1.4.1 建筑企业资质等级标准概述

为了加强对建筑活动的监督管理,维护建筑市场秩序,保证建设工程质量,国家建设行政主管部门根据《中华人民共和国建筑法》、《建设工程质量管理条例》制定了《建筑业企业资质管理规定》,该规定自 2007 年 9 月 1 日起施行。

《建筑业企业资质管理规定》中指出,"建筑业企业应当按照其拥有的注册资本、专业技术人员、技术装备和已完成的建筑工程业绩等资质条件申请资质,经审查合格,取得建筑企业资质证书后,方可在其资质许可的范围内从事建筑施工活动。"

1. 建筑企业资质序列

按照上述资质条件,建筑企业的资质可分为施工总承包、专业承包和劳务分包 3 个序列。

(1)施工总承包企业。取得施工总承包资质的企业,可以承接施工总承包工程。承担施工总承包企业可以对所承接的施工总承包工程内各专业工程全部自行施工,也可以将专业工程或者劳务作业分包给具有相应资质的专业承包企业或者劳务分包企业。

(2)专业承包企业。取得专业承包资质的企业,可以承接施工总承包企业分包的专业工程和建设单位依法发包的专业工程。专业承包企业可以对所承接的专业工程全部自行施工,也可以将劳务作业依法分包给具有相应资质的劳务分包企业。

(3)劳务分包企业。取得劳务分包资质的企业,可以承接施工总承包企业或专业承包企业分包的劳务作业。

2. 建筑企业资质类别

施工总承包资质、专业承包资质、劳务分包资质序列按照工程性质和技术特点分别划分为若干资质类别。

(1)施工总承包企业的资质类别。施工总承包企业的资质分为 12 类,包括房屋建筑工程、公路工程、铁路工程、港口与航道工程、水利水电工程、电力工程、矿山工程、冶炼工程、化工石油工程、市政公用工程、通信工程、机电安装工程的施工总承包企业。

(2)专业承包企业的资质类别。专业承包企业的资质分为 60 类,包括地基与基础工程、土石方工程、建筑装修装饰工程、建筑幕墙工程、预拌商品混凝土、混凝土预制构件、园林古建筑工程、钢结构工程、高耸构筑物工程、电梯安装工程、消防设施工程、建筑防水工程、防腐保温工程、附着升降脚手架工程、金属门窗工程、预应力工程、起重设备安装工程、机电设备安装工程、爆破与拆除工程、建筑智能化工程、环保工程、电信工程、电子工程、桥梁工程、隧道工程、公路路面工程、公路路基工程、公路交通工程、铁路电务工程、铁路铺轨架梁工程、铁路电气化工程、机场场道工程、机场空管工程及航站楼弱电系统工程、机场目视助航工程、港口与海岸工程、港口装卸设备安装工程、航道工程、通航建筑工程、通航设备安装工程、水上交通管制工程、水工建筑物基础处理工程、水工金属结构制作与安装工程、水利水电机电设备安装工程、河湖整治工程、堤防工程、水工大坝工程、水工隧洞工程、火电设备安装工程、送变电工程、核工程、炉窑工程、冶炼机电设备安装工程、化工石油设备管道安装工程、管道工程、无损检测工程、海洋石油工程、城市轨道交通工程、城市及道路照明工程、体育场地设施工程、特种专业工程的专业承包企业。

(3)劳务分包企业的资质类别。劳务分包企业的资质分为13类,包括木工作业、砌筑作业、抹灰作业、石制作业、油漆作业、钢筋作业、混凝土作业、脚手架搭设作业、模板作业、焊接作业、水暖电安装作业、钣金工程作业、架线工程作业的劳务分包企业。

3. 建筑企业资质等级

各资质类别的企业按照其拥有的注册资本、专业技术人员、技术装备和已完成的建筑工程业绩等条件划分为若干等级。

(1)施工总承包企业的资质等级。房屋建筑工程、公路工程、铁路工程、水利水电工程、电力工程、矿山工程、市政公用工程施工总承包企业的资质分为特级、一级、二级和三级4个等级;港口与航道工程、冶炼工程、化工石油工程施工总承包企业的资质分为特级、一级、二级3个等级;通信工程施工总承包企业的资质分为一级、二级和三级3个等级;机电安装工程施工总承包企业的资质分为一级、二级2个等级。

(2)专业承包企业的资质等级。地基与基础工程、土石方工程、建筑装修装饰工程、建筑幕墙工程、园林古建筑工程、钢结构工程、高耸构筑物工程、消防设施工程、防腐保温工程、金属门窗工程、起重设备安装工程、机电设备安装工程、爆破与拆除工程、建筑智能化工程、环保工程、电信工程、电子工程、公路路面工程、公路路基工程、铁路电务工程、铁路电气化工程、港口与海岸工程、航道工程、通航建筑工程、水工建筑物基础处理工程、水工金属结构制作与安装工程、水利水电机电设备安装工程、河湖整治工程、堤防工程、水工大坝工程、水工隧洞工程、火电设备安装工程、送变电工程、化工石油设备管道安装工程、管道工程、无损检测工程、城市及道路照明工程、体育场地设施工程等专业承包企业分为一级、二级、三级;电梯安装工程、附着升降脚手架工程、桥梁工程、隧道工程、铁路铺轨架梁工程、机场场道工程、机场空管及航站楼弱电系统工程、机场目视助航工程、通航设备安装工程、港口装卸设备安装工程、核工程、炉窑工程、冶炼机电设备安装工程、海洋石油工程等专业承包企业分为一级和二级;预拌商品混凝土工程、混凝土预制构件工程、建筑防水工程、预应力工程等专业承包企业分为二级和三级。而公路交通工程(分为交通安全设施、通信系统工程、监控系统工程、收费系统工程和通信、监控、收费综合系统工程五个分项)、水上交通管制工程、城市轨道交通工程、特种专业工程的专业承包企业则不分级。

(3)劳务分包企业的资质等级。木工、砌筑、钢筋、脚手架、模板、焊接等劳务分包企业分为一级、二级;而抹灰、石制、油漆、混凝土、水暖电安装、钣金、架线等劳务分包企业则不分级。

➤ 1.4.2 建筑企业资质管理

建筑企业资质管理的内容主要涉及资质申请、资质审批、资质晋升、资质的年检制度、违法违规行为的处罚等内容,具体规定参见《建筑企业资质管理规定》的相关条款。

思考与练习

1. 企业的概念是什么？具体分类有哪些？

2. 简述现代企业的一般特征。

3. 企业管理的概念及其性质是什么？

4. 简述企业管理的基本观念。

5. 建筑业在国民经济中的地位和作用是什么？建筑企业的概念是什么？类型有哪些？

6. 建筑产品及其生产的特点有哪些？

7. 建筑企业管理的内容及其特点有哪些？

8. 系统的概念是什么？企业系统的构成要素有哪些？建筑企业素质的概念和内容是什么？如何提高建筑企业素质？

9. 建筑企业资质序列有哪些？这些序列的资质等级各是如何划分的？

第 2 章　建筑企业组织管理

学习要点

1. 建筑企业组织结构的基本形式
2. 建筑企业的项目组织形式
3. 企业组织结构设计的权变因素，企业环境、战略、技术及规模对组织结构的影响
4. 虚拟组织的含义、特征及应用价值
5. 扁平化组织的含义、优势及实现途径
6. 建筑企业创建学习型组织的条件和措施
7. 建筑企业组织再造的必要性及措施

2.1　建筑企业的组织结构

2.1.1　建筑企业组织结构的基本形式

建筑企业组织结构的基本形式是建筑企业管理组织的各个要素相互联结的框架的形式。建筑企业组织结构是多种多样的，现将不同的管理组织结构形式及特点分述如下：

1. 直线型组织结构

直线型组织结构是从古代军队移植而来，在管理权和所有权完全一致的早期企业一般运用这种形式，如图2-1所示。其特点是：组织中各种职务按垂直系统直线排列，各级主管人员对所属下级拥有直接的领导职权，组织中每一个人只能向一个直接上级报告，组织中不设专门的职能机构，至多有几名助手协助最高层管理者工作。

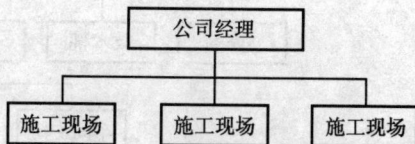

图 2-1　直线型组织结构图

这种组织结构的优点是：结构比较简单、权力集中、权责分明、命令统一、沟通简捷、决策迅速、比较容易维护纪律和秩序。其缺点是在组织规模较大的情况下，由于所有的管理职能都集中由一人承担，往往会因为个人的知识及能力有限而难以深入、细致、周到地考虑所有管理问

题,因此管理就比较简单粗放,有时会顾此失彼,产生失误;此外,组织中的成员只注意上情下达和下情上达,每个部门只关心本部门工作,因而部门间的横向联系与协调比较差,难以在组织内部培养出全能型、熟悉组织情况的管理者。这种组织结构一般只适用于那些产品单一,生产技术简单,无须按职能实行专业化管理的小型企业,或者是现场的作业管理。

2. 职能型组织结构

职能型组织结构最早是由泰罗提出的,如图 2-2 所示。其特点是:采用专业分工的管理者,代替直线型组织中的全能型管理者。组织内除直线主管外还相应地设立一些组织机构,分担某些职能管理的业务。这些职能机构有权在自己的业务范围内,向下级单位下达命令和指示,因此下级直线主管除了接受上级直线主管的领导外,还必须接受上级各职能机构在其专业领域的领导和指示。

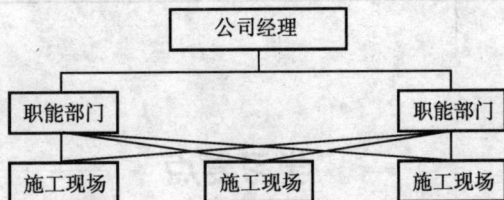

图 2-2 职能型组织结构图

这种组织结构的优点是能够充分发挥职能机构的专业管理作用,适应现代组织技术比较复杂和管理分工较细的特点,因而有可能发挥专家的作用,减轻上层主管人员的负担。但其缺点也比较明显,即妨碍了组织中必要的集中领导和统一指挥,形成了多头领导;各部门容易过分强调本部门的重要性而忽视与其他部门的配合、忽视组织的整体目标;不利于明确划分直线人员和职能科室的职责权限,容易造成管理的混乱;加大了最高主管监督协调整个组织的要求。因此,在实践中这种管理组织结构并未得到推广应用。这种组织形式适用于任务复杂的社会管理组织和生产技术复杂、各项管理需要具有专门知识的企业管理组织。

3. 直线职能型组织结构

直线职能型组织结构是对职能型组织结构的改进,是以直线型组织为基础,在各级直线主管之下,设置相应的职能部门,即设置了两套系统:一套是按命令统一原则组织的指挥系统,另一套是按专业化原则组织的管理职能系统。其特点是:直线部门和人员在自己的职责范围内有决定权,对其所属下级的工作进行指挥和命令,并负全部责任,而职能部门和人员仅是直线主管的参谋,只能对下级机构提供建议和业务指导,没有指挥和命令的权力,如图 2-3 所示。

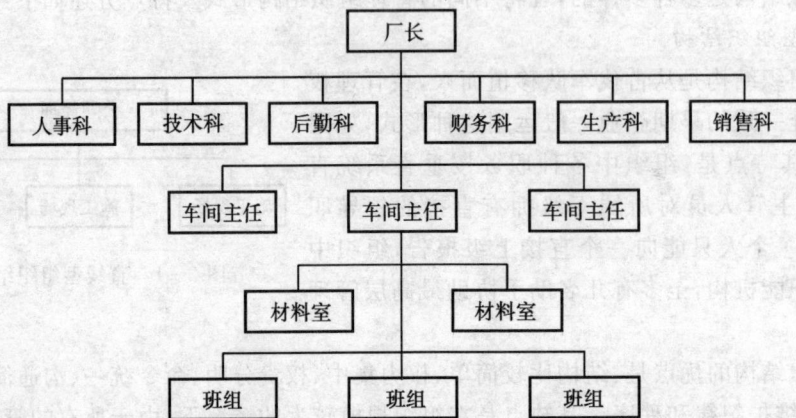

图 2-3 直线职能型组织结构图

可见,这种组织形式综合了直线型和职能型组织结构的优点,既保证了集中统一指挥,又能发挥各种专家业务管理的作用,其职能高度集中、职责清楚、秩序井然、工作效率高,整个组织有较高的稳定性。其缺点是下级部门主动性和积极性的发挥受到限制;各部门自成体系,不重视信息的横向沟通,工作容易重复;当职能参谋部门和直线部门之间目标不一致时,容易产生矛盾,致使上层主管的协调工作量增大;整个组织系统的适应性较差,缺乏弹性,对新情况不能及时作出反应;还会增加管理费用。这种组织结构形式对中、小型组织比较适用,但对于规模较大、决策时需要考虑较多因素的组织,则不太适用。但目前这种组织形式仍被我国大多数企业采用。

4. 事业部制组织结构

事业部制组织结构首创于19世纪20年代,最初是由美国通用汽车公司副总经理斯隆创立,又称"斯隆模型"。它是在产品部门化基础上建立起来的。如图2-4所示。这种类型结构的特点是,组织按地区或所经营的各种产品和事业来划分部门,各事业部独立核算、自负盈亏的一种分权管理组织结构。同时,事关大政方针、长远目标以及一些全局性问题的重大决策集中在总部,以保证企业的统一性。这种组织结构形式最突出的特点是"集中决策,分散经营",这是在组织领导方式上由集权制向分权制转化的一种改革。

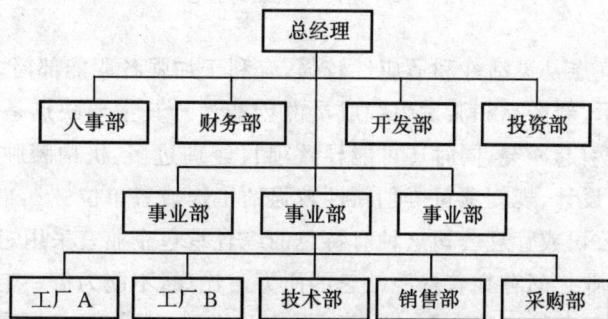

图2-4 事业部制组织结构图

这种组织结构形式的主要优点是适应性和稳定性强,有利于组织的最高管理者摆脱日常事务而专心致力于组织的战略决策和长期规划,有利于调动各事业部的积极性和主动性,并且有利于公司对各事业部的绩效进行考评。它的缺点是:由于机构重复,造成了管理人员浪费;由于各个事业部独立经营,各事业部之间要进行人员互换就比较困难,相互支援较差;各事业部主管人员考虑问题往往从本部门出发,各事业部间独立的经济利益会引起相互间激烈的竞争,可能发生内耗;由于分权容易造成忽视整个组织的利益、协调较困难的情况,也可能出现架空领导的现象,从而减弱对事业部的控制。这种组织结构形式适用于产品多样化、地理位置分散、市场环境复杂多变的大型企业和巨型企业。

针对工程或项目、地理分布、商务或利润中心来组织事业部是有效的管理方法。对跨地区、跨国界的大型综合承包企业适合采用事业部结构或区域性结构。由于时间和空间的限制,信息的及时性和真实性不能得到保障,使得部门间的协调变得困难,从而影响决策质量。每个事业部内跨职能的协调增强,并且事业部实行决策分权,对外界反应灵活。区域性工程的独特性表现在环境的不确定性、工作程序的非例行性及技术工作过程的高度依存性等方面,采用事业部结构能较好地解决这些问题。

5. 矩阵型组织结构

这是一种将职能划分的部门同产品、服务或工程项目划分的部门结合起来的组织形式,如图2-5所示。在这种组织中,每个成员既要接受垂直部门的领导,又要在执行某项任务时接受项目负责人的指挥。可以说,矩阵结构是对统一指挥原则的一种有意识的违背。

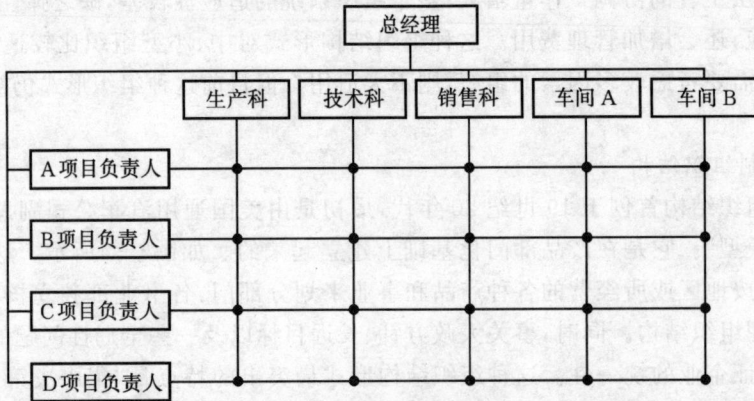

图2-5　矩阵型组织结构图

这种结构的主要优点是灵活性和适应性较强,有利于加强各职能部门之间的协作和配合,并且有利于开发新技术、新产品和激发组织成员的创造性。其主要缺点是组织结构稳定性较差,双重职权关系容易引起冲突,同时还可能导致项目经理过多、机构臃肿的弊端。这种组织结构主要适用于科研、设计、规划项目等创新性较强的工作或者单位。

对于设计—管理公司或管理公司这种有特色的综合承包企业宜采用矩阵结构。管理工程中,各项目之间或各专业之间存在着资源缺乏的压力。比如,不能为每一工程项目指派专业工程师,还有如果工程项目环境不确定和技术复杂,就会使部门之间存在较高的相互依存,组织内纵向与横向就需要大量的协调和信息沟通。矩阵组织结构是实现纵向、横向联系有力的模式,能满足规模中等的企业或企业下的事业部管理的要求。但也存在着为解决部门或员工受双重领导方式导致组织的有效性下降,由此演化出一方占据支配地位的不平衡性矩阵。工程管理中,采用以项目经理起主导作用,职能部门仅仅是专业技术人员和专业技术咨询的项目式矩阵,以此来提高管理的有效性。

6. 多维立体型组织结构

这种组织结构是矩阵组织结构形式和事业部制组织结构形式的综合发展。这种结构形式由三方面的管理系统组成:第一,按产品(项目或服务)划分的部门(事业部),是产品利润中心;第二,按职能如市场研究、生产、销售、技术研究、质量管理等划分的专业参谋机构,是职能利润中心;第三,按地区划分的管理机构,是地区利润中心。在这种组织结构形式下,每一系统都不能单独作出决策,而必须由三方代表,通过共同协调才能采取行动。因此,多维立体型组织结构能够促使每个部门都能从整个组织的全局来考虑问题,从而减少产品、职能、地区各部门之间的矛盾。即使三者之间有摩擦,也比较容易统一和协调。这种类型的组织结构形式最适用于跨国公司或规模巨大的跨地区公司,如图2-6所示。

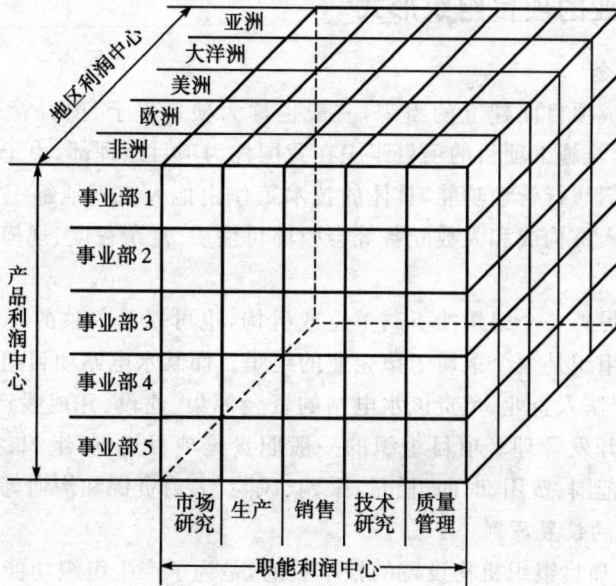

图 2-6　多维立体型组织结构图

7. 网络型组织结构

网络型组织,是利用现代信息技术手段而建立和发展起来的一种新型组织结构,如图 2-7 所示。现代信息技术使企业与外界的联系加强了,利用这一有利条件,企业可以重新考虑自身机构的边界,不断缩小内部生产经营活动的范围,相应地扩大与外部单位之间的分工协作。这就产生了一种基于契约关系的新型组织结构形式,即网络型组织。

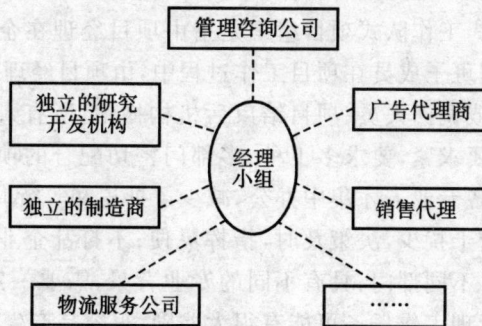

图 2-7　网络型组织结构图

这种组织形式的特色是将企业内部各项工作(包括生产、销售、财务等),通过承包合同交给不同的专门企业去承担,而总公司只保留为数有限的职员,它的主要工作是制定政策及协调各承包公司的关系。这种结构可使企业减少行政开支,具有较强的应变能力。其缺点是总公司对各承包公司控制能力有限。

➢ 2.1.2　建筑企业的项目组织形式

1. 项目组织的概念

项目组织是为完成项目而建立的组织，一般也称为项目班子、项目管理班子、项目组等。一些大中型项目，如建筑施工项目的项目组织在我国称为项目经理部，由于项目管理工作量很大，因此，项目组织专门履行管理功能，具体的技术工作由他人或其他组织承担。项目组织的具体职责、组织结构、人员构成和人数配备等会因项目性质、复杂程度、规模大小和持续时间长短等有所不同。

项目组织可以是另外一个组织的下属单位或机构，也可以是单独的一个组织。例如某企业的新产品开发项目组织是一个隶属于该企业的组织。而某水电站项目组则是水电开发有限责任公司，本身是一个法人企业，负责该水电站的资金筹集、建设、建成投产后的经营、偿还贷款和水库上游地区的开发管理。项目组织的一般职责是项目规划、组织、指挥、协调和控制。项目组织要对项目的范围、费用、时间、质量、采购、风险、人力资源和沟通等多方面进行管理。

2. 项目组织的机构设置原则

(1)目的性原则。项目组织机构设置的根本目的，是为了产生组织功能实现项目目标。从这一根本目的出发，就应因目标设事，因事设岗，因职责定权力。

(2)精干高效原则。大多数项目组织是一个临时性组织，项目结束后就要解散，因此，要求项目组织应精干高效，应着眼于使用和学习锻炼相结合，以提高人员素质。

(3)项目组织与企业组织一体化原则。项目组织往往是企业组织的有机组成部分，企业是它的母体，项目组织是由企业组建的，项目管理人员来自企业，项目组织解体后，其人员仍回企业，所以项目的组织形式与企业的组织形式密切有关。

3. 项目组织结构的类型

项目组织结构类型有很多，常见的有工作队式、部门控制式、项目型、矩阵型。

(1)工作队式项目组织。工作队式项目组织是指由项目经理在企业内抽调职能部门的人员组成管理机构。项目管理班子成员在项目工作过程中，由项目经理领导，原单位领导只负责业务指导，不能干预其工作或调回人员；项目结束后机构撤销，所有人员仍回原部门。该组织结构适用于大型项目，工期要求紧，要求多工种、多部门密切配合的项目。它的优点是能发挥各方面专家的特长和作用；各专业人才集中办公，减少了扯皮和等待时间，办事效率高，解决问题快；项目经理权力集中，受干扰少，决策及时，指挥灵便；不打乱企业的原有结构。但也存在一些缺点，如：各类人员来自不同部门，具有不同的专业背景，需要一定时间进行磨合；各类人员在同一时期内所担负的管理工作任务可能有很大差别，很容易产生忙闲不均；成员离开原单位，需要重新适应环境，容易产生临时观点。

(2)部门控制式项目组织。部门控制式项目组织是指按职能原则建立项目组织，把项目委托给某一职能部门，由职能部门主管负责，在本单位选人组成项目组织。该组织结构一般适用于小型的、专业性较强、不需涉及众多部门的项目。其优点是人事关系容易协调；从接受任务到组织运转，启动时间短；职能专一，关系简单。但同时也存在不适应大项目需要的缺点。

(3)项目型项目组织。项目型项目组织的特征是企业中所有人都是按项目划分，几乎不再存在职能部门。在项目型组织里，每个项目就如同一个微型公司那样运作，完成每个项目目标所需的所有资源完全分配给这个项目，专门为这个项目服务，专职的项目经理对项目组拥有完全的项目权力和行政权力。其优点是项目型组织的设置能迅速有效地对项目目标和各客户的需要作出反应;而不足之处在于资源不能共享,成本高,项目组织之间缺乏信息交流。所以,项目型组织结构适用于同时进行多个项目,但不生产标准产品的企业。常见于一些涉及大型项目的公司,如建筑业、航空航天业等。

(4)矩阵型项目组织。矩阵型组织中的项目组织与职能部门同时存在,这样既发挥职能部门的纵向优势,又发挥项目组织的横向优势;其中专业职能部门是永久性的,项目组织是临时性的。职能部门负责人对参与项目组织的人员有组织调配和业务指导的责任。项目经理将参与项目组织的职能人员在横向上有效地组织在一起。项目经理对项目的结果负责,而职能经理则负责为项目的成功提供所需资源。矩阵型项目组织适用于同时承担多个项目的企业,其优点是能将职能与任务很好结合在一起,既可满足对专业技术的要求,又可满足对每一项目任务快速反应的要求,同时充分利用人力及物力资源,促进组织内的学习、交流。其缺点是存在双重领导,各项目间、项目与职能部门间容易发生矛盾,项目组成员不易管理。

4. 项目组织结构的设计与选择

前面介绍的是项目组织经常采用的几种组织结构形式,除了这几种常见的组织结构之外,还可能存在其他组织结构形式。通过前面的介绍,可以看出每一种组织结构形式都有其优点、缺点和适用条件,没有一种万能的、最好的组织结构形式。对不同的项目,应根据项目的具体目标、任务条件、项目环境等因素进行分析、比较,设计或选择最合适的组织结构形式。一般来说,部门控制式的组织结构适用于项目规模小、专业面窄、以技术为重点的项目;如果一个组织经常有多个类似的、大型的、重要的、复杂的项目,应采用项目式的组织结构;如果一个组织经常有多个内容差别较大、技术复杂、要求利用多个职能部门资源的工作任务,比较适合选择矩阵式组织结构;如果要完成一个大型的、重要的、复杂的、要求利用多个职能部门资源的项目则可采用工作队式项目组织结构。

2.2 企业组织结构设计的权变因素

企业在不同发展阶段面临的外部条件和内部特点是不相同的。因此,企业的组织结构应根据不同的发展阶段进行相应的调整。影响组织结构设计的主要权变因素有以下四个方面:企业环境、企业战略、企业技术以及企业规模。

▷ 2.2.1 组织结构与企业环境

1. 环境的不确定性及其分类

所谓环境的不确定性是指企业能够确切了解并适应环境因素的程度。它包括环境的复杂性和环境的稳定性两项指标。环境的复杂性反映了影响企业运营的外部环境状况。影响企业的外部因素较多,且各因素间相互影响,则此环境较复杂,反之环境则简单。环境的稳定性反映了环境因素在时间上的变化状况。环境因素在较长时间内没有较大变化,则此环境是稳定的,反之则是不稳定的。

依据环境的复杂性和简单性这两项指标,可以把企业环境的不确定性划分为四种类型,如图 2-8 所示。

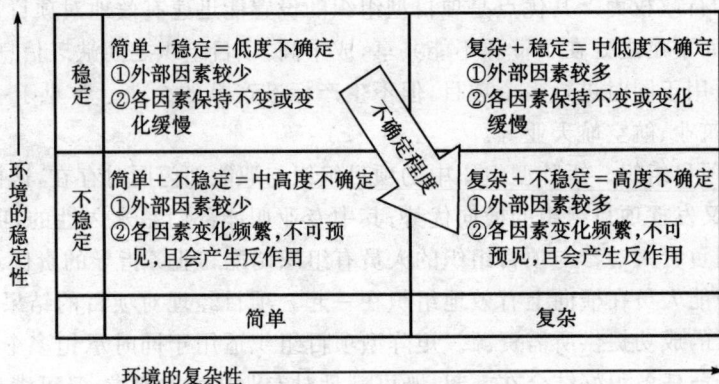

图 2-8 环境不确定性的分类

（1）低度不确定。在"简单＋稳定"象限中，环境的不确定程度很低，企业对环境的预测和适应比较容易。啤酒瓶、氧气瓶等包装容器生产企业以及煤炭、矿石开采企业都归属于这一类。

（2）中低度不确定。在"复杂＋稳定"象限中，由于影响企业的外部因素增加，环境的不确定程度有所提高。但是这些因素变化缓慢，因而预测并适应环境还不是很困难的。生产基本生活必需品的企业就归属于这一类。

（3）中高度不确定。在"简单＋不稳定"象限中，影响企业的外部因素虽然不多，但这些因素变化迅速，且难以预测，环境的不确定程度进一步提高。企业为适应环境而采取的行动常会引起环境因素的反作用。西方的快餐食品企业便可归属于这一类。

（4）高度不确定。在"复杂＋不稳定"象限中，环境不确定性达到最高程度。企业的外部因素错综复杂，而且这些因素很不稳定，变幻莫测，因而风险性很大。电子计算机制造企业、家用电器企业以及时装生产企业都可归属于这一类。

2. 组织结构设计的对策

随着环境不确定程度的不断提高，企业组织结构的设计通常采取以下几项对策来适应环境的各种不确定状态。

（1）增加企业的职能部门和职位数目，以加强企业的对外联系职能。由于企业的外部环境因素复杂多变，企业对外联系方面的工作量将相应增加。增加必要的职能部门和工作岗位，将有助于企业同外部环境的主要因素之间保持联系与协调。通过企业及时调整计划和活动，达到企业生产经营更好适应环境的目的。

对外联系部门的任务，具体包括以下三个方面：

①收集、整理和分发外部环境变化的有关信息。对外联系部门主要负责收集市场需求、竞争者的信息以及整理出变化的趋势；了解、收集有关原材料供应、生产设备制造以及劳动力培训等方面的信息，并且将这些信息通过有关渠道分发给其他部门。

②代表企业向外部环境输出信息，以加强外界对企业的认识。对外联系部门需要将企业的产品、服务信息介绍给市场和用户；将企业的良好形象和发展规划介绍给上级主管部门和社会各界等。

③降低环境不确定性对企业内部生产的冲击和干扰作用。对外联系部门的任务有：实行

滚动计划和备用计划的方法来缓冲外界的影响因素;根据市场需求研究开发新产品并作好生产前的准备,使生产部门能有计划地、顺利地调整产品结构等。

(2)加强企业管理中的协调和综合职能。当外部环境处于复杂而迅速变化的状态,企业的各个部门必须提高专业化,才能更好应对环境的不确定性。企业通常采取的措施是配备专门的综合管理人员。这些综合管理人员包括:联络员、项目经理、企管办人员、综合计划员等。

(3)增加组织结构的柔性。柔性结构在复杂多变的环境中显示出较好的适应性,可以对外部环境的变化作出灵活而有效的反应。

(4)强化计划职能和对外部环境的预测。通过计划和预测工作可以使企业早做准备,从而削弱外部环境变化的不利影响。

根据上述对策,可将环境的不确定性类型和组织结构对策对应起来,归纳出组织结构与环境的权变框图,如图 2-9 所示。

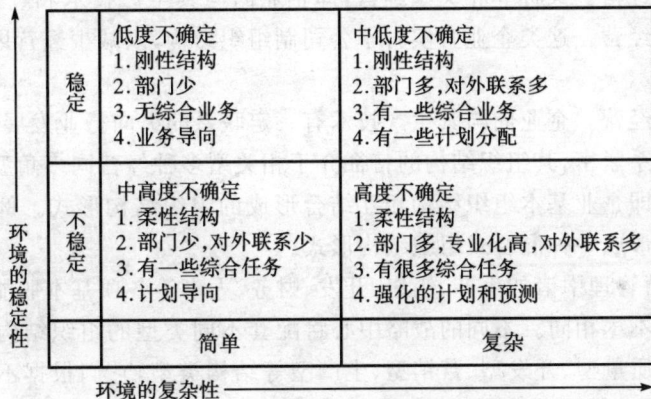

	低度不确定 1. 刚性结构 2. 部门少 3. 无综合业务 4. 业务导向	中低度不确定 1. 刚性结构 2. 部门多,对外联系多 3. 有一些综合业务 4. 有一些计划分配
稳定		
不稳定	中高度不确定 1. 柔性结构 2. 部门少,对外联系少 3. 有一些综合任务 4. 计划导向	高度不确定 1. 柔性结构 2. 部门多,专业化高,对外联系多 3. 有很多综合任务 4. 强化的计划和预测
	简单	复杂

图 2-9   组织结构与环境的权变框图

▷ 2.2.2   组织结构与企业战略

1. 单一经营领域战略和多种经营战略

不同类型的企业战略要求其配套的组织结构也有所不同。从企业经营领域的角度可将企业经营战略划分为单一经营领域战略和多种经营战略。各类经营战略与组织结构间的对应关系如表 2-1 所示。

表 2-1   经营战略与组织结构的对应关系

经营战略	组织结构
单一经营领域战略	职能制组织结构
副产品型多种经营战略	附有单独核算单位的职能制组织结构
相关型多种经营战略	事业部制组织结构
多角型多种经营战略	子公司制组织结构
相连型多种经营战略	混合型结构制组织结构

（1）单一经营领域战略。单一经营领域战略是指企业的经营范围只局限于某一行业或某一行业的某种产品。同这种战略相配套的组织结构是集权的职能制。职能制组织结构用于该种战略不仅便于管理，同时有利于减少管理人员，降低成本。

（2）多种经营战略。多种经营战略的企业经营领域涉及行业内的各种产品或跨行业经营。因此，又可具体细分为副产品型、相关型、相连型以及多角型多种经营，分别要求不同的组织结构与之相配套。

①副产品型多种经营。企业为充分利用资源、提高经济效益等原因，同时生产经营超出本行业范围的某些副产品。实行这种战略的公司仍宜采用集权的职能制，但企业对副产品的生产经营应附有单独的经济核算单位，以体现副产品生产经营对公司带来的经济效益。

②相关型多种经营。这类企业是为发挥同类技术特长、现有销售渠道等原因，横向地扩大生产经营范围。实行这种战略的公司，宜采用分权的事业部制组织结构。

③多角型多种经营。又称非相关型经营，即企业向与其生产技术和经营管理都有很大差别的行业发展多种经营。这类企业宜实行子公司制组织结构，以减少经营风险，保持均衡的投资利润率。

④相连型多种经营。企业向与其生产技术有一定联系的纵向行业发展多种经营。这类企业各经营领域间联系紧密，其组织结构的特征介于相关型多种经营同多角型经营之间，宜采用混合型组织结构。即企业基本组织结构相互结合形成的组织结构形式。例如，直线职能制与事业部制即可结合形成一种混合式组织结构形式。

此外，企业经营管理中诸如生产、销售、开发、财务、人事等各项基本职能，在企业管理系统中的地位和作用也不尽相同。不同的战略中心将配套不同类型的组织结构，常见的战略中心的组织结构表现在质量型、开发型、营销型、生产型等结构类型，它们根据不同的要求，分别把有关的管理职能置于组织结构的中心地位。

2. 竞争战略与组织结构

从产品或经营项目的竞争方式和态度角度可将经营战略划分为保守型战略、风险型战略以及分析型战略三个类型。它们同样要求不同的组织结构分别与之相配套，如表 2-2 所示。

表 2-2　竞争战略与组织结构

经营战略	保守型战略	风险型战略	分析型战略
组织结构	职能型	事业部制	矩阵型
计划管理	严格	粗泛	严格与粗泛并存
信息沟通	纵向为主	横向为主	纵向与横向并存
集权与分权	集权为主	分权为主	集权与分权结合
高层管理人员构成	工程师、成本专家	营销、研究开发专家	联合组成

（1）保守型战略。保守型战略主要致力于保持生产经营的稳定和提高效率。与这种战略相配套的组织结构应强调提高生产和管理的规范化程序，以及用严密的控制来保证生产和工作的效率。因此，刚性结构比较适用于保守型战略。

（2）风险型战略。如果说保守型战略的关键是稳定和效率，那么风险型战略的关键则是开拓和创新。与这种战略相配套的组织结构应以保证企业创新需要的分权部门间接协调为目标。因而,柔性结构比较适用于风险型战略。

(3)分析型战略。分析型战略是集合了保守型战略的生产和工作效率高以及风险型战略的反应迅速的优点。一方面用保守型方法保持传统的产品和市场;另一方面用风险型方法寻求和开发新的产品和市场,并在两者间保持适当的平衡。即刚性结构和柔性结构的混合比较适用于分析型战略。

▷ 2.2.3 组织结构与企业技术

企业技术,是指企业把原材料加工成产品并销售出去的过程中相关的知识、工具和技艺。它不仅包括企业的机器、厂房,还包括职工的知识、技能以及生产工艺和管理业务方法等。企业技术对组织结构的影响涉及企业级技术和企业内部部门级技术两个层面的影响。

1. 企业级技术对组织结构的影响

企业级技术对组织结构的影响研究最早源于英国工业社会学家琼·伍德沃德(Joan Woodward)。他将企业归并为单件小批量生产、大批量生产和连续生产三种基本技术类型,并对工业生产技术同组织结构的关系进行了影响研究,如表2-3所示。

表2-3 企业级技术同组织结构的相互关系

组织结构特征	技术类型		
	单件小批生产	大批量生产	连续生产
管理层次数目	3	4	6
高层领导的管理幅度	4	7	10
基层领导的管理幅度	23	48	15
基本工人同辅助工人的比例	9:1	4:1	1:1
大学毕业的管理人员所占比重	低	中等	高
经理人员同全体职员的比例	低	中等	高
技术工人的数量	高	低	高
规范化的程序	少	多	少
集权程度	低	高	低
口头沟通的数量	高	低	高
书面沟通的数量	低	高	低
整体结构类型	柔性的	刚性的	柔性的

(1)随着技术类型从单件小批生产到连续生产的推移,管理层次的数目、经理人员同全体职员的比例、大学毕业的管理人员所占比重等明显的增加。这也表明复杂的技术需要强化管理。

(2)高层领导者的管理幅度随着技术复杂程度的提高而呈现增大的趋势。这是由于技术复杂程度的提高,引起专业分工的进一步细化和部门的增加,则同一领导者的管理幅度也将有所增加。

（3）基本工人同辅助工人的比例随着技术复杂程度的提高而逐步降低，技术工人的比重则逐步增大。这表明复杂的技术装备和生产工艺需要更多的辅助工人来维修和保养设备。这些辅助工人由更高技术等级的工人组成。

（4）组织结构呈现两头柔性、中间刚性，大批量生产对组织结构的规范化程度、集权程度、基层领导的管理幅度以及沟通方式等要求较高。而单件小批生产和连续生产则要求较多的灵活性和适应性。

2. 部门级技术对组织结构的影响

（1）部门级技术的类型模式。企业中的各个部门具有不同的技术特点，大体可以划分为两个方面，即任务的多样性和工作活动的可分解性。任务的多样性是反映该部门工作中发生未曾预料事件的频率。工作中如果经常遇到例外事件，则这种工作的多样性就强。工作活动的可分解性是指生产或工作活动可以分解为具体的工作阶段和步骤，其具体形式可以是工艺规程、工作指令、工作手册、工作标准等。

依据部门技术多样性与可分解性的高低，可将企业的各类部门技术划分为四种类型，如图 2-10 所示。

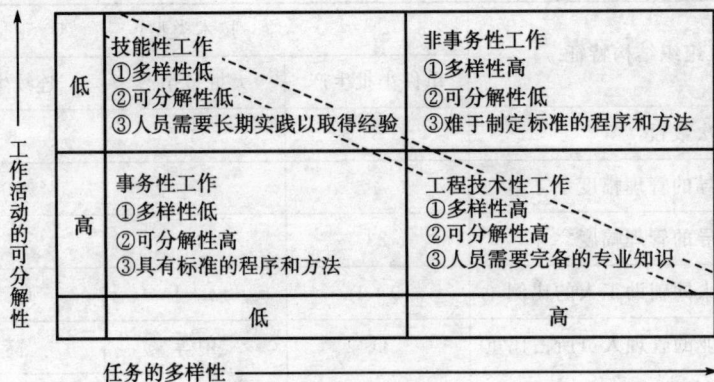

图 2-10 部门级技术类型模式及特点

一个部门中往往不是单纯只存在上述某一种技术类型。判定一个部门所属的技术类型，应以该部门大多数或关键性工作所属的技术类型来决定。在实践中，多样性与可分解性存在着相关关系。因此可将各部门工作简单地划分为两类，图 2-10 中用两条虚线代表对角线，一类是事务性较强的工作，位于对角线的左下方；另一类是非事务性较强的工作，位于对角线的右上方。采用这样一种简化的分类方法，可以对部门技术进行快速而有效的分析。

（2）不同部门技术类型对组织结构的影响。不同部门的技术特点对组织结构的影响不同，主要表现在规范化程度、人员的专业素质、管理幅度、集权程度、沟通类型与方式、控制方法、目标重点以及组织结构类型八个方面。具体各个部门技术类型同组织结构特征的影响情况如表 2-4 所示。

表2-4　各部门类型同组织结构特征的影响情况

组织结构特征	部门技术类型			
	事务性工作	技能性工作	工程技术性工作	非事务性工作
规范化程度	高	适中	适中	低
人员的专业素质	稍需专业训练和经验	需要工作经验	需要正规专业教育	需要专业教育和工作经验
管理幅度	大	适中偏大	适中	小
集权程度	高	适中	适中	低
沟通类型与方法	纵向书面沟通	横向和纵向沟通	书面及口头沟通	横向的口头沟通
控制方法	规章、预算、报表	训练、会议	报表、会议	明确责权目标、会议
目标重点	数量、效率	质量	可靠性、效率	质量
组织结构类型	刚性	偏柔性	偏柔性	柔性

➤ 2.2.4　组织结构与企业规模

不同规模的企业在组织结构上具有明显的差别。企业规模通常采用职工人数、企业生产能力（年产量）、年销售额以及企业投资额等指标进行衡量。但在组织设计工作中，主要采用职工人数这一指标。

大型企业同小型企业相比，其组织结构特征在结构的复杂性、决策分权化程度、正规化程度以及人员结构等方面存在显著差别，如表2-5所示。

表2-5　不同企业规模对组织结构的影响

结构要素	小型企业	大型企业
管理层次的数目（纵向复杂性）	少	多
部门和职务的数量（横向复杂性）	少	多
分权程度	低	高
技术和职能的专业化	低	高
正规化程度	低	高
书面沟通和文件数量	少	多
专业人员比率	小	大
文书、办事人员比率	小	大
中高层行政领导人员比率	大	小

（1）结构的复杂性。不论从纵向和横向的结构复杂性都能看出，大型企业比小型企业具有更多的生产部门和管理部门。

（2）决策分权化的程度。企业的规模小，则决策权一般集中在企业的最高层。当企业规模扩大时，则原来由企业最高层作出的决策，其中一部分将由较低层次担任。因此，中小型企业宜采用职能制,大型企业则多采用事业部制及子公司制。

(3)正规化程度。正规化程度又称制度化或规范化,反映企业拥有各种正式颁布的规章制度和书面文件的状况。通常情况下大型企业的正规化程度总是高于小型企业。

(4)人员结构。企业规模不同,企业人员的构成状况也有所不同。这主要表现在专业人员的比率和中高层行政领导人员的比率两个方面。

2.3 建筑企业组织结构的未来发展方向

➢ 2.3.1 虚拟组织

20世纪80年代国际工程承包市场上开始出现联营体,部分体现了这种组织的创新思想,在实践中也被证明是一种行之有效的经营战略。但在经济全球化、市场动态化的今天,强调信息技术应用的虚拟化经营(动态联盟)是新的竞争环境下企业组织创新的必然趋势。

1. 虚拟组织的含义

虚拟组织是指两个以上的独立的实体,为迅速向市场提供产品和服务、在一定时间内结成的动态联盟。它不具有法人资格,也没有固定的组织层次和内部命令系统,而是一种开放的组织结构,因此可以在拥有充分信息的条件下,从众多的组织中通过竞争招标或自由选择等方式精选出合作伙伴,迅速形成各专业领域中的独特优势,实现对外部资源整合利用,从而以强大的结构成本优势和机动性,完成单个企业难以承担的市场功能,如产品开发、生产和销售。

虚拟组织中的成员可以遍布在世界各地,彼此也许并不存在产权上的联系,不同于一般的跨国公司,相互之间的合作关系是动态的,完全突破了以内部组织制度为基础的传统的管理方法。

网络的发展推动了虚拟组织的发展。其实。网络本身也是虚拟组织的一种形式,它是一系列预先认证合格的合作伙伴。同时,作为辅助工具,网络又推动了各个领域中合作的开展和众多虚拟组织的形成。

2. 虚拟组织的特征

虚拟组织的关键特征大致表现在以下几个方面:

(1)虚拟组织具有较大的适应性,在内部组织结构、规章制度等方面具有明显的灵活性。

虚拟组织是一个以机会为基础的各种核心能力的统一体,这些核心能力分散在许多实际组织中,它被用来使各种类型的组织部分或全部结合起来以抓住机会,当机会消失后,虚拟组织就解散。

(2)虚拟组织共享各成员的核心能力。虚拟组织是通过整合各成员的资源、技术、顾客市场机会而形成的。它的价值就在于能够整合各成员的核心能力和资源,从而降低时间、费用和风险,提高服务能力。

(3)虚拟组织中的成员必须以相互信任的方式行动。合作是虚拟组织存在的基础。由于虚拟组织突破了以内部组织制度为基础的传统的管理方法,各个成员为了获取一个共同的市场机会结合在一起,他们在合作中必须彼此信任,当信任成为分享成功的必要条件时,就会在各成员中形成一种强烈的依赖关系。否则,这些成员无法取得成功,顾客们也不会同他们开展业务。

3. 虚拟组织应用的价值

随着信息技术的发展、竞争的加剧和全球化市场的形成,没有一家企业可以单枪匹马地面对全球竞争。因此,由常规组织过渡到虚拟组织阶段是必然的,虚拟组织日益成为公司竞争战略"武器库"中的核心工具。这种组织形式有着强大的生命力和适应性,它可以使企业准确有效地把握住稍纵即逝的市场机会。对于我国小型建筑企业来说,借用大型合作伙伴的一个特殊好处在于容易被银行和客户所接纳。

▷ 2.3.2 扁平化组织

1. 扁平化组织的含义

传统的层级制组织结构模式是按照亚当·斯密的劳动分工理论将全部经营活动和生产过程分解为若干经营阶段和若干道工序的管理思想建立起来的,组织层次繁多、机构臃肿、人浮于事,面对激烈市场竞争的应变能力就越弱。因此,减少管理层次,扩大管理跨度,使组织结构扁平化是当今企业组织结构变革的一大趋势。

结构的扁平化是对层级制组织类型的进一步发展,即是指为适应竞争的特点,在信息技术的基础上,着眼于减少层级,改善沟通,促使管理层次的减少和管理跨度的扩大,组织结构形态由标准的金字塔型向扁平模式转化的过程。

2. 扁平化管理的优势

扁平化管理的自身特性决定了在组织中实施扁平化管理会带来以下优势:

(1)由于管理层次少,信息的传递快,从而可以使高层较快地发现信息所反映的问题,并及时采取相应的应对措施。

(2)管理链条的缩短,使管理信息在传递过程中失真的可能性降低。

(3)由于管理跨度宽,高层管理人员由于能力、时间所限,不会对下属层管理人员控制过多、过死,有利于下属主动性和创造精神的发挥。

(4)由于少了管理的层次,优化了组织结构,强化了内部管控,降低了管理成本,提高了管理效率和企业的核心竞争力。

总之,扁平化组织结构一方面增强了组织的灵活度,快速的决策意味着更高的员工满意度;而且更能激励员工,使员工热衷参与企业的决策,从而发挥他们的创新积极性。另一方面,上层管理费用减少了,团队将取代管理工作。组织从纵向到横向的发展,表明组织由注重职能转向了注重流程。

3. 实现扁平化组织的途径

扁平化意味着撤除了一些检查或重复的工作职位,可以给知识员工较多的现场处置权,从而缩短上下级之间的距离。按照德鲁克的构想,扁平化的结果便是组织中不增加价值的层级的减少。德鲁克提出了两条途径:一是损耗,当某一职位由于退休、死亡、辞职等因素空缺出来的时候,不要立刻填补它,让它空缺一段时间,看看会出现什么结果,除非人们都发现效率因此而受损,纷纷要求填补这一职位,否则就废除它;二是以工作扩大取代晋升,作为奖励的晋升往往会导致层级膨胀,满足年轻管理人员职业成就动机的唯一途径是使工作变得更加重要,更具有挑战性、要求更高,越来越多地通过不同岗位之间的水平调动,而非晋升来对管理人员的高效工作给予肯定和奖赏。

➤ 2.3.3 学习型组织

1. 学习型组织的概念及意义

学习型组织,是指通过培养弥漫于整个组织的学习氛围,充分发挥员工的创造性思维能力而建立起来的一种有机的、柔性的、扁平化的、符合人性的、能持续发展的组织。随着建筑企业经营机制改革的不断深化,在经济转型时期,面对企业求生存、求盈利的压力和紧迫感的不断加剧,企业如今考虑更多的是如何通过增强自身实力或组建战略联盟而立于不败之地。职工是企业的立身之本,许多企业领导人都想着眼于通过提高企业职工素质来提高企业竞争力。传统观念认为,提高企业职工素质的有效办法是职工培训。其实,这只是一种比较片面、狭隘的认识。培训是一种重要的方法,但职工的素质问题不是仅仅通过培训就能解决的,关键在于建立一个企业不断学习、不断树立价值、追求目标、不断改进思维方式、提高思想认识水平的机制,将企业逐步改造、过渡为符合这种机制的组织。创建学习型组织是一项重要的战略行动,无论对于单个的企业,还是建筑企业战略联盟,都具有非常重要的战略意义。

2. 学习型组织的五项修炼

学习型组织的理论是由美国学习理论专家彼得·圣吉提出的,他认为,在学习型组织的领域里,有五项新技术汇聚起来,使学习型组织演变成一项创新。虽然,它们的发展是分开的,但都紧密相关,对学习型组织之建立,每一项都不可或缺。他称这五项学习型组织的技能为五项修炼,我们也可以把这五项修炼看做是学习型组织建立的五大原则。

(1)自我超越(personal mastery)。为了促进组织学习,高层管理人员必须允许组织中的每一个人进行自我超越。管理者必须赋予员工权力,允许他们根据自己的想法进行试验、创造和研究。

(2)改善心智模式(improving mental models)。作为促进自我超越的一部分,组织必须鼓励员工发展和使用复杂心智模式——一种可以激励员工寻找新的、更好的完成任务的方式的复杂思维方式。通过这一模式的使用,能够加深员工对于其特定工作活动的理解。圣吉认为,管理者必须鼓励员工形成一种实验和冒险的偏好。

(3)建立共同愿景(building shared vision)。管理者必须强调建立共同愿景的重要性。所谓共同愿景,是指所有组织成员用来考虑机会的共同的心智模式。

(4)团体学习(team learning)。管理者必须尽其所能激发组织的创造性。圣吉认为,在不断壮大的组织学习中,团队学习(发生于集体或团队中的学习)比个人学习更为重要。

(5)系统思考(system thinking)。管理者必须鼓励系统思考,圣吉强调,为了建立一个学习型组织,管理者必须认识到学习过程中各层级之间的相互影响。

3. 建筑企业创建学习型组织的条件

(1)建立创新理念。其中包括四个方面。

①观念创新。思想是行动的先导,观念上的滞后是学习型企业难以建立的最大障碍,只有不断扭转以前落后的学习观念,才能加快学习型企业的形成和发展,才能增强企业的竞争实力,使企业在未来的竞争中处于有利的地位。同时,个体的学习观念也要更新。在知识经济时代,每一个个体只有终身学习才能有效汲取有用的知识和信息,才能在激烈的竞争中占有优势,个体学习的危机意识、主动意识的培养和形成是实现个体成功的必要条件。

②培训创新。企业的培训机构是企业的组织核心,但企业培训机构的最重要任务不是向

员工传授、灌输知识,而是培养员工学习的兴趣、学习的动力,更重要的是使员工学会学习的能力。尊重、鼓励中下层组织的学习能力和创新能力,进行组织结构调整,发挥培训机构的积极作用是建立学习型企业的重要条件。

③制度创新。即要建立健全企业的学习制度。学习制度是学习型企业建立的根本性和全局性的问题,建立健全学习制度,使学习制度与考核评价制度、工资福利制度、人事组织制度有效衔接,形成科学的学习激励机制。

④领导创新。企业领导对学习型企业的创建起着最为关键的作用。企业领导的引导和激励作用具有巨大的影响,企业领导要起到负责培养、教育下级,评判、监督实施,率先垂范以及创造发展条件等重要作用。

(2)创建学习型战略联盟。当前,由于建筑市场竞争的白热化,总体上我国建筑企业规模不大,市场竞争缺乏层次。为了进一步增强实力,强强联合,向战略伙伴学习其优点,取长补短,建立学习型战略联盟是重要途径。把介于企业和市场之间的联盟创建为学习型组织,对于提升企业战略联盟的竞争实力和合作质量具有深远的意义。

4. 建筑企业创建学习型组织的措施

企业每一个职工、每一个部门、每一个单位,都要有一个学习的近期计划和远期规划。建立学习型组织就要从个人的学习、组织的学习两个角度出发,学习型组织的细胞是个人学习,学习型组织的关键是团队学习。

(1)个人学习方面的措施。促进个人学习,必须建立员工理性思考和系统思考的思考方式。理性思考有两个基础:一是自我意识,二是自控能力。员工自我意识的真正迸发,是理性的前提。系统思考的方式之一是进行适当的工作轮训,工作轮训的意义并不是要让每位员工都成为多面手,最终的意义在于让员工了解每一道工序对于企业都是至关重要的,可以让员工的眼光不仅仅局限于自己的岗位,使他能从全局看不同工作的不同作用,工作轮训是培养系统思考方式非常重要的组成部分。

(2)组织学习方面的措施。通过组织学习,可以使得组织具有明显高于其他企业的竞争能力、经营实力和技术实力,促进组织学习。其具体可采取如下措施:

①建立目标管理体制。这个目标也就是共同愿景,即要建立共同愿景,给企业设置一个努力要达到的目标,企业每一个部门、每个单位都有其各自明确的、经过努力可以达到的奋斗目标。

②建立企业信息管理系统。企业信息管理系统可以使企业管理柔性化、扁平化,明显提高管理效率。加快信息的传递速度,提高企业领导掌握企业实际状态和变化的准确性和速度,保证企业领导决策质量。

③建立双向沟通机制。将双向机制纳入企业的组织管理体制,作为企业日常管理工作的一部分,使企业职工和管理者,包括企业的最高管理者有直接的信息传递和反馈渠道,对于职工反映的信息和提案必须给予充分重视和积极回应。

④提高制度的规范化,充分尊重职工自由。企业必须要有学习的规范,即相应的规章制度,将学习制度化和规范化。同时职工也有学习的自由,这也是发挥职工学习主动性和积极性,结合职工个人兴趣和爱好非常重要的方面。

2.4　建筑企业组织再造

▷ 2.4.1　我国建筑企业组织再造的必要性

(1)我国建筑企业集团整体"大"而不"强",无法实现集团运作。其主要表现为:

①从资产结构上,我国建筑企业集团为多级法人经营同一资产,多级机构管理同一项目,有的达到5～6级,管理链条过长,难以监控。

②管理控制体系不科学,总公司多为原行业行政管理机构改组而来,不能成为有较强支配功能的核心企业,与下属从事建筑施工的单体企业之间多是母子公司的分权制,甚至是关联企业的管理模式。

③母子公司经营结构趋同,同业竞争严重,普遍缺乏勘测设计能力和科技开发能力。市场竞争格局层次性不强,金字塔层次竞争格局远未形成,母子公司为了争夺同一个工程项目经常导致互相掣肘。

(2)建筑企业集团内部各单体建筑企业组织结构模式不合理。我国建筑集团内部的各施工企业组织机构臃肿,层次不清晰,部门功能交叉。目前,多沿用直线职能制结构模式,造成各层级设置雷同的职能部门,且职能部门与直线部门之间易产生矛盾,权力过于集中,信息传递不畅。

(3)企业组织结构布局很不合理,很难形成专业化协作关系下的经济规模。由于我国建筑企业的组织结构受原苏联产业组织结构的影响,形成了企业分割、部门分割、地区分割的三重分割局面。但是,由于投资结构和项目业主管理模式的市场化,我国建筑业组织结构和资源配置方式正在发生着深刻的变化,项目管理(MC)、工程总承包(EPC)方式逐步成为工程承包模式的主流趋势。在新的形势下,我国大型建筑业企业通过管理变革和流程再造,来提高企业的市场竞争能力,是一个必然的选择。国有建筑企业的项目管理组织形式一般还在实行工作队式,实行矩阵式的企业,其职能部门和项目管理层还处于"磨合期",工作效率较低下。建立现代企业制度,加强成本管理,是一件漫长而艰苦的过程。现代信息技术的发展和运用为我们进行管理变革和流程再造提供了十分重要的手段。

▷ 2.4.2　建筑企业组织再造的措施

实现全国统一的建筑市场,实现建筑企业管理层与经营层的分离、管理层与劳务层的分离,有待于有关政策法律法规的贯彻执行,但地区间的区域性差别和地方保护政策,必然使建筑企业的组织结构为适应这个时期的变化呈现出不同的形式。

(1)建筑企业组织再造的思路。现代企业制度关于"产权明晰、政企分开、权责明确",内容的逐步落实给企业实行科学管理创造了良好的外部条件,企业可以利用产权关系和政企关系的重大变化,去重组企业的组织结构。

首先,根据企业自身的特点和优势条件,扬长避短、实事求是,明确企业的经营领域是多元的。

其次,根据目标市场的要求确定企业应该做些什么事情,应该承担什么任务,这些任务应通过哪些生产经营活动来完成,以及企业应该具备什么样的基本功能。

再次,这些功能以及相应的活动与任务,应设置哪些部门来担当;部门之间、各层次之间如何分工协作,如何形成合力;这种合力要能够有效地确保企业占领市场,维持和开拓市场,依托市场谋求企业长期稳定的经济效益。

最后,国有大型施工企业在组织结构改革乃至整个经营战略谋划中,要采取抓住建安工程施工主业,放开搞活辅助生产、多种经营和生活服务后勤部门,达到提高企业劳动生产率,进而提高整个企业经济效益的目的。

以上四点从属于现代企业制度中"管理科学"的范畴,是企业的内功。产权明晰、政企分开只是一种外部必要条件,但任何外在的力量都不可能替代企业在内部管理上的努力。

(2)施工企业组织再造的具体措施。

①改善队伍结构,提高队伍素质。企业应在补充具有真才实学的、高学历的工程技术人员和经营管理人员的同时,严格控制职工总数不再增加,随着自然减员而实现职工总数的负增长。与此同时,专业技术人员(含同级技术工人)和经营管理人员在数量比重上和人员素质上得到显著提高,一专多能、训练有素的技术工人基本队伍形成,与此不合要求的其他人员,可在企业内分流或剥离,经转岗培训后,安排其从事多种经营。

②辅助生产、多种经营、后勤生活服务部门,应在企业内分立或剥离出去,走社会化、专业化、商品化的道路。部门分立或剥离应依据具体情况,可采取:移交当地政府或社区组织(如学校、医院、幼儿园、公安局等);独立组成新的法人企业,成为企业全资或控股或参股的子公司(如机械修造厂、预制构件加工厂、物资和设备供应部门、大型商店,以及供水供电和房产部门等);通过拍卖、兼并等方式出售卖断(适用于各小型商业、服务业经营网点等),其所得可用于职工转岗培训或用于兴办再就业项目。

③企业机关实行机构综合化。在坚持适当分工的前提下简化分工,将相关性强的几个部门合并为一个职能部门,实行"一个基本职能一个部门"的原则。按照这个原则,以下部门是不可缺少的:经营管理部、工程部、财务部、人事部、监审部、政工办公室、行政办公室。各部门应尽量实行正职负责制,不设副职;为适应工作需要,可设必要的主任工程师、主任会计师、主任经济师担任部门业务主管。

④实事求是,从企业实际出发,实行组织结构形式多样化。根据企业的实际情况可以采用集权、分权相结合的两种结构形式并存的组织结构。例如,一家水电施工企业,其工程局和一级单位(指局属各分局、工程处、厂、公司等)的组织结构形式分别采用集权的职能制和母子公司制。工程局对承建的工程项目派出项目经理部,项目经理经授权,对项目进行经营管理。项目经理部是相对独立的利润责任中心,项目经理部与参与施工的各个一级单位严格实行合同管理和经济核算。

各个企业所面对的市场需求不同,拥有的有形或无形资源条件不同,所在地区和经济发展程度不同,以及所面临的竞争状态不同,都要求企业以不同的组织结构来谋求企业自身实力、市场需求和竞争者压力这三者之间的平衡。事实上,也正是企业在组织结构上的差异,形成了企业各自的风格和个性,使各企业能够凭借自身组织结构上的差异,在市场经济中获得竞争优势。

思考与练习

1. 建筑企业组织结构的基本形式有哪些？各有何优缺点？

2. 什么是项目组织？建筑企业项目组织的类型有哪些，各有何优缺点？

3. 简述组织结构与企业环境的关系。

4. 简述组织结构与企业战略的关系。

5. 简述组织结构与企业技术的关系。

6. 简述组织结构与企业规模的关系。

7. 什么是虚拟组织？有何特征？

8. 什么是扁平化组织？有何优势？如何实现扁平化组织？

9. 什么是学习型组织？建筑企业如何创建学习型组织？

10. 简述建筑企业进行组织再造的措施。

第 3 章　建筑企业战略管理

学习要点

1. 企业战略、企业战略管理的概念及特征
2. 建筑企业战略管理的过程
3. 建筑企业的行业分析
4. 建筑企业的内部条件分析
5. 建筑企业的总体战略、经营战略及职能战略
6. 建筑企业战略管理的 SWOT 分析、波士顿矩阵与通用矩阵

3.1　建筑企业战略管理概述

3.1.1　企业战略及战略管理概述

1. 企业战略概念及特征

"战略"一词原来是军事学上的一个术语,是与"战术"一词相对而言的。其本意是基于对战争全局的分析、判断而作出的筹划和指导,后来演变成泛指重大的、全局性的、左右胜败的谋划。一般来说,战略是指对于任何一个组织的具有全局性或决定性的谋划。把"战略"一词引入经营学领域,形成企业战略这一概念,产生于 20 世纪 60 年代的西方国家。把战略与企业经营活动结合起来的代表人物是美国的管理学者安德鲁斯(K. Andrews)、钱德勒(A. D. Chandler)和安索夫(H. I. Arsolf)等人。可以说,20 世纪 60 年代企业战略理论的基本框架基本形成了。因此,战略的本质可以用一句简洁的话来概括:运用系统论等整体思维方法,帮助企业在一定时期内和一定条件下,获取并确认局部或整体的竞争性成长优势的全过程。

企业战略是企业面对激烈变化、严峻挑战的经营环境,为求得长期生存和不断发展而进行的总体性谋划。它是企业战略思想的集中体现,是企业经营范围的科学规定;同时,企业战略又是制定各种计划的基础。更具体地讲,企业战略是在符合保证实现企业使命的条件下,在充分利用环境中存在的各种机会和创造新机会的基础上,确定企业同环境的关系,规定企业从事的经营范围、成长方向和竞争对策,合理地调整企业结构和分配企业的全部资源,从而使企业

获得某种竞争优势。企业战略具有以下特点：

(1)方向性。企业战略有明确的目的,立足主业,向相关产业延伸,向全世界发展。

(2)长远性。企业战略不是一蹴而就的,制订之后,不要轻易地变动,至少要管 10 年。

(3)全局性。企业战略的制订涉及整个企业,任何举措都具有全局性。

2. 企业战略管理的概念

"企业战略管理"一词最初是由安索夫在其 1976 年出版的《从战略规划到战略管理》一书中提出的。他认为,企业的战略管理是指企业的日常业务决策同长期的计划决策相结合而形成的一系列经营管理业务。而战略管理专家斯坦纳在其 1982 年出版的《企业政策与战略》一书中指出,企业战略管理是确定企业使命,根据企业外部环境和内部经营要素确定企业目标、保证目标的正确落实并使企业使命最终得以实现的一个动态过程。

战略问题是指那些对企业实现战略、达到目标的能力有重大影响的企业内部或外部即将出现的问题。企业战略管理的基本思路是,企业高层管理人员要根据企业的使命和目标,分析企业经营的外部环境,确定存在的经营机会和威胁;评估自身的内部条件,认清企业经营的优势和劣势。在此基础上,企业要制定用以完成使命,达到目标的战略计划。根据战略计划的要求,管理人员应配置企业资源,调整企业结构和分配管理工作,并通过计划、预算和进程等形式实施既定的战略。在执行战略的过程中,企业管理人员还要对战略的实施成果和效益进行评价,同时,将战略实施中的各种信息及时反馈到战略管理系统中来,确保对企业整体经营活动的有效控制,并且根据变化的情况修订原有的战略,或者制定新的战略,开始新的战略管理过程。因此,战略管理是一种循环复始、不断发展的全过程、总体性的管理。

企业战略管理的关键词不是战略而是战略过程动态的管理,它是一种崭新的管理思想、理念和方式。指导企业全部活动的是企业战略,全部管理活动的重点是制定战略和实施战略。而制定战略和实施战略的关键是在于对企业外部环境的变化进行分析,对企业内部条件和素质进行审核,并以此为前提确定企业的战略目标,使企业的外部环境、内部条件和企业目标三者之间达到动态平衡。

企业战略管理的任务,就在于通过企业形势分析、战略的制定、战略实施和战略控制等管理工作,在保持这种动态平衡的条件下,最终实现企业的战略目标。

综上所述,企业战略管理是指对企业活动实行的总体性管理,是企业制定战略、实施战略、控制战略等一系列的管理活动,其核心问题是使企业的自身条件和环境相适应,以求得企业的生存和发展。

3. 企业战略管理的特征

由于企业战略管理是一种循环复始、不断发展的全过程、总体性的管理。因此,企业战略管理的主要特征表现在以下几方面:

(1)着眼全局性。以企业全局为对象,根据企业的总体发展的需要而规定企业的总体行动,从全局去实现对局部的指导,使局部得到满意的结果,最终使全局目标得以实现。

(2)注重长远性。建筑企业在制定战略时要着眼于未来,对较长时期内(5 年以上)如何生存和发展进行通盘筹划,站在长远的高度来实现既定目标。

(3)考虑整体性。按照事物各部分之间的有机联系,把整体作为研究的对象,立足于整体功能,从整体和局部相互依赖、相互结合的关系中,提示整体的特征和运动规律,发挥战略的整体优化效应,以达到预期的目标。

（4）把握风险性。企业的外部环境和市场机会都具有一定的风险性。这就要求企业迎接来自各方面的竞争、压力和困难的挑战，要想办法适应环境，变压力为动力，把握可能的机会，避开可能的风险，寻求合理的行为方式去实现企业的经营目标。

（5）服务社会性。企业的战略虽有自己的直接目的性和倾向性，但其是社会整体发展战略的重要组成部分，所以它既要体现管理者和员工的利益，同时还要服从社会共同的长远的利益，要正确处理社会、企业和个人三者的利益关系。

3.1.2 建筑企业战略管理过程

战略管理是一个过程，是一个计划实施和评估的过程，共有九个步骤，它们是缺一不可的，如图 3-1 所示。

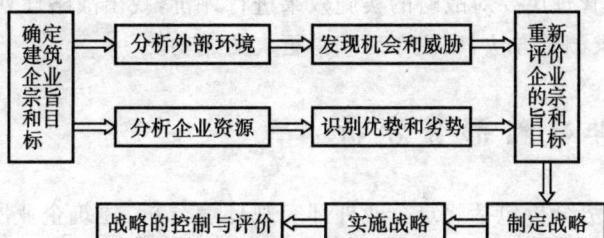

图 3-1 建筑企业战略管理过程

1. 确定建筑企业宗旨和目标

每一个企业都有一个宗旨，它规定了企业的目的并回答了"我们到底从事的是什么事业？"这样一个问题。界定企业的宗旨是促使管理者仔细确定建筑企业的产品和服务范围，生产能够满足社会和人们所需要的各类建筑产品并提供优质的服务。这就是建筑企业战略管理的起点。

2. 分析外部环境

在现今的经济社会中，建筑企业要同外部环境发生相互作用，并受外部环境的影响。企业环境在某种程度上决定着企业的最高管理者决策的选择。

3. 发现机会和威胁

环境的变化对建筑企业来说是机会还是威胁，取决于建筑企业所控制的资源，在分析了环境之后，建筑企业的管理者需要评估有哪些机会可挖掘，以及企业可能面临哪些威胁。

4. 分析企业资源

无论具有多么强大竞争优势的建筑企业，其都在资源和技术等方面受到某些限制，不可能具有绝对优势。分析建筑企业的资源，需要回答这样一些问题：企业的现金状况如何，施工人员的技术力量如何，新工艺、新技术、新材料开发和应用能力如何，施工质量和服务的水平如何，等等。

5. 识别优势和劣势

在分析建筑企业所拥有的资源的基础上，管理者应识别出本企业在与同行业竞争中所具有的优势及所存在的问题。在充分发挥自己优势的同时，通过资源的有效整合弥补自身的劣势，提高自身整体的竞争能力。

6. 重新评价企业的宗旨和目标

把企业的优势和劣势、机会和威胁结合在一起,对企业的机会再评价,以便发现企业可能发掘的细分市场,进一步理清建筑企业的组织目标和宗旨,确定其发展的方向。

7. 制定战略

以能够充分利用建筑企业的资源和企业外部环境的机会为准则,制定符合要求且可供选择的战略方案,寻求企业的恰当定位,获取领先于竞争对手的相对优势。

8. 实施战略

无论建筑企业的战略计划制定得多么有效和完善,如不能恰当地实施,仍然是一纸空文,没有任何意义。

9. 战略的控制与评价

建筑企业的最高管理层要对战略的实施效果进行评价,找出战略计划的成功与不足之处,进一步总结经验,寻求调整方法,以便今后获得更大的成功。

3.2　建筑企业战略形势分析

建筑企业战略形势分析包括建筑企业外部宏观环境分析、建筑企业所处的行业分析和建筑企业自身条件的分析。

➤ 3.2.1　建筑企业的外部宏观环境分析

建筑企业外部的宏观环境可分为经济、社会、政治法律、技术等四个方面,这四个方面相互影响。企业在制定战略前应对这些方面的情况进行认真的分析。而企业外部宏观环境分析的意义,是确认和评价经济、社会、政治、科技等宏观因素对企业战略目标和战略选择的影响。

1. 经济环境

一般说来,在宏观经济发展良好的情况下,市场扩大,需求增加,企业发展机会就多,建筑等行业都会有较大的发展;反之,在宏观经济发展停滞或倒退的情况下,企业的发展机会相对减少。

企业在进行外部宏观环境分析时应注意以下因素的搜集和分析:国际、国内经济发展的趋势;国家的建筑投资变化情况及趋势;国际外汇汇率的变化及商业银行贷款利率的变化;能源、原材料价格的变化;国际、国内工程建设(承包)中的风险情况;治理污染占用资金的多少;国际或地区经济政策的变化等。

2. 社会环境

社会环境主要是指人们的价值观的变化,它对建筑企业的影响是不可忽视的。改革开放后的市场经济中,人们的价值观发生了很大的变化。人们对生活的质量要求提高了,对住房和社会基础设施及福利设施的要求也随之提高。同时,买方和卖方的关系也在不断发生变化,"为用户服务"是每个企业经营者必须牢记的宗旨。随着建筑市场理念的建立,促使建筑企业的经营观也要随之适当调整。

3. 政治法律环境

政治法律环境是指对企业经营活动具有现实的和潜在的作用与影响的政治力量,同时也包括对企业经营活动加以限制和要求的法律和法规等。

政治法律因素对建筑企业的行为的影响是比较复杂的。有些政府的行为对企业的活动有限制性作用;但也有些是对企业有着指导作用和积极的影响。一般来说,政府主要是通过制定一些法律和法规,如《建筑法》、《合同法》、《招投标法》、《安全生产法》等,来间接影响建筑企业的活动,来规范建筑市场。因此,建筑企业制定战略必须服从这些法律和法规的要求。

4. 技术环境

技术环境是指建筑企业所在国家或地区的施工技术水平、技术政策、新工艺开发和创新能力以及技术发展的动向等。技术的变革对企业而言,既会带来机遇,也会形成威胁。从机遇来看,其主要表现在新技术的出现使得社会和新兴行业增加对建筑行业产品的需求,从而促使建筑企业可以开辟新的市场和扩展新的经营范围;技术进步可使建筑企业通过利用新的施工方法、新的施工工艺或新材料等各种途径,生产出高质量、高性能的产品,同时也会使施工成本大大降低;从威胁来看,新技术的出现也使建筑企业面临着巨大的挑战,竞争对手的技术进步可能使得本企业的产品或服务陈旧过时,也可能会使得本企业的产品价格过高,从而失去竞争力。因此,建筑企业要认真分析技术革命给企业所带来的影响,认清本企业和竞争对手在技术上的优势和劣势。

➤ 3.2.2 建筑企业所处的行业分析

建筑企业的行业分析是企业对所处的中观环境的分析。其主要内容是分析建筑行业中的企业竞争格局以及本行业和其他行业的联系。建筑行业的结构及竞争性决定着建筑行业的竞争原则和建筑企业可能采取的战略。因此,行业分析是建筑企业制定战略中最主要的基础性工作。

按照迈克尔·波特(M. E. Porter)的观点,一个行业的竞争,远不止在原有竞争对手中进行,而是存在着五种基本的竞争力量,它们是:潜在的行业新进入者、替代产品的威胁、供应商讨价还价能力、用户讨价还价能力以及现有竞争者之间的竞争,如图 3-2 所示。

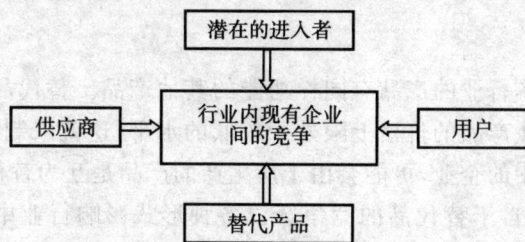

图 3-2 基本竞争力模型

这五种基本竞争力量的状况及其综合强度,决定着行业的竞争激烈程度,从而决定着企业获利的最终潜力。

1. 行业潜在进入者的威胁

这种威胁主要是由于潜在进入者加入建筑行业,会带来整个行业生产能力的扩大,影响行业内各企业市场占有率,必将引起建筑行业现有企业的激烈竞争,使建筑产品的价格下降,并加剧了在建筑原材料、人才等资源方面的争夺而导致成本增加。

潜在进入者的威胁状况取决于建筑行业的进入障碍和原有企业的反击程度。建筑行业基本是属于劳动密集型行业,其行业的进入障碍较低,这也是目前建筑行业竞争日趋激烈的主要原因之一。

2. 行业内现有企业之间的竞争

行业内现有企业之间的竞争采用的主要手段是价格竞争、广告竞争、加强服务保修竞争及企业形象竞争等。竞争的产生是由于一个或多个竞争者感受到了竞争的压力或看到了改善其地位的机会。显然一个企业引起的行业竞争会迅速导致其他企业的报复性反应，从而竞争的结果可能会使彼此都无从受益，特别是竞争卷入者很多时，竞争的激烈程度随建筑行业所处的阶段的不同而有所不同，在现今建筑行业成熟阶段，竞争往往显示出涉及面广、深入而持久的态势。

3. 用户的讨价还价能力

购买者主要通过对企业进行压价以及要求企业提供高质量产品或服务的能力，来影响行业中现有企业的盈利能力。在建筑市场属于买方市场的条件下，业主往往压价承包工程，还要求高质量的施工和优质的服务，其结果是使得建筑行业内的竞争者们相互竞争，导致行业利润下降。因此，建筑企业必须了解、分析顾客的状况，预测市场规模的演变，充分了解顾客需求的内容、趋势及特点，顾客的规模结构、消费心理、习俗及层次，应用产品、价格、销售渠道及促销手段等营销组合来满足用户的要求；同时要借助国家法律、法规的力量、政府监督的力量，以维护企业的合法权益。

4. 供应商的讨价还价能力

供应商主要通过提高企业的投入要素价格、降低企业单位价值量的能力，来影响行业中现有企业的盈利能力与产品竞争力。供应商力量的强弱主要取决于他们所提供给企业的是哪些投入要素，当供应商所提供的投入要素价值构成了企业产品总成本的较大比例，或其要素对企业产品生产过程非常重要，或者严重影响企业产品的质量时，供应商对于企业的潜在讨价还价力量就大大增强。建筑施工企业的供应商主要是原材料、设备供应商以及分包商。相对其他产业而言，建筑业供应商的讨价还价能力较弱。但在特定环境的影响下，供应商的讨价还价能力会增强。

5. 替代品的威胁

替代品是指那些与本行业的产品有同样功能的其他产品。替代品的价格如果太低，其所投入的市场就会使本行业产品的价格上限处于较低的水平，这就限制了本行业的收益。两个处于同行业或不同行业中的企业，可能会由于所生产的产品是互为替代品，从而在他们之间产生相互竞争行为，这各源自于替代品的竞争会以各种形式影响行业中现有企业的竞争战略。第一，现有企业产品售价以及获利潜力的提高，将由于存在着能被用户方便接受的替代品而受到限制；第二，由于替代品生产者的侵入，使得现有企业必须提高产品质量、通过降低成本来降低售价或者使其产品具有特色，否则其销量与利润增长的目标就有可能受挫；第三，源自替代品生产者的竞争强度，受企业转换成本高低的影响。

➢ 3.2.3 建筑企业的内部条件分析

所谓内部条件分析，是指在一定的外部环境下，分析本企业所具备的内部条件，重点找出相对于竞争对手的优势和劣势，目的是制定出能够发挥企业优势、避免企业劣势的战略。

1. 建筑企业内部条件分析的内容

建筑企业的内部条件分析包括对建筑企业管理过程、市场营销、财务能力、施工生产、人员素质和研究与开发等方面的分析,分析其与竞争对手相比的优势和劣势。成功的战略管理应该是在企业内部所有职能领域的管理者之间的有效协调、沟通与理解的基础上形成的,并与本企业其他业务领域的决策相一致。

(1)管理过程分析。管理过程渗透在建筑企业的一切工作之中,其可分为计划、组织、指挥、控制、协调、领导及激励等职能,所以分析管理过程是否有效,重点是分析各项工作是否有效地支持战略,各职能部门是否可以有效地配合。管理过程分析要求对下述问题作出回答,以检验建筑企业在管理方面的优势与劣势,即:公司是否有明确的战略管理思想,是否有一系列相互配合的近期和远期目标,公司的战略是否分解为各层次、各部门的执行计划,各层次、各部门的工作是否有效协调、共同支持战略的实现,组织结构是否适应战略,责任与权力的划分是否明确和规范、利益分配是否合理并明确,职工的积极性如何,工作中的偏差是否及时被发现并得到纠正。

(2)营销分析。建筑企业的营销分析包括市场定位分析、营销组合分析及市场调研等内容。建筑企业的市场定位分析,主要是分析建筑企业的市场定位是否准确,产品和服务是否对准了目标市场,是否明确了企业的顾客群的特点等;建筑企业的营销组合分析是指对建筑产品、价格、营销渠道和促销手段的组合是否合理有效而进行的分析;建筑企业市场调研一般包括本企业的市场占有率、本企业的市场份额与竞争对手的差别、企业的市场形象、当前市场的需求和潜在市场的需求、建筑行业的发展潜力、竞争者的营销策略及地区建筑市场的需求等内容。

(3)财务分析。建筑企业的财务分析一般分为建筑企业财务管理水平分析和建筑企业财务状况分析两个方面。建筑企业财务管理水平分析是根据建筑企业的战略要求,保证有效的资金来源、资金使用和资金控制,决定资金筹措的方法和资金分配。建筑企业财务状况分析是判断建筑企业的实力和增强对投资者吸引力的最好办法。它主要了解建筑企业在财务方面的状况,对于有效地制定建筑企业战略具有十分重要的意义,对企业的偿债能力、销售利润率、现金流、负债比率等的分析有助于企业战略的筛选。

(4)施工生产分析。建筑企业的施工生产过程是企业将投入的原材料、劳动、资本、技术等转化为建筑产品和服务的一系列过程。施工生产管理包括施工生产准备管理、施工生产过程管理、施工生产能力管理、库存管理和质量管理等。

施工生产活动是占有建筑企业人力和物力的最主要的部分,是施工成本和建筑产品的主要产生过程,对于建筑企业进行战略管理具有重要的意义。进行施工生产分析主要解决如下问题:原材料、构配件的供应是否质量可靠、低价合理;施工生产流程是否合理,施工生产工艺是否先进;施工生产能力与建安生产任务是否平衡;建筑企业质量管理体系是否有效;建筑材料库存是否合理;施工生产设备运行是否良好;等等。

(5)研究与开发。建筑企业的研究与开发包括新产品、新工艺、新技术及新材料等方面的研究与开发,其主要目的是为了提高工程质量或改进施工工艺以降低成本。分析建筑企业的研究与开发状况需要解决如下问题:企业是否有足够的研究与开发设施,研究开发人员的能力如何,现有的施工生产技术是否具有竞争力,研究开发部门与企业的市场部门、施工生产部门是否有有效的沟通,是否建立了有效的管理信息系统,研究开发的经费投入为多少,研究开发的成本是否合理,等等。

2. 企业能力分析

企业能力与企业资源有密切的联系。所谓企业能力,就是能够把企业的资源加以统筹整合以完成预期的施工生产任务和目标的技能。企业的能力集中体现为管理能力,没有企业能力,企业资源就很难发挥作用,也难以实现增值。

建筑企业不仅要分析资源状况,更要分析能力水平。事实上,企业能力始终是相对于企业的施工生产经营活动而言的,企业的能力也只有在施工生产活动中才会逐步显现出来,任何企业都不具备无所不能的能力。

企业的能力是多方面的,既有职能领域能力,又有跨职能的综合能力。职能领域能力包括营销、人力资源、研究与开发、施工生产及建筑企业管理信息系统等;跨职能的综合能力包括学习、创新及战略性整合等。企业的能力往往首先体现在职能领域,如投标能力、施工能力、研发能力等等。但是,企业更应注重提升自身的综合能力,特别是学习能力、创新能力。因为在知识经济时代,企业是创造知识的组织,创新是企业不断发展的源泉。

3.3 建筑企业的总体战略、经营战略和职能战略

企业的规模、类型及结构是多种多样的,所以战略管理也就在企业内不同层次上进行着。以目前流行的多事业部型企业或企业集团为例,它们通常有三种不同层次的战略及其相应的战略管理。

公司战略又称组合战略,其目的是为公司的各种经营或种种投资寻求最佳的组合,以达到减少风险和保证整个企业收益长期稳定和增长的目的。整个集团企业就像一个金融投资公司,无论投资什么行业,目的都是要提高投资收益率。这种战略的内容包括:规定企业应该从事哪种经营,进入什么行业或生产什么产品;其中处于哪个行业的分部应该重点扩建发展,哪个行业的分部应该逐渐撤出或不再投资;企业的人财物应该如何在其各分部之间分配,以及企业如何增加投资利润率或平衡、减少投资风险。

经营战略适用于按产品类型设置的各个分部或事业部。它的目的是提高某一分部在其所处行业或市场中的竞争位置。为此,经营战略应注意协调各种职能部门的活动以达到扩大产品竞争力、市场占有率和利润收入的目的。

职能战略的重点是最大限度地利用其资源去提高管理的效率。在公司战略和经营战略确定后,各职能部门要根据本身的情况找出最大限度地利用资源以实现企业目标的途径。

三种不同层次上的战略构成了企业战略的层次结构。图 3-3 表明了同一企业中三种不同层次战略之间的关系,其中高一层次的战略总是低一层次战略的外部环境因素。建筑企业的总体战略、经营战略、职能战略的层次如图 3-4 所示。

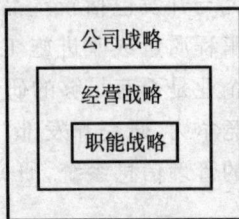

图 3-3　三种不同层次的企业战略及其相互关系

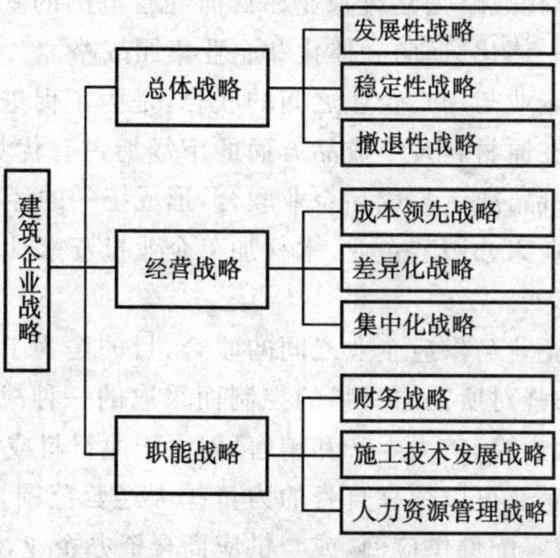

图 3-4　建筑企业战略层次图

➤ 3.3.1　建筑企业的总体战略

总体战略是建筑企业对整体发展方向及实现方式的确定,其主要包括三种类型,即发展性战略、稳定性战略和撤退性战略,如图 3-5 所示。每一种总体战略方式都是由若干部分和内容组成,也都有其特定的适用范围。

图 3-5　企业总体战略类型

1. 发展性战略

发展性战略是企业为了在原有基础上扩大范围,增强实力或为了进入新领域所采用的战略。其前提条件或有较大的资源投入,或外部环境发生或将要发生明显变化,或内部条件具有可利用外部机会的发展优势。

发展战略又包括集中战略、一体化战略、多元化战略等多种形式。

(1)集中战略。集中战略也称集中生产单一产品或服务战略,是企业以快于过去的增长速度来增加销售额、利润额或市场占有率。执行这一战略的前提是将自己的经营业务集中在某一个确定的行业、产品或服务领域而获得发展的态势。如建筑企业根据市场环境和企业自身条件的分析,将本企业的人力、物力、财力、研发等资源集中于某类建筑工程产品或某种服务领域,以取得相对的竞争优势,占领一部分稳固的市场。

建筑企业在采用集中战略时,还应根据外部环境和企业自身条件等因素,来选择适当方式来实现自己企业的发展模式。集中战略在执行中也会存在一些缺点,如可能会因环境变化而带来较大的风险;由于产品和服务单一,限制了企业进一步的发展;企业资源不能充分发挥作用等。

（2）一体化战略。一体化战略是建筑企业在目前经营范围的基础上进行横向或纵向的扩展，包括前向一体化、后向一体化、横向一体化和企业集团战略。

前向一体化战略是指企业与用户企业之间的联合，是为了促进和控制产品的需求而采取的一种战略形式。当企业在原材料及半成品方面的市场上占有优势时，为获取更大的经济效益，企业可以由自己制造成品，或者与成品企业联合，形成统一的经济组织，以促进企业不断地成长和发展。例如纺织企业兴办服装企业、木材加工企业投资家具制造业、家电企业与中间商合作等，都属于这种战略形式。

后向一体化战略是指企业与供应企业之间的联合，目的是为了确保产品或服务所需的全部或部分原材料的供应，加强对所需原材料的控制而采取的一种战略形式。当企业产品在市场上有明显优势，希望扩大规模、扩大生产和销售，但由于原材料或零部件供应不上，或其成本过高，影响企业发展，这时企业可以依靠自身的力量扩大经营范围，由自己来生产原材料或零部件，也可以兼并原材料或零配件供应商，或与供应商合资办企业，形成统一的经济组织，统一规划产品的生产和销售。

横向一体化战略也称为水平一体化战略，是指处于相同行业、生产同类产品或工艺相近的企业实现联合。其实质是资本在同一产业或部门内的集中，目的是实现扩大规模、降低产品成本、巩固市场地位。其实现方式主要有两种：契约式联合、合并同行业企业。

采用这一战略的优势有三方面：一是将关键的生产过程或阶段纳入本企业，可减少风险或增加获利的可能性。如建筑企业通过后向一体化可以使企业摆脱建筑原材料供应商的压力，减少供应商利用原材料供应环节对企业生产造成的影响等；二是加强了成本和质量的控制；三是发展规模经济和降低费用等。

采用一体化战略面临一些风险，如由于建筑企业将业务链全部包括在企业内部而丧失了其经营的灵活性，增加了资本投资需求，企业内部的平衡也会出现问题，管理上的不协调会随之产生等。

（3）多元化战略。多元化战略是企业同时提供两类或两类以上的产品或服务，是与集中战略相反的战略。企业合理的多元化发展，可以充分挖掘企业的核心资源和核心能力，发展更多的业务，为企业提供更广泛的利润源泉。企业可以利用研发能力的相似性、原材料的共同性、施工生产技术及工艺等方面的关联性，充分发挥技术、资本等作用，取得良好的经济效益和社会效益。

按照经营业务领域之间的关联程度，多元化战略可分为相关多元化战略和不相关多元化战略。其中相关多元化战略又可分为同心多元化战略和水平多元化战略。

相关多元化战略是指企业新发展的业务与原有业务相互间具有战略上的适应性，它们在技术、工艺、销售渠道、市场管理技巧和产品等方面具有共同或相似的特点。其中同心多元化战略是指虽然发展方向与现有的产品、市场领域有些关系，但是通过开发完全异质的产品、市场来使业务领域多样化。该战略可以在现有技术、现有市场营销、现有资源的基础上进行。水平多元化战略是指以现有的产品市场为中心，向水平方向扩展业务领域，也称为横向多元化或专业多样化。如零售行业中的百货店、自我服务廉价商店、超级市场、便利店等都属于这种战略类型。

不相关多元化战略是指企业在与现有企业领域没有明显关系的产品、市场中寻求成长机会的策略，即企业所开拓的新业务与原有的产品、市场没有相关之处，所需要的技术、经营方法、销售渠道必须重新取得。

实施多元化发展战略同时也能分散企业的经营风险,提高企业的应变能力,加之由于技术进步的影响,导致一批以新材料、新技术、新工艺为特征的新兴产业的出现,这既为建筑企业向新的产业领域发展提供了机会,也为建筑企业实行多元化经营提供了丰富的物质基础,企业可以通过多元化发展战略,进入高增长、高收益、高附加值的新兴产业,以减轻日益严重的建筑市场的竞争压力。

与集中战略及一体化战略类似,多元化战略的实施也同样存在着风险,特别是当企业贸然采取不相关多元化战略时,这种风险很可能会增大到危及企业生存的境地。多元化战略实施所可能产生的风险主要是:资源的分散配置,企业的资源是有限的,如果分散使用,就有可能无法在各个经营领域中获得普遍的竞争优势,从而败给各个竞争对手;运营费用增加,企业在进入另一个或多个产业领域时,必然要增加运营费用,企业是否有足够的费用投资来维持费用的增加,是否会对企业的正常运营造成巨大的冲击。此外产业选择的错误及缺乏必要的人才资源等都是造成多元化经营的风险。

以上所述发展型战略的形成可通过企业联合的途径实现,以建筑企业为例,企业战略联合的类型基本有四种形态,如图3-6所示。

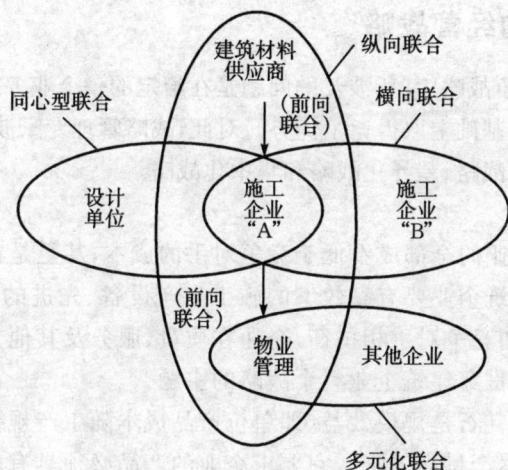

图3-6 企业战略联合的类型

2. 稳定性战略

稳定性战略也称维持战略,是企业基本在原有战略的基础上保持稳定,不在战略上进行大幅度的调整。采用这种战略的建筑企业不需要改变战略方向和经营范围,只需按一定比例提高销售、利润等具体目标就可以了。

采用这种战略的企业,一般处在市场需求及行业结构稳定或者存在较小动荡的外部环境中,因而企业所面临的竞争挑战和发展机会都相对较少,但此时企业只要集中资源于原有的经营范围和建筑产品上,并通过改进各部门、各项目经理部和员工的表现,就可保持和增加其竞争优势。

稳定性战略的优点主要表现在:企业经营的风险较小,能避免因改变战略而改变资源分配的困难;能避免因发展过快而导致的弊端;能给企业员工较好的休整期,使企业积聚更多的"能量",以便为今后的发展做好准备等。稳定性战略的缺陷主要表现在:稳定性战略的执行是以包括市场的需求、竞争格局在内的外部环境的基本稳定为前提的,但这通常是难以达到的;特定细分市场的稳定战略往往也含有较大的风险,容易使企业的风险意识减弱,甚至形成惧怕风险、回避风险的企业文化,这就会大大降低企业对风险的敏感性、适应性和勇气,从而进一步增大了以上所述风险的危害性和严重性。

3. 撤退性战略

撤退性战略是指企业通过出让整个企业或企业的一部分,停止企业的全部或部分经营活动的战略。实施撤退性战略的主要目的是通过有计划的退出过程,使企业能够更多地收回投资。企业采用撤退性战略的原因很多,如退出前景不佳的经营领域、突出主营业务、改善财务状况、为进入新的业务领域做准备等。

撤退性战略的优点主要表现在:能帮助企业在外部环境恶劣的情况下,节约开支和费用,顺利地度过当前所面临的不利困境;能在企业经营不善的情况下最大限度地降低损失;能帮助企业更好地实行资产的最优组合和配置。同时撤退性战略也存在着缺陷,如实行撤退的尺度较难把握,可能会引起企业内部人员的不满,从而引起员工情绪的低落,使企业的整体利益受到伤害等。

▶ 3.3.2　建筑企业的经营战略

企业经营战略也称竞争战略,其所涉及的问题是在给定的一个业务或行业内,经营单位如何竞争取胜的问题,即在什么基础上取得竞争优势。对此,战略管理专家波特提出三种可供采用的一般竞争战略,即成本领先战略、差异化战略和集中化战略。

1. 成本领先战略

成本领先战略是使企业的全部成本低于竞争对手的成本,甚至是在同行业中的最低成本。实施成本领先战略需要建筑企业要有高效率的施工生产设备、先进的施工工艺和高水平的成本控制工作。同时,为了和竞争对手相抗衡,企业在质量、服务及其他方面的管理也不容忽视,但降低建筑工程成本则是贯穿建筑企业整个战略的主题。

成本领先战略的理论基石是规模效益(即单位产品成本随生产规模增大而下降)和经验效益(即单位产品成本随积累产量而下降),它要求企业的产品必须具有较高的市场占有率。

成本领先战略实施的优势在于:企业处于低成本地位上,可以抵挡现有竞争对手的对抗;面对用户要求降低建筑工程发包价格,有更大的自主权,有更强的讨价还价能力;面对建筑原材料供应价格上涨,可以有更多的灵活性来解决困境;企业已建立起的巨大的生产规模和成本优势,使欲加入该行业的新进入者望而却步,形成进入障碍等。

保持成本领先战略地位的企业可能会遇到的风险是:施工生产技术的变化或新技术的出现可能会使得过去的施工生产设备或施工经验变得无效从而成为无效的资源;行业中新进入者通过模仿、总结前人经验或购买更先进的施工生产设备,使得他们的成本更低而后来居上,从而使企业丧失原有的成本优势;由于采用成本领先战略的企业其力量集中于降低工程成本,从而使他们丧失了预见建筑产品的市场变化能力;受外部条件影响,生产投入成本升高,从而降低了产品成本—价格的优势,从而不能与采用其他竞争战略的企业相竞争。

因此,建筑企业在选择成本领先竞争战略时,必须正确地估计建筑市场需求状况及特征,努力使成本领先战略的风险降低到最低限度。

2. 差异化战略

差异化战略是企业使自己的产品或服务区别于竞争对手的产品或服务,创造出与众不同的东西。如建筑企业在施工生产技术上的差异化、用户服务上的差异化等。应当强调的是,产品或服务差异化战略并不是讲企业可以忽视成本,只不过这时主要战略目标不是降低成本而已。

企业要实施差异化战略,有时可能要放弃获得较高市场占有率的目标,因为它的排他性与市场占有率是不相融合的。实施差异化战略,企业应具备的条件是:具有很强的研发能力;具有技术领先的声望;具备能够吸引人才的物质设施等。

企业通过差异化战略可以建立起稳固的市场竞争地位,从而使得企业获得高于行业平均水平的收益。差异化战略的优点主要表现在:建立起用户对建筑产品或服务的认识和信赖,当其价格发生变化时,用户的敏感程度就会降低;用户对企业的依赖和忠诚形成了强有力的行业进入障碍;差异化战略产生的高边际收益增强了企业与原材料供应商的讨论还价能力等。

与其他竞争战略一样,建筑企业实施差异化战略也有一定的风险,即生产成本很高,随着企业所处行业的发展进入成熟期,差异化产品的优点很可能为竞争对手所模仿,从而削弱产品的优势等。

3. 集中化战略

集中化战略是指企业的经营活动集中于特定的建筑产品或某一地域上的市场。如同差异化战略一样,集中化战略也有多种形式。其目的是很好服务于某一特定的目标,其关键在于能够比竞争对手提供更为有效和效率更高的服务。因此,建筑企业既可以通过差异化战略来满足某一特定目标的需要,也可通过低成本战略服务于这个目标。它不寻求在整个行业范围内取得低成本或差异化,但可在较低的市场目标范围内实现此目标。

同其他战略一样,集中化战略也能使建筑企业在本行业中获得高于一般水平的收益。其主要表现在:集中化战略便于集中使用整个企业的资源,更好地服务于某一特定的目标;将目标集中于特定的细分市场,企业可以更好地研究与其有关的施工生产技术、市场及竞争对手等各方面的情况;战略目标集中明确,经营成果易于评价,战略管理过程也易于控制等。

集中化战略也有相当大的风险,其主要表现在:由于企业全部力量和资源都投入到某一产品或某一个特定的市场,当用户偏好发生变化、技术出现创新等时,企业就会受到很大的打击;竞争者进入企业选定的细分市场,并且采取了优于企业的更集中化的战略等。

➤ 3.3.3　建筑企业的职能战略

建筑企业各个职能部门直接承担着相应完成企业战略目标的任务。建筑企业的战略目标必须分解至各个职能部门,通过其各项职能活动,保证企业战略得以顺利实施。

把企业完成各项职能活动所采取的战略行动,称之为企业的职能战略。这种战略比企业总体战略具体,制定和实施战略的期限较短,其主要是涉及协同作用和资源配置等战略构成要素,如企业的财务战略、施工技术发展战略、人力资源管理战略等。

1. 财务战略

建筑企业财务战略就是在对现有的资金市场充分分析和认识的基础上,根据企业实际财务状况,选择企业的投资方向,确定融资渠道和方法,调整企业内部财务结构,保证建筑企业经营活动对资金的需要,以最佳的资金利用效果来帮助企业实施战略目标。

建筑企业财务战略的确定要考虑两个方面的因素:一是企业外部财务环境分析,即企业从外部筹集资金和投资活动的可能性与影响因素,企业或其他机构之间的资金往来关系或资金市场状况等;二是企业内部资金条件分析,即建筑企业内部资金条件分析是对企业内部资金流动和积累及企业的财务结构和状况等进行充分分析基础上,为适应复杂的外部环境,在企业总体战略的指导下,制定出适合本企业特点的财务战略。其包括内容如下:

(1)筹资战略。筹资战略主要是根据建筑企业经营的实际需要量,针对现有的筹资渠道,选择资金成本最低的筹资方案,即在筹资数额、期限、利率、风险等方面统筹考虑,选出满意的方案。其具体内容包括资金成本分析、筹资结构分析、筹资方法的选择、施工机械设备租赁分析等。

(2)投资战略。投资就是将资金物化为资产的一种活动,它是为了获取资金增值或避免风险而运用资金的一种活动。其需要确定的是决定企业基本结构的固定资产投资和维持施工生产所必需的流动资产的投资。

投资战略内容的设定是基于一定假设的,即:各种备选的投资方案是可以预见的;各种投资方案预知的内容是分析决策的依据;决策的目标是最大限度地增加企业收益。其具体内容包括投资战略决策方法确定、固定资产投资策略的确定及流动资产投资策略的确定等。

(3)利润分配战略。建筑企业的税后利润按道理是归股东所有的,但这并不意味着股东们要按照他们的股份分享所有的利润,原因是股东大会或董事会有权决定利润部分或全部留在企业。有关利润分配政策,不同的建筑企业之间差别较大,是企业眼前利益和长远利益的矛盾所在。

利润分配战略所要解决的利润分配问题主要包括利润的再投资、通货膨胀与股利、合理的利润留成及利润分配、股利、股票拆细、股票回购等政策的制定等。

(4)财务结构战略。财务结构是指企业全部资产的对应项目,即负债和权益的具体构成,它们相互之间各种比例关系的总和。

财务结构战略主要是在对建筑企业当前财务结构有正确估价的基础上,结合企业的经营现状,通过调整各种比率等经济杠杆,确定最有助于企业战略目标实现的财务结构。财务结构战略包括以下主要内容:流动性比率、资产管理比率、获利能力比率及保障比率等的分析;经营杠杆、财务杠杆及综合杠杆程度的分析等。

2. 施工技术发展战略

生产技术是第一生产力。因此,企业的发展应当依靠技术,技术融会于各生产要素之中,各生产要素技术含量的增加可使生产水平提高。建筑企业的施工技术发展战略对于企业发展的作用是不言而喻的。

建筑企业技术发展战略要全面、有效,因此,技术发展战略即要包括技术改造战略,又要包括技术引进战略,还包括技术开发战略。只有各项分战略的成功实施,才能使建筑企业施工技术的综合水平得到提高,从而促进企业的不断发展。目前,我国建筑企业综合技术水平和发达国家相比还很落后,技术发展战略的制定和实施是必不可少的。

(1)技术改造战略。施工技术改造战略实际上是走内涵发展企业的道路,是增强企业实力最有效的途径。施工技术改造战略通过改造落后的施工设备,提高装备水平;改进传统施工工艺,发展新工艺;改进原有产品,加快新产品的设计开发;改善施工项目管理手段,促进科技管理等四个方面入手,充分贯彻国家的科技政策,把握技改方向,做好科技决策,安排合理的科技规划和攻关,并积极有效地推广普及技术改造成果,通过培训使技术改造成果为员工所掌握,真正转化为企业现实的生产力和竞争力。

(2)技术引进战略。施工技术引进战略是指企业由于发展施工技术水平的需要,从其外部学习、购买或合作取得新技术,从而使企业的技术发展走上捷径。施工技术引进战略包括引进施工技术知识、施工技术装备,购买施工技术专利、学术交流和施工技术合作等,它可以有效地节省时间、人力和资金。

施工技术引进应本着以下原则:适合本企业的实际情况;注重引进技术软件;注重引进内容的理解、消化,并在此基础上的创新;促进自主开发等。

(3)技术开发战略。施工技术开发战略是指企业利用基础研究,应用研究成果或已有的知识,通过实验开发出新产品、新材料、新设备、新技术、新工艺,使企业拥有自主产权的施工技术。建筑企业的技术开发领域主要集中于:大型施工机械、混凝土搅拌及输送机械、高层建筑施工技术、钢结构技术、智能建筑技术、节能绿色生态建筑技术、地下施工技术、预应力技术、大型施工设备和特种结构安装技术、现代化管理技术等。

3.人力资源管理战略

人力资源管理(简称 HRM)战略是建筑企业职能战略的重要组成部分。它是从企业战略的总体思路出发,研究在人力资源开发和管理方面的一系列战略问题,从发挥企业员工作用的角度,配合企业总体战略,对人力资源管理活动所作出的长远性谋划。

人力资源管理战略虽然是职能战略的一个部分,但从人力资源管理要素的重要性来看,它远远超出其职能的范围,成为企业成功与否的关键。人力资源管理战略的总体模型,如图3-7所示。

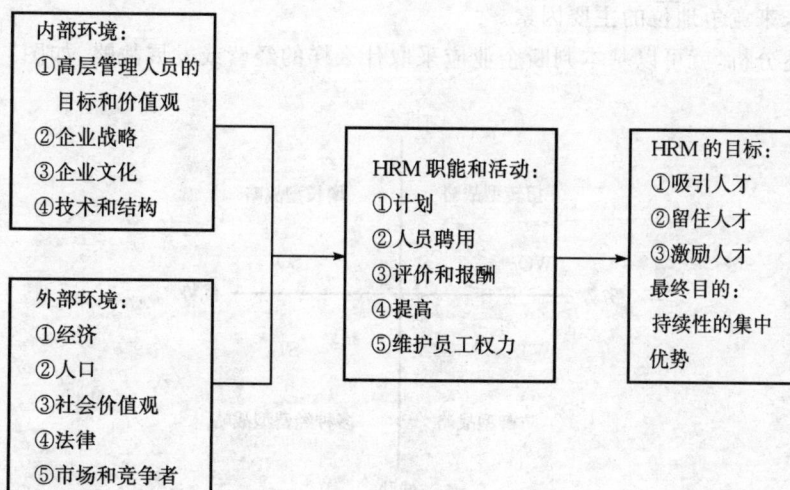

图 3-7　人力资源管理战略的总体模型

3.4　建筑企业战略管理的分析方法

▷ 3.4.1　SWOT 分析方法

SWOT 分析法就是对企业外部环境中存在的机会与威胁和企业内部能力的优劣进行综合分析,据此对备选的战略方案作出系统的评价,最终选择出最佳的竞争战略。SWOT 中的"S"是指企业内部的优势;"W"是指企业内部的劣势;"O"是指企业外部环境中的机会;"T"是指企业外部环境中的威胁。

SWOT 分析的具体做法是:根据企业的总体目标和总体战略的要求,列出对企业发展有重大影响的内部及外部环境因素,确定标准进行评价,判断什么是企业内部的优势及劣势,什么是外部的机会和威胁。

相对于竞争对手而言,企业内部的优势和劣势可以表现在资金、技术、设备、产品、市场、管理和职工素质等方面。判断企业内部的优势和劣势有两项标准:一是单项标准,即分析企业的市场占有率,如市场占有率低则表示企业在市场上存在一定的问题,处于市场的劣势;二是综合标准,即对影响企业的一些重要因素根据其重要程度进行加权打分的综合评价,以此判断企业内部的关键因素对企业的影响程度。

企业外部的机会是指环境中对企业发展有利的因素,如政府支持、高新技术的应用、良好的供应和销售关系等。企业外部的威胁是指环境中对企业发展不利的因素,如新的竞争对手的出现、市场增长率减缓、供应商和购买者的讨价还价能力的增强、技术老化等影响企业目前竞争地位或未来竞争地位的主要因素。

根据上述分析,就可以基本判断企业应采取什么样的经营或发展战略,如图3-8所示。

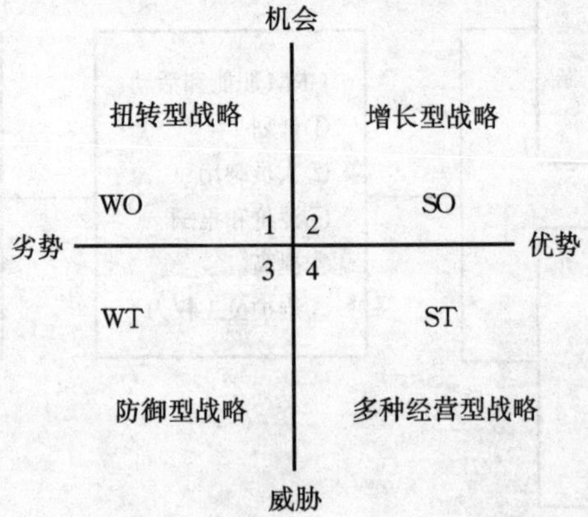

图 3-8　SWOT 分析与企业战略选择

SWOT 分析法为企业提供了四种可供选择的战略:增长型战略(SO)、扭转型战略(WO)、防御型战略(WT)和多种经营型战略(ST)。

> 3.4.2　波士顿矩阵

　　波士顿矩阵又称四象限分析法,由美国波士顿咨询集团设计发明,它是一种广泛应用于规划企业产品业务的组合分析方法,其基本原理如图 3-9 所示。

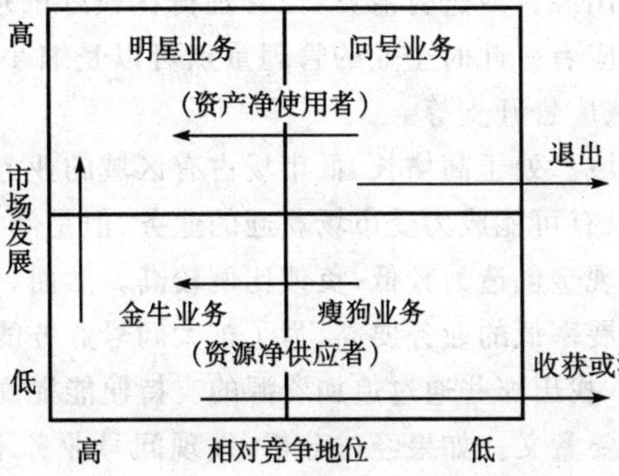

図 3-9　波士顿发展矩阵

　　进行波士顿矩阵分析时,首先需要对企业各项业务的市场发展率和相对竞争地位进行分析测定,找出各项业务对资源(主要是现金)的需要量。这里的市场发展率一般可用一段时期内某一特定行业的市场中某种产品的目标销售增长率表示,也可用最近两年内市场销售额或销售量的增长率表示。市场发展率反映企业业务组合中各项业务在市场上受消费者欢迎的程度。对所有处于该市场的企业来说,市场发展率是相同的。相对竞争地位反映企业的各项业务在各自市场上的竞争能力,可由企业某项业务的市场占有率表示,也可用某项业务的市场份额与其在市场上最主要竞争对手的市场份额之比得出。由此可见,同一项业务在不同企业的波士顿矩阵中的位置的差别,基本上是由各企业的相对竞争地位的差别引起的。

　　确定了各项业务的市场发展率和相对竞争地位后,便可以将企业各项业务归入矩阵的四个象限中,使企业现有的产品组合一目了然。

　　由于发展率和竞争地位各自可以分为高、低两部分,因此,波士顿矩阵将企业的业务划分为四类,分别处于矩阵的四个区域中:

　　(1)高发展、高竞争力区域。处于高增长率、高市场占有象限中的产品群被称为"明星业务",即市场发展迅速、企业市场占有率高的业务,其是企业业务组合中具有最佳长期发展机会和获利多的业务。但是,明星业务一般比较年轻,目前的销售量可能并不大,但市场已明显地表现出未来的发展潜力,它们需要大量的投资用以扩大经济规模,维持并扩大其在发展的市场中的主导地位,而它们所需的投资量一般超过其自身的积累能力,因此在短期内它们将成为企业资源的优先使用者。对这类业务,企业需要做的主要工作是扩大它们的市场占有率。

　　(2)低发展、高竞争力区域。处于低增长率、高市场占有象限内的产品群在国内外习惯上被称为"金牛业务",又称厚利产品,它们所在的市场已进入成熟阶段,因而发展速度较低,但企业在市场上的占有率较高。金牛业务强劲的市场地位和较低的追加投资需要,是企业目前的摇钱树。企业对实力不同的金牛业务会采取不同的态度:较弱的金牛业务,即市场发展已到尽头,或企业的市场地位在逐渐衰退的金牛业务,企业会使用收获性的榨油政策,在较短的时间内尽量多地获取收益,最终退出该项业务;对于金牛业务中市场表现仍然较强的业务,企业往往会采取在较长时期内维持现有市场地位的策略,有效地利用它们提供的过剩资源发展其他区域的成长性业务。

(3)低发展、低竞争力区域。处于低增长、低市场占有区域中的业务被称为"瘦狗业务",也称衰退类产品,指所处市场已经饱和,因而竞争激烈,平均利润率很低的经营内容。绝大部分企业会采取收获策略使之退出经营或进行清算,但管理得比较好的瘦狗业务也可以在一段时期内成为企业可靠的资源供应者。此时企业的管理重点可以是缩小业务范围,强调高质量的低价格,进行成本控制或削减广告开支等。

(4)高发展、低竞争力区域。处于高增长、低市场占有区域的业务被称为"问号业务",问号业务的市场发展率较高,所以有可能成为受市场欢迎的业务,但是问号业务目前的市场占有率较低,因此获利能力不明确,现金创造力较低,负债比例较高。然而,市场发展率高的业务获得市场份额的可能性比市场发展率低的业务要高,为了扩大问号业务的市场占有率,需要大规模资金的投入。从整个企业看,找出那些通过追加资源的支持便能提高市场占有率,从而发展成明星业务的问号业务具有重要意义。如果经过分析,发现问号业务不可能进一步发展成为明星业务,企业就有必要退出这些产业,重新分配资源,以形成更有效的业务组合。

➤ 3.4.3　通用矩阵

通用矩阵是美国通用电气公司对波士顿矩阵经过调整后进行业务组合分析时采取的方法。通用矩阵克服了波士顿矩阵的一些局限性,使用多项要素对业务优势及吸引力进行评价,并将业务的分类扩大到九类。

在使用通用矩阵时,需要先将企业的每个业务按多项战略要素在坐标轴上定位。这里的战略要素可以分为两大类:一类是业务竞争优势要素,即对形成企业某项业务优势起作用的要素,如市场占有率、利润率、竞争力、对市场及用户的了解、竞争地位、技术及管理等;第二类是产业吸引力要素,即能影响产业吸引力的各要素,如市场发展率、产业规模及获利能力、竞争强度、季节性和周期性、规模经济、技术、社会、环境、法律等因素。企业中某一业务在矩阵中的位置,将根据以上两类因素的综合得分在坐标轴上定出。

在确定产业吸引力时,首先要决定对产业吸引力有影响的一些要素,并根据每项要素的重要程度决定其权数,根据对这些要素未来理想状况的预测进行分等(如从 0～1 分等),然后将各项要素的权数分别乘以相应的等级便可得到各要素的得分,将全部要素得分相加,就可以算出某项业务的产业吸引力得分,见表 3-1。

表 3-1　产业吸引力计算表

产业吸引要素	权数(%)	等级	得分
市场规模	20	0.5	10
预计市场发展	35	1.0	35
技术要求	15	0.5	7.5
集中程度(只有少数竞争者)	30	0	0
政治和法规不严厉	0	0	0
合计	100	—	52.5

评价业务竞争优势也需经过同样的过程,其结构见表 3 - 2。

表 3 - 2　业务竞争优势统计表

业务竞争优势要素	权数(%)	等级	得分
相对市场规模(市场占有量)	20	0.5	10
生产能力	10	1.0	10
效率	10	1.0	10
定点	20	0	0
技术能力	20	0.5	10
营销(销售组织)	15	1.0	15
促销优势	5	0	0
合计	100	—	55

采用通用矩阵法时,某项因素是否作为战略评价要素,以及该项要素的权数大小和等级高低等,基本上是由企业管理部门决定的。在依次计算出企业各项业务竞争优势和产业吸引力得分后,便可根据得分在矩阵上找到该项业务的相应位置,从而得出企业各项业务之间的关系,如图 3 - 10。

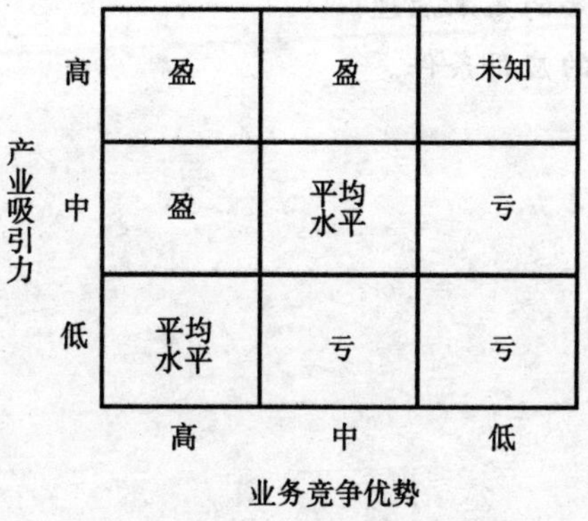

图 3 - 10　通用矩阵

企业各项业务在矩阵中定位后,便可以在下面三种基本战略中进行选择:

(1)对盈利业务,继续投资,促使其发展;

(2)对能够提高业务竞争优势的未知业务和处于平均水平的业务,有选择地投资,以取得利润;

(3)对亏损业务,收回资源,或退出经营。

通用矩阵对资源的分配与波士顿矩阵相似。例如:通用矩阵中确定为投资发展业务,处理方法与波士顿矩阵中的明星业务相同,资源的分配以促使其发展为原则;确定为收获(收回资源)或退出的业务,采取的战略与波士顿矩阵中的瘦狗类业务相同,即把用在这些业务上的资源投入其他业务单位;对确定为盈利类业务的管理类似于波士顿矩阵中对金牛业务的管理或未知业务的管理,采取尽量多获取,以供全公司使用,或者根据情况决定是继续投资,还是退出。

　　虽然通用矩阵与波士顿矩阵对各种业务类的战略大致相同,但它在以下三方面对波士顿矩阵有较大的改进:

　　(1)通用矩阵对企业业务分类的用词不含贬义,因此,容易被管理人员所接受。

　　(2)矩阵中坐标轴截距同时考虑了多种因素的综合作用,因而更能反映企业的优势和劣势。同时要求战略人员必须进行多项指标评价。

　　(3)通用矩阵对业务的分类比波士顿矩阵法更细致,因此更接近实际。

思考与练习

　　1. 企业战略管理的概念与特征是什么?

　　2. 企业如何进行战略形势分析?

　　3. 什么是企业的竞争优势? 企业竞争优势的确定应考虑哪些因素?

　　4. 建筑企业总体战略应包括哪些内容?

　　5. 简述企业战略联合的类型。

　　6. 分析建筑企业的职能战略与总体战略、竞争战略的关系。

　　7. 简述 SWOT 方法的基本内容。

　　8. 简述波士顿矩阵分析法的基本原理。

　　9. 简述通用矩阵分析法的应用条件。

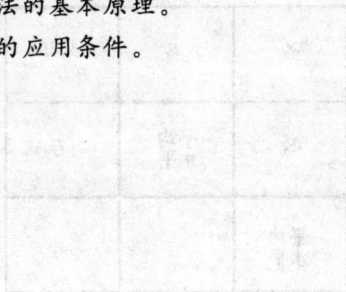

第4章 建筑企业人力资源管理

学习要点

1. 人力资源管理的概念、内容、职能和作用
2. 人力资源开发的定义和内容
3. 建筑企业人员招聘、录用、培训及考核
4. 建筑企业人力资源的优化配置
5. 项目管理高效团队的建设

4.1 人力资源管理概述

4.1.1 人力资源管理的概念与内容

1. 人力资源管理的概念

人力资源是指在劳动生产过程中,可以直接投入的体力、智力、心力的总和及在此基础上形成的基本素质,包括知识、技能、经验、品性与态度。

对于什么是人力和人力资源,历史上曾有过三种主要的观点。一种观点把人力资源视为劳动力,认为人力就是有劳动能力的全部人口;第二种观点认为,人力资源是目前正在从事社会劳动的全部人口;第三种观点认为,人力是人的素质得到综合发挥所产生的作用力,包括人的现实劳动能力和潜力。其中第三种观点,比较符合当代的现实情况,已成为人们的共识。

人力资源具有以下特性:①活动性,人力资源依存于其拥有者;②可控性,人力资源的生成过程多数情况下是可控的;③时效性,人力资源闲置或使用不当会降低或失去作用;④能动性,人力成为资源必须有拥有者主观能动性的发挥;⑤变化性,环境对人力资源的效用影响很大;⑥再生性,人力资源可以在利用中增值、再生;⑦持续性,人力资源可以持续开发利用;⑧独立性,人力资源主要是以个体的形态存在的;⑨内耗性,人力资源在利用中会有内耗;⑩资本性,人力资源的开发和维护,需要物资、资金和时间等投入。

所谓人力资源管理是依据组织和个人发展的需要,对组织中的人力这一特殊资源进行有效开发、合理利用与科学管理的机制、制度、流程、技术和方法的总和。

2. 人力资源管理的内容

（1）制定人力资源规划。人力资源规划是企业在员工队伍建设方面的目标、行动规则、行动程序和方法的复合体。人力资源管理部门需要根据企业的整体发展战略规划和当前经营计划,在认真评估企业的人力资源现状和趋势,搜集和分析劳动力市场相关人力资源供求关系的基础上,预测本企业人力资源的供求情况,制定出有针对性的人力资源开发和管理规划,同时制定出相应的政策措施。

（2）进行人力资源成本核算。主要是指与财务等部门合作,建立企业人力资源成本核算制度和核算体系,以便为人力资源方面的决策提供数量化的依据。

（3）进行工作分析与评价。主要是指对企业的所有工作进行分析,依次分析出职务系列中的职级、等次,确定每项工作的工作描述和价值。制作工作岗位职责说明书,作为招聘、确定薪酬、考核和评价的依据。

（4）进行员工的招聘和选拔。根据企业工作分析的结果和岗位需要,通过内部选拔和参加人才交流会、广告招聘、院校招聘及与猎头公司合作等外部途径吸引应聘者。经过面试、考核、心理测评等方法进行审查和筛选,以获得企业需要的合格人才。

（5）建立劳动关系,进行劳动合同管理。在现代企业中,企业与员工的劳动关系一般以劳动合同来确立。企业的劳动合同管理一般包括:规定用人标准和岗位责任;制作岗位说明书;负责劳动合同的订立;进行劳动合同履行情况的考评;规定劳动合同的管理制度;管理劳动档案;配合劳动行政部门和主管部门做好劳动合同的管理工作,如处理劳动纠纷等。

（6）进行薪酬管理。现代企业的薪酬包括以货币形式直接支付给员工的薪金和以非货币形式提供给员工的福利等。薪酬管理的核心是进行薪酬设计。薪酬的设计需要遵循按劳取酬、同工同酬、外部平衡和合理保障的原则,可以根据企业的实际情况及劳动力市场的状况,决定采用岗位工资制、技能工资制、绩效工资制、结构工资制等薪酬制度中的任何一种或几种类型。

进行薪酬设计时,需要经过确定企业付酬原则与政策、工作分析、工作评价、工资结构设计、工资状况调查及数据收集、工资分级与定薪、工资的执行控制及调整等 7 个步骤。设计的基础是工作分析与评价。工作评价的方法有分类法、点数法、序列法、因素比较法和市场定位法。

（7）进行员工的教育培训,推进学习型组织建设。现代化的企业一般都会对新员工进行入职培训,随着员工在企业中服务年限的增长、业务的熟练、职位的晋升,依次再进行各种岗位技能培训和继续教育,努力形成一种人人学习、终身学习的学习型组织。20 世纪 90 年代以来,许多企业力图建成学习型企业,以适应科技的进步和经济社会的飞速发展,这使人力资源管理中的培训职能得到进一步的丰富和扩展。

（8）进行员工的业绩考评。员工考评是人力资源管理者对员工整体素质及其工作表现进行考查、评定活动的总称。员工考评是企业人力资源管理中最为核心的工作,必须充分认识到考评在人力资源管理中的评价、区分、反馈、管理作用,熟悉、掌握考评设计和实施的方法。

（9）进行劳动保障管理。劳动保障管理是当前人力资源管理的一个热点,直接关系着职工群众的切身利益和社会稳定,是人力资源管理部门必须做好的重要工作。我国的劳动保障管理主要有社会保障管理、劳动安全卫生管理及作业条件管理等几方面工作。

劳动保障管理的主要工作有:

①贯彻执行国家和行业主管部门关于社会保障和劳动安全卫生的政策法规；

②建立和管理员工参加社会保障的档案；

③制定劳动安全卫生规章制度；

④会同有关部门经常检查、指导、改进劳动安全卫生工作和作业条件；

⑤处理劳动安全卫生方面的事故。

（10）进行职业生涯管理。职业生涯管理是从个人和组织两个方面对员工的职业生涯设计和开发进行规划、促进和完善的过程。在此，主要介绍企业所应进行的员工职业生涯管理活动，这是近年人力资源管理增加的一项新职能。

企业进行职业生涯管理主要是为了保护员工的长期兴趣，帮助员工挖掘自身的潜力，取得职业的成功，以此赢得员工对企业的忠诚，同时使企业获得发展所需的人才。企业对员工职业生涯进行管理的措施主要包括：

①在招聘时，向应聘者提供较为客观的组织情况介绍和职业的未来发展展望；

②了解初入企业的员工的职业兴趣、技能情况，进行岗前的培训引导，帮助其制定职业生涯规划；

③对处于职业稳定期和危机期的骨干职工，建立各种适合员工特点的职业发展通道和阶梯，针对员工的发展需求提供适当的培训机会；

④提供必要的职业指导；

⑤编写以员工职业生涯发展及管理规定为内容的培训教材，并对新员工进行培训等。

▷ 4.1.2　人力资源管理的职能和作用

1. 人力资源管理的职能

（1）招收、录用。主要包括以下活动：①根据组织中工作岗位的需求，提出人员补充的计划；②对有资格的求职人员提供均等的就业机会；③根据岗位要求和条件允许来确定合格人选。

（2）保持。保持员工的有效工作的积极性和安全健康的工作环境，主要是通过激励措施以调动和维持员工的工作积极性和责任心，保证他们身心健康。

（3）发展。通过教育、培养、训练，促进员工的知识、技巧、能力和其他方面素质提高，不断保持和增强员工在工作中的竞争地位，使员工的劳动能力得到开发。

（4）评价。对员工的工作表现、品德风范、技能水平、工作成绩及其他方面进行观察分析，并得出鉴定意见。

（5）调整。为保持员工的正常状况，通过奖惩、解聘、晋升、调动等方法，使员工技能水平和工作效率达到岗位的要求。

2. 人力资源管理的地位和作用

（1）人力资源管理的地位。现代管理理论认为，对人的管理是现代企业管理的核心。人是社会中的人，管理的根本目的之一，就是采用特定方法，充分发挥人的积极性、主动性和创造性。有效的管理者总是既把人看作管理的对象和客体，又把人看做是管理的主体和动力。

现代管理的一个重要学派——行为科学学派认为，管理的首要问题是如何调动员工的积极性，激励人的动机。动机可以支配人的行为，一个能力差的人有时工作成绩可能比能力强的人更好；一个处境艰难的企业通过企业和全体员工的努力，有可能在很短时间内超过比自己先进的企业。这是因为动机激励程度不同的结果。

总之,企业在市场经济条件下要生存发展,就要重视人的因素,特别要重视加强企业的人力资源管理,人力资源管理在现代企业管理中居于核心地位。

(2)人力资源管理的作用。实践证明,重视和加强企业人力资源管理,以人为本,对于促进企业生产经营的发展,提高劳动生产率,保证企业获得最大的经济效益并使企业的资产保值增值有着重要的作用。其具体作用有以下几方面:

①实行人力资源管理有利于促进生产经营的顺利进行。劳动力是企业生产力的重要组成部分,只有通过合理组织劳动力,不断协调劳动力之间、劳动力与劳动资料之间、劳动与劳动对象之间的关系,才能充分利用现有的生产资料和劳动力资源,使它们在生产经营过程中最大限度地发挥其作用,并在空间上和时间上使劳动力、劳动资料和劳动对象形成最优的配置,从而保证生产经营活动有条不紊地进行。

②实行人力资源管理有利于调动企业员工的积极性,提高劳动生产率。人是有生命、有情感、有思想、有尊严的,这就决定了企业人力资源管理必须设法为劳动者创造一个适合他们所需要的劳动环境,使他们安于工作、乐于奉献,并能积极主动地把个人劳动潜力和全部智慧发挥出来,为企业创造出更有效的生产经营成果。因此,企业必须善于处理好物质奖励、行为激励以及思想教育工作三方面的关系,使企业员工始终保持旺盛的工作热情,充分发挥自己的专长,努力学习技术和钻研业务,不断改进工作,从而达到提高劳动生产率的目的。

③实行人力资源管理有利于现代企业制度的建立。科学的管理制度是现代企业制度的重要内容,而人力资源的管理又是企业管理中最为重要的组成部分。一个企业只有拥有第一流的人才,才会有第一流的组织、第一流的领导、第一流的管理才能,才能创造出第一流的产品。否则,如果一个企业不具备优秀的管理者和劳动者,企业的先进设备和技术就无法发挥应有的作用。提高企业现代化管理水平,最重要的是提高企业员工的素质。注重和加强对企业人力资源的开发和利用,搞好员工培训教育工作,是实现企业管理由传统管理向科学管理和现代管理转变过程中一个不可缺少的环节。随着现代企业制度的逐步建立,企业人力资源管理将越来越显得突出和重要。

④实行人力资源管理有利于减少劳动耗费,提高经济效益并使企业的资产保值增值。合理组织劳动力,科学配置人力资源,可以促使企业以最小的劳动消耗取得最大的经济成果。在市场经济条件下,要实现企业的资产保值增值,争取企业利润最大化、价值最大化,就需要加强人力资源管理。

➤ 4.1.3 人力资源开发

1. 人力资源开发的定义及特征

(1)人力资源开发的定义。人力资源开发(human resource development)这一学术术语被广泛接受是在 20 世纪 80 年代,而这一术语早在 1967 年就出现了,是由美国乔治·华盛顿大学的教师里奥纳德·那德勒提出来的。其实在历史上,人力资源开发出现得相当早。现在人力资源开发不断发展,其定义也在不断改变。其主要定义有以下几种:

①那德勒在 1967 年提出人力资源开发的定义,然后在 1983 年和 1990 年对其进行修改,他给出的定义是:人力资源开发是"雇主所提供有组织的学习经验,而员工在一个特定时间内完成,以求得组织整体绩效的可能提升。"

②人力资源开发"是探讨个人团体在组织中,经由学习而达到变革的专业活动"(Chalotsky & Lincoln,1983)。

③美国训练发展协会(ASTD)对人力资源开发定义则是:"整合训练与发展、职涯发展与组织发展,以增进个人和组织效率的作为"(Mclagan,1989)。

④人力资源开发是"组织中所安排有计划的学习活动,经由提升绩效与个人的成长,以改善工作内容、个人与组织。"(Gilley & Eggland,1989)。

⑤人力资源开发是指"决定发展和改善组织中人力资源最佳方法的一种程序,以经由训练、教育、发展、领导等作为有计划地改进绩效和员工生产力,以同时达成组织与个人的目标"的做法(Smith,1991)。

⑥人力资源开发就是指"于组织的各阶段中,长期培育成员与工作相关的学习能力"的实务和做法(Watlins,1989)。

虽然人力资源开发的定义如此之多,各有其侧重点,但普遍认为那德勒提出的定义能清楚完整地表现人力资源开发在组织内部的实际状况。

(2)人力资源开发的特征。人力资源开发有以下特征:

①人力资源开发是一种规划性活动。它涉及需求评估、目标设定、行动规划、执行、效果评定等等。

②人力资源开发是以明示人类的价值为基础。

③人力资源开发是一种问题取向的活动,它应用若干学科的理论与方法以解决人力及组织问题。

④人力资源开发是一种系统途径,它将组织的人力资源及其潜能与技术、结构、管理过程紧密地联系在一起。

⑤人力资源开发的对象是人力资源及其整个组织。

⑥人力资源开发的目标是改善人力资源的质量和组织效能。

⑦人力资源开发的核心是学习,是组织成员行为的持久改变或某一方式的行为能力的改变。这种学习既包括个人学习,也包括组织学习;既包括学校中的学习,也包括工作地的学习。

⑧人力资源开发不是一劳永逸的战略,它是一种持续不断的过程。

(3)人力资源开发的目标为:一是通过人力资源开发活动提高人的才能,二是通过人力资源开发活动增强人的活力或积极性。两个目标的具体内容及其关系如下:

①提高人的才能。才能是认识和改造世界的能力,它构成了人力资源的主要内容。

②增强人的活力。通过人力资源开发来增强人在工作中的活力,才能充分、合理地利用人力资源,提高人力资源的利用率。

③人力资源开发双重目标的关系。提高人的才能是人力资源开发的基础。人的才能的高低,决定人力资源存量的多寡;增强人的活力是人力资源开发的关键,有才能而没有活力,这种才能没有任何现实意义;有了活力就会自我开发潜力,提高才能。

2. 人力资源开发的内容

人力资源开发的内容主要包括培训、职业生涯开发、管理开发、组织开发这四个部分。在知识经济时代,知识管理、人力资本管理是否属于人力资源开发的范畴,学术界还没有定论,所以我们暂不将这两种新的管理活动纳入人力资源开发中进行详细讨论。

(1)培训。当新员工进入组织时,培训活动就开始了,通常是以员工导向培训的形式展开。

其目的是让新员工熟悉工作环境、了解职务的责任和任务、建立工作关系、克服陌生感、接受组织的价值观和文化、学习完成职务工作所需要的初级技能与能力。培训常常被用于带有强制性的学习内容的学习,针对的是全体员工,尤其是那些带有强制性的教育内容,如安全健康教育、国家法律法规教育、企业规章制度教育等。

(2)职业生涯开发。职业生涯是一个进入工作场所的人一生所经历的不同职务所构成的轨迹。在这个过程中,每个人都经历了一系列的阶段,在这些不同的阶段中所面临的问题、需要完成的任务、可能遇到的障碍和可能获得的支持等都有一定的共性,因此才可能对职业生涯进行规划和管理。企业希望通过组织的职业生涯开发活动让员工获得更大的职业满足感,从而让员工为组织活动作出更大的贡献。组织的职业生涯开发是比较复杂的活动,它主要通过培训、咨询、辅导、教练、雇员援助计划等形式进行。

(3)组织开发。组织开发是一种通过运用行为学科原理对组织中的成员进行团队式的影响,改变他们的知识、技能、能力,最重要的是改变他们的态度和积极性的活动。组织开发要完成的任务包括两个方面:一方面,组织开发要解决组织如何面对复杂多变的环境的问题,也就是说,通过组织开发活动,组织成员将对变革采取一种客观的或者是欢迎的态度,而不是抵制改革;另一方面,需要对群体进行整体开发,而不是个体的开发,也就是说组织开发针对的是一个小的团队,也可以是一个部门,还可以是不同的群体。当然,更需要的是整个组织作为一个整体所发生的变化。

(4)管理开发。管理开发以组织中现在或未来的管理者为对象展开,其目的是提高管理者的管理效率,增进他们的管理知识、技能和能力,改变他们的管理态度和动机。管理开发可以针对高层、中级和初级管理者三个层次分别进行。管理开发既可以在组织内展开,也可以在组织外展开。当管理开发是在学校内正式展开的时候,就是一种管理教育了。

3. 人力资源开发与人力资源管理的异同比较

人力资源开发职能与传统的人力资源管理不同。人力资源开发比传统的人力资源管理职能更加关注变革,更加关注改善绩效,更加面向未来,具有战略性。以下从几个不同的维度,阐述人力资源管理和人力资源开发的异同。

(1)理论角度。人力资源管理是从传统的人事管理演进而来的,从前把人看做是生产资料的一部分而对其进行管理,要求人迁就事物。人力资源管理则把人视为一种最宝贵的资源,其重点在于发挥人力资源的效用与效益,在发挥其效用、效益的过程中进行管理。如今人力资源管理的地位已被提升至战略层面,组织在作出重大决策时必须考虑人力资源的策略性运用。

我国人力资源专家肖鸣政教授把人力资源开发界定为:开发者通过学习、教育、培训、管理等有效方式,为实现一定的经济目标与发展战略,对既定的人力资源进行利用、塑造、改造与发展的活动。国家行政学院张德柱等人认为人力资源开发的基本理论是源自人力资本理论、人才产权理论、知识管理理论和学习型组织理论。明显地,人力资源管理重点在于管理,而人力资源开发重点在于人的各种潜能开发。

虽然两者在理论层面上侧重点不同,但在实际情况中两者也有相互依存的关系。麦莱安的人力资源管理理论指出人力资源管理活动当中,有很多都与人力资源开发有不同程度上的关系。其中培训、职业生涯开发、组织开发是人力资源开发的核心和焦点。

(2)对象。人力资源管理和人力资源开发的对象都是人,但其侧重点不同。人力资源管理面对的是组织内的人,组织以外的人不是它的管理对象。人力资源开发层面比较广阔,面对的可以是全社会、全国家或全世界的人,对于不同阶段的人理论上都可以进行开发,如对退休、老年人的开发等。

(3)科学性质。从历史演进的角度看,人力资源管理是属于管理学的一门分支,人力资源开发则是一门综合性的边缘科学。

(4)研究内容。人力资源管理旨在对组织的人力资源的运用与维护,各种人力资源活动都是针对组织内的人力资源,性质上属于微观层面。反观人力资源开发,其主要针对当前人的潜能开发(包括智力、体力、技术、品德、知识等的开发),可视作长期的投资,并不着重当前的效果,性质上属于宏观的层面。

(5)目的。人力资源开发可以通过各种方法与手段对已知的人力资源素质进行提升与拓展,使人力资源能充分被发挥与利用。人力资源管理的目的是充分发挥与维护组织内当前的人力资源。

(6)方法与手段。人力资源管理的功能主要有甄选、培训与开发、集成、薪酬、维护、福利与回馈社会,人力资源管理者主要通过科学的招募活动来获取所需的人力资源,通过培训与开发活动来提升组织人力资源的素质,通过激励活动来加强人力资源的工作投入感。人力资源管理的手段主要有资格考核、工作分析、绩效评估、激励、培训与开发等。

人力资源开发旨在提升人力资源的素质,不论是已知或未知的人力资源,其主要通过培训、职业生涯开发及组织开发来提升人力资源素质。人力资源开发的手段主要有培训、教育、就业与使用、学习、规划、配置等。

4.2 建筑企业人员招聘、录用、培训及考核

▷ 4.2.1 建筑企业人员招聘

人员招聘是指组织通过采用一切科学的方法去寻找、吸引那些有能力又有兴趣到组织来任职的人员,并从中选出适宜人员予以聘用的过程。人员招聘是获取人力资源的一个重要手段,也是人力资源管理的一项基本工作。

1. 建筑企业人员招聘的原则

(1)公开原则。它是指把招聘的单位、招聘的种类和数量、要求的资格条件以及考试方法均向社会公开。这样做不仅可以大范围地广招贤才,而且有助于形成公平竞争的氛围,使招聘单位确实招到德才兼备的优秀人才。此外,在社会的监督下,还可以防止不正之风。

(2)平等原则。它是指对待所有的应聘者应该一视同仁,不得人为地制造不平等条件。在我国的一些招聘启事中经常可以看到关于年龄、性别的明确限制,这在国外是违反法律的,国外法律规定用工不得有种族、性别、年龄歧视。企业作为招聘单位就应努力为人才提供公平竞争的机会,不拘一格地吸纳各方面的优秀人才。

(3)竞争原则。它是指人员招聘需要各种测试方法来考核和鉴别人才,根据测试结果的优劣来选拔人员。靠领导的目测或凭印象,往往带有很大的主观片面性和不确定性。因此,必须制定科学的考核程序、录用标准,才能真正选到良才。

(4)全面原则。它是指录用前的考核应兼顾德、才、能等诸方面因素。因为一个人的素质不仅取决于他的智力水平、专业技能,还与他的人格、思想等因素密切相关。我国公务员的考

试内容就是根据全面考核人才的原则制定的,涉及了职业倾向、个性倾向、认知能力等多方面的考察项目。

(5)量才原则。它是指招聘录用时,必须做到"人尽其才"、"用其所长"。认真考虑人才的专长,量才录用,量职录用。有的招聘单位盲目地要求高学历、高职称,不考虑拟招聘岗位的实际需求,结果花费了大量人力、物力招聘来的,用不了多久就都"孔雀东南飞"了。要知道,招聘最终的目的是保证每一岗位上用的人都是最合适、最经济的,并能达到组织整体效益最优。

2.建筑企业招聘的程序

(1)制定招聘计划。首先必须根据本组织目前的人力资源分布情况及未来某时期内组织目标的变化,分析从何时起本组织将会出现人力资源的缺口,是数量上的缺口,还是层次上需要提升。这些缺口分布在哪些部门,数量分布如何,层次分布是怎样的。根据对未来情况的预测和对目前情况的调查来制定一个完整的招聘计划。拟定招聘的时间、地点,欲招聘人员的类型、数量、条件,职位的具体要求、任务,以及应聘后的职务标准及薪资等。

(2)组建招聘小组。对许多企业,招聘工作是周期性或临时性的工作,因此,应该有专人来负责此项工作,在招聘时要成立一个专门的临时招聘小组,该小组一般由招聘单位的人事主管以及用人部门的相关人员组成。专业技术人员的招聘还必须有关专家参加,如果是招聘高级管理人才,一般还应有经济管理等相关方面的专家参加,以保证全面而科学地考察应聘人员的综合素质及专项素质。招聘工作开始前应对有关人员进行培训,使其掌握政策、标准,并明确各自的职责分工,协同工作。

(3)确立招聘渠道,发布招聘信息。根据欲招聘人员的类别、层次以及数量,确定相应的招聘渠道。一般可以通过有关媒介(如专业报刊、杂志、电台、电视、大众报刊)发布招聘信息,或去人才交流机构招聘,或者直接到大中专院校招聘应届毕业生。

(4)甄别录用。一般的筛选录用过程是:根据招聘要求,审核应聘者的有关材料,根据从应聘材料中获得的初步信息安排各种测试,包括笔试、面试、心理测试等,最后经高级主管面试合格,办理录用手续。在一些高级人员的招聘过程中,往往还要对应聘者进行个性特征、心理健康水平,以及管理能力、计算机水平模拟测试等。

(5)工作评估。人员招聘进来以后,应对整个招聘工作进行检查、评估,以便及时总结经验,纠正不足。评估结果要形成文字材料,供下次参考。此外,在新录用人员试用一段时间后,要调查其工作绩效,将其实际工作表现与招聘时对其能力所做的测试结果作比较,确定相关程度,以判断招聘过程中所使用的测试方法的信度和效度,为测试方法的选择和评价提供科学的依据。

▷4.2.2 建筑企业人员录用

1.建筑企业用工制度

用工制度是企业为了解决生产对劳动力的需要而采取的招收、录用和使用劳动者的制度,它是企业劳动管理制度的主要组成部分。随着国家和建筑业用工制度的改革,建筑企业可以采取多种形式用工。

(1)固定工。固定工即与建筑企业签长期用工合同的自有员工,主要由工人技师和特殊复杂技术工种工人组成。

(2)合同工。企业根据临时用工需求,本着"公开招工、自愿报名、全面考核、择优录取"的原则,从城镇、农村招收合同制工人。

(3)计划外用工。企业根据任务情况,使用成建制的中小建筑公司(如劳务分包企业),以弥补劳务人员的不足。

(4)建立劳务基地。企业出资和地方政府一起在当地建立劳务培训基地,采用"定点定向,双向选择,专业配套,长期合作"的方式,为企业提供长期稳定的劳务人员。

(5)建立协作关系。一些大型建筑企业利用自身优势,有选择地联合一批施工能力强、有资质的施工企业(包括劳务分包企业),同他们建立一种长期稳定的伙伴协作关系。

上述建筑企业的多元结构的用工制度,适应了建筑施工和施工项目用工弹性和流动性的要求。同时,建筑企业的用工制度也决定了建筑企业人员招聘和录用工作的特殊性。

2. 建筑企业录用工作

录用有签订试用合同、员工的初始安排、试用和正式录用等过程。

新员工进入企业以前,一般要签订试用合同,对新员工和组织双方进行必要的约束和保证。合同内容包括:试用的职位,试用的期限,试用期间的报酬与福利,试用期应接受的培训,试用期责任义务,员工辞职条件和被延长试用期的条件等。

一般来说新员工进入企业以后其职位均是按照招聘的要求和应聘者的意愿安排的。有时组织可以根据需要,在征询应聘者意见以后,也可以充实到别的职位。对于一些岗位,应聘者可能要经过必要的培训以后才能进入试用工作。

试用期满后,如果新员工表现良好,能够胜任工作,就应办理正式录用手续。正式录用企业一般要与员工签订正式的录用合同。合同内容和条款应当符合劳动法的有关规定。

4.2.3 建筑企业员工培训

员工培训是指在将组织发展目标和员工个人发展目标相结合的基础上,有计划、有系统地组织员工从事学习和训练,增长员工的知识水平,提高员工的工作技能,改善员工的工作态度,激发员工的创新意识,最大限度地使员工的个人素质与工作需求相匹配,使员工能胜任目前所承担的或将要承担的工作与任务的人力资源管理活动。

1. 建筑企业培训的原则

(1)理论联系实际,学用一致。培训不同于基础教育,应当有明确的针对性,从实际工作需要出发,与职位特点紧密结合,与培训对象所需的知识与技能相结合,才能收到培训的实效。

(2)专业知识技能培训与组织文化培训兼顾。培训的内容还应兼顾管理人员和工人。除了安排文化知识、专业知识、专业技能的培训内容外,还应安排理想、信念、价值观、道德观等方面的培训内容,而后者又常常与企业目标、企业哲学、企业精神、企业道德、企业制度等结合起来进行。

(3)全员培训和重点提高。全员培训就是有计划、有步骤地对在职的各级各类人员都进行培训,这是提高全员素质的必由之路。但全员并不等于平均使用力量,仍然要有重点,即重点培训技术、管理骨干,特别是培训中上层管理人员。

(4)严格考核和择优奖励。培训工作与其他工作一样,严格考核和择优奖励是不可缺少的管理环节。严格考核是保证培训质量的必要措施,也是检验培训效果的重要手段。实际中,很多培训只为了提高素质,并不涉及录用、提拔或安排工作问题,因此,对受训人员择优奖励就成为调动其积极性的有力杠杆。要根据考核成绩,设不同的奖励等级,并且考核成绩要备案,使其与今后的奖励、晋级等挂钩。

2. 建筑企业培训的形式

(1)从培训与工作的关系来划分,培训有在职培训和非在职培训。

在职培训即受训人员在实际的工作中得到培训,这种培训很经济,不需要另外安排场所、添置设备,有时也不需要专职的教员,而是利用现有的人力、物力来实施培训。同时,培训人员不脱离岗位,可以在不影响工作和生产的情况下进行。

非在职培训即受训人员在专门的培训场所接受训练。其形式很多,诸如与学校挂钩方式、委托代培方式,有条件的单位亦可自办各种培训学校及短训班。由于学员脱产学习,没有工作压力,时间集中,精力集中,其知识技能水平会提高很快;这种培训方式的缺点是需要资金、设备、专职教师、专门场所,成本较高。

为了克服两者缺点,集中两者优点,出现了另一种培训形式——半脱产培训,其在实践中也取得较好的效果。

(2)从培训的组织形式来划分,培训有正规学校、短训班、自学等形式。

正规学校培训是指由高等院校、党校、管理干部学院等,承担企业人员正规化培训任务。这种形式一般费用较高,通常用于较高层次管理人员的培养。

与正规学校相比,短训班形式专业性强、灵活,内容有鲜明的针对性,可以使一批人同时受到培养,又费时不长,花费不大,易于组织,目前已被广泛采用。这种形式的培训特别适用于专业培训,在某一问题上集中深化,使受训者了解有关动态和最新发展,跟上技术进步、管理变革和政策环境、市场竞争态势的变化,回到工作岗位后可立即应用,见效较快。

自学是一种自我完善、提高的培训方式。其特点是组织简单、费用低、行之有效,特别是成人自学考试制度实行以来,自学成才的人数呈增加趋势。企业对有志于自学培训的人员应采取措施支持和鼓励。

(3)从培训的目的来划分,培训有文化补习、学历培训、岗位职务培训等形式。

文化补习和学历培训目的在于增加普通的文化科学知识,为以后的进一步提高奠定文化基础。

岗位职务培训是以工作的实际需要为出发点,围绕着职位的特点而进行的针对性培训。这种培训旨在传授个人以行使职位职责、推动工作方面的特别技能,侧重于专门技术知识的灌输。同时,这种培训还用来使人员在担任更高职务之前,能够充分了解和掌握未来职位的职责、权力、知识和技能等。这样,在担任较高职务时,就有可能尽快胜任工作,打开局面。

(4)从培训的层次上划分,培训有高级、中级和初级培训。

培训工作应因人而异,分层次进行。一般而言,初级培训可侧重于一般性的知识和技术方法;中级培训可适当增加有关理论课程;高级培训则应侧重于学习新理论、新观念、新方法。培训的级别越高,所采用的组织形式就越趋于小型化、短期化。如初期培训通常要借助正规学校、社会办学的方式实现,而高级培训则可采用短训班、研讨班,甚至出国考察培训等方式来实现。

3. 建筑企业职业培训的内容

(1)管理人员培训。

①岗位培训。它是对一切从业人员,根据岗位或职务对其具备的全面素质的不同需要,按照不同的劳动规范,本着"干什么学什么,缺什么补什么"的原则进行的培训活动。它旨在提高

职工的本职工作能力,使其成为合格的劳动者,并根据生产发展和技术进步的需要,不断提高其适应能力。其包括:对企业经理的培训,对项目经理的培训,对基层管理人员和土建、装饰、水暖、电气工程等技术岗位的培训及对其他岗位的业务、技术干部的培训。

②继续教育。其包括建立以"三总师"为主的技术、业务人员继续教育体系,采取按系统、分层次、多形式的方法,对具有中专以上学历的管理人员进行继续教育。

③学历教育。其主要是有计划选派部分管理人员到高等院校深造,用以培养企业高层次专门管理人才和技术人才,使其毕业后回本企业继续工作。

(2)工人培训。

①班组长培训。即按照国家建设行政主管部门制定的班组长岗位规范,对班组长进行培训,通过培训最终达到班组长100%持证上岗。

②技术工人等级培训。按照建设部颁发的《工人技术等级标准》和劳动部颁发的有关工人技师评聘条例,开展中、高级工人应知应会考评和工人技师的评聘。

(3)特种作业人员的培训。根据国家有关特种作业人员必须单独培训、持证上岗的规定,对企业从事电工、塔式起重机驾驶员等工种的特种作业人员进行培训,保证100%持证上岗。

4.建筑企业培训的管理

企业领导及主管教育培训的职能部门要按照"加强领导,统一管理,分工负责,通力协作"的原则,长期坚持、认真做好培训工作,做到思想、计划、组织、措施全部落实,使企业的职工培训制度化、正规化。

(1)思想落实,即提高广大干部群众对员工教育培训工作的认识,使各级领导从思想上真正认识到员工教育培训的重要性,就像抓生产一样,认真抓好员工教育。

(2)计划落实,就是根据企业的实际情况,制定员工教育的长远规划和近期具体实施计划,因地、因时、因人制宜地落实规划。按干部、技术人员、工人所从事的业务类型,分门别类地组织学习,进行岗位培训。

(3)组织落实,即要有专门的机构和人员从事员工教育的领导和管理工作,建立能动的教育运行机制,从组织上保证员工教育工作有人抓、有人管。

(4)措施落实,就是要有一定的物质条件,教育用房、实验设备、师资配备、经费来源等必须切实解决。

▶ 4.2.4 建筑企业员工的绩效考核

员工的绩效考核就是通过科学的方法和客观的标准,对职工的思想、品德、工作能力、工作成绩、工作态度、业务水平以及身体状况等进行评价。

1.绩效考核的作用

(1)绩效考核是企业聘用人员的依据。要实现一个组织的人与事的科学结合,必须"识事"和"知人"。岗位分析、岗位评价和岗位分类是"识事"的基本活动,考核则是"知人"的主要活动。只有"知人"才能"善任",通过绩效考核,能够对每位员工的各方面情况进行评估,了解每个人的能力、专长和态度,从而能够将其安置在适合的职位上,达到人尽其才的目的。

(2)绩效考核是员工调动和升降职位的依据。绩效考核侧重于对员工的工作成果及工作过程进行考察,通过绩效考核,可以提供员工的工作信息,如工作成就、工作态度、知识和技能的运用程度等。根据这些信息,可以进行人员的晋升、降职、轮换、调动等人力资源管理工作。

这对个人来说是扬长避短,对组织来说则是实现人力资源的优化再配置。如一个员工绩效优秀而且大有潜力时,可以给予晋升,既发挥其才能,又增强组织的竞争力;一个员工业绩不良,可能是因为他的素质和能力同现在的职务不匹配,这就应当进行工作调动和重新安排,以发挥其长处,帮助其创造更佳业绩。

(3)绩效考核是员工培训的依据。培训开发是人力资源投资的重要方式,它可以使人力资源增值,是企业发展的一项战略性任务。绩效考核可以为企业对员工的全面教育培训提供科学依据,知道哪些员工需要培训,需要培训哪些内容,培训开发做到有的放矢,这样才能收到事半功倍的效果。绩效考核在此方面的作用是:一方面能发现员工的长处与不足,对他们的长处给予发扬;另一方面也可以查出员工在知识、技能、思想和心理品质等方面的不足,使培训开发工作有针对性地进行。通过持续的绩效管理,促进培训开发工作的深入。

(4)绩效考核是确定薪酬和奖惩的依据。现代管理要求薪酬分配遵守公平与效率两大原则,这就必然要对每一个员工的劳动成果进行评定和计量,按劳付酬。绩效考核为报酬分配提供依据,进行薪资分配和薪资调整时,应当根据员工的绩效表现进行,运用考评结果,建立考核结果与薪酬奖励挂钩制度,使不同的绩效获取不同的待遇。合理的薪酬不仅是对员工劳动成果的公正认可,而且可以产生激励作用,形成进取的组织氛围。考核结果不与薪酬、奖励、提职、培训等挂钩,就等于一句空话,不仅起不到激励效果,反而会挫伤员工的工作积极性,影响工作业绩和效率。

(5)绩效考核有利于形成高效的工作气氛,使个人目标与组织目标相一致,并促进员工的发展。通过绩效考核,经常对工作人员的工作表现和业绩进行检查,并及时反馈,要求上下级对考核标准和考核结果进行充分沟通,因此,考核有利于形成高效率的工作气氛,有助于组织成员之间信息的传递和感情的融合。通过这样的沟通,可以促进员工相互之间的了解和协作,使员工的个人目标同组织目标达到一致,建立共同愿望,增强组织的凝聚力和竞争力。绩效考核可以促进员工的潜在能力发挥。通过绩效考核,员工对自己的工作目标确定了效价,他就会努力提高自己的期望值,比如学习新知识、新技能,以提高自己胜任工作的能力,取得理想的绩效,个人也就得到了进步。所以,绩效考核是促进员工发展的人力资本投资。

2. 建筑企业绩效考核的内容

(1)工作成绩。即重点考核工作的实际成果,不管其经过如何。工作成绩的考核,要以员工工作岗位的责任范围和工作要求为标准,相同职位的职工应以同一个标准考核。

(2)工作态度。即重点考核员工在工作中的表现,如职业道德、工作责任心、工作的主动性和积极性等。

(3)工作能力。即考核员工具备的能力。员工的工作能力由于受到岗位、环境或个人主观因素的影响,在过去的工作中不一定显示出来,要求通过考核去发现他们。

工作成绩、工作态度和工作能力是员工从事一定工作所表现出来的三个相互联系的要素。一个员工在一定岗位上工作,必须具备一定能力才可能干好,没有能力即便工作态度再好也不可能获得好的成绩。但是,一个具备了能力的员工,不一定就肯定获得优良的成绩,因为这里有一个工作态度问题,能力虽然高但不愿付出(即工作态度不好)也不可能取得成绩。所以,对于员工的考核必须从以上三个方面全面考核,缺一不可。

企业对员工绩效的考核是针对企业工作特点决定的,它与公务员绩效考核的德、能、勤、绩考核提法上有很大不同,但内容有较大的一致性。

3. **建筑企业绩效考核的方法**

从不同的分析角度来看,绩效考核方法能列出50余种,但是比较系统的、适合目前大多数企业情况的绩效考核方法大致有四种:目标管理法、360度反馈评价法、关键业绩指标和平衡记分卡。

(1)目标管理法(MBO)。目标管理(management by objective)是管理大师彼得·德鲁克提出并倡导的一种科学优秀的管理模式。所谓目标管理就是指组织的最高层领导根据组织面临的形势和社会需要,制订出一定时期内组织经营活动所要达到的总目标,然后层层落实,要求下属各部门主管人员以至每个员工根据上级制订的目标和保证措施,形成一个目标体系,并把目标完成情况作为考核的依据。

目标管理的实施步骤及过程包括以下几个方面:①设定绩效目标,为每位被评估者设立所应达到的目标以及为达到这一结果所应采取的方式、方法;②制定被评估者达到目标的时间框架,通过对时间的有效约束,保证组织目标的实现;③将实际绩效水平与设定的绩效目标进行比较,查找工作实施过程中的优缺点,有助于决定对于培训的需求以及确定下一绩效评估周期的各级绩效指标;④制定新的绩效目标。

(2)360度反馈评价法。360度反馈也称全视角考核(full circle appraisal)或多个考评者考核(multi rater assessment),这种方法的出发点就是从所有可能的渠道收集信息。它是一种从不同层面的人员中收集考评信息,从多个视角对员工进行综合绩效考评并提供反馈的方法,或者说是一种基于上级、同事、下级和客户(包括内部客户和外部客户)等信息资源的收集信息、评估绩效并提供反馈的方法。360度反馈与传统的自上而下反馈的本质区别就是其信息来源的多样性,从而保证了反馈的准确性、客观性和全面性。

360度反馈评价体系的目的在于通过获得和使用高质量的反馈信息,支持与鼓励员工不断改进与提高自己的工作能力、工作行为和绩效,以使组织最终达到管理或发展的目的。这种评价模式较单一评价来源的评价方式更为公正、真实、客观、准确、可信。同时,通过这种评价方式,受测者可以客观正确地评价自我,了解自己在职业发展中所存在的优势与不足,可以激励他们更有效地发挥自己的工作能力,赢得更多的发展机会;帮助管理者改进管理工作行为,提高管理效果,发现和解决组织成员之间的矛盾和冲突。而企业或组织则通过评价加强管理者与组织员工的双向交流,提高组织成员的参与性,创造良好的组织氛围,激发组织成员的创新性和工作动机,帮助企业或组织进行团队建设,在客观分析和使用反馈信息的基础上,作出正确的评价与决策。

360度反馈作为一种人力资源开发与管理的方式确实有很多优点,但也存在着明显的不足,主要有:由于评价参照标准的不确定性,使得评价只关注一般特质,而不是特定工作行为;评价是以个体记忆为基础,不能真实反映被评者过去的工作行为;评价者不能观察到受测者的全部工作行为,易以偏概全;在实施360度反馈过程中,如果培训和运作不当,可能会在组织内造成紧张气氛,影响组织成员的工作士气。而且实施360度反馈评价法时很容易遇到的一些陷阱,如文化震荡、专断、组织成员忠诚的消失、监督失效、裙带关系等。

(3)关键业绩指标(KPI)。企业关键绩效指标(key performance indication)是通过对企业内部流程的输入端、输出端的关键参数进行设置、取样、计算、分析,衡量流程绩效的一种目标式量化管理指标,是对公司及组织运作过程中实现战略的关键成功要素的提炼和归纳,是把企业的战略目标分解为可运作的远景目标和量化指标的有效工具,是企业绩效管理的基础。

KPI 一般由财务、运营和组织三大类可量化的指标构成。KPI 可以使部门主管明确部门的主要责任,并以此为基础,明确部门人员的业绩衡量指标,使业绩考评建立在量化的基础之上。

确定关键绩效指标,要遵循 SMART 原则,即具体化、可度量、可实现、现实性以及时限性。在遵循 SMART 原则进行 KPI 设计应用过程中,由于对 SMART 原则的理解偏差可能导致指标过分细化、关键指标遗漏与"中庸",以及考核目标偏离和考核周期过短等问题。因此,企业在设计 KPI 时,应加强与基层员工的沟通与交流,并针对不同岗位设计不同的 KPI,突出不同部门的 KPI 的特点和着重点。总之,运用 KPI 方法进行公司关键量化指标的设立和分解,要遵循 SMART 原则,在对公司价值链进行分析的基础上,根据公司使命和愿景确定公司的关键成果领域;针对每一个关键成果领域制定流程级 KPI,对每一个流程级 KPI 设计下一层 KPI 直至岗位 KPI,从而保证公司战略的层层分解和层层落实;分析和构建指标之间的逻辑关系,并对指标进行属性测试,建立指标辞典。

(4)平衡记分卡(BSC)。平衡记分卡(balanced score card)是一种新的企业绩效评估和管理的工具。这种方法是将企业战略目标逐层分解转化为各种具体的相互平衡的绩效考核指标,并对这些指标的实现状况进行不同时段的考核,从而为战略目标的完成建立起可靠的执行基础的绩效管理体系。平衡记分卡包括以下六种要素:维度、战略目标、绩效指标、目标值、行动方案和具体任务,并且把对企业业绩的评价划分为四个部分:财务角度、客户、经营过程、学习与成长。

平衡记分卡反映了财务与非财务衡量方法之间的平衡、长期目标与短期目标之间的平衡、外部和内部的平衡、结果和过程的平衡、管理业绩和经营业绩的平衡等多个方面。所以平衡记分卡能反映组织的综合经营状况,使业绩评价趋于平衡和完善,利于组织长期发展。

平衡记分卡的缺点:①平衡记分卡的实施难度大,要求企业有明确的组织战略,高层管理者具备分解和沟通战略的能力和意愿,中高层管理者具有指标创新的能力和意愿。②平衡记分卡的工作量极大。除对于战略的深刻理解外,还需要消耗大量精力和时间把它分解到部门,并找出恰当的指标。③平衡记分卡不适用于个人。相比较于成本和收益,没有必要把平衡记分卡分解到个人层面。对于个人而言,要求绩效考核易于理解,易于操作,易于管理。而平衡记分卡并不具备这些特点,平衡记分卡作为企业的一种战略和绩效管理模式,它是欧美最先进企业的管理经验的高度概括和总结,但是它不可能解决现代企业绩效管理中遇到的所有问题。因此,在实际应用中应注意结合企业自身情况,设计出科学可行的平衡记分卡,并坚持做到全员参与和反复沟通,根据新情况、新问题及时进行修正和调整。

4. 绩效考核的影响因素与注意事项

影响绩效考核的因素有:①考核者的判断;②考核者与被考核者的关系;③考核的标准和方法;④组织条件;⑤考核中常见的心理弊病等。

绩效考核的信度是指考评结果的一致性和稳定性。为了提高考核的信度,应注意:①对考核者进行必要的培训,保证他们对考核内容理解一致和对考核标准的准确把握;②采用全方位考核,对被考核者进行全面完整的评价;③保持必要的考核次数和信息采集;④在设计考核方案和考核方法时,尽量保证采用考核格式和程序的标准化以及考核标准的量化。

绩效考核的效度,是指考核获取的信息及结果与考核的工作绩效之间的相关程度。考核效度意味着必要的信息可能被忽略或无关信息可能被纳入进来。因此,在设计考核方案时,首先要做到考核维度的全面并使各维度的权重反映实际情况,然后用具体、明确、容易理解的词语和指标来定义它们的内容。此外,还要处理好被考核者可能存在的考核数据不全或缺项的问题。

4.3 建筑企业人力资源的优化配置

➤ 4.3.1 建筑企业人力资源的优化配置

企业人力资源优化配置的含义有两个方面:一是结构的优化,即配置的各种资源必须根据施工生产的需要有一个合理的结构;二是总量投入的优化,即在结构合理的情况下,总量按需投入。因此,人力资源的优化配置应从结构和总量两个方面进行。

1. 项目经理部人员的优化配置

项目经理部人员在项目施工现场的人力资源中处于核心地位,可以分为项目经理和其他管理人员。

项目经理是完成项目施工任务的最高责任者、组织者和管理者,是项目施工过程中责、权、利的主体,在整个工程项目施工活动中占有举足轻重的地位。因此,项目经理必须由公司总经理来聘任,以使其成为公司法人代表在工程项目上的全权委托代理人。

项目经理部其他管理人员配置的种类和总量规模,根据工程项目的规模、建筑特点、技术难度等因素来决定。从其所行使的职能来看,项目经理部应当配置能满足项目施工正常进行的预算、成本、合同、技术、施工、质量、安全、机械、物资、后勤等方面的管理人员。项目经理部人员的配备可采用责任矩阵图法。

责任分配矩阵是一种将项目所需完成的工作落实到项目有关部门或个人,并明确表示出他们在组织中的关系、责任和地位的一种工具。它将人员配备工作与项目工作分解结构相联系,明确表示出工作分解结构中的每个工作单元由谁负责、由谁参与,并表明了每个人或部门在整个项目中的地位。一般情况下,责任矩阵中纵向列出项目所需完成的工作单元,横向列出项目组织成员或部门的名称,纵向和横向交叉处表示项目组织成员或部门在某个工作单元中的职责。表示职责的符号有多种形式,常见的有字母、数字和几何图形。

某企业在制定的项目管理制度中,用矩阵图法确定了项目经理部各职能部门的主要职责,形成了责任分配矩阵,如表 4-1 所示。

表 4-1 某项目经理部责任矩阵表

工作分解结构 (work breakdown structure,WBS)	项目经理	总工程师	机电工程师	总经济师	工程处	技术质量处	安全处	合同处	资源处	经济处
项目管理规划	△□	○	○	○	◇	◇	○	○	○	○
进度管理	△	□	○	○	◇	◇	○	○	○	○
质量管理	△	□	○	○	○	◇	○	○	○	○
费用管理	△	○	○	□	○	○	○	○	○	◇
安全管理	△	□	○	○	○	◇	○	○	○	○

工作分解结构 （work breakdown structure，WBS）	项目 经理	总工 程师	机电工 程师	总经 济师	工程处	技术质 量处	安全处	合同处	资源处	经济处
生产要素管理	△	□	○	□	○	○	○	○	◇	○
现场管理	△	□	○	○	◇	○	○	○	○	○
合同管理	△	□	○	□	○	○	○	○	◇	○
组织协调	△	□	○	○	◇	○	○	○	○	○

符号说明：△决策　□主持　◇主管　○参与

在整个工程项目的施工过程中，除特殊情况外，项目经理是固定不变的。由于实行项目经理负责制，项目经理必须自始至终负责项目施工的全过程活动，直至工程项目竣工，项目经理部解散。

由于在项目施工过程中施工工序和部位是在不断变化的，对项目施工管理和技术人员的需求也是不同的。项目经理部的其他人员可以实行动态配置。当某一项目某一阶段的施工任务结束以后，相应的人员可以动态地流动到其他项目上去，这项工作一般可由公司的人事部和工程部综合考虑全公司的在建项目进行统筹安排，对项目管理人员实行集权化管理，从而在全公司范围内进行动态优化配置。

2. 劳务人员的优化配置

劳动力的配置应根据承包项目的施工进度计划和工种需要数量进行。项目经理部根据计划与劳务合同，接收到劳务分包企业派遣的施工人员后，应根据工程的需要，或保持原建制不变，或重新进行组合，组合的形式有 3 种，即专业班组、混合班组或大包队。

▷ 4.3.2　项目管理高效团队的建设与激励

1. 项目管理高效团队的建设

高效团队应具备这样的特点：明确的目标和共同的价值观；明晰的分工和精诚的协作；融洽的关系和畅达的沟通；高昂的士气和高效的生产力；很强的凝聚力。

项目管理团队建设的核心目标就是将项目成员有效地组织起来，创造出一种开放、自信、团结、协作的气氛，使项目成员有统一感，强烈希望为实现项目目标做出贡献。结合工程项目的一次性、综合性及任务复杂性等特点，团队建设要做好以下几点：

（1）配备好团队成员。一个工程项目管理团队想要有效地运作，需要三种不同技能的人：需要具有技术专长的成员，如施工员等；需要有解决问题和决策技能的成员，如技术负责人等；需要有若干具有善于聆听、反馈、解决冲突及其他人际关系技能的成员，如项目经理等。

（2）加强团队成员的培训。通过培训，可以提高团队成员的综合素质、工作技能、技术水平、管理水平和道德品质等。因此，对团队成员必须进行岗前培训，也要进行岗上培训。

（3）搞好对团队成员的激励。激励是调动团队成员工作积极性和创造性的重要手段。

（4）进行有效的冲突管理。解决冲突有以下方法：协商、妥协、缓和、强制、退出等，工作中应以前两者为主。

（5）加强团队文化建设。团队文化指团队的管理理念、经营目的、管理制度、价值观念、行为规范、道德风尚、社会责任、队伍形象等。团队文化的核心是 VMV，即远景（vision）、使命（mission）、价值观（values）。

（6）提高凝聚力。凝聚力是指团队对每个成员的吸引力和向心力。有凝聚力的团队具有以下特征：沟通快；成员有归属感；有良好的实现自我价值和发展的条件。

（7）提高团队士气。团队士气是成员为实现目标的精神状态和工作作风。高士气的团队凝聚力高，没有离心倾向，具有解决内部矛盾和适应环境变化的能力，彼此理解，具有认同感和归属感，掌握目标，支持领导，维护团队。

2. 对项目管理高效团队的激励

作为项目管理的主体，项目团队工作积极性的高低将在很大程度上影响项目的最终实施效果。在工程项目管理中，项目团队发挥着重要的作用，因此对项目团队进行有效的激励意义重大。为了提高工程项目管理水平，考虑到工程项目自身的特殊性，有必要将满足激励和目标激励引入工程项目的团队管理中。

（1）满足激励。工作满意度是员工态度的一个重要部分，它是指员工对工作中各种因素所持有的积极或消极情感的程度。当前的工程项目团队激励中主要实行"大锅饭"，所涉及的范围包括了项目的全体员工，没有突出技术人才，因而激励效果也不明显。由需要层次理论可知，在项目团队中项目经理要注意区分组织成员的层次和具体需求，分层次、分需求地进行激励。对注重物质层次需要的团队成员，在项目激励中可采用计件工资、差异化工资等货币形式提高其工作积极性；对注重归属情感和尊严需要以及注重自我实现的团队成员，除了物质兑现外，应侧重的是情感投资和提供必要的晋升机遇。

（2）目标激励。根据洛克提出的目标设置理论，人有希望了解自己行为的结果和目的的认知倾向。与模糊的、没有挑战性的、无法实现也未被接受的目标相比，明确的、具有挑战性的、可以实现而且为人所接受的目标能够带来更高的绩效。在工程项目管理中，项目经理应把项目总任务转化为项目总目标，并根据具体情况进行总目标的分解和下达，责令下层管理者继续分解目标并下达给其下层工作者，如此层层下达项目目标，深入到施工现场；同时在实施过程中不断给予反馈，确保项目各实施人员在追求目标全程中都对目标实现程度有较清楚的认识，以便及时自我调整和控制。

思考与练习

1. 简述人力资源管理的概念和职能。
2. 简述人力资源管理的内容和作用。
3. 简述人力资源开发的概念和内容。
4. 简述人力资源开发与人力资源管理的异同。
4. 简述建筑企业人员招聘的原则。
5. 简述建筑企业人员招聘的一般程序。
6. 简述建筑企业员工绩效考核的方法。
7. 简述怎样建设高效的项目管理团队。

第5章 建筑企业文化

学习要点

1. 企业文化的内涵、特点及作用
2. 建筑企业文化的内涵及其特殊性
3. 我国建筑企业文化建设的基本思路和具体措施
4. 建筑企业精神的含义
5. 建筑企业形象的含义
6. 建筑企业形象策划的内容和程序

5.1 企业文化概述

5.1.1 企业文化的内涵

文化是人类行为模式、艺术、宗教信仰、群体组织和其他一切人类生产生活活动、思维活动的本质特征。文化是有差异的,不同的民族有不同的文化模式,不同企业群体也有自己不同的文化模式。企业作为一个独立的经济实体企业,既具有经济性质,又具有文化性质。随着现代工业文明的发展,企业在一定的民族文化传统中逐步形成了具有企业特征的基本信念、价值观念、道德规范、规章制度、生活方式、人文环境以及与此相适应的思维方式和行为方式。因此企业文化实际上是指企业的共同观念系统,它是一种存在于企业之中的共同理解。在每一个企业中,有各种不断发展着的价值观、仪式、规章、习惯等,这些观念一旦为全体员工所接受,就变成了企业的共同观念,成为企业文化的一部分。而企业文化一旦形成,就会在很大程度上对管理者的思维和决策施加影响。它是一种渗透在企业一切活动之中的东西,是企业的灵魂所在。

那么,如何来描述一个企业的文化呢? 到目前为止,尚没有一种确定的衡量企业文化的方法。例如,我们可以通过对一个企业在以下几方面所达到的程度的分析来描述其企业文化:

(1)控制的程度:规章制度的多少,或用于监督和控制员工行为的指导原则的多少;

(2)导向性:企业建立明确的目标和业绩要求的程度;

(3)管理者与员工之间的关系:管理者给下属以清楚的沟通、帮助和支持的程度;

(4)对员工的基本看法:信任员工或不信任员工,或予以员工责任、自由和独立的程度;

(5)对风险的容忍度:鼓励员工开拓、创新和承担风险的程度;

(6)纷争容忍度:允许员工自由发表不同意见和公开批评的程度;

(7)沟通的模式:企业信息传递是否受正式的权力线的限制;

(8)协作意识:鼓励企业员工的团队协作工作的程度;

(9)整体意识:员工把企业作为一个整体而不是把他们特定的工作小群体作为整体的程度;

(10)奖励的指向:奖励基于员工的业绩而不是感觉、好恶的程度。

根据对一个企业以上十个方面的描述,就可以大致勾画出该企业的企业文化。

以上所说的只是表述企业文化的一种方法,人们还可以从其他方面来描述企业文化,例如从企业哲学、企业目标、民主意识、道德观念、规章制度、团体意识等方面来描述。

▷ 5.1.2　企业文化的特点

1. 整体性

企业文化是一种综合、立体、全方位的文化。它以企业作为整体,反映企业内部各个子系统之间的内在联系。以整体的力量支配每个员工的行为方式和追求的目标,形成整体的信念和企业形象。

2. 内聚性

企业文化在企业管理过程中起着"黏合剂"的作用,企业通过各种形式的文化活动,把团结友爱、合作互助、奋发进取的价值观念逐步渗透到广大员工的工作和交往之中,把内部分散的力量凝聚在完成企业经营目标上来,形成一致的巨大的合力。

3. 稳定性

企业文化的形成总是与企业的发展相联系的,是一个长期渐进的过程。企业一旦形成具有自身特点的文化以后,就必然相对稳定地存在,不会轻易消失,不会因为企业领导人的更换、组织制度、经营策略和产品方向的改变而发生大的变化。

4. 人本性

企业文化重视员工的主体性,要求员工把企业的发展与个人的发展联系起来。它强调人的理想、道德、价值观、行为规范等在企业管理中起核心作用。在生产经营管理过程中,尊重人、关心人、信任人,使全体员工互相尊重,团结奋进,积极参与企业管理,推动企业发展。大量调查研究表明,对员工的尊重、信任,能够提高员工的积极性,激发员工的创新精神。当企业领导者不尊重、不信任员工,将他们视为无关紧要的人员时,他们会按无关紧要人员的要求"回报";但当企业领导者把他们看作核心人员时,他们便会更自尊、自强,以核心人员的要求,尽最大的努力实现企业的愿景,为企业做出优异的成绩。

▷ 5.1.3　企业文化在企业管理中的作用

企业文化对企业生产经营的影响是通过作为企业主体的员工而实现的。企业文化首先影响企业员工的思想意识,通过员工的意识进而影响他们的行为,通过员工的行为进而影响企业生产经营的方方面面。概括地说,企业文化对于企业员工的影响表现在以下几个方面:

1. 导向作用

企业文化是一只"无形的手",具有提纲挈领、统揽全局的作用,它影响员工的思想和心灵,并通过对员工思想的影响而引导员工的行为。企业文化引导企业战略规划的制定,企业的战略规划如果没有文化理念的指导,就不可能落实为全体员工的自觉行动。企业文化如果离开了企业发展战略的支撑,就无法发挥企业文化的价值和功能。企业文化的导向作用是无形的,但却是长久和深远的。

2. 凝聚作用

企业文化是企业的黏合剂,它犹如一根无形的纽带,将企业上下紧紧地联结在一起。当企业处于顺境时,全体员工围绕着企业的共同价值目标而奋斗,再创辉煌;当企业处于逆境时,企业全体员工协调一致,共渡难关。建筑行业是特殊行业,员工来源复杂,以农民工为主;施工场地分散,流动性大;工程投资大,协作要求高,这些都要求建筑企业加强企业文化建设,增强企业的凝聚力和向心力。

3. 激励作用

企业文化坚持以人为中心,强调"企业是员工的集合,员工是企业的主人"的观念,以激励企业员工的士气,提高员工的积极性、主动性和创造性。企业文化建设要求企业不但要满足员工的物质需求,更应注重他们的精神需求,关心员工,爱护员工,让员工感受到企业的温暖。大多数企业都注重对员工的精神奖励,在企业内部设立奖项,评选劳动模范,以激励和鼓舞员工。

4. 约束作用

企业规章制度与企业文化对人都具有约束作用,企业规章制度的约束是"硬约束",通过运用各种强制手段要求全体员工遵照执行,而不管企业员工内心认可与否;企业文化可以发挥"软约束"的功能,它通过灌输企业价值理念,让员工明白应该做什么,不应该做什么。企业文化是一种充满人文关怀,带有浓厚感情的约束,让员工觉得企业不是在规范、约束他们,而是在关怀他们,是理所当然的,员工对企业文化就有一种归属感和认同感。另外,企业规章制度不可能面面俱到,通过企业文化的感召作用,可以提高员工遵纪守法的自觉性,将企业规章制度的"他律"转化为员工日常行为中的"自律",自觉规范、约束自己的行为。

5.2 建筑企业文化建设

▷5.2.1 建筑企业文化的内涵及内容

建筑企业面对日趋激烈的市场竞争,要求得生存,保持优势,就必须以文化为依托,促进传统文化的转轨变型,重构新的文化结构,提高企业的科学管理层次,使企业在其文化意识与文化行为的相互促进中得以发展壮大。

1. 建筑企业文化的内涵

建筑企业文化是指在一定的历史条件下,建筑企业及其员工在生产经营和变革的实践中逐渐形成的共同思想、作风、价值观念和行为准则,是一种具有建筑企业个性和特色的信念和行为方式,它包括价值观、行为规范、道德、习惯习俗、规章制度和精神风貌等。建筑企业文化是一个多元、动态、综合的概念,它贯穿于建筑企业内外部因素之中,贯穿于建筑企业生产经营活动的全过程。

2. 建筑企业文化的内容

(1)物质文化层,由建筑企业产品、建筑企业环境、建筑企业科技状况所构成。

(2)制度文化层,由规章制度、领导制度、组织机构、民主制度构成。

(3)精神文化层,由建筑企业目标、建筑企业哲学、建筑企业精神、建筑企业道德构成。

(4)综合文化层,由建筑企业素质、建筑企业行为、建筑企业形象构成。

5.2.2 建筑企业文化的特殊性

1. 生产人员的特殊性

建筑企业多是劳动密集型企业,生产力构成中人的因素比例大,劳动者个人的质量意识、协作意识、责任意识都直接对产品质量构成影响。建筑产品质量问题历来较多,而人为的质量问题占绝大部分。因此,建筑企业文化建设工作亟待加强。

2. 生产过程的特殊性

建筑产品的生产过程是各工序、工种协同合作的过程,大量的隐蔽工程除靠有限的检查把关外,主要靠员工的负责精神和自觉性。在这个问题上,员工的主动与被动是造成工程质量优与劣的根源,必须通过建筑企业文化建设杜绝那些"明明能干好却不好好干的"的不良现象,重点在职业道德上做好工作。

3. 生产场地的特殊性

施工现场的分散性造成企业文化建设的离散性。由于临时用工较多,异地施工较多,工作强度大,使建筑企业文化建设难度更大,需要企业文化建设工作更灵活,更有声势,更富感染力。因此,必须把企业文化建设工作做到施工现场去。

近年来建筑市场竞争一直异常激烈,企业文化建设特别是为外界树立的企业形象在企业竞争中起着很大的作用。一个建筑企业能艰苦奋斗,吃苦耐劳,科学管理,勇攀高峰,在不利的环境下建设出用户满意的优质工程,就能受到建设单位的好评,就能把企业文化的精神财富转化成物质财富。

建筑企业的文明施工是企业文化的直接体现,通过文明施工,带动、促进和完善企业整体管理,改善生产环境和生产秩序,培养企业尊重科学、遵守纪律、团结协作的大生产意识,从而促进了企业的精神文明建设。企业对施工现场各要素所处状态不断地进行以整理、整顿、清扫、清洁和提高素养为内容的"5S"现场管理制度,以及通过合理定置,实现人与物、人与场所、物与场所、物与物之间的最佳结合,即企业群体意识与制度化管理的有机结合,使施工现场秩序化、标准化、规范化,其结果是高度的文明带来高度的效率与效益。

在管理实践中,各建筑企业也都在策划和树立企业形象,把企业优秀的工作作风作为企业精神提炼出来使之成为企业共同一致的行为准则。如某建筑公司具有个性的"团结、自强、创优、争先"的企业精神;某建筑公司以"一流质量、一流速度、一流服务、一流职工队伍"作为奋斗目标和质量第一的企业宗旨,反映了该企业"求实创新、精益求精"的企业精神。这些都反映了建筑企业文化建设的崭新风貌。

5.2.3 我国建筑企业文化建设的基本思路及具体措施

1. 建筑企业文化建设的基本思路

企业文化不是自然而然地形成和发展起来的,企业文化的形成要靠塑造,企业文化的发展重在建设。根据企业文化形成和发展的一般规律，从我国当代建筑企业的实际情况出发，建筑企业文化建设必须抓好以下几个环节：

（1）研究、分析。世界上许多国家在建筑企业管理上都有不少可供我们所借鉴的内容和经验，我国建筑企业贵在推进企业改革，从我国建筑企业的实际出发，作进一步的深层的研究和思考，为建筑企业文化构建打下牢固的实践基础。

一般地说，建筑企业文化建设的研究和分析阶段应注意以下几点：

①了解企业的内外环境，把握企业文化建设主体的基本情况。

②分析建筑企业的弱势，如市场行为不规范、存在严重的混乱状况以及改革不到位等阻碍企业文化建设健康发展的现实问题。

③研究建筑行业的优势，如我国对外承包市场的扩大、关税壁垒的减少将使我国对外承包工程成本降低，国外的先进的技术、管理和施工模式的引进等给我国建筑业带来的发展机遇。

④开展实证分析，如对传统观念、传统心理、传统行为方式、传统习俗与现代化进程关系的实证分析等。

企业文化是一种动态的文化，它随着企业的发展、社会环境的变化、时代的变迁而不断发展变化，企业文化建设必须坚持发展的观点和实证的方法去研究和设计。而且，每个企业又都有自己的个性，没有也不可能有一种放之四海而皆准的企业文化模式，建筑企业文化建设一定要突出自己的个性，创造自己的特色。

（2）选择、定位。企业文化建设的规划应具有针对性、实效性和可操作性，考虑建筑企业的属性、行业特性、历史特点。

从企业文化的阐释中可以看到，在建筑企业文化的层面上，核心价值观是最主要的，它决定着建筑企业文化的基本形态，因为它不随具体的业务范围的变化而变化，它可以统一适用于各子公司和各属地公司，是企业赖以生存的精神源泉。而操作层面的文化却因各自的业务范围不同而有所不同，也因各个时期的各种政策环境不同而有所不同。操作层面的文化是随企业的成长不断调整和积累的，具体地讲，就是要着力于培育技术文化、质量文化和信用文化。

①技术文化。作为一种特殊的意识形态，技术文化对建筑企业的发展起着重大作用。不同技术与产品之间的竞争不仅是工程成本等经济因素的竞争，而且是科技含量的竞争，只有采用新技术、新材料，降低成本，提高质量，才能在市场上具有竞争力，但更重要的是形成技术创新的全员意识，这样技术本身就被赋予了生命力，进而可以形成建筑企业的技术文化。技术的存在是有时间局限性的，一项技术不可能永远处于领先地位，但是积极的技术文化却能长久地使企业走在同行的前列。技术文化是思想、意识、价值观念等在技术进步活动中集中统一的体现。技术文化决定着企业技术进步机制，并使其有效运行。同时，技术文化是决定企业管理特色的决定性因素。因而，企业发展还必须高度重视人本思想，突出人的价值，注重提高员工的科技意识和科学文化素质，形成有利于发挥人的积极性的技术氛围，促使员工在企业科技进步中更好地发挥作用。

②质量文化。它也是一个企业在长期的质量管理过程中形成的具有本企业特色的管理思想和精神理念。其主要是指质量方针、质量哲学、质量管理风格，包括价值标准、管理制度、行为准则、道德规范、文化传统、质量激励和质量精神、质量形象等。质量文化是一种渗透在质量经营活动中的文化，包含着施工过程中对建筑产品的质量追求，也包含企业质量教育培训，是建筑企业文化的重要方面。作为一个建筑企业，要在市场中站稳脚跟，靠的就是质量，要以抓

质量效益作为企业发展的根本,把质量意识作为企业文化建设中的一个重要内容;突出质量就是突出文化的竞争力功能,就是塑造良好的企业形象,为企业不断开拓市场奠定基础。

③信用文化。它是指关于信用的意识、理念、评价、体系、规则、机制等方面的文化积累。市场经济是法制经济,更是信用经济,信用是企业的生命线。随着中国加入 WTO,逐步与国际接轨,制度的国际化、规范化是市场发展的必然,从长远发展来看,建筑企业必须形成信用文化。具体讲,首先,建筑企业必须形成全体员工的诚信度;其次,必须建立信用管理机制,以良好的信用来获取市场的通行证。

当然,由于企业所处的环境不同,企业的目标定位不同,企业文化的构建方式也会不同,建筑企业文化建设需要立足企业自身的实际,准确把握自己目前的境况及今后的发展目标,明确企业将是什么企业和企业应该成为什么企业,从而确定具有个性的企业理念,确定企业的文化类型,以培育企业精神、增强企业凝聚力为核心,以面向市场、优化经营理念和员工思想行为方式为着力点,大力营造生产优质产品、造就优秀人才的环境和氛围,塑造员工和企业的良好形象,才能把员工凝聚到企业的目标旗帜下,贯穿于企业经营的各个环节中,形成一种共同的定向目标,形成合力,提高企业的市场竞争力。

2. 建筑企业文化建设的具体措施

(1)以员工为中心,以人才为重点。建筑企业是以工程项目为运营中心的,员工作为直接参与建设的劳动者,对工程项目的质量和进度等都起着至关重要的作用,并决定着企业能否通过工程项目展现企业的良好形象。而建筑企业员工由于大部分来自农村,知识水平有限,且工地的条件本来就比较艰苦,工程项目的建设又是一个体力活。所以企业文化在员工中的推广绝非易事,光靠理论上的灌输和说教肯定不会奏效。这就要求企业采取多样化和人性化的运行方式,在生产和生活中慢慢地向员工灌输企业文化的基本理念。与此同时,企业还应该培养和引进综合素质比较高的人才,并在员工中树立典型、树立"英雄人物",激励更多的员工努力工作,创新创优,为企业文化的深入推广创造良好的条件。

(2)制定明确细致的企业制度。一个大型的建筑企业一定要有明确细致的企业制度。当然,这不同于国家的法律,建筑企业制度的作用应当侧重于规范员工在工作时的具体操作和工程项目的各种具体指标,建筑施工的过程本来就是繁琐复杂的,配料合理、施工科学更是工程项目建设的准则,没有科学严格的操作规程和技术指标,优质的工程便无从谈起。目前,建筑企业都比较注重技术上的创新,认为技术就是生命,技术就是生产力,但在具体工作中却多把技术创新的任务交给了一些实验室里的技术人员。这对一些中小型的建筑企业是很不实际的,因为一来需要很大的投入,二来创造出来的成果不一定能应用于工程实践中。而在工程项目建设中不断摸爬滚打的员工凭着长期积累的经验,加上工作中的不断实践,则很有可能在技术上拥有自己独特有效的实现方式,更有可能创造出新的施工方法。但是,他们的这些非常有价值的贡献却很难被领导和企业所发现、重视,也容易随着人员的流动而散失。因此,企业应通过相应的奖惩制度进一步的鼓励员工进行创新,也可将员工们宝贵的经验建档保存起来,以供参考和学习。这样,一种"比学习、争创新"的精神便在员工之中形成了。

(3)树诚信意识,创名牌工程,建立良好企业形象。企业形象是企业文化的外在表现,也是外界评价企业文化建设情况的标准。良好的企业形象是企业多方面长期努力的结果,除了广告、公关、赞助等形式,建筑企业更应注重通过企业自身的不断提高来提升企业形象。要建立良好的企业形象,首先应当做到的就是诚信,这是良好企业形象最基本的要求,具体到建筑企业就是应做到对合同的严格履行、对质量的严格保证、对员工工资及福利待遇的严格保障。而作为企业的工作中心,工程项目自然成为企业对外宣传的窗口,以前建筑企业往往只注重于项目的质量和工期,并没有充分利用这些质量过硬、技术先进的项目来宣传企业,没有把工程项目做成品牌,注入文化。在商品品牌化的今天,建筑企业更应在保证工程质量的同时,通过各种方式进行宣传,创造企业的样板工程、名牌工程,从而扩大企业的知名度和认知度,建立良好的企业形象,为企业的良性发展创造条件。

企业文化建设要体现新意,在企业不同的发展阶段,企业文化应有不同的内容和不同的风格,面对变化的市场竞争,要建立与之相适应的经营观念和文化氛围,企业文化要在不断更新的过程中重塑和优化、发展和创新。

5.3 建筑企业精神和企业形象

➤ 5.3.1 建筑企业精神

1. 建筑企业精神的含义

建筑企业精神是指企业在长期生产经营活动中,为谋求企业的生存和发展而逐步形成的,并为企业员工所认同和信守的共同理想、价值观和基本信念。它代表着企业员工的精神风貌,渗透在企业的宗旨、战略目标、经营方针、职业道德、人事关系等方面,反映在公司风貌、公司纪律、公司形象、公司荣誉上。它是企业文化的核心和灵魂,是企业生机和活力的源泉。一般地说建筑企业精神主要包括三个方面:一是对社会、国家、民族作出贡献的理想追求;二是企业的价值观;三是企业群体的信念。

企业文化现象在企业诞生的同时就开始存在了,而建筑企业精神作为企业有意识地培养的一种职工群体意识,是对企业的全部观念意识、风俗习惯、行为方式等积极因素进行总结和倡导的结果,它是企业文化发展到一定阶段的产物。建筑企业精神的成熟度,是企业文化发展状况的标尺。

我们可以举出几个建筑企业精神的例子,如:"用我们的智慧和承诺雕塑时代的艺术品""用大地人的精神,营造大地上的精品""立广厦于天地,奉爱心于人间"。这些企业精神都反映了企业员工健康向上的精神,具有凝聚力、号召力和鲜明的个性。

2. 建筑企业精神的形成

建筑企业精神有其自身形成、发展的规律,它是在企业生产经营活动的基础上,经过内部孕育、外部影响、长期实践、反复锤炼而形成的。

建筑企业精神的形成,首先要在企业内部经历一个不自觉的孕育过程。在生产实践的初始阶段,企业精神还处在比较零碎的、不系统的感性状态。随着实践的发展,人们的认识不断提高,经过集中、概括、升华,用语言表达出来,就成为理性观念。当这种观念形态的东西被广大群众认同并用以自觉指导和规范自己的行为的时候,就成为一种自觉的群体意识。

建筑企业精神的形成离不开外部环境的影响,任何事物的发展,都有它的内部原因和外部条件,在建筑企业精神的发展形成过程中,外部环境起到相当大的作用。实践证明,建筑企业精神往往是在建筑企业环境发生明显变化的情况下产生的,甚至是企业最困难的时刻确立的。企业最困难的时刻也是最好体现建筑企业精神的时刻,也正是在这一时刻,可以充分体现建筑企业精神作为企业的"灵魂"而发挥出的巨大作用。

3. 建筑企业精神的培育

建筑企业精神的培育是一项综合性的系统工程,需要广泛倡导精心培育,反复锤炼;需要系统规划,长期作战,从点滴做起。一般来说,简单地宣布或者人为地赋予一个企业的"企业精神"是容易做到的,但这不是来源于企业成员的自觉意识,没有生命力,不能成为企业发展的内在动力,因而算不上真正的企业精神。真正的企业精神,渗透在企业的各个肌体中,成为企业每一个成员的价值观的组成内容。这需要做大量的艰苦工作方能实现。

(1)灌输教育。任何一种企业精神的培育都离不开教育。企业精神作为一种先进的群体意识,不可能自发的形成,不会在企业实践中自然而然地产生,只能靠灌输教育。这种教育不是一朝一夕的功夫,而是一种长期的灌输;不是一人一事的个别教育,而是整体的上升到理想、信念等世界观高度的教育。

(2)实践锤炼。实践是锤炼企业精神的大熔炉。只有实践,才能体验到树立社会主义企业精神的意义和作用,才能变成员工的意识和行动,才能不断丰富、发展和升华。因此,实践锤炼是培养企业精神的一种基本方法。

①在生产经营实践中锤炼。要把企业精神贯穿到生产经营的每一个环节、每一项具体工作中去,而每个环节、每项具体工作的工作成绩,又折射出企业精神培养的状况。许多事实说明,在生产经营实践中锤炼企业精神,既能保证生产任务的完成,又能提高人的觉悟,锻炼人的意志,使职工队伍始终保持蓬勃向上、奋发有为的进取精神和爱国家、爱集体的主人翁责任感。

②在企业管理实践中锤炼。可以把企业精神放到管理实践中去锤炼,比如在管理思想方面,从培养企业精神出发,对全体职工广泛进行观念更新教育,使之树立适应现代管理的各种新观念。在管理基础工作方面,用企业精神建立起独具特色的标准化管理体系;制定和完善各类定额,建立健全管理信息系统,切实抓好班组建设等等。

③在劳动竞赛实践中锤炼。劳动竞赛,既是群众性的生产运动,又是群众性的自我教育运动;既是劳动、智慧的竞赛,又是风格、道德的竞赛。它是树立企业精神的推动力量。

(3)树立榜样。有意识地树立榜样,可以使企业精神形象化、具体化,使职工在无形中感到有形;使员工有学习、追赶的目标,从而增强企业精神的可信性、感召力。可以利用人们"从众"的心理状态,营造一种人人学先进、赶先进的形势,使企业精神在互相学习中深化,在互相竞赛中升华。

(4)环境渗透。即要有意识地通过改善和调适环境,增强对员工的渗透力,培育企业精神。企业应疏通党、政、工、团各种宣传渠道,充分利用广播、电视、厂报、板报、画廊等各种宣传工具,采取多种宣传手段,反复宣传自己的企业精神和体现企业精神的先进典型;营造一种良好的宏观气氛和浓厚热烈的舆论环境,使员工每天都能看到、听到本企业精神的目标要求,都知道本企业精神的实质内容,都感到自己生活在一个火热的集体之中,都在为实现企业的目标勤奋工作,从而不断地使企业精神深入人脑,振奋人心,使其真正成为员工的追求。

(5)活动熏陶。即把已经形成的企业文体娱乐工作体系,包括配套的活动阵地、丰富的活动内容和经常性的安排,做到制度化。通过寓教于学,寓教于乐,寓教于帮,向员工渗透企业精神。将企业精神融注于各种活动中,是培育企业精神的重要方法。

(6)形象塑造。这是把企业精神物化为外形的一种方法。企业精神是无形的,形象塑造可以把抽象的企业精神具体化和形象化,有利于增强员工的参与意识,把他们广泛地吸引到企业精神建设中来,同时使他们受到企业精神的熏陶。形象塑造有两种方式:一是形象体现,集中表现为制作公司旗帜、公司徽标、公司制服、谱写公司之歌;二是形象激励,把企业精神用模型、图像、演唱等方式加以表现,可以使员工产生真实感,激励他们为实现目标而拼搏。

(7)制度保证。企业制定的各项制度和规定,包括领导制度、经营制度、劳动制度、分配制度、奖惩条例,都应充分体现企业精神。

5.3.2 建筑企业形象

1. 建筑企业形象的含义

建筑企业形象是指消费者、社会公众以及企业内部员工和企业相关部门与单位对企业、企业行为、企业的各种活动成果所给予的整体评价。它是企业文化对外界公众的直接表现,是直观可感的。如公众对企业产品质量的认可,对企业行为的评价,都反映出公众对企业的具体感受,从而在心中留下优或劣的印象。优秀的企业形象是企业长期努力的结果,恶劣的企业形象则易得而不易改的。

建筑企业形象一般由三个方面来确定,即产品形象、组织形象和企业领导的形象。它又可以通过美誉度和知名度两个指标来表现。对企业形象好与差的评价,是通过对下列一些因素的评价而形成的。

(1)产品。主要包括质量、造价、工期、售后服务等方面。质量高,价格合理,按时交工,售后服务良好,那么企业形象就好。

(2)企业内部工作。企业内部工作主要包括企业管理方式、企业创新活动、企业财务状况、文明施工情况等。效益好的企业,因员工收入高而受人羡慕,而亏损企业常因财务纠纷而破坏企业形象。企业若出现重大事故会使公众认为该企业管理混乱,若出现刑事犯罪活动会严重影响企业的知名度和美誉度。

(3)企业领导。企业领导主要指董事长、总经理等领导在社会上的影响,包括公众宣传方面的知名度和领导个人的工作作风及品德素质。

(4)政府职能部门。政府职能部门主要指建设管理部门、质量监督部门及工商、金融部门对企业的评价,而这些部门提供给社会和用户的企业形象信息是举足轻重的。

(5)用户。用户对产品的质量、售后服务情况、回访保修情况、及时处理质量问题的情况的反映,是对企业形象的直接评价,如一些新房漏雨、墙皮脱落、下水不畅等情况的发生是直接损害企业形象的重要因素。

(6)社会。社会主要包括建筑企业是否文明施工、是否困民扰民、是否损害环境等。一些企业常通过建设位于城市中心地段的大型公共建筑,试图在社会公众中建立自己的企业形象和知名度,而同时也应该把文明施工和公众利益时时放在重要的位置上,不能只让用户对质量满意而忽视公众对文明施工的满意度要求,社会公众中还有企业潜在的客户。

2. 建筑企业形象策划的内容和程序

(1)建筑企业形象策划的内容。企业形象策划可分为两个层次,即总体企业形象战略的策划和具体塑造企业形象活动的策划。

建筑企业形象广告策划、CI操作技术等属于具体塑造企业形象活动的策划。CI(corporate identity system)为企业形象识别系统,是一种企业经营管理策略。其基本构成要素有:一是企业理念识别,简称MI,包括企业经营信条、精神标语、座右铭、企业经营策略等,MI可称为

CI的"想法";二是企业行为识别,简称 BI,是 CI 的动态识别形式,包括对外回馈、参与活动、对内组织、管理和教育,BI 可称为 CI 的"做法";三是企业视觉识别,简称 VI,是 CI 的静态识别符号,是具体的、视觉化的传达形式,其项目最多、层面最广、效果最直接,VI 可称为 CI 的"看法"。三者相互作用,带动企业经营管理,塑造企业独特形象。

CI 总体策划、企业名牌战略、企业公关战略等属于总体企业形象战略策划。CI 总体策划主要通过 CI 的设计,把标准统一的企业经营理念、行为规范和视觉形象,通过企业自身的或外界的媒介扩散出去,使社会大众或消费者对企业产生信赖、认同感和偏爱心理效应,达到提高企业知名度,最终占领和扩大市场的目的。通过独具特色的企业标志、色彩、音乐和口号,如企业的徽章、服装、旗帜、符号、图案、文字、报纸、广告和工程项目的名称、简介、纪念牌以及企业的歌曲、文体比赛、广播电视等,向社会展示企业自身与众不同的风格和形象。

(2)建筑企业形象策划的程序。企业形象策划主要有以下三个程序。

①企业形象调查。通过调查,了解公众对企业的意见、态度和反映,对企业形象及其信誉作出自我反思与评价,寻找企业形象自我评价与公众评价的差距。调查的方法可以采用询问法、观察法、实验法等。

②策划方案制订。详细确定人员分工、传播媒介、经费开支、工作途径、行动手段、效果检测以及运行结果等。为保证策划方案科学合理,可以采用诸如德尔菲法、头脑风暴法,每一个方案都可以做几个前提假设,使问题讨论更加深入,还可以考虑把问题本身分为若干个小问题,或者是通过类似的问题,使参加讨论的专家畅所欲言,避免思想受问题局限。

③策划的实施。策划的实施重点要注意选择形象策划活动的媒介和活动方式的有效性,要根据策划工作的目标要求、公众对象、传播内容、经济条件选择媒介,根据活动方式的侧重性、功能性,选择宣传性策划、交际性策划、服务性策划、社会公益性策划、文化策划等方式,可以边实施策划边进行反馈。

④反馈与评估。通过反馈与评估,客观评价策划工作的成败,通过定性定量评价、公众与市场的反映,对形象策划的媒介、活动方式进行必要的调整。

市场在变,环境在变,企业状况也在变。因此,企业形象策划的过程是不断优化的动态过程。

3. 完善建筑企业形象的策略

完善建筑企业形象必须从企业形象的现状出发,根据其美誉度和知名度高低所处的不同状态,以高美誉度、高知名度为目标,进行策略的计划调整。

(1)对美誉度和知名度都低的企业,其基本策略是:先提高美誉度,后提高知名度。从企业内部管理着手,狠抓产品质量,夺取几个优质工程或金牌,再依靠新闻宣传及用户的舆论,从而打开工作局面。

(2)对高知名度、低美誉度的企业,基本策略是:首先弄清造成这一状况的原因,一种可能是本来默默无闻的企业因发生大的事故而导致企业出名;另一种是企业本来有较高的美誉度和知名度,由于某些重大问题处理不当而使美誉度大大降低,这两种情况应区别对待。第一种情况下,企业的中心工作应是先降低其已享有的知名度,通过企业联合或其他借用别的企业形象的办法,改名换姓,然后再采取措施,重新争取美誉度。第二种情况,企业的中心策略应该是坦诚地向公众交待事故的原因,以及改善这方面工作的措施,以取得公众的谅解,恢复企业的美誉度。

（3）对高美誉度、低知名度的企业，企业的工作重点应是提高企业知名度，扩大宣传范围，增强宣传力度。如在在建工程上悬挂标语，在有影响的工程招标中中标，在报纸杂志上进行企业宣传等。

（4）对美誉度和知名度都高的企业，企业的工作重点是保持企业已获得的美誉度和知名度。要给公众留下持久的良好印象，必须具有鲜明的企业个性，重视企业文化建设。

思考与练习

1. 什么是企业文化？有何特点？
2. 简述企业文化在企业管理中的作用。
3. 什么是建筑企业文化？其有何特殊性？
4. 简述我国建筑企业文化建设的思路与具体措施。
5. 简述建筑企业精神的含义及其培育思路。
6. 什么是建筑企业形象？
7. 简述建筑企业形象策划的内容和程序。
8. 简述如何完善建筑企业形象。

第6章 建筑企业经营预测与决策

学习要点

1. 市场调研的概念、程序及方法
2. 建筑企业市场调研的内容
3. 经营预测的概念和分类
4. 经营预测的基本程序
5. 定性和定量预测的方法
6. 经营决策的概念、特征及类型
7. 经营决策的阶段及基本程序
8. 定性与定量决策方法

6.1 建筑企业市场调研

6.1.1 市场调研的概念及程序

1. 市场调研的概念

市场调研是企业运用一定的技术、方法和手段，对影响市场变化及发展的因素、条件等进行的收集资料、掌握客观情况、提供市场信息，为企业进行经营预测、制订正确的经营方针和合理的经营决策提供可靠依据的一系列工作。

随着市场经济的发展，企业与市场的联系日益密切，对市场信息的需求日益增强，它迫使企业重视市场信息，开展市场调研。

2. 市场调研的程序

市场调研既是经济工作，也是科学实验，具有较强的科学性。为了保证市场调研的准确性，就必须按一定的科学程序进行。市场调研的科学程序是保证市场调研的质量、提高工作效率的重要手段。市场调研的一般程序，如图6-1所示。当然，由

确定调研问题和目标 → 初步调研 → 确定调研项目 → 确定调研方案 → 实施调研 → 整理、分析资料 → 提出调研报告

图6-1 市场调研的程序

于受到各种条件的限制,在具体程序上市场调研不可能完全一致,也没有必要强求一致。

(1)确定调研问题和目标。市场调研的第一步是确定调研的问题。在这一过程中,调研人员应考虑的问题有:调研目的、有关的背景信息、所需信息以及它们能否为决策者所采用。界定问题还涉及同决策者进行沟通、咨询专家、分析二手资料、定量调研等。只有准确地界定了需要调研的问题,才能确定调研目标。调研目标就是调研所要达到的具体目的。为使调研目标明确、具体,必须考虑调研的目的、调研的内容、调研结果的用处以及调研结果的使用者等诸方面的问题。也就是说,在调研前,要确定为什么要进行调研,调研了解什么问题,掌握市场信息资料对企业生产经营作用如何,以免无的放矢。

(2)初步调查。调查人员首先要搜集企业内部和外部的有关情报资料,进行初步情况分析。企业的内部资料包括各种记录、历年的统计资料、生产销售的统计报表和财务决算报告等。企业的外部资料包括政府公布的统计资料、研究机关的调查报告、有关刊物及年鉴等,进行初步情况分析的目的就是帮助调查人员验证调研目标的准确性和使调研目标具体化,此时属于探索性调研。此阶段的资料不必过于详细,只需重点搜集对所要研究分析的问题有参考价值的资料。

(3)确定调研项目。经过初步调查,使所要调研的问题更加清楚明白,就可以确定调研的具体项目了。确定调研项目应根据其所需资料和费用的情况,考虑其可行性和经济性。

(4)确定调研方案。确定调研方案是为了使调研有秩序、有目的地进行,这对大型市场调研也是十分必要的工作。调研方案应明确需要收集哪些信息资料,资料的来源和收集方法,调查的具体方法与技术,评价方案设计的可行性及核算费用,数据的分析及处理方法,方案进一步实施的准备工作等。

(5)实施调研。即根据所确定的调研方案,组织有关调研人员进行实际调查。

(6)整理、分析资料。整理、分析资料首先要检查和评定所搜集的资料,既要审核资料的根据是否充分、推理是否严谨、阐述是否确切、观点是否成熟,以确保资料的真实性和准确性;然后将资料分类、统计计算,有系统地制成多种计算表、统计表、统计图,以便分析利用;最后运用调查所得资料数据和事实分析情况,得出结论,进而提出改进建议。

(7)提出调研报告。调研报告是对某件事情或某个问题调查研究之后,编写的书面报告。它是调查的最后成果,是用客观材料对所调查的问题,作出系统的分析说明,提出结论性的意见。编写调查报告时要遵循以下原则:①报告的内容要紧扣主题;②准确运用调查中的数据,列举事实要客观;③文字简练,尽量使用图表;④较好地提出解决问题的看法或建议。

调查报告应包括以下内容:

①封面:写明题目、承办单位和日期;

②序言:主要说明调查目的、过程与方法,以及其他需要说明的问题;

③主体:写出调查经过、情况分析、数据统计,作出适当结论,提出看法或意见;

④附件:主要说明主体部分引用过的重要数据或资料,以及必要的统计图表和参考资料,以便为预测和决策提供详细的情报来源。

➤ 6.1.2 市场调研的方法

能否恰当地运用市场调研方法,关系到是否能够及时取得真实、完整的资料和数据,从而决定市场调研工作的质量。市场调研的方法很多,最常用的调研方法有以下两大类:

1. 传统调研方法

(1)询问调查法。询问调查法是市场调查中最常见、最基本的一种信息收集方法,是由调查人员当面或通过电话、书面等方式向被调查者了解情况、搜集资料的调查方法。根据调查者与被调查者接触方式的不同,可以分为直接面谈法、电话询问法、留置问卷调查法、邮寄法和网上调查法。

①直接面谈法。直接面谈法是调查者与被调查者之间面对面交谈、访问,搜集所需资料的一种方法。这种方法是市场调查中最常用的一种方法。根据谈话方式的不同,有个别面谈、集体座谈之分。个别面谈是通过个别口头询问,取得关于个人或家庭特征方面的资料。集体座谈法是通过座谈会等形式,邀请有关人士在一起座谈。

②电话询问法。电话询问法是通过电话向被调查者询问有关调查内容和征求意见的方法。其优点是获取信息资料的速度快、时间短、回答率较高、调查费用较面谈法低。其缺点是被调查者仅限于能通电话者,询问时间不能太长,不能问太复杂的问题,不能作深入交谈。

③留置问卷调查法。留置问卷调查法是调查者将调查表当面交给被调查者,经过说明和解释后留给调查对象自行填写回答,然后再由调查者按约定的时间上门收回的一种收集资料的方法。其优点是被调查者能充分按照自己的见解填写问卷,干扰性小,回答率高。其缺点是受调查范围的限制,调查费用高。

④邮寄法。邮寄法是将事先设计好的调查表通过邮局寄送给被调查者,然后邀请他们按时填好寄回。其优点是调查区域不受限制,可以进行大范围的调查,调查费用低。其缺点是回收率较低,容易出现差错,所需时间较长。但目前盛行的有奖评选活动,又在一定程度上克服了上述不足,属于一种有奖搜集信息的做法。

⑤网上调查法。网上调查法是通过互联网所进行的统计调查。它是现代传播媒介新技术与统计调查理论方法的结合。网上调查具有其他统计调查方式所没有的网上优势。其优点主要有以下几方面:

A. 组织简便,费用低廉。因为无需大量印制和寄发调查方案和调查问卷,无需派遣大量的调查人员,信息采集和录入工作都在众多的网上用户的终端完成。

B. 传输技术现代化,并可全天候运作,可大大缩短调查时间。

C. 可扩大调查空间,在网络覆盖的范围内,调查可跨越区域甚至跨越国界进行。

当然,网上调查也有它的局限性,主要是调查对象只能限于网上用户。目前,我国上网的单位和个人还十分有限,而且主要集中在城市,广大农村上网用户较少。但是,随着网络技术的发展和上网用户的增加,我国网上调查也必将迅速发展。此外,网上调查资料的保密性和可信度也较难控制。

(2)现场观察法。现场观察法是观察者根据研究目的,有目的、有计划地运用自己的感觉器官或借助科学观察工具(如照相机、录像机等)直接搜集当时正在发生的、处在自然状态下的市场现象有关资料的方法。与询问法不同的是,它不向被调查者提出问题要求其回答,而是让被调查者在不知不觉中处在自然状态下,调查者用耳闻目睹等亲身感受去观察和体会有关信息。由于调查人员只能观察表面现象,而不能探知现象背后的原因和态度动机,需花费较长时间才能发现某些规律性,故适用范围有限。

(3)实验调查法。实验调查法是在给定条件下,通过实验进行对比,对市场中某些变量之间的因果关系及其发展变化过程加以观察分析的一种市场调查方法。实验调查法有其特殊作用,若要了解企业某项经营措施的效果,一般只有通过此方法才能达到目的。实验调查法的优点是:调查可运用实验取得的资料;实验结果具有一定的客观性和实用性;调查表可有控制地分析某些市场容量之间的相互影响。其缺点是市场变化的非科学性影响实验的效果,进行市场实验需要的时间长、成本高,实施起来较困难。目前,此方法在我国一般只限于新产品的试销、展销、试用等。

(4)资料分析法。资料分析法是依靠历史和现实的动态统计资料进行统计分析的方法。通过资料研究,可以进行市场供求趋势分析、市场相关因素分析、市场占有率分析等。其优点是可以充分利用现成的第二手资料,节省调查费用。其缺点是要求调查人员必须有较丰富的专业知识和分析能力。这种方法既可为现场直接调查做准备,也可弥补现场观察法的不足。

(5)普遍调查法。普遍调查法又称全面调查法,简称"普查",即对所有的被调查对象作全面了解。此方法取得的资料较全面、系统、准确、可靠,但费工、费时、费钱,故只在有限范围内使用,如企业的库存清查就是采用普遍调查法。

(6)典型调查法。典型调查法是一种通过典型单位而推断市场一般情况的方法。这种方法在我国许多部门和企业经常采用,通常采用较固定的典型对象常年对之进行调查。其调查对象少,且合作稳定,费用较少。在具体运用时,要注意选择实实在在的典型,切忌主观臆断。

(7)抽样调查法。抽样调查法是市场调查中普遍采用的方法。它是从全部对象中抽取一部分具有代表性的样本,进行调查研究,从而推断市场整体。只要样本抽样适当,该方法便具有很强的科学性。

2. 新兴的调研方法

(1)深度访谈法。深度访谈法(deep interview)是访问法的一种新形式。深度访谈法是市场调查中最常用的一种定性调查方法。深度访谈是一种研究性交谈,交谈双方通过谈话有意识地获得资料和信息。简而言之,深度访谈是"带有一定目的而进行的一种谈话"。

深度访谈法主要有两种方法:一种是自由交谈,另一种是半控制性的交谈。其差别在于访问者对交谈内容的控制程度。

①自由式访谈。只要是针对访问者感兴趣的主题,应答者都可以自由地发挥见解和回答问题。这种访谈的成功取决于访问者在以下几个方面的能力:一开始就建立一种轻松与友好关系的能力;在不引起回答偏见的情况下,对某些回答进行进一步探询的能力;把离题的情形转回到主题范围的能力。在应答者同意的情况下,访问者可以录下交谈内容以便为后面的资料整理带来方便,但是在交谈时低头做笔记常会破坏交谈的气氛。

②半控制交谈。在这种访谈中,需要讨论一系列特定的主题,研究者通常要对讨论每个问题的时间有所控制。这种访谈适合于工作很忙的应答者,如经理、工程专家,所问的问题多是最基本的市场情报,如技术发展趋势、市场需求、法规、竞争行为等。这种半控制访谈使得访问者能得到一些不曾预料的事实或态度。

半控制访谈的成功与否在很大程度上取决于访问者的技巧:足够的说服力;建立和睦与信任的关系;尽量避免反感问题;提供有用信息增进信任。

(2)观测法。观测法主要有以下两种:

①神秘购物人。神秘购物人属于观测法中的一种新形式,源于英文"mystery shopper",又称为神秘顾客。实际上,这些神秘购物人就是市场调研的观测者,因为他们进入商店,并假装对某种商品或服务感兴趣;离开商店以后,他们就会评估销售人员的具体体现。

闻名全球的快餐企业麦当劳和肯德基就定期聘用神秘购物人观测快餐店现场,针对店内环境、服务人员状态以及食物的问题进行详细观测,以便改善服务,提高顾客的满意度。

②盒子外思考。盒子外思考(outside-the-box),指创新性思考,即突破原来框架的思考方式,这里侧重的是市场调研活动中突破调研活动的传统因素考虑调研中的主要方面,通过实际观测获得最真实的数据和感受。

美国某品牌牛奶公司,为了确定人们在什么样的情况下喝牛奶的欲望最为强烈,以指导广告的策划和设计,公司找来公司员工,要求他们在一周内不喝任何牛奶,到了第七天,很多员工说他们看到猫食碗时最想喝牛奶。于是公司设计了新一款的广告片,在背景音乐中播放的是"喵喵"的猫叫声。事实证明该广告播出后收到了很好的效果。

6.1.3 建筑企业市场调研的内容

市场调研的内容比较广泛,既包括企业的外部环境,也要考虑企业内部环境,概括起来,建筑企业的市场调研主要包括如下内容:

1. 企业外部总体环境的调研

企业外部总体环境主要包括党和国家的路线、方针、政策以及颁布的统一的规章制度,各种法律、法规,国民经济的发展,文化、科学技术的发展,自然情况的变化等。企业外部总体环境的调研对企业战略、策略目标的制定都有较大影响与制约作用。

2. 市场需求的调研

市场需求主要包括当前和潜在的用户、各种建筑类型的需求量、用户的分布情况、各种用户对建筑产品的评价等。市场需求的调研可使企业掌握建筑市场的需求情况及发展趋势,了解用户的心态,从而为企业的经营方针和长远规划提供依据。

3. 市场供应的调研

市场供应主要包括各种建筑类型的可供量,建筑材料、构配件、建筑机械设备、劳务市场等的供应情况,社会生产发展水平及技术水平等。市场供应的调研有助于了解企业在市场中的地位,对制定战略目标是有益的。

4. 市场竞争状况的调研

市场竞争状况主要包括竞争对手的数量、分布情况及潜在竞争者的情况,竞争对手的工程质量、工期、服务态度及履约情况,各竞争对手企业状况及信誉等。市场竞争状况调研对于认识本企业在竞争中所处的地位,以便采取相应的竞争方法是十分有利的。

5. 建筑市场参与单位的调研

建筑市场参与单位主要包括:建筑设计院、建设单位主管部门、有关管理公司、咨询公司。对建筑市场参与单位的调研,有利于企业和参与单位之间的协作和配合,以便为企业的市场经营战略提供更为翔实的依据。

6. 工程项目情况的调研

工程项目情况的调研具体可分为对以下几方面的调研:

(1)业主情况的调研。其调研内容包括业主的身份、业主的需求、业主的经济实力、业主的社会信誉等。

(2)项目立项条件的调研。其主要调查分析项目当前所处的阶段以及办理了哪些审批手续。

（3）项目资金来源的调研。确定项目是哪一类投资项目，了解业主资金计划的落实情况，了解业主的资金实力与习惯的资金运作方式以及发生资金困难时的对策。

（4）项目竞争对手情况的调研。其调研内容包括项目已有的竞争对手和可能参与的竞争对手、竞争对手的社会信誉、工程业绩、市场占有情况、投标方式等。

（5）对承包该工程项目的利弊分析。

工程项目情况的调研，可通过列出调研表进行，如表 6-1 所示。

表 6-1　工程项目情况调查表

编号：　　　　　　　　　　　　　　　　　　　　　　　　　　填报日期：

工程名称						
工程地点						
工程基本情况	工程描述					
	建筑面积		高度		层数	
	结构类型		用途		工期	
	主要工程量：					
	施工现场条件					
	水		电		道路	
	拆迁情况		是否扰民		周边环境	
	地质条件		通信情况		周边关系	
	投资情况					
	资金组成		到位情况		金融信誉	
	规划许可证					
	设计方案阶段		扩初阶段		施工图阶段	
	规划许可证编号					
	建设工程开工证					
	年度建设计划	批准件		工程质量监督登记文件		
	"四源"协议		电信协议		电力协议	
	设计情况					
	设计单位		方案设计		施工图设计	
	监理情况					
	监理单位					
业主情况	组成				上级部门	
	现场经理		联系电话		投标方式	
投标情况						

6.2 建筑企业经营预测

➤ 6.2.1 经营预测的概念及分类

1. 经营预测的概念

预测是人们对未来不确定事件进行推断和预见的一种认识活动。它是人们对客观现实中各种各样事物的未来发展变化的趋向以及对人类实践活动的结果,事先所作的分析和估计。人们研究未来,是为了探求客观事物未来的发展变化趋势和内在规律,以指导自己的行动,力求趋利避害,按客观规律办事,达到改造客观世界的目的。因此预测的要求就是把某一未来事件发生的不确定性极小化,尽量消除预测与实际的差距,以减少不确定性对人们的影响。我们所说的预测,绝不是凭空想象的猜测,而是根据过去和现在的客观实际资料,运用科学的方法,探求事物演变规律,从现在预计未来,从已知或有根据的假设推测未来可能的趋向。

经营预测是预测科学的一个重要组成部分。所谓经营预测,是借助历史统计资料和市场调查,运用科学的预测技术,对未来一定时期内市场供需变化及其发展趋势进行预算、分析和推断的活动和过程。简单地说,就是"由往知来"。经营预测是在取得大量信息资料的基础上,运用数学方法和逻辑方法对市场未来的发展和变化趋势所作的定性的描述或量化的推断。

2. 经营预测的分类

根据划分的依据不同,经营预测可作以下分类,如图 6-2 所示。

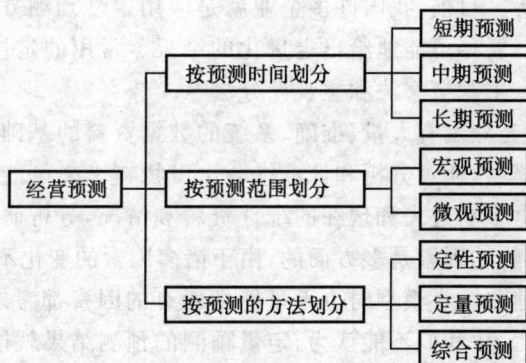

图 6-2 经营预测分类

(1)按预测时间划分,经营预测可分为以下几类:

①短期预测。短期预测又称近期预测,一般指年度、季度或月度预测,有时还包括旬度预测。一般来讲,这种预测结果的准确性和可靠性都比较高。

②中期预测。中期预测又称战术预测,一般指 1 年以上,5 年以下时间长度的市场预测,是长期预测的具体化和短期预测的依据。中期预测由于时间较短,对预测期内的各种不确定因素考虑比较全面和准确,预测参考的数据资料较齐全,预测的难度和精确性仅比短期预测稍差。

③长期预测。长期预测又称远景预测或战略预测,一般指对预测对象在 5 年或更长时间区段的可能状况所作的推测和预计。它是市场预测中时间最长的一类。由于不确定性因素

多,且时间越长,不可控的因素越多,长期预测难以全面把握和预计各种可能的变化因素。因此,长期预测的结果和实际发生的结果之间的误差也较大,需要根据实际工作情况不断调整其预测结果。

预测结果的准确性和可靠性与预测期限有关。而预测期限的长短,要依据预测对象的内容、性质、特点和具体要求,以及进行经营决策和制定战略的需要而定。为了使短期预测、中期预测和长期预测在时间上协调一致,弥补各自的不足,减少差异,可在预测体系中制定一个滚动式的预测方案,不断修正预测结果,以保持预测结果的科学性和完整性。

(2)按预测范围划分,经营预测可分为以下几类:

①宏观预测。即对整个国民经济、一个地区或一个部门的预测。如固定资产投资方向预测、建筑产品的构成比例预测等。

②微观预测。即对一个企业、一个单位的发展情况的预测。如对企业经济活动状态的估计、资源需求的预测等。

(3)按预测的方法划分,经营预测可分为以下几类:

①定性预测。定性预测又称直观判断预测,是指通过直观材料或判断的方法对事物的未来发展变化趋势进行分析。在实际工作中,由于各种因素影响,人们不可能掌握预测对象及其影响因素的统计资料,无法以定量的形式进行分析,只能凭借积累的经验、少量的数据和主观判断等,对事物的发展趋势和未来状态进行分析、假设、判断、推理、估计和评价。另一方面,有些实际问题本身就不便于或不能用定量方法进行描述,也必须进行定性推断。

定性预测的应用范围很广,如政治形势发展预测、国民经济发展预测、科技发展预测、产品发展预测、产品销售预测等。目前,我国许多企业就是应用定性预测方法进行预测的。当然,为了使预测结果准确明了,要尽可能地给出定量化的结果。常用的定性预测方法有个人判断法、专家意见法、德尔菲法、主观概率法和主观计分法等。

②定量预测。其是在充分占有大量、准确、系统的数据资料的基础上,根据实际经验和具体情况,建立合适的数学模型,通过分析和计算推断出事物在未来可能发生的结果(用数据表示)。定量预测仅仅是依据事物过去和现在的统计资料和情况,分析研究其发展变化规律,对未来进行预测。但影响事物的因素是多方面的,由于诸多因素的变化不可预见,再加上有些因素无法用定量方式描述,建立数学模型时也不可能把所有的因素都考虑进去,因此,定量预测的结果与实际是有误差的。故我们不能认为,定量预测的预测结果就能准确地反映事物的未来发展趋势。实际上,定量预测的结果常常要进行修正。常用的定量预测方法有移动平均法、指数平滑法和趋势预测法等。

③综合预测。即综合采用两种或两种以上方法进行的预测。由于前面两种方法都有其局限性,为了克服其缺点,在预测时,常常把许多方法结合起来运用。综合预测可以是定性与定量综合、定性与定性综合、定量与定量综合。特别是把定性方法和定量方法结合运用,使之互相验证、互为补充,以提高预测的准确性。综合预测法,可以对各种不同预测结果进行对比分析,找出并消除其中的不确定因素;另一方面,也可以找出各相关事件相互影响的规律性,把它们结合起来进行分析,以提高预测结果的准确性。

▷ 6.2.2　经营预测的基本程序

为了保证预测工作的顺利进行,必须按预测工作的过程加强组织工作,以利于各环节工作的相互协调,进而取得成效。经营预测的基本程序,如图 6-3 所示。

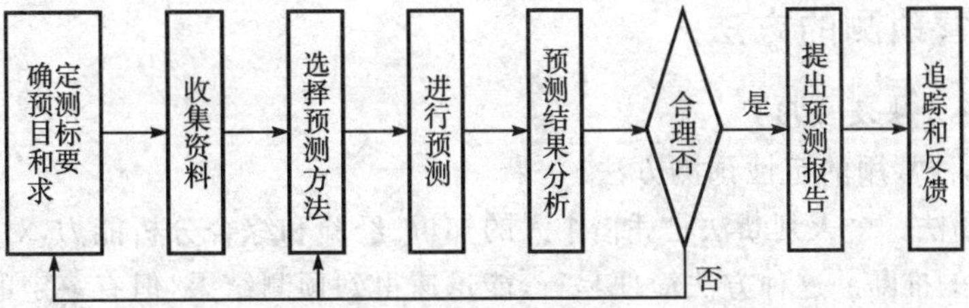

图 6-3 经营预测的基本程序

1. 确定预测目标和要求

企业进行经营预测,首先要确定预测的对象和目的,并要求对象和目的具体、准确、清楚。是短期预测还是中长期预测,是需求预测还是销售预测,是对一种产品或几种产品的社会需求量进行预测,或是对某一地区某一特定时间某种产品的销售量进行预测,或是预测市场占有率等,这些都必须非常具体地确定下来。确定预测目标和要求是预测全部工作的关键,对以后各步骤具有指导作用。预测目标和要求应尽量详细具体,以便于操作时具体实施。

2. 收集资料

预测资料的数量和质量直接关系到预测结果的精确度。因此,在收集资料时,一方面要考虑资料的准确性,另一方面还要考虑资料的相关性。对收集到的资料还要加工整理。整理资料要尽量做到数字资料和文字资料相结合、宏观资料和微观资料相结合、动态资料和静态资料相结合,使资料发挥更大的作用。

3. 选择预测方法

选择预测方法是整个预测工作的核心。各种预测方法都有其不同的原理、特点和适用性,要根据预测目标和资料占有情况综合分析。预测方法的选择标准有预测期的长短、信息资料的多少、历史数据的类型、预测费用、预测结果和精度要求,以及预测方法的实用性等。

4. 进行预测

利用现有的资料和选定的预测方法进行预测。由于客观经济现象错综复杂,在预测时尽量同时采用几种预测方法,进行比较和验证,这样可以减少预测失误,提高预测的准确性。

5. 预测结果分析

对预测结果进行分析,检查是否达到预期目标、预测误差是否在允许的范围之内、预测结果是否合理等。如果得出否定的结论,则需重新确定预测目标或选择其他预测方法,再次进行预测。预测结果产生一定的误差是必然的,因此,这就需要一方面分析预测模型中所没有考虑到的因素,把它加到预测结果中去进行修正;另一方面还要根据自己的经验、推理、知识去判断预测结果是否合理并进行修正。有时在原来的模型不能如实地反映客观事物发展时,还需重新进行追踪预测。

6. 提出预测报告

预测结论得以确认后,便可以提出预测报告,供决策者参阅,预测报告中至少应包括预测结论及建议等内容。

7. 追踪与反馈

提出预测报告后,还要追踪预测报告的结论及建议是否被采用、实际效果如何等,对追踪的结果进行反馈,以便在下一次预测时,纠正偏差,改进预测方法。

6.2.3 经营预测的方法

1. 定性预测方法及应用

下面介绍几种常用的定性预测方法。

(1)个人判断法。个人判断法是凭借个人的知识、经验和综合分析能力,对预测对象未来发展变化趋势作出的推断。这种方法简便易行,能迅速得到预测结果,但有一定的片面性,且易受当时环境气氛的影响,实践中常和其他预测方法结合使用。

(2)专家意见法。专家意见法是在国内外广泛使用的一种预测方法。它是根据市场预测的目的和要求,向一组经过挑选的有关专家提供一定的背景资料,通过会议的形式对预测对象及其前景进行评价,在综合专家分析判断的基础上,对市场趋势作出量的推断。专家意见法一般用于以下几种情况:没有历史资料或历史资料不完备;难以进行定量的分析;需要进行定性分析的预测。

①专家的选择。专家意见法效果的好坏,在很大程度上取决于专家选择的适当与否。专家选择要注意以下要点:

A. 专家要具有代表性。专家应来自于预测项目有关的各个方面,互相之间最好互不相识,这样才有较好的代表性。

B. 专家要具有丰富的知识和经验。专家应具有较高的学历、较长的相关工作经历和经验、良好的思维能力、良好的个人表达能力。

C. 专家要具有一定的市场调研与预测方面的知识和经验。

D. 专家的人数要适当。经验表明,专家人数控制在 15 人以内比较恰当。

②专家意见法预测的步骤:

A. 预测组织者根据预测的目的和要求,拟定意见咨询表。

B. 选定若干个熟悉预测对象的专家组成一个预测小组。

C. 召集小组成员开会,在会上向各成员发放意见咨询表,说明预测的要求,并尽可能提供有关参考资料。

D. 小组成员根据预测要求,凭个人经验和分析判断能力,提出各自的预测方案,并说明其理由。

E. 预测组织者计算有关人员的预测方案的方案期望值。

F. 将参与预测的有关人员分类,计算各类综合期望值。

G. 确定最终的预测值。

专家意见法的优点是,由专家做出的判断和估计具有更高的准确性,同时这种方法本身可以使与会专家能畅所欲言,自由辩论,充分讨论,集思广益,从而提高预测的准确性。但是,这种方法也同样存在受专家个性和心理因素或其他专家的意见的影响,同时受参加人数和讨论时间的限制,会影响到预测的科学性和准确性。

(3)德尔菲法。德尔菲法,又称专家意见征询法,是美国兰德公司在 20 世纪 40 年代末开始使用的一种函询预测方法。德尔菲法是把所要预测的问题和必要的背景资料,用信函的方式寄给各位专家,分别征求他们的意见,得到答复后,把各种意见经过综合、整理和反馈,让专家们再次作出判断,如此反复多次,直到预测的问题得到较为满意的结果。从运用实践看,大致要进行四轮。

运用德尔菲法的预测要点：

①调查前的准备工作。

A. 确定预测题目，即预测的对象，明确预测所要研究和解决的问题。

B. 根据题目确定调查内容。

C. 制作调查表，即把所要预测的问题按次序排列在表格中，以供专家回答。调查表中语句要表达准确清楚，便于回答；问题数量宜少而精，回答方式简便，并留有空白以供专家说明自己的意见和观点；企业不能把自己的意见表露出来，以免影响专家的观点。

D. 专家的选择。所选专家应对所预测的问题熟悉了解，并具有较强的分析判断和预测能力，专业知识和工作经验丰富。

②调查预测。首先把调查表寄给各位专家，要求他们独立回答调查表中的问题。企业对答案进行综合整理，汇总形成第二轮调查表；在第二轮调查中，把第一轮调查汇总的调查表再寄给每位专家，并提供有关的预测参考资料，以供专家们提出新的判断；再把意见进行整理，汇总成新的调查表，再反馈给每位专家，要求每位专家在提出自己的意见时，说明自己意见的理由或论证。在前三轮调查的基础上，每位专家对各种预测意见作出最后的评价，并提出他最后的预测意见及预测依据，如此多次反复。

③德尔菲法的特点。

A. 匿名性。参加预测的专家在整个预测过程中彼此互不通气，以"背靠背"的方式接受咨询。其目的在于尽可能减少各种因素对专家的影响，使他们畅所欲言。同时，这种匿名方式使专家们在整个应答过程中可以随时改变意见，重新进行预测，也不致损害自己的威望，从而可使各种意见得到比较充分的讨论和发挥。

B. 反馈性。德尔菲法并不是靠个人意见的发挥来进行预测，而是通过大量的反馈信息，沟通专家们的意见交流和影响。第一轮预测结果收回后，经预测机构的整理、统计和分类，将应答情况的统计资料反馈给各位专家，如此反复，直到全过程完结。专家们从反馈的各种资料中进行分析、选择，可根据其中有价值的意见，深入联想，反复比较，这样有利于提出较好的预测意见。

C. 统计性。德尔菲法不是简单地收集专家的意见，而是要经过一系列的统计分析和处理，最后得到一个定量的预测结果。

(4)定性预测结论的形成方法。通过主观预测得到的结果大部分都是定性的，为了便于比较，我们有时要进行整理、加工，最后用定量的数据表示出预测的结果。

①主观概率法。主观概率法是预测者对预测事件发生的概率作出主观估计，然后计算它的平均值，以此作为预测事件的结论的一种方法。

【例6-1】某企业拟开发某类商品房，根据市场销售的历史和现状，对该类商品房市场需求的可能出现的自然状态及概率估计，如表6-2所示。

根据表6-2中数据，计算其平均值，得到需求量高的概率为0.52，需求量一般的概率为0.28，需求量低的概率为0.20。

当持各种意见的专家人数不同或专家们的实际经验和知识不同时，可对于不同概率给予不同的权数，用加权平均法求其预测值。

表 6－2　主观概率统计表

概率　预测者　自然状态	A	B	C	D	E	平均值
需求量高	0.6	0.4	0.5	0.7	0.4	0.52
需求量一般	0.2	0.3	0.2	0.2	0.5	0.28
需求量低	0.2	0.3	0.3	0.1	0.1	0.20

②主观记分法。事先予以不同的事件或方案不同的计分标准,由预测者根据自己对事件的估计,按标准评定得出分值,这种方法叫主观记分法。对分数的整理和比较有许多方法,常用的有平均值法、加权平均法、比重系数法等。

2. **定量预测方法及应用**

定量预测法中目前采用较多的基本方法为时间序列分析法。时间序列分析法又称作趋势预测法,是将历史资料和数据,按时间顺序排成一序列,根据时间序列所反映的经济现象的发展过程、方向和趋势,将时间序列外推或延伸,以预测经济现象未来可能达到的水平。

时间序列分析法有两个基本特点:其一,它承认在影响事物变动的基本因素未发生改变的情况下,其发展具有延续性。其二,承认事物发展的不规律性,所以采用各种方法对数据进行处理,消除不规律(偶然性)因素的干扰和影响。社会经济中的各种事物或现象的时间序列组成十分复杂,按它们作用的效果大致可分为:长期趋势、季节性变化、循环变动和偶然性波动等,相应的预测方法也有许多,这里简要介绍几种常用的方法。

(1)移动平均数法。移动平均数法假定待预测事物的未来状况只与近期的状况有关,而与较远期的状况无关。因此,只要选用近期的几个数据加以平均即可预测下一期的数据。根据平均值的不同算法,移动平均法又分为简单移动平均法和加权移动平均法两种。

简单移动平均法是把过去数据对预测值的影响作用等同看待,采用简单算术平均法计算预测值。其预测模型为:

$$F_{t+1} = \frac{\sum\limits_{i=t}^{t-N+1} V_i}{N} \tag{6-1}$$

式中:F_{t+1}——第 $t+1$ 期的预测值;

V_i——第 i 期的实际值;

N——与预测期邻近的有关期数。

加权移动平均法是考虑远近不同的历史数据对预测值的影响不同。一般来说,距预测期越近的数据,对预测值的影响作用越大。其模型为:

$$F_{t+1} = \frac{\sum\limits_{i=t}^{t-N+1} W_{t-i} \cdot V_i}{\sum\limits_{i=1}^{N} W_i} \tag{6-2}$$

式中 W_{t-i} 是与 V_i 对应的权数,可结合实际经验加以选择。

【**例 6－2**】某构件加工厂某年 1—12 月份产品销售额如表 6－3 所示。试用简单移动平均法($N=3,N=6$)和加权移动平均法($N=3$,权值分别为 $3,2,1$)计算移动平均值。

解:当 $N=3$ 时,根据式(6-1)用简单移动平均法进行预测可得:

4 月份的预测值为:

$$F_{3+1} = \frac{\sum\limits_{i=3}^{3-3+1} V_i}{3} = \frac{170+200+150}{3} = 173.3$$

5 月份的预测值为:

$$F_{4+1} = \frac{\sum\limits_{i=4}^{4-3+1} V_i}{3} = \frac{200+150+230}{3} = 193.3$$

其他月份的预测值的计算方法以此类推,最终结果列于表 6-3。

表 6-3　移动平均预测计算表

月份	销售额 (万元)	F_{t+1}		
		简单移动平均法		加权移动平均法
		$N=3$	$N=6$	$N=3$ (权值 $3,2,1$)
1	170			
2	200			
3	150			
4	230	173.3		170
5	210	193.3		198.3
6	280	196.7		206.7
7	300	240.0	206.7	248.3
8	260	263.3	228.3	278.3
9	250	280.0	238.3	276.7
10	230	270.0	255.0	261.7
11	250	246.7	255.0	241.7
12	180	243.3	261.7	243.3

当 $N=6$ 时,根据式(6-1)用简单移动平均法进行预测可得:

7 月份的预测值为:

$$F_{6+1} = \frac{\sum\limits_{i=6}^{6-6+1} V_i}{6} = \frac{170+200+150+230+210+280}{6} = 206.7$$

8 月份的预测值为:

$$F_{7+1} = \frac{\sum\limits_{i=6}^{7-6+1} V_i}{6} = \frac{200+150+230+210+280+300}{6} = 228.3$$

其他月份的预测值的计算方法以此类推,最终结果列于表 6-3。

用加权移动平均法进行预测,需注意距预测期越近的数据,对预测值的影响作用越大。此

时,权值越大的应越靠近预测期的数据。当 $N=3$ 时,根据式(6-2)可得:

4 月份的预测值为:

$$F_{3+1} = \frac{\sum\limits_{i=3}^{3-3+1} W_{t-i} \cdot V_i}{\sum\limits_{i=1}^{3} W_i} = \frac{1 \times 170 + 2 \times 200 + 3 \times 150}{1+2+3} = 170$$

5 月份的预测值为:

$$F_{4+1} = \frac{\sum\limits_{i=4}^{4-3+1} W_{t-i} \cdot V_i}{\sum\limits_{i=1}^{3} W_i} = \frac{1 \times 200 + 2 \times 150 + 3 \times 230}{1+2+3} = 198.3$$

其他月份的预测值的计算方法以此类推,最终结果列于表 6-3。

(2)指数平滑法。指数平滑法是用指数加权的办法来进行移动平均的预测方法。它以本期实际值和本期预测值为基数,分别给这两种数以不同的权数,计算出指数平滑值。其计算公式为:

$$S_{t+1} = \alpha \cdot X_t + (1-\alpha) \cdot S_t \qquad (6-3)$$

式中: S_{t+1} ——第 $t+1$ 期的指数平滑值;

　　α ——平滑系数($0 \leqslant \alpha \leqslant 1$);

　　X_t ——第 t 期实际值;

　　S_t ——第 t 期指数平滑值。

从上式可以看出,指数平滑法就是对不同时期的数据给予不同的权数,既强调了近期数据对预测值的作用,又未完全忽略远期数据的影响。

在实际中,平滑系数 α 由预测者判断选定,通常可以选用几个 α 值做试验,经试验与调整,选取误差较小的 α 值用于预测。当找到较满意的 α 值后,若连续运用,还要定期校核。一般情况下,可参考下列数字:

①如果时间序列虽有不规则变动,但长期趋势接近某一稳定常数时,则取较小的 α 值($0.05 \sim 0.20$)。

②如果时间序列中具有迅速且明显的变动趋势,则 α 值取较大值($0.4 \sim 0.8$),使近期趋势强烈地反映在预测值中。

③如果时间序列变化较小,则 α 宜取较小值($0.1 \sim 0.4$),使较早的观察值亦能充分反映于指数平滑值中。

又因为 $S_2 = \alpha \cdot X_1 + (1-\alpha) \cdot S_1$,$S_1$ 为一个未知值,称为初始值。如何确定 S_1,可分为两种情况:当样本为大样本时,初始值以时间数列的首项替代;当样本为小样本时,初始值以时间数列的前几项求简单平均数作为替代。

【例 6-3】现以表 6-4 的实际数据为例,应用指数平滑法,分别按 $\alpha=0.3$ 和 $\alpha=0.7$ 计算预测值,计算结果如表 6-4 所示。

解:表 6-4 中的时间数列中已知数据为时间 t(月)和相对应的施工产值 X_t(万元)。由于只有 10 个月的数据,属于小样本,初始值取前三项简单平均数。即:

$$S_1 = \frac{120 + 125 + 130}{3} = 125$$

当平滑系数 $\alpha = 0.3$ 时,根据公式 6-3 可得:

2 月份的预测值为:

$$S_{1+1} = 0.3 \times X_1 + (1-0.3) \times S_1 = 0.3 \times 120 + 0.7 \times 125 = 123.50$$

3 月份的预测值为:

$$S_{2+1} = 0.3 \times X_2 + (1-0.3) \times S_2 = 0.3 \times 125 + 0.7 \times 123.5 = 123.95$$

以此类推,可得出其他月份的预测值。当 $\alpha = 0.7$ 时计算方法相同。计算结果见表 6-4。

表 6-4　指数平滑计算表

t	施工产值 X_t	$S_{t+1}(\alpha=0.3)$	$\lvert S_{t+1}-X_t \rvert$	$S_{t+1}(\alpha=0.7)$	$\lvert S_{t+1}-X_t \rvert$
1	120	125.00	5.00	125.00	5.00
2	125	123.50	1.50	121.50	3.50
3	130	123.95	6.05	123.95	6.05
4	115	125.77	10.77	128.19	13.19
5	135	122.54	12.46	118.96	16.04
6	140	126.27	13.73	130.19	9.81
7	146	130.39	15.61	137.06	8.94
8	137	135.07	1.93	143.32	6.32
9	142	135.65	6.35	138.90	3.10
10	150	137.56	12.44	141.07	8.93
11	—	141.29	合计:85.84	147.32	合计:80.88

从表 6-4 中可以看出,当 $\alpha = 0.3$ 和 $\alpha = 0.7$ 时,计算出的各期预测值与实际值之差的绝对值之和分别为 85.84 和 80.88。因此,当 $\alpha = 0.7$ 时其预测效果要优于 $\alpha = 0.3$ 时。在实际的操作中,要再选取几个 α 值做试验,最终选取误差较小的 α 值用于预测。

(3)趋势预测法。趋势预测法是以一个经济变量在一定时期内大致沿某一趋势呈线性或非线性变化为研究对象,预测事物未来发展趋势的方法。趋势预测法中最为基础的方法为线性趋势预测法。当经济变量在某一时间内近似呈线性趋势时,我们可把事件的序列数作为变量 X,把所研究经济变量在各个时期的数值作为变量 Y,则线性趋势预测模型为:

$$Y = a + bX \tag{6-4}$$

式中 a 和 b 为待定的系数。

利用最小二乘法,a 和 b 分别由下式确定:

$$b = \frac{N\sum x_i y_i - \sum x_i \sum y_i}{N\sum x_i^2 - (\sum x_i)^2} \tag{6-5}$$

$$a = \frac{\sum y_i}{N} - b\frac{\sum x_i}{N} \tag{6-6}$$

式中:N——数据点数;

x_i 和 y_i——实际数据点($i = 1, 2, \cdots, N$)。

根据时间序列的特点,我们可按照下述方法将时间序列数适当取值,使 $\sum x_i = 0$,从而使计算简化。当周期数为奇数,我们可以以中间一个时期为原点,则 x 的数列为$\cdots, -3, -2,$

$-1,0,1,2,3,\cdots$ 当周期数为偶数,我们可以以中间两个时期之间的点为原点,则 x 的数列为 $\cdots,-5,-3,-1,1,3,5,\cdots$ 这样 $\sum x_i = 0$,由此上述计算公式可简化为:

$$b = \frac{\sum x_i y_i}{\sum x_i^2} \qquad (6-7)$$

$$a = \frac{\sum y_i}{N} \qquad (6-8)$$

【例6-4】某企业1—10月份的施工产值见表6-4所示,试用趋势预测法预测11月份和12月份的可能施工产值。

解:首先根据统计资料绘出数据分布图(见图6-4)。

从图6-4中可以看出数据点的分布呈线性趋势,建立预测模型:

$$Y = a + bX$$

计算结果见表6-5。

则:

$$b = \frac{\sum x_i y_i}{\sum x_i^2} = \frac{648}{330} = 1.96$$

$$a = \frac{\sum y_i}{N} = \frac{1386}{10} = 138.6$$

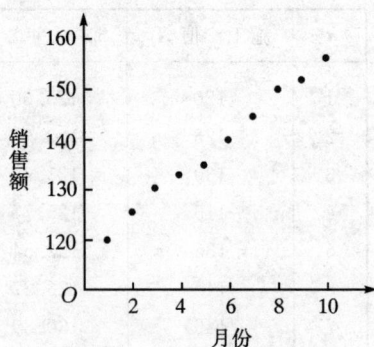

图6-4 数据分布图

将 a,b 值代入预测模型:

$$Y = a + bX$$
$$= 138.6 + 1.96X$$

由于此处使用的是简化计算,当预测11月份的施工产值时,X_i 值为11。则将 $X_i = 11$ 代入预测模型。11月份预测值为:

$$Y = 138.6 + 1.96X$$
$$= 138.6 + 1.96 \times 11$$
$$= 160.16$$

同样,当预测12月份的施工产值时,X_i 值为13。则将 $X_i = 13$ 代入预测模型。12月份预测值为:

$$Y = 138.6 + 1.96X$$
$$= 138.6 + 1.96 \times 13$$
$$= 160.16$$
$$= 164.08$$

表6-5 线性趋势计算表

月份	y_i	x_i	x_i^2	$x_i y_i$
1	120	-9	81	-1080
2	125	-7	49	-875
3	130	-5	25	-650
4	133	-3	9	-399
5	135	-1	1	-135
6	140	1	1	140
7	146	3	9	438
8	150	5	25	750
9	152	7	49	1064
10	155	9	81	1395
合计	1386	0	330	648

6.3 建筑企业经营决策

6.3.1 经营决策的概念、特征及类型

1. 经营决策的概念

关于经营决策的定义,国内外不同的学者看法不同。比较简单的决策定义是"从两个以上的备选方案中选择一个的过程就是决策"。周三多等学者给决策下的一种比较具体的定义为:"所谓决策,是指组织或个人为了实现某种目标而对未来一定时期内有关活动的方向、内容及方式的选择或调整过程。"国外教科书中路易斯、古德曼和范特的定义具有代表性,他们认为决策是"管理者识别并解决问题以及利用机会的过程"。

我们认为企业的经营决策是指,为实现一定目标,解决一定的问题,有意识地寻求多种实施方案,按决策者的智慧、经验、胆识和决策标准,进行比较分析,确定较理想的方案,并予以实施及跟踪的过程。

2. 经营决策的特征

(1)经营决策活动是动态过程。它主要表现在两个方面:①决策活动包括从确定目标、方案比选、方案实施跟踪及方案修正的全过程。没有这一系列过程,决策就容易陷于主观、盲目,导致失误;②由于外部环境和内部条件随着时间的推移而发生变化,客观上要求决策随之而改变,作出适当的修改或调整,才能保证决策的正确。

(2)经营决策有明确的目的。决策的目的是为了实现企业的一定目标,或解决企业发展中某一问题。企业经营管理中每个时期都有它的目标,为实现企业的目标,要解决许许多多的问题,而要想正确解决这些问题,使企业的经营有更好的经济效益,就必须进行科学的决策。没有目的就无从决策,决策就是通过解决某个问题来达到某个目标,无目标的决策是盲目的决策。

(3)经营决策有若干的备选方案。决策的核心问题是如何进行多方案的选择,一个方案没有选择的余地,就谈不上谁优谁劣,也就失去了决策的意义。凡是要做决策,都必须有意识地拟定不同的实施方案,至少有两个以上的备选方案,然后根据决策的标准选出较理想的方案。只有通过比较、鉴定,才能做出正确的决策。

(4)经营决策以可行方案为依据。决策所做的若干个备选方案应是可行的,只有这样决策方案才会切实可行。这种可行性应包括技术上可行、经济上可行和社会上可行等多项要求。

(5)经营决策有科学的标准和依据。决策要提倡用科学的数据说话,排除主观成见,但又要体现决策者的智慧、经验、胆识。这样才能做到大胆的开拓精神和实事求是精神的相互结合。

(6)经营决策选择的结果应是较理想的方案。在实际工作中影响一项事物发展的因素十分复杂,有很多不确定因素,决策方案最优化是不切实际的。在有限时间内、有限条件下,不可能对所有因素都给予同样的考虑,因此,决策只能做到尽可能的圆满,而不可能做到完美无缺。

(7)经营决策的主体是管理者。决策的主体既可以是单个的管理者,也可以是多个管理者组成的集体或小组。

3. 经营决策的类型

企业所要解决的问题是多方面的,根据所要解决问题的性质和内容,决策可以分成多种类型。企业管理者在进行决策时,应该先了解所要解决问题的特征,因为不同类型的决策,需要采用不同的决策方法。为了进行正确决策,必须对决策进行科学分类,采取不同的决策方法。决策的类型划分,如表6-6所示。

表6-6　决策的类型

按时间长短分类	中长期决策	按确定性程度分类	确定型决策
	短期决策		不确定型决策
按重要程度分类	战略决策	按目标数量分类	风险型决策
	管理决策		单目标决策
	业务决策		多目标决策
按性质分类	程序化决策	按决策主体分类	个人决策
	非程序化决策		集体决策
按应用的方法分类	定性决策	按决策的起点分类	初始决策
	定量决策		追踪决策

(1)按时间长短分类。

①中长期决策。中长期决策是指在较长时期内,一般为3~5年,甚至更长时间才能实现目标的决策。它主要是确定与企业经营战略目标和发展方向有关的重大安排,如组织机构调整、投资方向与生产规模的选择、技术革新的发展方向、长远发展速度等。它属于战略性决策,往往与长期规划有关,并较多地注意企业的外部环境。这种决策一般需要一定数量的投资,具有实现时间长和风险较大的特点。

②短期决策。短期决策是指一年以内或季度、或月份内实现的决策。它是实现战略目标所采取的手段,比中长期决策更具体,考虑的时间也短一些,其主要着眼于企业内部,通过生产要素的优化配置与动态管理实现战略目标。一般属于战术或业务决策。

(2)按重要程度分类。

①战略决策。战略决策是指直接关系到企业生存发展的全局性、较长期的问题的决策,如经营目标、产品结构、市场开拓等方面的决策。战略决策影响企业的全局,涉及范围广,时间长,对企业长远发展具有重要的意义。因此,这类决策一般由企业管理高层做出,是非常规性决策。战略决策又可分为总体战略决策和职能战略决策。

②管理决策。管理决策又称战术决策,是以战略决策为指导,根据战略决策的要求,解决执行中的问题,结合企业内外条件,安排一定时期的任务,解决生产中存在的某些缺陷,进行企业内部的协调与控制,实现系统优化,如实施方案的选择、生产计划、销售计划、企业资源分配、企业经营业绩评估等。这类决策往往由企业中层管理人员采用定量方法进行系统分析。

③业务决策。业务决策又称日常管理决策,是企业在日常业务活动中为了提高企业日常工作效率的一种决策。业务决策主要是解决作业任务中的问题,在企业管理中经常是与作业

控制结合起来进行的,如生产经营任务日常安排、工作定额制定等。其特点是所要解决的问题比较明确、技术性强、时间紧,一般由基层负责人在考虑当前条件后而做出的。

(3)按性质分类。

①程序化决策。程序化决策又称常规性决策,是指经常重复发生,能按原来已规定的程序、处理方法和标准进行的决策,多属于业务决策,如企业退货处理、企业规章制度执行等。其主要适用于企业的例行性工作或经常反复出现的活动。由于这类问题是重复出现的,因而可以规定出一定的程序,把决策过程标准化、程序化,企业一般按惯例和业务常规来进行处理。程序化决策帮助管理者特别是高层管理者,更好地处理日常事务,从而可以节省出时间去处理更重要的问题。

②非程序化决策。非程序化决策又称非常规性决策或一次性决策,是指没有常规可循,对不经常重复发生的业务工作和管理工作所做的决策。

由于非例行性的事件往往是变化大,影响因素多,错综复杂,突发性强,缺乏准确可靠的统计数据和资料,所要解决的问题不易确定,而且解决这类问题的经验也不足,如新产品开发、企业重组、风险投资决策等。因此不可能建立起一个固定的决策模式,常常要依靠决策者的知识、经验、信息和对未来发展的判断能力来做出。

(4)按应用的方法分类。

①定性决策。定性决策是不用或少用数据与模型,主要凭借决策者的经验和判断力在众多可行方案中寻找满意方案的过程。其主要适用于缺乏数据或需迅速做出决定的场合。

②定量决策。定量决策是借助于数据分析与量化模型进行决策的方法。其主要适用于历史资料充足,易于数据分析和建立模型的场合。

(5)按确定性程度分类。

①确定型决策。确定型决策是指影响决策的因素或自然状态是明确的、肯定的,某一行动方案的结果也是确知的,因而只要比较各个不同方案的结果,就可以选择出最佳方案。

②不确定型决策。不确定型决策是指某一行动方案可能出现几种结果,即多个自然状态,且各种自然状态的概率也不确知,企业是在完全不确定的情况下,只能靠决策者的经验做出主观概率判断的决策。

③风险型决策。风险型决策又称随机型决策,是指可供选择的方案存在着两种以上的自然状态,即多种自然状态,究竟哪一种自然状态会出现不能确定,决策者对未来的情况无法肯定地判断,但其出现的概率可知。在这类问题的决策中,企业决策人可以根据概率进行计算并做出决策,但无论采用何种方案都存在风险问题。

(6)按目标数量分类。

①单目标决策。单目标决策是指决策者所追求的目标只有一个。

②多目标决策。多目标决策是指决策者所追求的目标是多个。在决策分析中,往往需要同时考虑多个目标。这些目标既有主次之分,又可能相互抵触,必须统筹兼顾。

(7)按决策主体分类。

①个人决策。个人决策是指单个人做出的决策。

②集体决策。集体决策是指多个人一起做出的决策。相对于个人决策,集体决策有一些优点:能更大范围地汇总信息;能拟定更多的备选方案;能得到更多的认同;能更好地沟通;能做出更好的决策等。但集体决策也有一些缺点,如花费较多的时间、责任不明,或者个人由于

受到来自集体的压力,在认知或行动上不由自主地趋向于和其他人保持一致等。

(8)按决策的起点分类。

①初始决策。初始决策是零起点决策,是在有关活动尚未进行从而环境未受到影响的情况下进行的。

②追踪决策。追踪决策是非零起点决策。随着初始决策的实施,组织环境发生变化,这种情况下所进行的决策就是追踪决策。

▶ 6.3.2 经营决策的阶段及基本程序

决策工作是一项动态的、完整的过程,一般包括确定决策目标、方案设计、方案选择和执行方案四个阶段。其基本程序如图6-5所示。

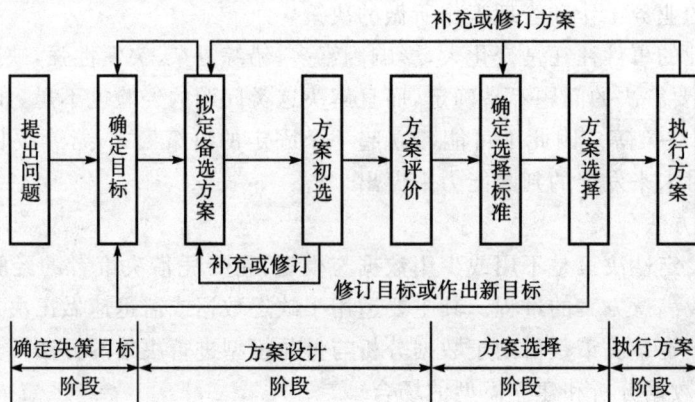

图6-5 决策的基本程序

1. 确定决策目标阶段

确定目标是决策程序的第一阶段,主要包括提出问题和确定目标两个环节。这一阶段的工作成效直接关系到整个决策的成败。

(1)提出问题。企业决策是为了解决企业经营管理中出现的问题,对问题的判断影响着决策的正确性,所以十分关键。企业面临的经营问题主要有两个方面:一是指在企业经营管理中现存的问题,这种问题主要是企业在经营管理中实际达到的状况与应当或期望达到的状况之间的差异;二是指有关企业的发展问题,随着社会经济的发展,企业应发现经营现状与社会实际需要的差距,不断调整自己的经营方针与对策。在管理实践中经常存在着企业管理者要么对问题不能作出正确判断,要么浮于表面,触及不了问题的实质。要解决这个问题,首先应确定企业是否存在需要解决的问题,这是企业管理者敏锐的洞察力和高度的预见性的综合体现。第二步是确定问题究竟出在什么地方,透过现象发现问题的本质,找出原因,只有在找出原因的基础上才能提出解决问题的有效办法。在此基础上,开始决策过程。

(2)确定目标。决策是为了解决问题,而解决问题程度的预期就是明确决策目标。确定决策目标是决策的前提。所谓目标是指在一定外部环境和内部条件下,在市场调查和预测的基础上,所希望达到的结果。确定目标工作十分重要,由于目标不同,对同样的问题采用的决策方案是不同的。决策目标可分为两类:一是必须达到的,对必须达到的目标,在资源使用上要明确最高限度,在此范围内尽可能放开;二是希望达到的,在取得成果上设立一个最低限度(边界条件)。

在确定决策目标时,要注意以下几个问题:

①目标应建立在需要与可能的基础上。即企业经营管理是否真正需要的,而企业是否具备达到目标的条件。

②目标应明确具体,并尽可能数量化。这主要是为了更好地衡量决策的实施效果。

③约束条件要明确。对与实现目标相关的各种条件进行详细的分析。

④把握主要目标。在日常经营管理中,目标是多元的,而且相互之间存在矛盾。确定决策目标时,应取消没有条件实现的目标,放弃相互矛盾的目标,合并相似的次要目标,分清主次,让次要目标服从主要目标,以保证主要目标的实现。

2. 方案设计阶段

(1)拟定备选方案。备选方案是指可供进一步选择使用的可能方案,其数量和质量对于最后作出合理的选择有重大影响。为保证备选方案的优良品质,防止遗漏,决策者必须拟定尽可能多的备选方案,注意方案的整体详尽性和相互排斥性。对于一些新问题,如有关企业发展的决策问题,一般属于非程序化决策,没有任何经验和案例可循,决策者必须充分发挥想象力和创造力,并发挥集体智慧集思广益,才能取得最佳效果。

(2)方案初选。方案初选主要是通过对一些比较重要的限定因素的分析,比较各备选方案实现的可能性和效果,淘汰掉那些对解决问题基本无用或用处很小的方案以及那些客观条件不允许的方案,减少可行方案的数目,以便进行更深入的分析和比较。

(3)方案评价。方案评价是对方案执行结果的估计。进行方案评价时,应忽略各方案的共同问题,而专注于不同因素的分析。对一些无形因素,可以用预测方法将其定量化,与有形因素一起考虑。

3. 方案选择阶段

方案选择是决策的关键阶段。

(1)方案选择标准。标准是衡量方案优劣的尺度,对方案的取舍关系极大。一个具有共性的标准是价值标准。在单目标决策情况下,价值标准是十分明确的,而对于多目标决策的情况,价值标准只有当各个目标的重要性明确后才能确定。

(2)方案选择。方案选择是在方案评价的基础上,按选择标准,进行执行方案的选择。进行方案选择时主要依据满意准则,即选择在目前情况下比较满意的适宜可行的方案。方案选定后,必须注意决策带来的影响,应采取一些预防性措施或制定应变计划,以保证决策方案能按计划组织实施。

4. 执行方案阶段

一旦做出决策,就要实施决策方案,如向下属宣布决策方案,解释决策的原因,分配企业资源和层层落实任务等,使企业决策真正成为全体员工的共识。执行已选择的决策方案,是将决策变为现实的关键。决策好坏要由实施的结果来判别。控制、监督和反馈对决策成败起决定性的作用。在实施中及时发现情况,及时反馈,查明原因,修正方案,进行有效控制,保证原定目标的实现。此外,在执行中还会发现新问题,从而需要做出新的决策后再付诸实施,这就开始了一个新的决策过程。

6.3.3 经营决策的方法

1. 经营决策的定性方法

定性决策是充分发挥人们智慧进行决策的一种方法。在定性决策时,决策者的理论水平、经验阅历、能力素质往往起决定性作用,但现代经营管理日趋复杂,所需的各种专门知识越来越多,一个人的知识、经验往往是有限的,因此,定性决策常依靠专家的智慧进行集体决策。集体决策由于集思广益,互相学习,取长补短,考虑问题既广泛又深入,使决策具有充分的根据,能够保证决策的有效性。定性决策多用于外部环境变化大,影响决策的随机因素多且错综复杂,多种因素难以用数量表示的综合性战略决策。定性决策方法常用的有专家意见法、德尔菲法、小组决策法等。

2. 经营决策的定量方法及应用

(1)确定型决策问题的分析方法。确定型决策问题具备如下四个条件:①存在决策者希望达到的一个明确目标;②只存在一个确定的自然状态;③存在决策者可以选择的两个或两个以上的行动方案;④不同的行动方案在确定状态下的益损值可以计算出来。

确定型决策的方法很多,如线性规划法、目标评分法、效益费用法等。人们对这类经营决策研究得比较充分,常使用运筹学的各种分支方法及其他数学方法。

(2)不确定型决策问题的分析方法。不确定性决策问题的分析方法主要包括小中取大准则法、大中取大准则法、折中准则法、后悔值准则法等。

①小中取大准则准法。小中取大准则法又称悲观标准法。持这种标准的决策者,对客观环境总是抱悲观态度,万事总觉得不会如意,所以为了保险起见,总是从最不利处估计事情的结果,而从最坏的情况中选择最好的方案。采用这种决策的标准是,首先从每一方案中选择一个最小的收益值,然后选取最小的收益值中的最大值相应的方案为最优方案。

【例6-5】某预制厂要确定下一施工年度空心板的生产批量,空心板的需求量有多、中、少三种情况,可采取的生产方案有大、中、小批量三种,各生产方案可能获得的收益值可以相应地计算出来,见表6-7。

表6-7 小中取大准则法决策计算表

收益值(万元) 自然状态 方案	空心板需求量			最小的收益值
	多	中	少	
大批量生产	20	12	8	8
中批量生产	16	16	10	10
小批量生产	12	12	12	12
各方案的最小收益值中的最大值				12
最优方案				小批量生产

②大中取大准则法。大中取大准则法又称乐观标准法,持这种标准的决策者,对客观环境总是抱乐观态度,不放弃任何一个获得最好结果的机会。决策时,应首先把每一方案在各种自然状态下的最大收益值求出来,再选取与最大收益值中的最大值相应的方案为最优方案。

例如,采用乐观标准,对如上问题进行决策,其计算过程如表6-8所示。

表6-8 大中取大准则法决策计算表

收益值(万元) 自然状态 方案	空心板需求量			最大的收益值
	多	中	少	
大批量生产	20	12	8	20
中批量生产	16	16	10	16
小批量生产	12	12	12	12
各方案的最小收益值中的最大值				20
最优方案				大批量生产

③折中准则法。这一标准是以上两种标准的折中,决策时先确定介于0和1之间的乐观系数α,再找到每个方案在各种自然状态下的最大收益值和最小收益值,则各个方案的折中收益值为:

$$折中收益值=\alpha×最大收益值+(1-\alpha)×最小收益值$$

最后比较各个方案的折中收益值的大小,则最优方案为折中收益值最大的方案。

例如,采用折中标准,令乐观系数$\alpha=0.7$,对如上问题进行决策,其计算过程,如表6-9所示。

表6-9 折中准则法决策计算表

收益值(万元) 自然状态 方案	空心板需求量			最大收益值	最小收益值	折中收益值
	多	中	少			
大批量生产	20	12	8	20	8	$0.7×20+0.3×8=16.4$
中批量生产	16	16	10	16	10	$0.7×16+0.3×10=14.2$
小批量生产	12	12	12	12	12	$0.7×12+0.3×12=12$
各方案的折中收益值中的最大值						16.4
最优方案						大批量生产

显然,乐观标准与悲观标准均是折中标准的特例。取$\alpha=1$是乐观的情况,而取$\alpha=0$则是悲观的情况。α的值应根据具体情况取定,取值不同,可能会得到不同的决策结果。

④后悔值准则法。后悔值是指某种自然状态下可能获得最大收益与采用某一方案所实际获得的收益的差值。即应当得到,但由于失去机会未能得到的那一部分收益。采用这种方法,需先找出每个方案的最大后悔值,再选取与最大后悔值中的最小值相应的方案为最优方案。

例如,采用后悔值标准,对如上问题进行决策,其计算过程,如表6-10所示。

表 6-10   后悔值准则法决策计算表

收益值(万元) 自然状态 方案	空心板需求量			最大的后悔值
	多	中	少	
大批量生产	20－20＝0	16－12＝4	12－8＝4	4
中批量生产	20－16＝4	16－16＝0	12－10＝2	4
小批量生产	20－12＝8	16－12＝4	12－12＝0	8
各方案的最大后悔值中的最小值				4
最优方案				大批量生产 中批量生产

(3)风险型决策问题的分析方法。

①风险型决策条件及特点。

A. 存在着决策者希望达到的目标(利益最大或损失最小)。

B. 存在着两个或两个以上的行动方案可供决策者选择。

C. 存在着两个或两个以上的不以决策者的主观意志为转移的自然状态;

D. 不同的行动方案在不同自然状态下的相应益损值(利益或损失)可以计算出来。

E. 对于各种自然状态出现的可能性(概率),决策者可以预先估计或计算出各自自然状态的概率。风险型决策的这一特点恰恰与不确定型决策相反。在不确定性决策中,各种自然状态出现的可能性(概率),决策者预先无法估计或计算出来。

②风险型决策方法。风险型决策方法主要有最大可能法、期望值法、约当系数法、正态分布法和决策树法。以决策树法应用最为广泛。以下仅介绍决策树法。

决策树法是根据逻辑关系将决策问题绘制成一个树形图,按照由树梢到树根的顺序,逐步计算各结点的期望值,然后根据期望值准则进行风险型决策的方法。它不仅可以解决单级决策问题,对于多级决策问题也不失为一种简单而有效的工具。

A. 决策树的结构。决策树由结点、分支、概率估计和收益四个要素组成,按书写顺序从左向右横向展开。结点和分支有两类:决策结点、决策分支和机会结点、机会分支。决策结点通常采用方框表示,由此发源的分支表示各种行动方案,称为决策分支。决策分支上,应简要地说明行动方案的内容。机会结点通常用圆圈表示,由此发源的分支表示可能出现的自然状态,称为机会分支。机会分支上除要简要地注明自然状态的内容外,还必须标明它们各自的概率。决策树的末梢称为结束分支,在结束分支右端,应说明相应方案达到的结果,决策树的结构模型如图 6-6 表示。

应用决策树进行决策的程序是从右向左逐步后退,根据益损期望值分层进行决策。在机会结点,应计算出各分支的累计期望值。而决策结点,则要根据计算出来的各机会结点的期望值进行选优,并把选优值标注在结点上面,同时,在舍弃方案的分支上划上双截线。这样一直计算选优至第一个结点为止,就确定了最优行动方案。

B. 决策树实例。

【例 6-6】某建筑企业现有三项工程可供承包商选择,但由于其能力有限,只能参加一项

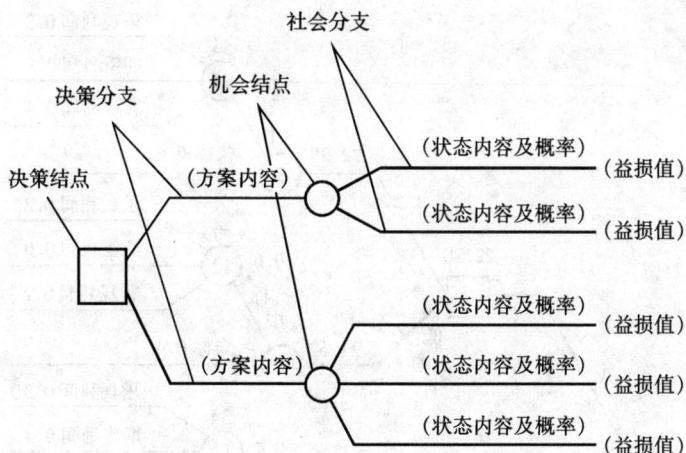

图 6-6　决策树结构模型

工程的投标。对任何一项工程,企业都可以投以高标,也可以投以低标。高标的中标率为
0.4,低标的中标率为0.6。若投标失败,其相应的损失,工程 A 为 2000 元,工程 B 为 4000 元,
工程 C 为 8000 元。各项工程的预期利润及其概率已经估计出来,见表 6-11。假如该承包企
业想参加投标,且其目标是追求最大的利润,应对哪项工程投哪种标为宜?

表 6-11　投标工程预期利润与概率估计

投标工程项目	标型	利润估计	概率	利润值(万元)	标型	利润估计	概率	利润值(万元)
		乐观	0.3	100		乐观	0.2	80
工程 A	高标	期望	0.3	60	低标	期望	0.6	40
		悲观	0.4	20		悲观	0.2	−20
		乐观	0.3	80		乐观	0.4	60
工程 B	高标	期望	0.4	40	低标	期望	0.3	20
		悲观	0.3	−20		悲观	0.3	−40
		乐观	0.1	120		乐观	0.2	80
工程 C	高标	期望	0.7	80	低标	期望	0.5	60
		悲观	0.2	40		悲观	0.3	10

解:这是一个包含两级决策(对哪项工程投标,投哪种标)的风险型决策问题,故宜采用决
策树法进行决策,其步骤如下:

(1)绘制决策树。在第一级决策点1,包含有三种行动方案,即投工程 A、投工程 B 和投工
程 C,由此引出三个决策分支。第二级决策有三个决策点,每一决策点又含投高标与投低标两
种行动方案,故决策分支数为 3×2=6。相应于 6 个决策分支,有 6 个机会结点,每一结点又
包含有中标与失标两种状态,故又引出 2×6=12 条机会分支。在中标状态,利润的获取又有
乐观、期望、悲观三种情况,故结束分支数目为 3×6+6=24。决策树的构成如图 6-7 所示。

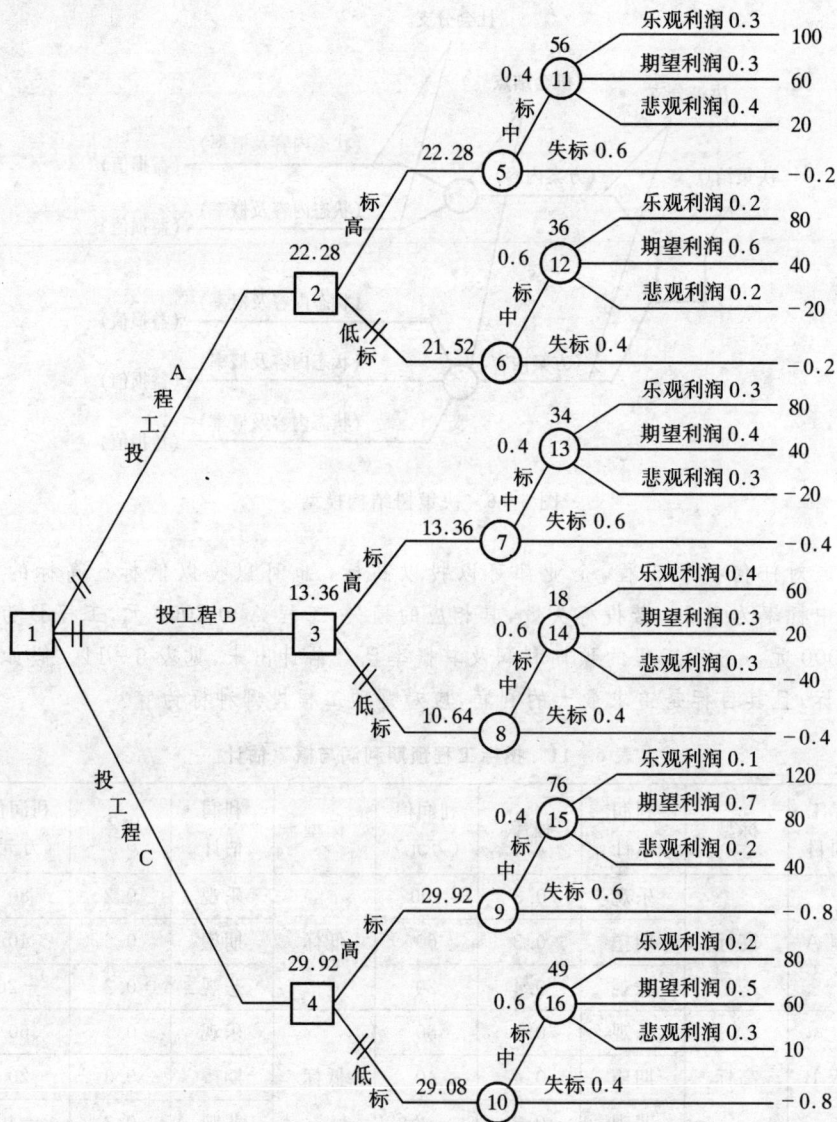

图 6-7 投标决策树构成

（2）利用决策树进行决策。按决策树自右向左逆推计算的方法，首先计算机会结点 11～16 的期望收益值，继续向前逆推，再继续计算机会结点 5～10 的期望利润值，其计算结果见图 6-7 所示。在决策结点 2，比较高标与低标两种情况的期望收益值，可知高标情况下的利润值较高，故保留此分支，舍弃低标的分支。结点 3、4 也有同样的结果。

最后，在决策点 1，分别比较三个方案的期望利润值，可以确定应投工程 C、投高标，期望利润值为 29.92 万元。

思考与练习

1. 简述建筑市场调研的内容。

2. 什么是经营预测？如何分类？

3. 简述经营预测的基本程序。

4. 简述专家意见法和德尔菲法的优缺点。

5. 某公司某年各月份某种材料的实际使用量见题表 6-1，运用移动平均法（$N=3$，$N=6$）和加权移动平均法（$N=3$，权值分别为 3，2，1）计算移动平均值；运用指数平滑法，分别按 $\alpha=0.2$、$\alpha=0.5$ 和 $\alpha=0.8$，计算预测值。

题表 6-1　材料实际使用量一览表

月　份	1	2	3	4	5	6	7	8	9	10	11	12
使用量	43	55	62	71	73	73	62	54	49	41	47	48

6. 某混凝土构件厂第 1 年到第 7 年的销售额见题表 6-2，试预测第 8 年销售额。

题表 6-2　某构件厂第 1 年到第 7 年的销售额

年　序	1	2	3	4	5	6	7
销售额（万元）	200	210	280	250	360	320	380

7. 什么是企业决策？企业决策具有哪些特征？

8. 简述企业决策的类型。

9. 简述经营决策的阶段及基本程序。

10. 某建筑企业需对其预制加工厂的发展做出决策，有三种可行方案：新建、扩建和改造原车间。市场有三种自然状态：高需求、中需求和低需求。各种需求情况的概率无法估计。但各种方案在以后五年内的收益或亏损估算见题表 6-3。

问：该建筑企业应该采取哪种方案？

题表 6-3　不同需求状况下各方案的损益值

	高需求	中需求	低需求
新建	60	20	−15
扩建	40	25	0
改建	25	15	10

11. 某部门生产某种产品需要进行投资决策。有两个方案可供选择：一是新建一个大厂，需投资 300 万元，如果销路好（概率为 0.7），则年净收益为 100 万元，如果销路不好（概率为 0.3），则年净收益为 −20 万元。另一个方案是先建小厂，需投资 140 万元，如果产品销路好（概率为 0.7），年净收益为 40 万元，三年后如进行扩建，扩建所需投资为 200 万元。后 7 年销路好（概率为 0.4），年净收益为 95 万元；后 7 年销路不好，年净收益为 50 万元；如不扩建，则销路好，年净收益 80 万元；销路差，年净收益为 40 万元。如果销路不好（概率为 0.3），则小厂共维持生产 10 年。无论建大厂还是小厂，两方案的使用期均为 10 年，试进行决策（基准收益率为 10%）。

第 7 章　建筑企业计划管理

学习要点

1. 计划的概念和特点
2. 计划管理的过程
3. 建筑企业计划的分类及计划体系
4. 中长期经营计划的概念及制定
5. 建筑企业施工生产计划的作用、内容及编制
6. 建筑企业主要计划指标的含义及计算方法

7.1　计划管理概述

7.1.1　计划的概念及特点

1. 计划的概念

计划是重要的管理职能之一,它是以经营决策作为基础,把决策所确定的目标,进行数量化的表现,并把它们调整、汇总成一个体系,达到有效地使用各种资源,成为取得最佳经营成果的行动纲领。它是基于对客观实际的认识,确定某项活动在未来一定时期内应达到的目标,以及为实现目标所进行的一系列筹划活动的总称。

计划是企业管理活动的首要一环,是一切管理的"龙头"。可以这样说,没有计划,就根本谈不上管理,也就无法管理好企业。

2. 计划的基本特点

(1)可行性。计划是管理者进行指挥的依据,只有保证了计划的可行,才能够保证管理工作的有效进行。计划是在对组织内部与外部环境全面分析及论证基础上形成的,因此,计划对于指导有关组织部门和组织成员的行为具有一定的客观性和可行性。如果计划的目标定得过高,措施无力实施,这个计划就是空中楼阁;反过来说,计划的目标定得过低,措施方法都没有创见性,实现虽然很容易,并不能因而取得有价值的成就,那也不算是有可行性。

(2)目的性。任何组织或个人制订计划都是为了有效地达到某种目标。当然,在计划工作

开始之前,这种目标可能还不十分具体。在计划过程的最初阶段,制定具体明确的目标是其首要任务,其他所有工作都围绕目标进行。目标是计划的全部内容的核心,实现目标是计划的出发点和归宿点,没有目标就不能称其为计划。

(3)首位性。由于管理的组织、领导、控制等职能都是为了保证目标的实现,它们只有在计划工作确定了目标之后才能进行,所有计划工作在管理者的诸项职能中处于首要的地位。计划工作和控制工作尤其密不可分,人们常常将这两项职能称为管理的一对孪生子,或称之为一枚硬币的两个方面。从一定意义上说,计划和控制是同一活动的两个方面,没有计划就谈不上控制,控制就是纠正偏离计划的偏差,以保持既定的方向。而离开了计划的控制也是毫无意义,人们如果不知道要到哪里去,当然也就无法知道自己是否正在走向要去的地方。

(4)普遍性。计划的普遍性表现在两个方面:首先,组织的任何管理活动都需要进行计划。计划涉及组织的各个层次、各个部门以至全体成员;其次,计划是所有管理者应有的功能。高层管理者没必要也不可能包揽组织内的全部计划工作,各层次的管理者都要根据其职责和权力制定相应的计划。也只有这样,才能充分调动各级管理人员的积极性,更好地贯彻执行计划。

(5)时效性。任何组织活动都必须有计划地进行,计划是组织一定时期内的行动方案,它的制定是以一定时间内各种现实情况为前提的。但是计划也不可能是一成不变的,随着时间和条件的变化,与目标有关的一些关键因素也会发生变化,从而使原计划失去效用。因此,计划具有很强的时效性,离开了一定的时间和环境条件,计划就失去了意义。管理者必须充分了解计划的时效性,根据各种因素的变化,及时对计划进行修改。

▷ 7.1.2　计划管理的概念及其过程

1. 计划管理的概念

计划管理,简单来说就是用计划把企业的各项生产经营活动全面地组织起来,并对其进行平衡、协调、控制和监督;具体来讲就是通过计划的编制,确定企业的计划,组织计划的实施,并以计划为标准进行控制,根据实施及控制中的信息反馈,对计划进行调整的周期性的生产经营管理活动。

2. 计划管理的过程

(1)计划的编制。计划的编制要将社会及用户的需求和企业的条件、利益相统一,将企业的长期目标与短期目标相衔接,将企业的整体目标与企业内部的各级目标,以及每个员工的个人目标相联系。

计划的编制要作好综合平衡,既要使企业与外部环境保持协调,又要使企业内部生产经营活动的各环节、各要素间保持正常比例关系。

此外,在计划的编制中,还要通过对计划的优化,选择最优的计划方案,保证最有效地利用人力、物力、财力,取得理想的经济效果。

(2)计划的实施。计划的实施是企业各部门各级机构,根据计划的内容和要求,组织落实,认真执行。在各级主管职责范围内,领导下级、沟通思想、通力合作,使企业的各项生产经营活动在计划指导下有序、高效地进行。实质上,这也就是计划的"组织"职能。

(3)计划的控制。计划的控制是指在计划的实施过程中,通过检查与调节,消除实施过程中的薄弱环节和不协调因素。

上述计划管理工作的内容构成一个管理工作体系和管理工作循环,如图7-1所示。

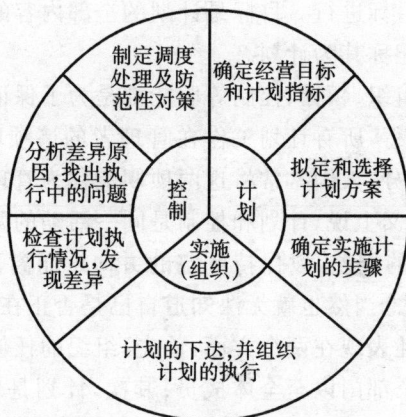

图7-1　计划管理工作环节

7.2　建筑企业计划体系

➢ 7.2.1　建筑企业计划的分类及生产经营计划体系的构成

1. 计划体系的新观念

建筑企业的计划体系,应以经济效益为中心,坚持长期发展的战略目标和满足商品市场的需求,建立以经营合同计划为核心的生产经营计划体系。

因此,建筑企业就要在战略上把经营合同计划放在首要地位,不断提高市场决策和经营业务能力;在战术上应当加强工程施工组织计划管理,把施工组织设计作为计划体系和系统管理的重要内容和措施。建筑企业要把从事"商品生产"的新观念,贯穿于计划编制和实施的全过程,使企业决策者到每个管理者和生产者牢固树立新的"市场计划"概念,建立新型的"生产经营计划"体系,实行系统管理。

2. 计划体系的分类

为了有效地、全面地指导企业的生产经营活动,保证企业生产经营活动在时间上、空间上的连续性和协调性,企业需要有不同性质和不同要求的多种形式的计划。

按计划时期不同,建筑企业计划可分为长期(五年以上)计划、中期(两年以上、五年以下)计划、短期(一年及一年以下)计划。

按计划对象不同,建筑企业计划可分为按企业(管理主体)编制的计划和按工程对象(管理客体)编制的计划。前一种计划,涉及企业同时承包的若干项工程任务,是多元计划;后一种计划就是工程施工组织设计,是一元计划。

按性质不同,建筑企业计划可分为经营计划(决策性计划)和作业计划(执行性计划)。经营计划是以提高经济效益为中心,在经营环境制约下,制订经营目标,规划企业的全部生产经营活动,实现经营决策目标。作业计划是经营计划的具体化。

以上各类计划相互联系、相互制约,互为依存、互为补充,构成了建筑企业的计划体系,如图7-2所示。可见,对于建筑企业计划体系,可以分别用纵横三条线索解释。纵向的三条线索分别是国家、企业、项目三个层面的计划;横向的三条线索是按照计划的时间长短划分,分别是长期计划、中期计划和短期计划。短期计划是中期计划的具体化,中期计划一定是按照长期计划制定的;项目计划受制于企业计划和国家计划。根据计划的详细程度来划分,企业计划包含经营计划和作业计划,经营计划是属于长期或中期计划,而作业计划则属于季度计划或月度计划即短期计划的范畴。对一个建设项目而言,施工组织总设计和施工总进度计划包含的范围广,时间长,属于中长期计划的范围,单位工程的施工组织设计和单位工程的施工进度计划比较具体,时间范围较短,而分部分工程的施工施工组织设计和分部分项工程的施工计划就是具体的作业计划,体现为月度计划、旬计划,甚至是周计划。以下按照计划体系的新观念,重点介绍经营性计划体系。

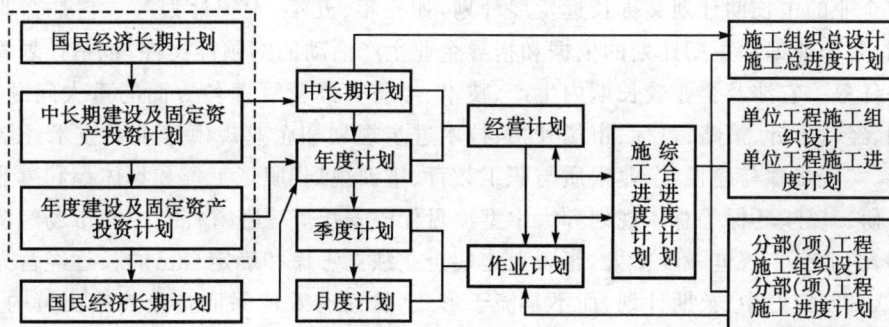

图 7-2 建筑企业计划体系

3. 生产经营计划体系的构成

建筑企业以"一个目标,两大子系统",构成一个生产经营计划体系,如图 7-3 所示。"一个目标",即企业经营目标,包括建筑企业的中长期目标和短期目标,它是两个计划子系统的计划依据和共同的目标。"两大子系统",是指企业经营计划子系统与工程施工组织计划子系统。建筑企业的企业经营计划子系统,又可分为以经营合同计划为核心的经营(销售)计划和以建筑安装计划(或称施工计划)为核心的施工生产计划两个子系统,经营计划子系统包括经营与生产两大环节。而工程项目施工组织计划子系统,则是在企业经营合同计划指导下,与施工计划中的每个施工项目相协调,以具体的"单项合同"工程为对象编制的施工组织设计的"集合体"。

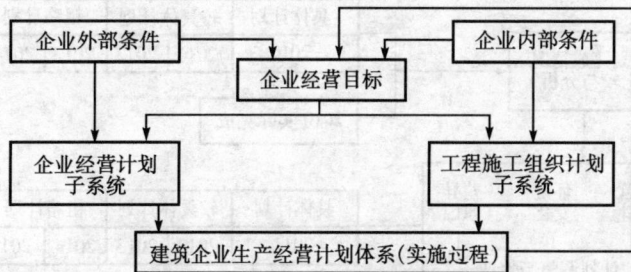

图 7-3 建筑企业生产经营计划体系

经营计划的控制目标,是企业中长期目标和年度综合目标,着重于企业全局性经济活动规律的组织和控制,用于指导全企业的生产经营管理。而工程组织计划,则是在经营计划的制约下,着重于施工现场为中心的局部性经济活动规律的组织和控制,用于指导每个单项工程的施工管理。它的中心目标是以每个具体工程的综合效益为保证,实现经营目标的优化,多快好省地完成企业经营计划所规定的任务。

建筑企业计划管理的最终目的,就是使整个企业的纵向与横向组织系统,在企业经营目标和生产经营计划指导下,形成一个有机的目标网络管理系统,通过各级组织对计划的实施和控制,达到企业经营目标的最优化。

▷ 7.2.2　中长期经营计划的概念及制定

1. 中长期经营计划的概念

建筑企业的中长期计划又称长远发展计划,如三年、五年、十年计划等。它是企业未来发展的蓝图,是企业编制短期计划的依据和指导企业生产活动的纲领性文件,也是计划管理的主体与中心任务。它涉及企业较长期内生产、技术、经济等经营管理各方面的重大问题,如企业经营方向、经营方针、策略、目标、市场开拓、技术进步规划和企业规模等主要技术经济指标的发展目标、实现步骤与途径、企业素质与职工教育、培训规划、职工工资和集体福利事业发展规划以及科研、基建、环保等总体规划和大中型项目任务安排等。随着社会主义市场经济体制的逐步完善,企业自主权进一步扩大,客观上迫使企业独立考虑和确定自己的长远经营方针及经营目标,认真制定好中、长期计划,而不是流于形式,从而有效地保证企业战略决策的实施,避免短期行为,更好地发挥中长期经营计划的指导作用。

2. 中长期经营计划的编制

由于中长期经营计划综合性强,随机因素多,受到内外环境的制约,所以,中长期经营计划制定多采用滚动计划法编制。这种方法的特征是"由近及远"。近期做得细一些,具体一些;远期做得粗一些,概略一些,且每年(或定期)调整修改一次,将计划逐期向前推进,使企业的生产经营活动始终是以反映企业战略目标的经营计划为指导。例如,某建筑企业原已编制了一个2010—2014年的五年计划,到2010年底时根据当年计划的完成情况和企业内外环境,对原制定的五年计划进行必要的调整,在此基础上,编制出一个2011—2015年的五年计划。同样,到2011年底再编制出一个2012—2016年的五年计划。依次类推,滚动式计划的实施过程,如图7-4所示。

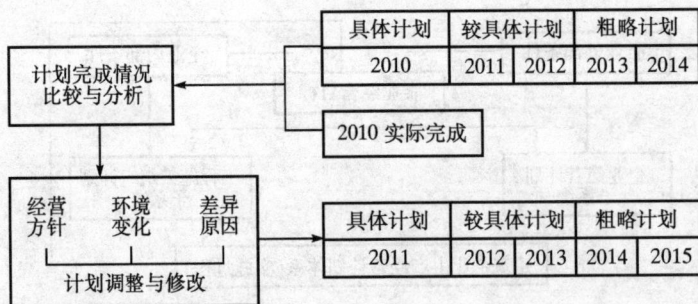

图7-4　滚动式计划示意图

采用滚动法编制计划的优点是:①计划前后期衔接紧密,能更好地反映企业生产经营活动的连续性。既可指导企业当前的生产经营活动,又可为未来发展做好各方面的准备工作。

②能真正结合企业内外环境的变化,对计划适时调整,提高其准确性和指导性。③长期计划与短期计划之间,以及短期计划内部的年度与月度计划之间,可前后衔接,即使不平衡也可及时修订,使各种计划不至于相互脱节。

有时当建筑企业内外环境复杂多变,致使计划的内容发生质的变化,如增加国外工程承包业务、承包工程的类型发生重大变化、资金严重短缺、主要工程投标或承包失败、社会政治、经济有较大变动等等,那么滚动计划就无法实行,这时企业必须根据环境、条件的变化,重新修改或调整原有计划。

➤ 7.2.3 年度经营计划

1. 年度经营计划的作用

年度经营计划是在计划年度内企业的综合经营计划。它是中长期经营计划的具体体现和实施的保障,由于直接指导计划年度内企业的各项经营活动,也是评价企业在计划年度内生产经营业绩的基准。因此,企业必须科学合理地制定年度经营计划,并确保其全面、均衡、顺利地完成所制定的年度经营计划。年度经营计划与企业经营活动的关系是:年度经营计划对年度内的企业经营活动,起着直接的指导作用,在一般情况下年度经营计划是企业全体职工必须认真执行,坚决完成的。这是由于年度经营计划是按照科学的标准制定出来的,是今后一年间企业经营活动评价及其业绩评价的基准。

企业中长期经营计划和年度经营计划并不是简单地表现为时间上的长短之别,他们在计划的内容和具体运作上都存在着差异。从内容上看,中长期经营计划和年度经营计划表现为总体和部分的关系。中长期经营计划目标可以分解为每年度经营计划目标。对于一些数量性的指标,其分解比较简单,而对于一些质量性的指标,其分解相对困难些。从制定方法看,年度经营计划更多地运用定量的办法,可以使其所制定的计划真正具有操作性。

年度经营计划在落实中长期经营计划中,有时会否定中长期经营计划的某些内容,这是正常的。因为中长期经营计划计划期较长,它所提出的某些要求或任务会因为形势和企业内部条件的变化而变得不切实际,在这种情况下,年度经营计划排除这些要求或任务,会使企业的生产经营活动避免盲目性,减少损失。

2. 年度经营计划的内容

年度经营计划内容主要包括:年度经营计划目标,施工生产计划,技术改造和开发计划,劳动计划,成本计划,财务计划,质量计划,多种经营计划等。

在企业年度经营计划中,年度经营目标计划是中心,其他各类计划都是围绕和为实现经营目标而设置的。它是企业年度经营计划最重要的组成部分,在企业年度经营计划中起着龙头的作用,决定和指导着各类计划的编制。

年度经营目标计划的主要指标有:目标利润、交竣工面积、建筑业总产值和增加值、税金、劳动生产率等。

在确定企业年度经营目标水平时,应注意以下几点:①国家、企业和职工个人三者之间的利益统一和平衡,当三者之间发生矛盾时,应以服从国家利益为主;②长期目标和短期目标之间的平衡,短期利益服从长远利益;③企业发展目标、经济性目标和技术开发目标之间的平衡;④经营目标和企业可利用资源之间的统一和平衡。

3. 年度经营计划的编制

(1)年度经营计划的编制依据。年度经营计划的编制,主要考虑以下外部环境和内部条件因素:

①外部经营环境。其主要包括国家的经济发展和行业发展现状及趋势;市场的预测,包括建筑产品现时和潜在需求等;竞争对手情况资料;原材料、能源、运输等保证情况;技术和产品更新趋势和发展速度。

②企业内部经营条件。其主要包括企业近期经营业绩和计划完成情况,企业生产能力情况,企业技术能力情况,企业职工构成变动情况,各类技术标准定额和有关核算资料等。

(2)年度经营计划的编制程序。

①年度经营计划的编制按如下程序进行:A. 确定年度经营目标,编制年度经营目标计划,如目标利润、交竣工面积、建筑业总产值和增加值、税金等;B. 编制年度施工生产计划,根据所确定的经营目标和所承担的施工生产任务来进行编制;C. 编制其他保证性计划,如质量计划、劳动计划、成本计划、财务计划等;D. 制定落实经营计划的方案及措施,主要包括资金的筹措、目标责任制、经营策略和管理机制等方面措施。

②计划的审核与评价。编制好的年度经营计划,需送交领导和有关部门审核和评价。一般企业应由职工代表大会行使审核权;股份制企业由股东代表大会进行审核。其审核和评价的内容主要有:计划指标是否先进、合理;计划的可行性;计划进度安排的合理性;计划在保证经济效益的同时是否兼顾了社会效益和环境效益等。

(3)年度经营计划的综合平衡。

年度经营计划的综合平衡包括以下几个方面:施工任务与劳动力的平衡、施工任务与机械设备能力的平衡、施工任务与物资供应的平衡等。

①施工任务与劳动力的平衡。经营计划的核心是目标利润,实现目标利润的前提是建筑企业施工任务的饱满,劳动力资源的充分利用,即工程量的确定必须与投入的人力资源相适应,方能保证建筑企业目标利润的顺利实现。

②施工任务与机械设备能力的平衡。施工任务的确定要与企业自身的机械设备能力相适应,尽管企业可以通过租赁的方式取得机械设备,但如果超越了自身的能力或者工作任务不饱满,不但完不成工作任务,反而会影响任务的及时完成。

③施工任务与物资供应的平衡。生产任务要与原材料、燃料、动力等物资供应相一致,才能实现它们之间的平衡。

④交竣工工程量与生产任务之间的平衡。经营计划要体现以销定产的原则,企业在工程量、工期、质量等方面必须满足合同中计划竣工工程的要求。

以上几个方面的平衡问题是相互联系、相互制约的,任何一方面的变动和调整都会影响到其他方面,因此综合平衡要逐项试算,反复调整。只有经过综合分析,才能较好地解决全面平衡问题。

➤ 7.2.4 贯彻经营计划的基本要求

建筑企业经营计划的贯彻必须按照以下基本要求进行:

1. 全面完成经营计划规定的各项计划指标

计划指标是企业经营目标的具体化和数量化,经营计划本身就是组织和规定如何实现这些指标。因此,企业经营计划的贯彻应该是全面地,而不是孤立地完成经营计划所规定的各项技术经济指标。

2. 保证均衡地执行经营计划

企业经济活动的基本要求之一,就是均衡稳定地发展。为此,不仅要在经营计划编制过程中注意协调和平衡;而且更要重视经营计划贯彻实施过程中的协调、平衡与稳定。也就是说,不仅要保证计划执行结果是全面的,而且要尽可能使企业生产经营活动的运行过程始终不偏离计划的轨道。要想达到这点,还必须要采取必要措施,对计划实施进行有效的控制。

3. 实行目标管理

(1)目标管理的由来。1954 年,美国管理学家彼得·德鲁克在《管理的实践》中提出了"目标管理和自我控制"的理论,并对其原理作了全面的概括。他认为,企业的目的和任务必须化为具体的、各层次的目标,企业的各级主管必须通过这些目标,对下级进行领导和指导,以此来达到企业的总的目标。

(2)目标管理的概念。目标管理即企业领导提出的方针目标,从上到下,再从下到上,上下结合反复协商,根据总目标确定一定时期的工作与目标,并为这个目标实现而进行的组织管理和控制工作。

(3)目标制定的原则和步骤。

①目标制定的原则。目标管理中的制定必须遵循如下原则:

A. 整体性。制定目标时要符合国民经济发展的整体利益,以适应市场的需要为前提,使企业各部门、各环节和每个职工的目标与企业的总目标有机结合起来,协调一致,保证完整性。

B. 激励性。企业所有目标的制定都应略高于现有水平和能力,这样才能保证目标的激励和鼓动作用。

C. 可行性。目标既要有激励性,有一定的高度,但也要注重可行性,防止高不可攀,这样才能增强职工达到目的的自信心。

D. 应变性。目标既要有稳定性,便于职工掌握和达到;又要有一定的灵活性,以适应企业经营环境的变化。

E. 针对性。制定目标时,要注意把生产经营活动中最关键的问题和工作中的重点突出出来,加强目标的针对性。

②目标制定的步骤。目标制定一般可分为以下几个步骤:

A. 收集信息,调查研究,制定企业总目标。收集信息、调查研究是确保目标制定既先进又可靠的基础。调查工作和收集工作可从三个层次展开:首先要掌握国家指令性、指导性计划和企业的长远发展规划,保证目标的整体利益符合性;然后要搞好市场调查、市场预测和经营环境的分析,保证目标的可靠性和适应性;再者要运用上期情况、目前发展状况和近期计划的信息,保证目标的可行性和激励性。经过这样的详细调查研究之后,企业领导层可以反复酝酿,提出企业的总方针目标。要注意的是,在制定企业总目标时,一定要注意处理好局部和整体的关系、当前和长远利益的衔接问题,以及上下、左右的综合平衡。影响目标的各因素关系,如图 7-5 所示。

B. 确定目标的结构和内容。目标的结构一般由企业总目标、各部门各环节的分目标、班组个人的子目标及保证实施的措施等构成,从而使企业自上到下、自下到上形成一个较完整的目标网络体系。

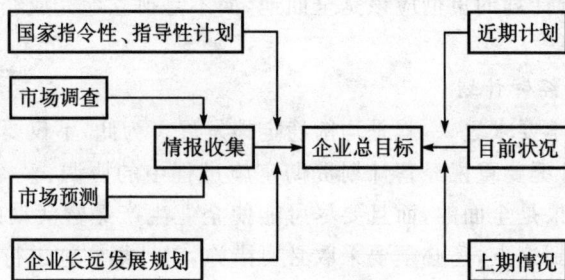

图 7-5 目标分解因素图

目标的内容大体上有整体的社会目标和局部性的企业经营目标两部分。前者考虑国家计划、企业长远规划、中短期计划的要求,后者着重考虑企业经营的主客观条件、市场情报信息等要求。

目标体系的制定顺序自上而下按目标管理体系进行,将目标展开分解落实。

C. 目标的商定和展开。企业方针目标确定后可按顺序绘成进度图表,从最高层领导、各部门、各环节和每个职工,都相应规定具体指标要求和达标期限,通过这样的层层落实,使每个部门每个职工都明确在实现企业目标中自己应干什么、怎么干、干到什么程度。同时目标展开后,下一级目标为保证上一级目标的实现,要找出本部门的问题,采取措施加以解决,尤其要为解决关键问题确定本部门的活动目标,从而层层保证目标实现。企业方针目标展开后,要编制方针目标展开图,公布于众,以便于共同监督执行。

(4)施工企业如何来实施目标管理。建筑施工企业在目标管理的实践中必须重视目标管理的特点,整合企业的资源,建立符合企业需要的目标管理模式。

①制定企业的总目标。目标制定前,要对企业目前的现状和所处的市场及政策环境进行全面的调查、研究,并在此基础上考虑企业未来的发展。一般来说,建筑施工企业的总目标可以分为管理目标和经济目标两大类。管理目标主要针对工程项目管理而制定,可以进一步细化为施工预算编审率、管理目标责任书签订率、管理风险抵押金收缴率、在建工程财务状况分析率、送审决算编报率、考核决算编审率、成本归集率、竣工决算办理率、财务结算办理率、考核审计率、目标责任奖赔兑现率、资金回收率、资金周转率、合同履约率、质量管理、安全生产及文明施工、工程技术管理等指标;经济目标则包括资产保值增值率和利润率等指标。

②目标分解。总目标在企业的纵向行政管理层和横向职能部门之间进行层层分解便形成了企业的目标管理体系。如何进行目标分解,进而形成覆盖全企业各个层次、各部门的目标体系是一个难点。首先,在纵向上可根据企业的总目标,结合各项目的具体情况制定出项目目标,再把项目目标分解形成项目员工的分目标;其次,在横向上以项目目标管理为主线,落实各职能部门的目标责任,确定他们在项目部经营活动中的义务与权利,让职能部门成为项目部职能管理的支持者与监督者。通过目标的纵向与横向的分解,形成企业完整的目标体系。

③在目标体系的制定中,企业最高管理者应与项目经理——项目目标的第一责任人签订项目目标管理责任书。在项目目标管理责任书中应对成本、工期和质量三大目标进行量化处理形成指标体系,明确规定公司与项目经理的权利与义务。各部门各层次的目标应该始终以企业总目标为依据,上至总经理,下至施工一线人员,都必须有明确的目标。

④自我控制。目标管理是以行为科学中的激励理论为基础产生的,它认为在目标明确的情况下,人们能够对自己负责、愿意承担责任、作出贡献、有所成就,所以能够实现自我管理。也就是说,目标管理能够从实现企业总目标出发,去协调企业各个组成部分乃至每个人的活动。目标管理是一种参与性、民主性、自我控制性比较强的管理制度,它把个人的需求和组织目标结合起来,用自我控制的管理来代替由别人统治的管理。在这一点上,海尔的 OEC 管理方法非常值得建筑施工企业借鉴。OEC 的含义是全方位地对每个人每一天所做的每件事进行控制和清理,做到"日清日毕,日清日高"。这样做的结果是从车间工人到集团总部的每一位员工都知道自己每天应该干些什么,甚至可能自己考核自己的工作,领取自己应得的那份报酬。具体地说,OEC 管理模式意味着企业每天所有的事都有人管,所有的人都有管理、控制内容,并依据工作标准对各自控制的事项,按规定的计划执行,每日把实施结果与目标对照、总结、纠偏,达到对事物发展过程日日控制、事事控制的目的,确保目标完成。这一管理方法可以概括为五句话:总账不漏项,事事有人管,人人都管事,管事凭效果,管人凭考核。

⑤流程管理。目标管理的各种理论都是基于"人性为善"的假设,它认为人是积极、主动要求工作的,人是渴望挑战和自我实现的。在这种假设前提下,目标管理主张授权,主张例外管理和自我控制,主张在设定目标之后,由员工自行负责计划、执行、控制和考核。但从目前建筑施工企业的从业人员素质来看,与"人性为善"假设是有一定距离的。特别是在作业层,人员素质和能力均无法满足目标管理对于人性的要求。但是目标管理作为一种行之有效的管理工具,我们不能因为建筑企业某些不足而放弃。因此应该寻找一种符合目前建筑企业从业人员素质现状的管理模式,来配合目标管理的实施。流程管理便是这样一种很好的模式,它能够在目标管理的过程中进行系统回馈、修正以及风险评估,及时对出现的问题进行反应和纠正,尽量减少因人为因素造成的过程偏差。基于建筑业特有的工序清晰、重复性强、流水作业的生产特点,流程管理对于建筑施工企业尤为实用、有效。

⑥绩效考核。目标管理以目标的制定为起点,以目标完成情况的评估为终点。工作结果是评估目标完成情况的依据,是确定工作绩效的唯一根据。建筑施工企业目标管理绩效考核分为三个序列:项目经理部执行"包死基数,确保上交,盈利分成,歉收自补,责任追溯"的考核原则;专业分公司执行"目标管理,动态考核,强化协作,降低成本,提高效益"的考核原则;职能部门执行"目标管理,动态考核,强化服务,降低成本,工作创新"的考核原则。在这些原则之下,通过层层考核,责任落实到各级部门和个人。总经理依据项目目标管理责任书对项目经理进行考核,项目经理依据分目标对项目员工进行考核。职能部门的目标考核不仅要由主管领导进行,还要考虑项目经理对他们服务质量的评估。企业依据目标完成情况和取得的结果确定员工的绩效工资。有了明确的指标作为绩效考核标准,对员工工作成果的评价客观、合理,能充分调动员工的积极性,使每个员工都为实现自己的目标而努力工作,保证企业总目标的实现。

▶ 7.2.5 建筑企业施工生产计划

1. 施工生产计划的作用和内容

施工生产计划的作用和内容随计划期长短不同而不同。年度施工生产计划,是企业年度经营计划的组成部分,用以规划和部署企业一年内的施工生产活动,组织跨年度工程施工。季度施工生产计划是季度经营计划的组成部分,是年度施工生产计划到月的施工生产计划的过渡性计划。月、旬的施工生产计划,属于作业计划性质,是直接组织企业施工生产活动的依据。

由于各企业内部的承包内容和工程对象的类型、规模不同,施工生产计划的内容也难以统一确定,表 7-1 所列不同计划期的施工生产计划的内容仅供参考。

表 7-1 不同计划期的施工生产计划的内容

年度施工生产计划	季度施工生产计划	月、旬作业计划
1. 主要工程项目施工进度计划	1. 主要工程项目形象进度计划	1. 工程项目形象进度计划
2. 分季工作量及主要实物工程量计划	2. 分月工作量及实物工程量计划	2. 实物工程量计划
3. 分季物资供应计划	3. 附属、辅助生产计划	3. 分日综合施工进度
4. 主要施工机械设备保证计划	4. 分月物资供应计划	4. 材料、半成品保证计划
	5. 施工机械设备保证及平衡计划	5. 机械、运输保证计划
	6. 主要工种保证及平衡计划	6. 劳动力保证计划

计划期长的计划,因计划条件不易落实,一般起规划和指导作用。计划期短的计划,因计划条件易落实,计划指标也较具体,所以计划的实施性较强。

2. 施工生产计划的编制依据

计划期不同的施工生产计划,其作用和内容不同,其编制的依据也有区别,见表 7-2。

表 7-2 各类施工生产计划的编制依据

	年计划	季计划	月计划	旬计划
编制依据	1. 年经营目标计划 2. 工程协议和承包商要求 3. 工程初步设计及概预算 4. 施工组织设计或设计大纲 5. 主要材料、设备供应合同 6. 企业中长期计划 7. 上年度计划完成情况及预测资料 8. 定额资料 9. 企业内部经济承包合同	1. 年度计划 2. 工程承包合同 3. 工程项目的施工图及施工图预算 4. 施工组织设计 5. 施工准备、施工条件落实情况 6. 上季度计划完成情况及预测资料 7. 企业内部经济承包商要求	1. 季度计划 2. 已会审的设计图纸 3. 工程施工设计 4. 机械、材料、半成品、劳动力落实情况 5. 上月计划完成情况 6. 定额资料	1. 月计划 2. 机械、材料、半成品、劳动力落实及进厂情况 3. 上旬计划完成情况 4. 定额资料

由表 7-2 可知,计划期愈短的计划,其实施性愈强,编制所依据的资料愈详细、具体,同时计划编制时更应注意计划条件的落实。

3. 施工生产计划编制的综合平衡

施工生产计划综合平衡的主要任务是协调各项工程能够连续均衡地施工。为此,除企业生产能力应满足要求外,还应注意以下问题:

(1)正确处理好各种比例关系问题。

①施工面积和交竣工面积的关系。交竣工面积是企业生产经营成果的一项重要指标,也是施工生产计划的一项重要指标。年交竣工面积与施工面积之比等于年交竣工率,即

$$年交竣工率 = \frac{年交竣工面积}{年施工面积} \times 100\% \tag{7-1}$$

A. 年交竣工率由于建筑生产的条件不同,各地区建筑企业有所区别。其大小的确定主要考虑是否有利于连续均衡施工和提高经济效益。如我国南方地区宜控制在 55%～65%,北方地区约在 50%～60%。

B. 建筑企业应有合理的施工面积。如果施工面积过大,就会拉长战线,分散施工力量,工期拖长,影响交工面积;施工面积过小,劳动力施展不开,不能充分发挥工效,造成浪费。所以,年施工面积应根据企业的生产能力和能否充分发挥工效来合理确定。一般年度任务确定后,年施工面积也就是确定的了。年施工面积,又包括续建面积和新开工面积。为保证各个时期都有合理的施工面积,对新开工面积应有适当控制,一般情况下,一个时期的开工面积应相当于交竣工面积。

为了提高交竣工面积,可以通过以下分析找出影响年交竣工面积的因素。

$$年交竣工面积 = 年交竣工率 \times 年施工面积$$

$$年施工面积 = 年建安工人平均施工面积 \times 建安工人平均人数 \tag{7-2}$$

$$年建安工人平均施工面积 = \frac{年施工天数(天)}{工程平均工期(天)} \times 人均在建面积 \tag{7-3}$$

C. 人均在建面积,应从如何发挥效率的角度来确定。过大了,工作面则太大,不能提高工效;过小了,工作面则太小,会出现拥挤而窝工,也不能充分发挥工效。对于一般结构形式和构造的民用建筑,人均在建面积可在 $5～20m^2/$人左右。

又因为

$$
\begin{aligned}
人均在建面积 &= \frac{工程平均施工面积}{建安工人平均人数} \\
&= \frac{工程平均总工日数}{工程平均单方用工 \times 建安工人平均人数} \\
&= \frac{工程平均总工期}{工程平均单方用工}
\end{aligned}
\tag{7-4}
$$

所以

$$
\begin{aligned}
年交竣工面积 &= 交竣工率 \times \frac{年施工天数}{工程平均工期} \times 人均在建面积 \times 建安工人平均人数 \\
&= 交竣工率 \times \frac{年施工天数}{工程平均单方用工} \times 建安工人平均人数
\end{aligned}
\tag{7-5}
$$

由上式可以看出,要提高年竣工面积,可以从增加年施工天数(减少作业天数损失或增加班次等),或降低工程单方用工,或增加建安工人人数等方面做工作。其中以降低工程单方用工为主要途径。

②基础工程、主体结构工程和装修及水电安装工程施工面积的比例关系。如果它们之间

没有合理的比例关系,就会造成主要工种之间的不平衡。

③各季度交竣工面积的比例关系。由于施工生产受自然条件影响较大,每个季度的交竣工面积也不同。根据地区气候条件,合理安排各季度交竣工面积是建筑企业均衡生产的要求。

(2)质量、成本、工期、工效各指标之间的平衡问题。在编制施工计划时,应注意对质量、成本、工期、工效进行反复分析,使他们之间保持协调和平衡。要在保证质量的前提下提高工效,缩短工期,降低成本。那些不顾质量盲目追求缩短工期,或不顾成本片面追求高质量的做法都是不可取的。

质量、工期、成本三者之间是相互联系、相互制约且辩证统一的。它们的关系,如图7-6所示。通常,工程进度与成本的关系为 x 曲线,为完成规定指标的工程产品,进度过快或过慢都会使直接费用和间接费用受到影响,引起成本增加,由最低总费用确定的工期是合理工期。成本与质量的关系为 y 曲线,只有符合设计要求和国家质量标准要求的工程质量,才算是经济质量。质量达不到要求,工程不合格或超过要求,都会引起成本的增加。进度与质量的关系为 z 曲线,在正常生产条件下,为达到规定的质量标准,应有合理的工期。工期过短,突击赶工,则质量就会下降。如果片面追求高质量或造成返工,则工期就会拖长。

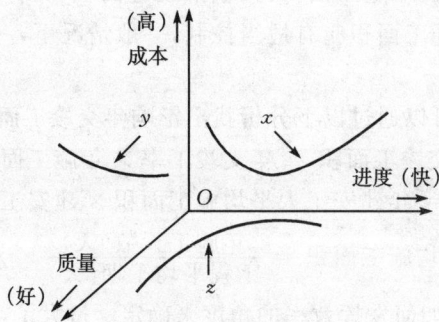

图7-6　工程质量、成本、进度关系图

一个建筑产品同时要最快、最好、最省,事实上是不可能的。因此,应对好、快、省作综合分析。一般情况下,应满足工程质量和工期两个条件,在计划和控制工作中尽可能达到经济。

此外,在安排各工程项目和综合进度时,要统筹兼顾,促进土建施工和安装施工及其他协作单位的配合,保证施工项目的配套施工,以提高综合效益。

▶ 7.2.6　计划的控制

在计划实施过程中,必定会出现技术经济指标的偏差和管理工作上的失误。只有通过对计划实施活动的控制,才能消除或减少偏差,调整生产经营管理的不良状况。

1. 控制类型与要求

计划控制一般分为三种类型:预先控制、过程控制和反馈控制,如图7-7所示。预先控制是针对企业的生产经营活动的前提条件进行控制,如对施工班组实行限额领料。过程控制是针对企业的生产经营活动本身进行控制。反馈控制是针对生产经营活动的结果进行控制,即利用反馈原理,对计划执行情况进行检查、分析和核算,并与计划指标对比,及时发现和解决问题,保证计划按预定目标顺利完成,其关键在于保证信息通畅,做到上下情况及时沟通。从控

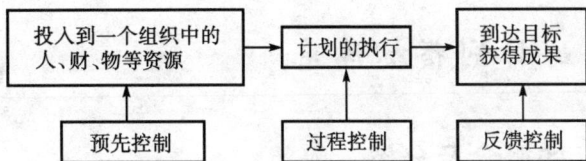

图7-7 控制类型图

制效果来看,预先控制最佳,它是将问题消灭在设计和施工计划之前;过程控制次之;反馈控制是问题出现之后的控制,或多或少已经给企业带来了损失。

在现代管理中,特别强调人的"自我控制(或称人的主动控制)",它是在一定条件下的更有效的控制方法。"自我控制"的方法,是上述三类控制方法的综合应用,如图7-8所示。

图7-8 自我控制的程序

控制在实施过程中还应具有系统性。计划实施的控制是对计划系统的综合控制,不只是某个环节、某个方面的控制,而是对企业各级的经营、生产、工程施工和返修服务等全过程的综合控制。工程进度、质量、消耗、安全、成本、材料、库存、资金运用等形成了系统控制网络,各种控制应从实际出发,并应具有现实性、适应性、灵活性和经济性。

2. 计划控制的方法

计划控制的方法主要有计划文件、工程进度图表、工程控制图表及有关计划执行情况的信息。根据计划控制的内容不同,可采用日常检查、定期检查和专题检查三种形式。日常检查是经常性的检查。它主要是对施工进度的检查,通过日报表、旬报表、调度会、管理人员深入现场等形式和手段,获取计划实施情况的信息,并以工程形象进度表的形式公布,从而促进工程施工进度;定期检查是按周、旬、月进行的检查,它检查的内容比较全面,并应进行较细致的分析,找出问题,提出解决问题的办法;专题检查是有针对性的检查,它是根据管理的实际需要对特殊或薄弱环节以及某些重大的问题进行的检查,通常以现场会的形式进行。

控制过程一般包括三个步骤:确定控制标准;根据这些标准衡量执行情况;纠正实际执行情况与计划标准的偏差。控制过程的具体内容,如图7-9所示。

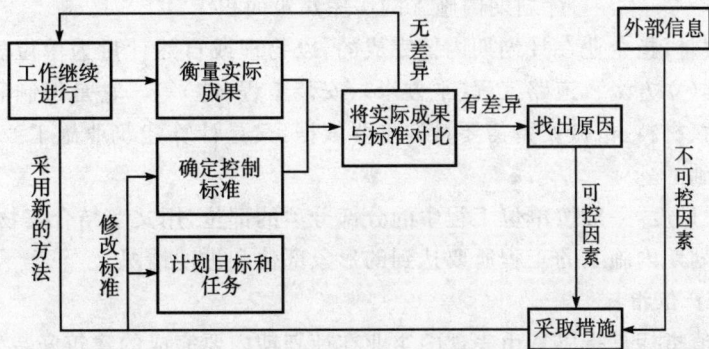

图7-9 控制过程图

7.3 建筑企业的计划指标体系

➤ 7.3.1 计划指标的概念及分类

1. 计划指标的概念

计划指标是企业计划内容和任务的具体化、数量化,用于表示在一定计划期内,企业生产经营活动所能达到的预期目标和水平。每个指标都反映生产经营活动的某一侧面,它们都有特定的内涵。

2. 计划指标的分类

按照性质不同,计划指标可分为数量指标和质量指标。数量指标指企业在计划期内,生产经营活动的某个方面能达到的数量和目标,通常以绝对值表示,如产量、产值、利润、工程量、物资需求量、职工人数、工资等。质量指标指企业在计划期内,生产经营活动应达到的质量要求,即反映企业在利用人力、物力、财力以及发展技术等方面的水平,通常以相对值表示,如劳动生产率、总资产报酬率、工程合格率、技术装备率等。数量指标与质量指标相互联系、相互制约。达不到质量指标,数量指标也就失去了意义;而没有数量指标,质量指标也无从谈起。

按照表现形式不同,计划指标可分为实物指标和货币指标。实物指标是体现实物使用价值的指标,能具体表现产品(工程)的数量和生产经营过程的物质消耗。但因计量单位不同,实物指标间不可比,综合性差。货币指标是以货币为计量单位的指标,反映生产中的社会劳动消耗量和劳动成果。由于采用货币统一计量,货币指标可对不同实物进行综合计算。

➤ 7.3.2 建筑企业主要计划指标的含义及计算方法

1. 建筑产品产量指标

建筑产品产量指标是表示企业的计划期内要完成的建筑产品实物量的指标,一般包括以下几项指标:

(1)竣工面积,指计划期内房屋建筑按设计要求全部完工达到使用要求,经检查验收鉴定合格的房屋建筑面积的总和。

(2)房屋建筑面积竣工率,它综合反映企业的施工进度和竣工程度。

$$房屋建筑面积竣工率 = \frac{计划期内竣工的房屋竣工面积}{计划期内施工的房屋建筑面积} \times 100\% \qquad (7-6)$$

(3)实物工程量,指企业在计划期内要完成的,以物理或自然计量为单位表示的各种工程数量,如土方工程(立方米)、道路工程(平方米)、安装工程(吨)等。它是编制和检查施工作业计划,确定劳动力、材料、机械设备需要量的重要依据,又是计算建筑业施工产值、实物劳动生产率等指标的基础。

(4)工程形象进度,一般按单位工程中的分部分项的部位,用文字结合实物量或百分比,简明扼要地反映计划期内施工的工程所要达到的形象部位和进度情况。

2. 建筑产品产值指标

建筑产品产值指标是指以货币表现的企业在计划期内要完成的建筑安装生产活动的成果的指标。一般包括以下几项指标:

(1)建筑业总产值。即自行完成的施工产值,是以货币表现的企业在计划期要生产的建筑产品的总和。其包括建筑工程产值和设备安装工程产值,一般按单位法计算,即按计划期内要完成的实物工程量乘以单价,再加上一定比例的费用计算。它是反映建筑企业生产规模、发展速度、经营成果的一项重要指标,是计算劳动生产率、产值利润率等指标的依据。

(2)建筑业增加值。建筑业增加值是企业在计划期内以货币表现的建筑生产经营活动的最终成果,计算方法有两种:一是生产法,即建筑业总产值减去中间投入;二是分配法(收入法),其具体构成项目有固定资产折旧、劳动者报酬、生产税净额、营业盈余等。

(3)增加值率。增加值率是企业在计划期内新创造的价值占自行完成的施工产值的比例。计算公式为:

$$增加值率 = \frac{计划期增加值}{计划期总产值} \times 100\% \tag{7-7}$$

(4)竣工产值。竣工产值也称竣工工程产值,是指企业在计划期内以货币表现的最终建筑产品的总和,是反映企业的施工速度和经济效益的依据之一。

(5)销售率。它是反映企业的产销衔接和市场状况的指标,其计算公式为:

$$销售率 = \frac{交工工程产值}{建筑业总产值} \times 100\% \tag{7-8}$$

3. 全员劳动生产率指标

全员劳动生产率指标是反映计划期内企业劳动效率、经济效益的指标之一。它是以建筑产品的产量或产值和其相适应的劳动消耗量的比值来表示的。其计算方法有两种:

(1)用产值表示的全员劳动生产率(元/人)。

$$全员劳动生产率 = \frac{计划期内自行完成的施工产值}{计划期内全部职工平均人数} \times 100\% \tag{7-9}$$

(2)用竣工面积表示的全员劳动生产率(平方米/人)。

$$全员平均竣工面积 = \frac{计划期内竣工面积}{计划期内全部职工平均人数} \times 100\% \tag{7-10}$$

4. 工程质量指标

它是反映企业在计划期内完成最终建筑产品的质量情况,是综合反映企业的施工技术管理水平和经济效益的一项重要指标。一般用工程质量优良品率表示,其计算公式为:

$$工程质量优良品率 = \frac{计划竣工的单位工程优良品个数(或面积)}{计划竣工的全部单位工程个数(或面积)} \times 100\% \tag{7-11}$$

5. 利润指标

它是反映企业在计划期内生产经营管理效果的重要的综合性指标,也是反映企业经济效益的指标之一。一般用以下几个指标表示:

$$利润总额 = 工程利润 + 产品销售利润 + 劳务作业利润 + 材料销售利润 +$$
$$多种经济利润 + 其他业务利润 \tag{7-12}$$

$$产值利润率 = \frac{计划期利润总额}{计划期自行完成的施工总额} \times 100\% \tag{7-13}$$

$$销售利润率 = \frac{计划期利润总额}{计划期建筑产品销售收入} \times 100\% \tag{7-14}$$

$$人均利润率 = \frac{计划期利润总额}{计划期全部职工平均人数} \times 100\% \tag{7-15}$$

$$总资产报酬率 = \frac{计划期利润总额 + 利息支出}{计划期平均资产总数} \times 100\% \qquad (7-16)$$

总资产报酬率指标用来反映企业全部资产的获利能力,是企业管理水平和经营业绩的集中表现,是评价和考核企业盈利能力的核心指标。

6. **工程成本降低率指标**

它是反映建筑企业生产经营活动质量、企业管理水平和施工技术水平的综合性指标,其计算公式为:

$$工程成本计划降低率 = \frac{工程成本计划降低额}{工程预算成本} \times 100\% \qquad (7-17)$$

7. **流动资产周转率指标**

它反映企业流动资产的周转速度和营运状况,是企业在生产经营过程中资产的利用及其发挥水平的体现。其计算公式为:

$$流动资产周转率 = \frac{计划期建筑产品销售收入}{计划期流动资产平均余额} \times 100\% \qquad (7-18)$$

8. **安全生产指标**

安全生产指标是反映企业在计划期内工伤事故的内部控制指标,一般用工伤事故频率表示,其计算公式为:

$$工伤事故频率 = \frac{工伤事故人数}{全部职工平均人数} \times 100\% \qquad (7-19)$$

9. **机械设备完好率、利用率**

机械设备完好率、利用率是反映企业机械设备管理水平的指标。除对某种机械设备进行计算外,还应按20种主要施工机械进行综合计算。

$$机械设备完好率 = \frac{计划期内机械设备完好台班数}{计划期内机械设备制度台班数} \times 100\% \qquad (7-20)$$

$$机械设备利用率 = \frac{计划期内机械设备工作台班数}{计划期内机械设备制度台班数} \times 100\% \qquad (7-21)$$

10. **材料节约率指标**

材料节约率指标是反映施工技术水平和材料管理水平的指标,通常计算主要材料(钢材、水泥、木材)的节约率,其计算公式为:

$$某种材料计划节约率 = \frac{某种材料计划节约量}{某种材料的预算用量} \times 100\% \qquad (7-22)$$

思考与练习

1. 何谓计划管理?
2. 简述建筑企业计划体系的主要内容。
3. 简述建筑企业中长期经营计划的编制方法。
4. 简述年度经营计划的编制依据和程序。
5. 简述施工生产计划的作用及内容。
6. 如何搞好计划执行中的控制工作?
7. 什么是计划指标?建筑企业的主要计划指标有哪些?其含义是什么?

第8章 建筑企业经营方式及招投标

学习要点

1. 建筑市场的概念及特点
2. 建筑市场经营的含义
3. 建筑企业经营方式的分类
4. 工程建设招标、投标的概念与招标方式
5. 工程项目施工招投标的程序
6. 工程投标报价的策略与技巧

8.1 建筑市场

8.1.1 建筑市场的概念及特点

1. 建筑市场的概念

由市场的一般概念可知,对建筑市场可以从狭义和广义两个方面来理解。狭义的建筑市场,是指以建筑产品为交换内容的场所;广义的建筑市场,则是指建筑产品供求关系的总和。本章关于建筑市场的内容,是从广义的角度加以阐述的,其中也包含着狭义建筑市场。如果我们不拘泥于市场的一般概念,还可以把建筑市场的概念进一步抽象化,把它理解为由建筑产品、建筑生产活动和与建筑生产活动有关的机构所组成的三维空间。

这个三维空间应是一个有机的统一体,应能充分体现"国家调节市场、市场引导企业"的经济运行机制。为此,需要通过经济、法律、行政等手段,以及职业道德规范等,来约束、规范建筑市场活动主体的行为,协调建筑产品生产者和消费者之间的关系,兼顾建筑产品供求双方的利益,从而完善建筑市场的运行机制,并促使其健康地发展。

2. 建筑市场的特点

与一般市场相比,建筑市场具有许多特点,主要表现在以下几个方面:

(1)建筑市场中没有商业中介人,由建筑产品的需求者和生产者直接进行交易活动。建筑市场的这一特点是由建筑产品的特性所决定的。在一般特定商品的市场中,用于交换的商品

具有同质性或可替代性,也就是说,同一产品的不同生产者向市场提供的商品对消费者来说是基本相同的。而建筑产品则不具有同质性,它表现出多样性能的特征。而且,建筑产品的这一特征不是由生产者决定的,而是由需求者决定的。因此,建筑产品的生产者就不可能像制造电视机、电冰箱、洗衣机、汽车、机床等产品那样,预先生产出某种产品,再通过批发、零售环节进入市场,等候消费者挑选和购买;而只能直接与消费者商定交易条件,按照他的具体要求,在指定的地点为他生产特定的建筑产品。

(2)在建筑市场中,交换关系的确立在产品生产之前。这一特点与第一个特点是相关联的。在一般市场中,总是先由生产者生产出产品,待商品(产品)进入市场后,根据其适应消费者需要的程度、生产者平均所消耗的劳动量即产品的价值量,以及市场中对该产品的供求关系等因素,由生产者和消费者通过中介人实现商品的交换关系。但在建筑市场并不以具有实物形态的建筑产品作为交换对象,而是就拟建建筑产品的质量、标准、功能、价格、交货时间、付款方式和时间等内容,由需求者和生产者达成交易条件,从而确立双方之间的交换关系。经双方达成一致的这些交易条件,不仅规定了生产者今后的生产活动,同时也明确了需求者的权利和义务,对供求双方都是约束条件。

另外,建筑产品的交换关系并不一定以最终产品为对象,或者说在大多数情况下不以最终产品为对象。这意味着,对于一个确定的建筑产品来说,一个需求者往往要和多个生产者分别确立交换关系,其交换内容为建筑产品的某一部分或中间产品。当然,这些交换关系都在相应的交换内容的生产之前分别确立。

(3)与一般商品的交换相比,建筑产品的交换过程很长。众所周知,一般商品的交换基本上都是"一手交钱、一手交货",交换是一次完成的,无所谓交换过程(交换条件的确立需要花费时间,有时要经历很长的过程)。但建筑产品的交换则不同,由于不是以具有实物形态的建筑产品作为交换对象,因而无法进行这种现货交易。而且,由于建筑产品价值巨大,生产周期长,因而在确立交易条件时,生产者不可能接受先垫付资金进行生产、待交货后由需求者全额付款的结算方式;同样,需求者也不可能接受先支付全部工程价款、待工程完全建成后才由生产者向需求者交货的交易方式。

因此,建筑产品的交换基本上都是采用分期交货(中间产品或部分产品)、分期付款的方式,通常是按月度进行结算。这样,从货款支付和交货过程(即建筑产品实物形态形成的过程)来看,建筑产品的交换就表现为一个很长的过程。

需要说明的是,对于一些高档耐用消费品如汽车、家具、家用电器等,也可以采用分期付款的方式,这在工业发达国家应用很普遍,我国也在少数商品领域开始应用。但是,这实际是促进商品销售的一种方式,与建筑产品的交换方式仍有根本的不同。因为这种商品交换方式只是改变了"一手交钱"的付款方式,而并未改变"一手交货"的供货方式,仍然是先有商品、后有交换。从货款支付的角度来看,这种交换方式的过程很长;而从交货方式来看,这种交换方式仍然是一次完成的。

由上可知,建筑产品的交换过程在时间上与其生产过程相伴随,但两者并不完全一致。建筑产品的交换过程始于生产者和需求者交换关系的确立,而终于交换关系的终止,即保修期结束,因而交换过程先于生产过程开始,而迟于生产过程结束(若保修业务未发生或不发生在保修期的最后期限)或与生产过程同时结束(保修业务一直持续到保修期结束)。另外,建筑产品的交换过程严格地说并不表现为一个"过程",而是间断发生的交换行为,即定期地交货和付款;而建筑产品的生产过程则是一个连续的过程(虽然也可能有中断),直到最终建筑产品建成为止。尽管建筑产品的交换过程与生产过程在时间上存在基本一致的一面,但要注意不要把这两者混淆起来,它们毕竟是两个完全不同的概念:建筑产品的生产过程是建筑产品生产者单方的活动,建筑产品的交换过程则是生产者和需求者双方的活动,缺少任一方都不能完成交换过程。

(4)建筑市场具有显著的区域性特点。这一特点是由建筑产品的固定性所决定的。建筑产品的生产地点和消费地点是一致的,建筑市场中没有建筑产品的实物流通。对于建筑产品的生产者来说,他无权选择特定建筑产品的具体生产地点,但他可以择自己的生产经营范围。由于大规模远距离的流动生产势必增加生产成本、降低竞争能力,因而建筑产品生产者的生产经营范围总有一个相对稳定和集中的地理区域。从建筑产品的需求者来看,他一旦选定了拟建建筑产品的建造地点,也就在一定程上限制了对生产者的选择范围。这意味着,建筑产品生产者和需求者相互之间的选择都有一定的局限性,只能在一定范围内确定相互之间的交换关系,表现出明显的区域性。当然,建筑市场区域性并不是截然分割的,它是随着建筑市场供求关系的变化而变化的。

一般来说,建筑产品的规模越小,技术越简单,建筑市场的区域性越强,或者说区域范围越小;反之,建筑产品的规模越大,技术越复杂,建筑市场的区域性越弱,即区域范围越大。这是因为小型建筑产品多由小型建筑企业承建,大型建筑产品则必须由大型建筑企业承建,而小型建筑企业生产经营的地理区域范围较小,大型建筑企业则可以在较大的区域范围内承建工程,可以采用多种灵活的承包方式。另外,建筑产品本身所具有的地区特点也是形成建筑市场区域性的一个原因。但是,这是从市场交换内容来理解,如果从市场交换活动来看,则也许可以忽略这一因素。

(5)建筑市场中的风险较大。而且,与一般市场不同的是不仅对生产者有风险,而且对需求者也有风险。

从建筑产品生产者方面来看,建筑市场的风险主要表现在以下三个方面:

①定价风险。由于建筑市场中的竞争主要表现为价格上的竞争,定价过高就意味着竞争失败,招揽不到生产任务;定价过低则可能导致亏本甚至企业破产。而建筑产品是先定价、后生产,这种预先确定的价格很难保证其合理性。

②生产过程中的风险。建筑产品的生产周期长,在生产过程中会遇到许多干扰因素,如气候条件、地质条件,环境条件的变化等。这些干扰因素有些是可以预见到的,但未必能预见到其发生的确切时间和严重程度,有些则是难以预见的。这些干扰因素不仅直接影响到生产成本,而且会影响生产周期,甚至影响到建筑产品的质量和功能。

③需求者支付能力的风险。建筑产品的价值大,其生产过程中的干扰因素可能使生产成本和价格升高,从而超过需求者的支付能力;或因贷款条件变化而使需求者筹措资金发生困难,甚至有可能需求者一开始就不具备足够的支付能力。这些问题都有可能出现需求者对生产者已完成的阶段产品或部分产品拖延支付、甚至中断支付的情况。这无疑将影响生产者资金周转,使生产者难以连续、有效、合理地组织生产。

建筑市场对需求者的风险主要是由"先确定交换关系,后进行产品生产"的特点所引起的,其主要表现在以下几个方面:

①价格与质量的矛盾。如上所述,建筑产品的需求者往往希望在产品功能和质量已定的

条件下价格尽可能低。但是,这种"已定的"质量要求和标准其实并不确定,难以保证绝对严格和准确。这样,就有可能使需求者和生产者对最终产品的质量标准产生理解上的分歧,从而在既定的价格条件下达不到需求者预期的质量标准。另外,价格与价值毕竟有着内在的联系,当生产者以低于价值水平的价格接受建筑产品的订货生产之后,为了使自己有利可图或至少不亏本,就只能降低产品的价值量即降低质量标准。虽然这是违背建筑生产者职业道德的,却是客观存在的事实。

②价格与交货时间的矛盾。建筑产品的需求者往往对影响建筑产品生产周期的各种干扰因素估计不足,提出的交货日期有时很不现实,生产者为得到生产任务当然可以接受这一条件,但却有相应的对策。例如,业主应承担的工作往往不能按时完成,从而成为生产者向需求者提出工期索赔和费用索赔的依据,使需求者陷入要么增加费用、要么延长工期的两难境地,甚至既增加费用又延长工期。又如,生产者有时并不担心不能按规定时间交货,因为由此而产生的生产者损失(如拖延工期罚款)可能小于需求者的损失,如果生产者因此而破产将使需求者产生更大的损失。一个未完成的建筑产品有时很难找到愿意续建的生产者,或要付出较高的代价,从而使需求者陷入"骑虎难下"的境地。

③预付工程款的风险。由于建筑产品的价值巨大,生产者一般无力垫付巨额生产资金,故多由需求者先向生产者支付一笔工程款,以后随工程进展逐步扣回。这就可能使某些经营作风不正的生产者有机可乘,给需求者造成严重的经济损失。

建筑市场中需求者的风险有些是可以避免的,关键在于需求者对建筑生产的技术经济规律要有一个客观、正确的认识,不要片面追求低价格和短工期。另外,还要充分了解自己应完成的工作。

➤ 8.1.2　建筑市场经营

1. 建筑市场经营的含义

建筑市场经营又称建筑市场营销,是指建筑企业经营销售建筑商品和提供服务以满足业主(用户)需求的综合性生产经营活动。

建筑市场经营的主体是建筑企业和建设单位(用户)。建筑市场经营的最终目的,是达成建筑商品交换,满足用户需求,建筑企业获得利润。建筑市场经营是企业生产经营活动中极其重要的一环,只有经过市场经营才能与建设单位达成交易关系,获得工程施工承包权,即建筑商品销售权。

2. 建筑市场经营的内容

建筑企业进行市场经营,主要需要开展以下工作:

(1)建筑市场调查。有目的、有计划、系统地收集、整理和分析建筑市场的各类信息,为建筑企业的市场决策提供市场需求、竞争对手和市场环境等方面的资料。

(2)建筑工程投标。在获得市场需求信息后,通过编制标书及有关工作,利用合法竞争手段获取工程项目承包权。

(3)选择经营方式。建筑企业经营方式有很多,建筑企业应根据工程项目特点和建设单位实际情况选择合适的经营方式。建筑企业经营方式是在建筑企业与建设单位达成交易时就应明确的内容。

(4)谈判与签订合同。建筑商品交易是一种期货交易,必须事先签订工程合同,明确双方的权利、义务。签订合同的过程就是讨价还价的过程——谈判过程。

(5)索赔和中间结算。建筑产品形成过程中,因种种原因使工程项目出现变更。这些变更会影响价格和工期,这就需要甲乙双方通过协调达到一致意见,这种协调即索赔或签证。按合同规定,非一次性付款的工程项目,要办中间结算,完成部分交易。

(6)竣工结算。建设项目竣工验收后,甲乙双方完成交接,同时结算全部工程价款,建筑商品交易最终完成(实际完成应待保修期终结,双方脱离直接责任后)。

3. 建筑市场的竞争

建筑市场的竞争主要反映在以下几个方面:

(1)建筑产品价格的竞争。任何产品,包括建筑产品在内,只有物美价廉才有竞争力。所以,建筑企业只有设法不断降低产品成本,在保持一定利润的情况下,用尽量低的价格去出售产品,才能具有竞争力。

(2)建筑产品质量的竞争。在市场竞争中产品质量好的企业就能战胜质量低劣的竞争对手。因此,建筑企业只有不断采用新技术、新材料、新工艺,开展全面质量管理,不断提高工程质量,才能提高企业信誉,求得生存和发展。

(3)工期的竞争。能否按期交工或提前交工,这也是市场竞争的重要因素。所以,建筑企业要组织好施工,按期保质保量交工,为竞争打下良好的基础。

此外,建筑市场的竞争还表现在交工后的服务质量的竞争、建筑产品的功能、规格、式样等方面的竞争。而且随着社会的进步和人们生活水平的提高,对建筑产品的质量要求也会越来越高,高质量在产品竞争中也会显得愈来愈重要。

总之,通过建筑市场的竞争,会促进建筑企业加强管理,提供更好的产品,为社会服务。

8.2 建筑企业的经营方式

➤ 8.2.1 建筑企业经营方式的发展

建筑企业经营方式是指建筑企业向建设单位或服务对象提供建筑产品或服务的方式,也是建筑企业获得工程任务并组织建设时所采取的经营管理方式。经营方式作为经济活动的方式,随着社会生产的发展、科学技术的进步引起的社会分工和协作的变化而不断地演变。在国外,最典型的是英国,其建筑企业经营方式经历了五个阶段,如表8-1所示。

表中前三个阶段是按业主自营方式进行建筑营造活动的。

第四阶段,出现了承包商。业主作为发包者,进行建设项目发包;建筑师、工程师作为业主顾问,负责建设项目规划调查、设计和施工监督;建筑企业作为承包商,负责建设项目的施工建设。三者相互独立又相互协作,通过经济合同联系起来。承发包方式出现以后,自营方式在国外就几乎不存在了。

第五阶段,进入19世纪后,又出现了总承包企业。到20世纪,它已具备了较完善的体系,逐渐形成了以承发包为主要特征的承包企业的多种经营方式。

近些年来,又出现了建设—管理模式(CM模式)、总承包模式(EPC模式)等承包经营方式,这些先进的经营方式出现,改变了以往传统经营方式单调、落后的局面。

表 8 - 1 经营方式的发展

阶 段	经营方式图示	经营方式
第一阶段 （14 世纪前）	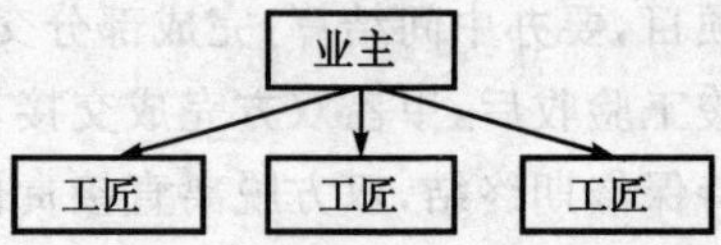 业主 → 工匠 工匠 工匠	
第二阶段 （14—15 世纪）	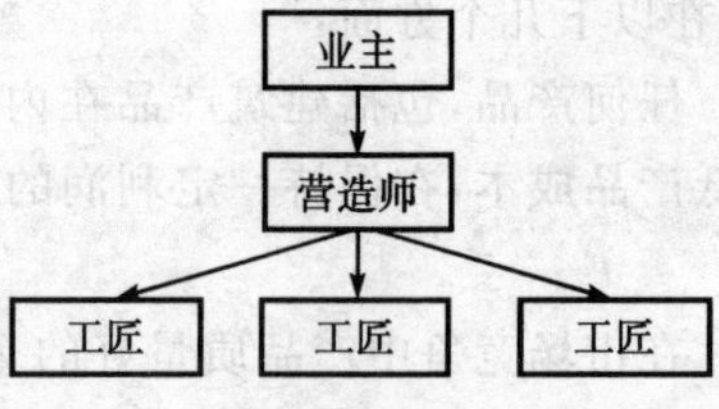 业主 → 营造师 → 工匠 工匠 工匠	业主自营方式
第三阶段 （15—17 世纪）	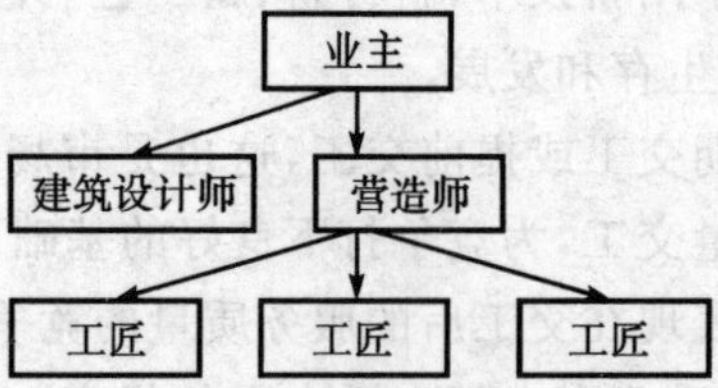 业主 → 建筑设计师 营造师 → 工匠 工匠 工匠	
第四阶段 （17—18 世纪）	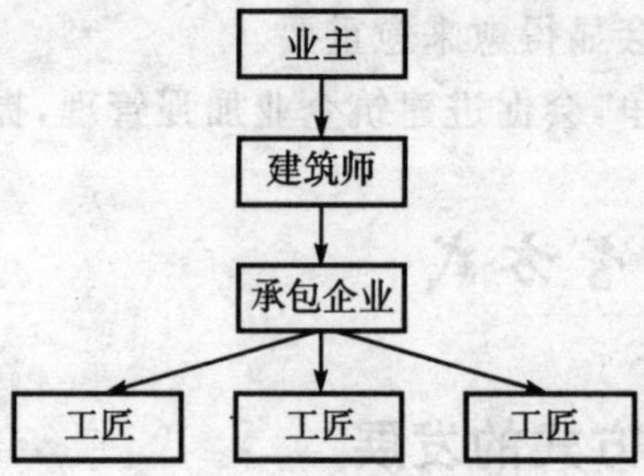 业主 → 建筑师 → 承包企业 → 工匠 工匠 工匠	承发包方式 经营承包商出现
第五阶段 （19 世纪以后）	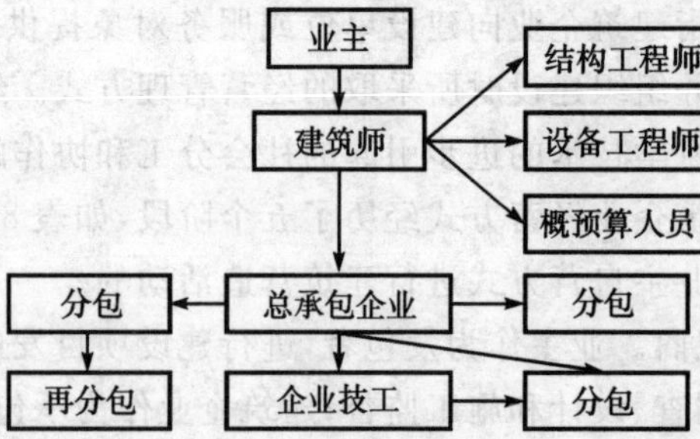 业主 → 建筑师 → 结构工程师 设备工程师 概预算人员；分包 ← 总承包企业 → 分包；再分包 企业技工 → 分包	总包、分包方式 总承包企业出现

➤8.2.2 建筑企业经营方式的分类

1. 设计—招标—施工承包模式（design bid build，DBB）

这种模式涉及三个主要参与方：业主、设计方、施工总包。它包括以下几方面工作：

（1）在设计开始时引入设计方（architect/engineer，简称 A/E），签订设计合同。

（2）设计方（A/E）进行设计（含方案设计、初步设计、技术设计）。

（3）设计方（A/E）进行详细设计（施工图设计），同时编制完整、规范的招标文件，这些招标文件一般包括：工程图纸、技术规范以及合同文件等。

（4）用该招标文件进行竞争性招标，与中标的施工总包签订总价合同，施工总包就施工对业主负责；工程项目进入施工阶段，由施工总包视情况进一步选择分包商。

（5）施工结束后的设施管理阶段，由业主负责运行和维护。

这些工作是依次执行的，即前一步工作结束后再开展下一步工作。

设计方和施工总包分别与业主签订合同，施工总包与业主之间一般以总价方式签订合同。

具体采用哪种工程项目承包模式视具体项目情况而定，如将竞争性招标改为协商谈判，承包模式就变成设计—谈判—施工（design negotiate build）。DBB及其变种的模式如图8-1至8-3所示。

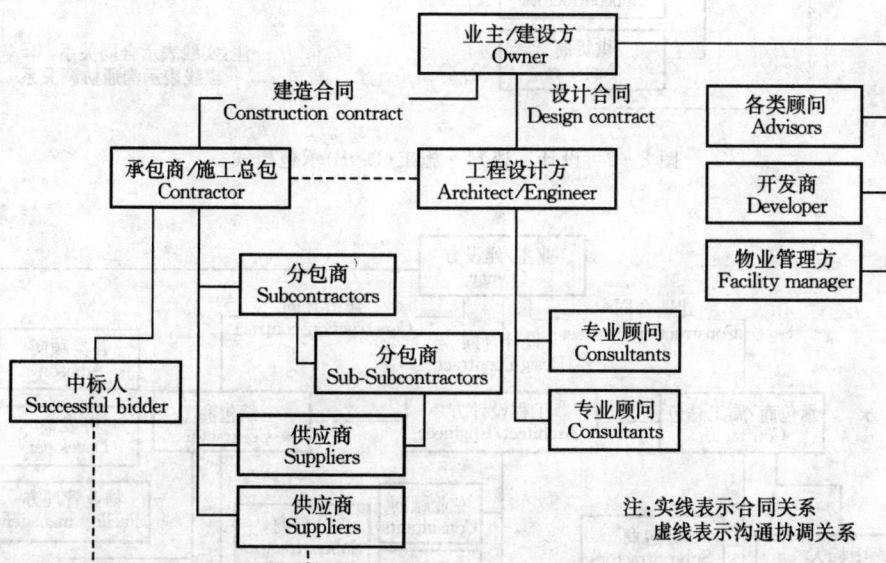

图8-1 设计—招标—施工（DBB）承包模式

2. 建造管理承包模式（construction management contract，CMc）

（1）风险型建造管理模式（CM risk）。这种方法涉及三个主要参与方：业主、设计方、建造管理方，如果风险型建造管理方也是施工总包，那么其也称为总包型建造管理方（CM/GC）。

在该模式中建造管理方对项目实施的风险负责，以其具备的特殊经验或专长，来参与项目中相应的项目管理工作和检查建造技术问题，其具体工作可包括以下几方面：①对设计和施工阶段的决定，做时间和成本上的建议；②编制进度和成本计划；③控制进度和成本；④参与施工合同的谈判和授予；⑤根据项目进度，采购关键材料和设备；⑥管理和协调各方关系，保证施工的正常进行。

在项目一开始或设计中，业主都可以考虑建造管理方的介入，以引入其施工经验，减少设计和施工矛盾的出现。

设计方和建造管理方分别与业主签订合同。建造管理方与业主之间一般以保证最大价格（GMP）方式签订合同。

图 8-2 中的组织结构图：

业主/建设方 Owner

建造合同 Construction contract
设计合同 Design contract

承包商/施工总包 Contractor —— 工程设计方 Architect/Engineer

各类顾问 Advisors
开发商 Developer
物业管理方 Facility manager

专业顾问 Consultants
专业顾问 Consultants

谈判方 Proposal

分包商 Subcontractors
供货商 Suppliers

注:实线表示合同关系
虚线表示沟通协调关系

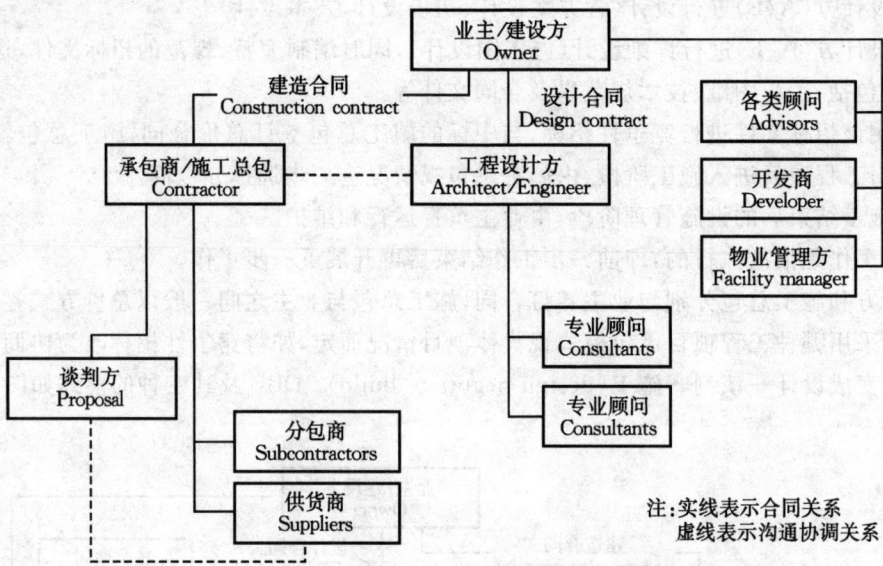

图 8-2　设计—谈判—施工(DNB)承包模式

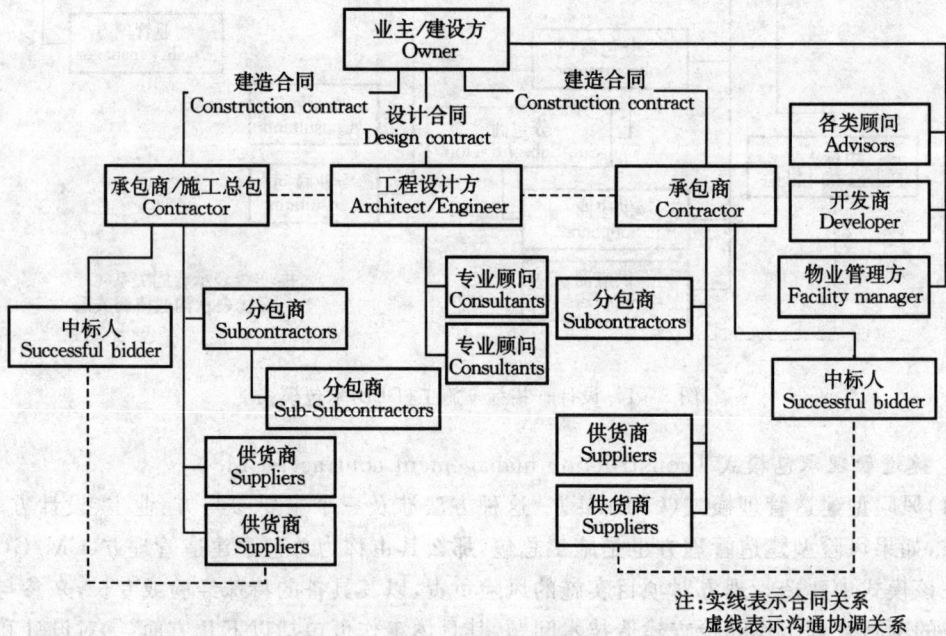

图 8-3 中的组织结构图：

业主/建设方 Owner

建造合同 Construction contract
设计合同 Design contract
建造合同 Construction contract

承包商/施工总包 Contractor —— 工程设计方 Architect/Engineer —— 承包商 Contractor

各类顾问 Advisors
开发商 Developer
物业管理方 Facility manager

中标人 Successful bidder
分包商 Subcontractors
专业顾问 Consultants
专业顾问 Consultants
分包商 Subcontractors
分包商 Sub-Subcontractors
供货商 Suppliers
供货商 Suppliers
供货商 Suppliers
供货商 Suppliers

中标人 Successful bidder

注:实线表示合同关系
虚线表示沟通协调关系

图 8-3　多个施工总包(DBB)模式

　　保证最大价格方式根本上标志着风险型建造管理与设计—招标—施工承包模式的不同，风险型建造管理方负责一部分属于业主管理工作的项目施工前的服务,如检查设计和施工矛盾之处、施工招标中的谈判、授予合同,其也负责施工中的风险,因此价格因素不是业主选择风险型建造管理方的唯一标准。

　　风险型建造管理模式一般适合于大型、复杂的工程项目,尤其是对费用和进度有要求的工程项目。

如果风险型建造管理方不担当施工总包,那么施工总包方与风险型建造管理方签订施工总包合同,就施工对风险型建造管理方负责。这种方法中,设计方负责设计和招标文件,施工结束后的设施管理阶段,仍是由业主负责运行和维护。

(2)顾问型建造管理模式(CM advisor)。业主在项目一开始或者设计基本结束时聘用顾问型建造管理方。顾问型建造管理方提供连续的建造管理服务(可含项目策划、设计、施工中的项目管理),作为业主的顾问,但不承担工程项目的财务和施工责任。他与设计方和施工方不是合同关系,而是沟通关系。

该项目管理模式适用于大型、复杂的项目,因为业主缺乏合适、足够的项目管理人员,或者希望寻找丰富经验的专业人士,往往聘请顾问型建造管理方,设计方和施工方仍然承担设计—招标—施工承包方式中的角色和责任。

(3)代理型建造管理模式(CM agent)。与顾问型建造管理模式类似,但业主对代理型建造管理方授予更大的权限,使其就项目的财务及其相关决策对业主负责。代理型建造管理方负责设计和施工中的成本控制,将业主从日常的项目管理工作中解脱出来,但代理型建造管理方不承担风险型建造管理方所承担的施工责任。

在设计管理模式(design management)中,设计—管理方既承担代理型建造管理方又承担工程设计。

建造管理模式及其变种的示意图如图 8-4 至 8-7 所示。

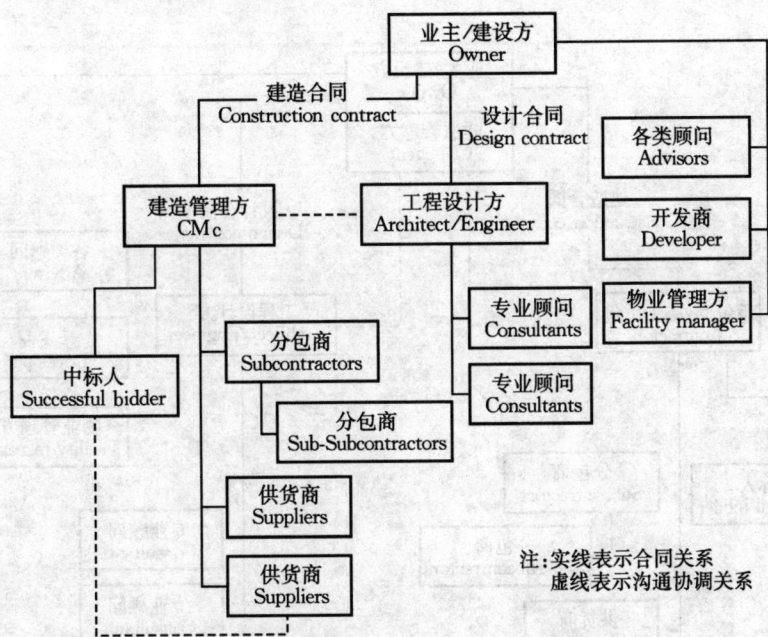

图 8-4 建造管理模式(CMc)示意图

业主/建设方
Owner

建造合同
Construction contract

建造合同
CM contractor

设计合同
Design contract

各类顾问
Advisors

承包商/施工总包
Contractor

建造管理方
CM-advisor

工程设计方
Architect/Engineer

开发商
Developer

物业管理方
Facility manager

中标人
Successful bidder

分包商
Subcontractors

分包商
Sub-Subcontractors

供货商
Suppliers

供货商
Suppliers

专业顾问
Consultants

专业顾问
Consultants

注:实线表示合同关系
虚线表示沟通协调关系

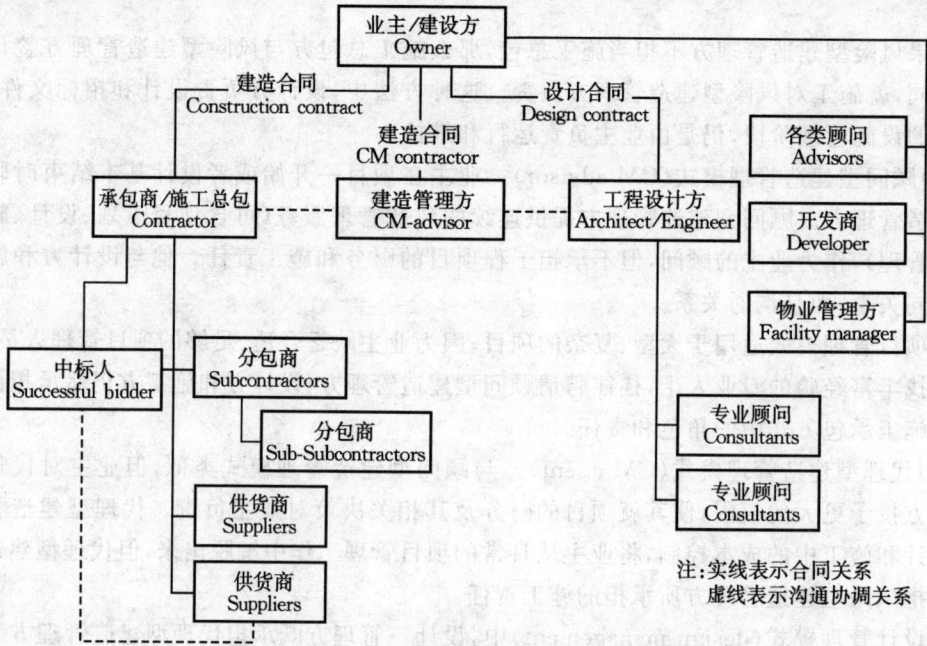

图 8-5　顾问型建造管理模式(CM advisor)示意图

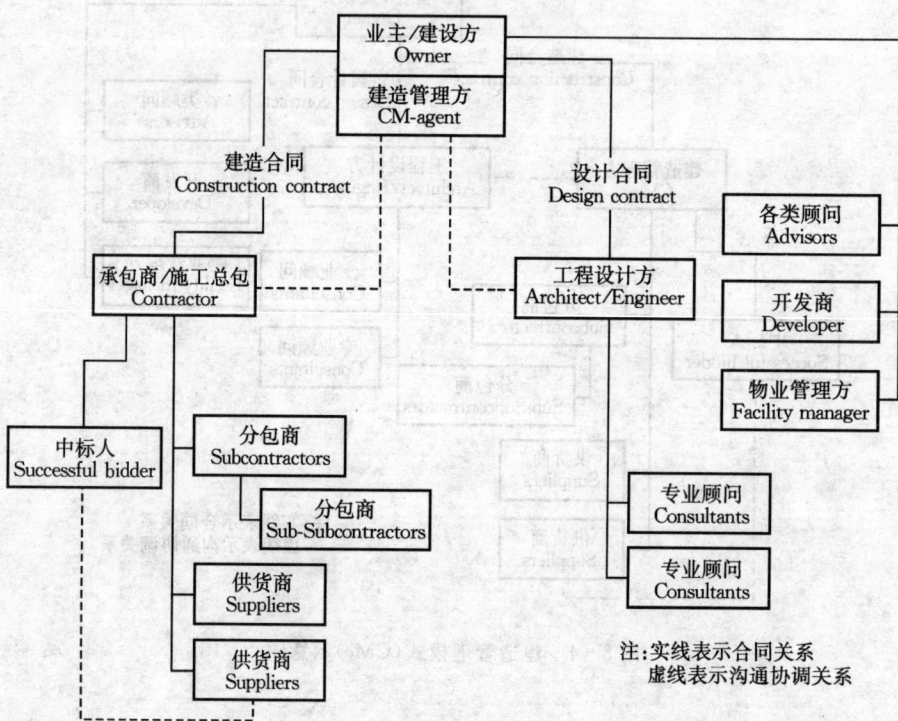

业主/建设方
Owner

建造管理方
CM-agent

建造合同
Construction contract

设计合同
Design contract

各类顾问
Advisors

承包商/施工总包
Contractor

工程设计方
Architect/Engineer

开发商
Developer

物业管理方
Facility manager

中标人
Successful bidder

分包商
Subcontractors

分包商
Sub-Subcontractors

供货商
Suppliers

供货商
Suppliers

专业顾问
Consultants

专业顾问
Consultants

注:实线表示合同关系
虚线表示沟通协调关系

图 8-6　代理型建造管理模式(CM agent)示意图

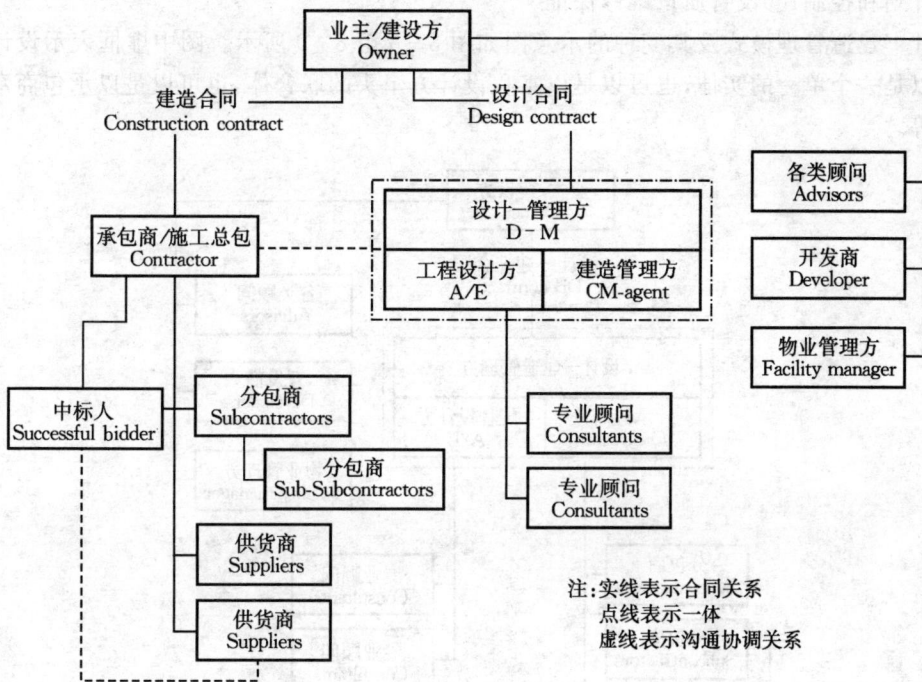

图 8-7 设计管理模式(design management)示意图

3. 设计—建造承包模式(design build, DB)

这种方法涉及两个主要参与方:业主、设计—施工方,该设计—施工方既可以是单一实体,也可以是一个设计方或者施工总包牵头、多方参与的联合体。设计—建造方可以是一个单一的实体,也可以是以工程设计方牵头的联合体,也可以是以承包商牵头的联合体等。设计—施工方一般以保证最大价格与业主签订一个合同。设计—施工方提出的解决方案和成本是业主的选择标准。

设计—施工方就项目的设计和施工整体对业主负责,业主因此将更多的项目风险转移给设计—施工方,项目也因设计—施工方管理工作的整体协调性而减少实施风险。施工结束后的设施管理阶段,由业主负责运行和维护。

(1)桥接型设计—建造承包模式。桥接型可以说是由设计—招标—施工承包模式和设计—建造承包模式组合出的一种项目交付方式。具体工作有:①业主先聘请一家设计方作到初步设计深度;②该设计方准备招标文件,用于选择设计—施工方;③设计—施工方完成详细设计和施工,施工中设计方是业主代表。

这种方法可使设计方更专注于满足业主需求,提供更专业的设计服务,承担全面项目管理工作;施工文件和施工由一个实体负责,使得业主可以享受设计—建造承包模式的好处。

(2)设计—采购—施工总承包模式(engineering procurement construction,EPC),也称交钥匙(turnkey)承包模式。与设计—建造承包模式比较,工程总承包商一般还负责采购(尤其是大型的设备),有时也负责项目融资。一般地,工程总承包商进行全部设计、采购、施工,为业主提供一个配备完善的设施,使业主"转动钥匙"即可开始使用。工程总承包商具体工作为:①设计;②采购;③管理和协调分包商间的关系;④办理与工程项目有关的许可证、执照、批准;

⑤进度计划和控制;⑥设备质量维修保证。

设计—建造管理模式及其变种的示意图如图8-8至8-9所示。图中虚框表示设计—建造方可以是一个单一的实体,也可以是以工程设计方牵头的联合体,也可以是以承包商牵头的联合体等。

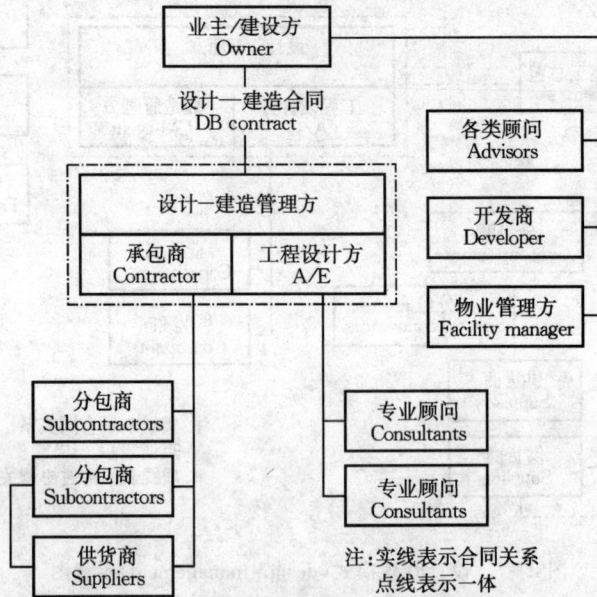

图8-8 设计—建造(DB)承包模式

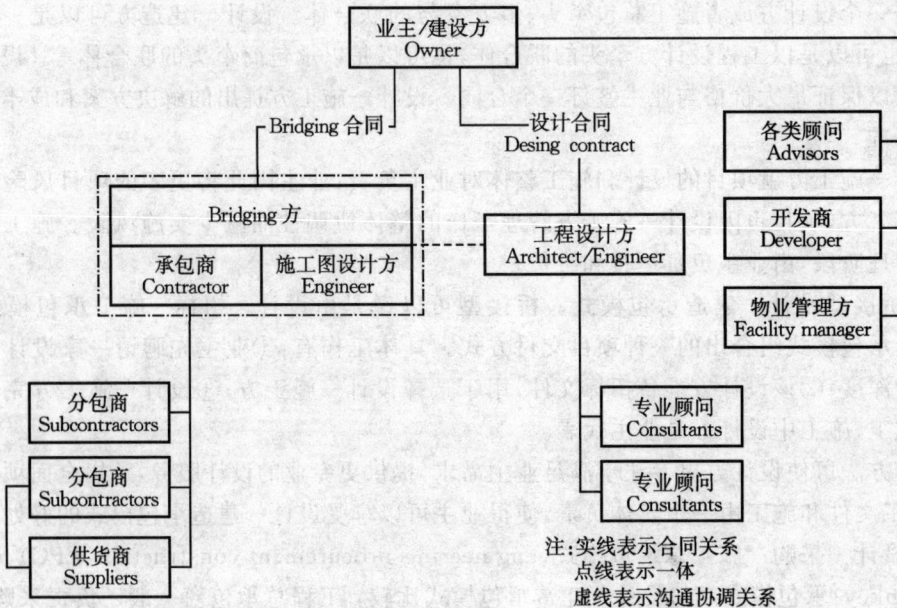

图8-9 Bridging 设计—建造(DB)承包模式

4. 业主自行管理模式（owner build, OB）

业主自行管理模式（OB）如图 8-10 所示。

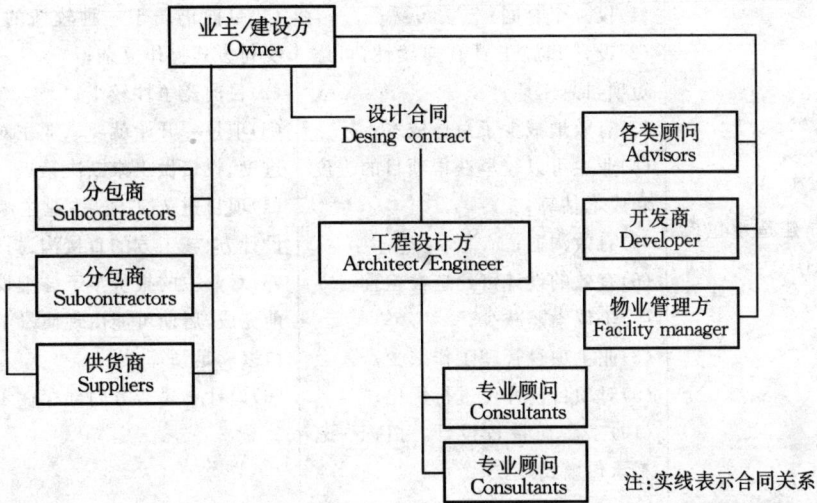

图 8-10　业主自行管理模式（OB）

各种的承包模式的比较见表 8-2 所示。

表 8-2　各种承包模式的比较

项目承包模式	优点	缺点
设计—招标—施工承包模式（DBB）	(1)各参与方非常熟悉的一种传统方法； (2)各参与方的角色和责任非常清楚； (3)可以通过竞争性招标获得最低报价。	(1)只能设计结束后开始施工，因此项目的总工期相对较长； (2)缺少第三方对设计图纸的可建造性检查； (3)实施阶段容易出现设计变更，引起争议索赔； (4)低报价可能引起质量欠佳； (5)易超出成本。
建造管理承包模式（CMc）	(1)第三方的引入，加强了对项目进度、成本、设计的管理和控制； (2)检查设计图纸和实际施工的矛盾之处； (3)可获得有竞争性价格； (4)可以在设计进行到一定阶段后开始施工，因此缩短项目总工期。	(1)业主的项目管理工作较多，各方管理工作出现重叠； (2)设计方和风险型建造管理方之间的关系不容易协调； (3)边设计边施工可导致一些设计变更。

项目承包模式	优点	缺点
设计—建造承包模式(DB)	(1)仅一个合同； (2)设计和施工具有连续性，可缩短项目总工期； (3)有效地减少了总体成本； (4)业主可以较早获得项目的进度和成本估算； (5)有效沟通； (6)有效的设计可建造性检查； (7)争议索赔减少； (8)业主项目管理工作减少； (9)对项目设计可进行优化； (10)工程质量较设计—招标—施工承包模式好。	(1)目前仍属于一种较新的方法，交付方式操作复杂； (2)目前竞争性较小； (3)项目一开始就要求业主对项目进度、投资做出果断决策； (4)项目进入实施后，业主缺少与设计方、施工方的直接沟通； (5)对业主的报价早于详细设计之前完成，后期可能出现质量上的妥协以满足预算； (6)设计—建造方内部存在矛盾。
业主自行管理模式(OB)	(1)有利于促进专业化项目管理的成熟； (2)有利于防止项目建设中违法违纪行为的出现。	(1)业主的利益不能得到有效保证； (2)代理业主与监理的关系不能很好理顺。

5. 其他模式

我国目前正在推行的几种模式，如项目管理代理模式(PM agent)、项目管理承包模式(PMc)、代建制等，如图 8-11 所示。

图 8-11 中，①如果合同直接跟业主签订，就是 PMa，项目管理方是管理协调、建议角色，包含或者不包含监理；②如果合同是跟项目管理方签订，就是 PMc，项目管理方全权代表业主，业主会将风险转嫁给项目管理方，包含或者不包含监理；③政府投资工程采用的代建制，就是 PMc，但是规定监理单位不能是代建人，所以监理单位要跟业主单独签订一个合同；④整个管理模式下面的参与方，来自工程项目建设的不同阶段，也来自工程项目本身。

8.3　建筑企业招投标

➤ 8.3.1　工程建设招标、投标的概念与招标方式

1. 工程建设招标、投标的概念

工程建设招标是指招标人在发包建设项目之前，公开招引或邀请投标人，根据招标人的意图和要求提出报价，择日当场开标，以便从中择优选定中标人的一种市场经济活动。

工程建设投标是工程建设招标的对称概念，是指具有合法资格和能力的投标人根据招标条件，经过初步研究与估算，在指定期限内填写标书，提出报价，并等候开标后决定能否中标的市场经济活动。

我国法学界一般认为，工程建设招标是要约邀请，而投标是要约，中标通知书是承诺。我

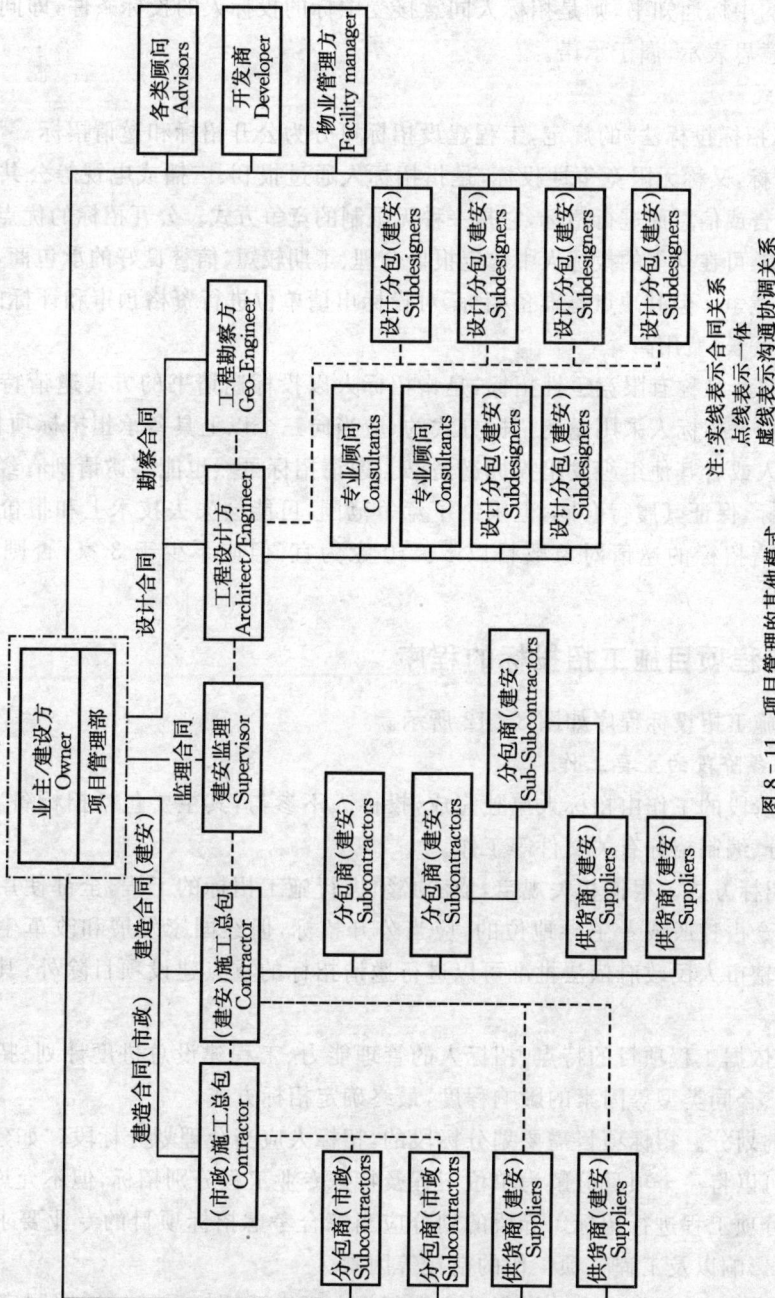

图 8 - 11 项目管理的其他模式

注：实线表示合同关系
点线表示一体
虚线表示沟通协调关系

各类顾问 Advisors
开发商 Developer
物业管理方 Facility manager

勘察合同
工程勘察方 Geo-Engineer

设计合同
工程设计方 Architect/Engineer

设计分包（建安）Subdesigners
设计分包（建安）Subdesigners
设计分包（建安）Subdesigners
设计分包（建安）Subdesigners

专业顾问 Consultants
专业顾问 Consultants
设计分包（建安）Subdesigners
设计分包（建安）Subdesigners

业主/建设方 Owner
项目管理部

监理合同
建安监理 Supervisor

建造合同（建安）
（建安）施工总包 Contractor

分包商（建安）Subcontractors
分包商（建安）Subcontractors
供货商（建安）Suppliers
供货商（建安）Suppliers

分包商（建安）Sub-Subcontractors

建造合同（市政）
（市政）施工总包 Contractor

分包商（市政）Subcontractors
分包商（市政）Subcontractors
供货商（建安）Suppliers
供货商（建安）Suppliers

国《合同法》也明确规定,招标公告或投标邀请函是要约邀请。也就是说,招标实际上是邀请投标人,对其提出要约,属于要约邀请;投标则是要约,它符合要约的所有法定条件,投标书的内容具有足以使合同成立的主要条件,一旦中标,投标人将受到投标书的约束;而招标人向中标的投标人发出的中标通知书,则是招标人同意接受中标的投标人的投标条件,即同意接受该投标人的要约的意思表示,属于承诺。

2. 招标方式

根据我国《招标投标法》的规定,工程建设招标可分为公开招标和邀请招标。

(1)公开招标,又称无限竞争性投标,是指招标人通过报刊、广播或电视等公共传播媒介介绍、发布招标公告或信息而进行招标,它是一种无限制的竞争方式。公开招标的优点是招标人有较大的选择范围,可在众多的投标人中选定报价合理、工期较短、信誉良好的承包商,有助于打破垄断,实行公平竞争。但其缺点是准备招标、对投标申请单位进行资格预审和评标的工作量大,因此,招标的时间长、费用高。

(2)邀请招标,又称有限竞争性招标,是指招标人以投标邀请书的方式邀请特定的法人或者其他组织投标。招标人采用邀请招标方式的,应当向三个以上具备承担招标项目能力、资信良好的特定法人或者其他组织发出投标邀请书。邀请招标虽然也能够邀请到有经验的资信可靠的投标者投标,保证其履行合同,但限制了竞争范围,可能会失去技术上和报价上有竞争力的投标者。邀请招标的邀请对象数目以 5～10 家为宜,但应不少于 3 家,否则就失去了竞争性。

▶ 8.3.2 工程项目施工招投标的程序

工程项目施工招投标程序如图 8-12 所示。

1. 招标准备阶段的主要工作

招标准备阶段的工作由招标人单独完成,投标人不参与,其主要包括招标备案、确定招标方式、标段划分、编制招标有关文件等工作。

(1)确定招标方式。根据相关规定,依法必须进行施工招标的工程,全部使用国有资金投资或者国有资金占控股或者主导地位的,应当公开招标,但经国家发展和改革生员会或者省、自治区、直辖市人民政府依法批准可以进行邀请招标的重点建设项目除外;其他工程可以实行邀请招标。

招标人应依据工程项目的特点、招标人的管理能力、工程建设总进度计划、招标前准备工作的完成情况、合同类型等因素的影响程度,最终确定招标方式。

(2)标段的划分。招标项目需要划分标段的,招标人应当合理划分标段。如建设项目的施工招标,一般可以将一个项目分解为单位工程及特殊专业工程分别招标,但不允许将单位工程肢解为分部、分项工程进行招标。标段的划分应当综合考虑招标项目的专业要求、管理要求、对工程投资的影响以及工程各项工作的衔接等因素。

(3)招标备案。招标人需向建设行政主管部门办理申请招标手续。按照国家建设部第 89号令《房屋建筑和市政基础设施工程施工招标投标管理办法》,工程施工招标应当具备下列条件:

①按照国家有关规定需要履行项目审批手续的,已经履行审批手续;

②工程资金或者资金来源已经落实;

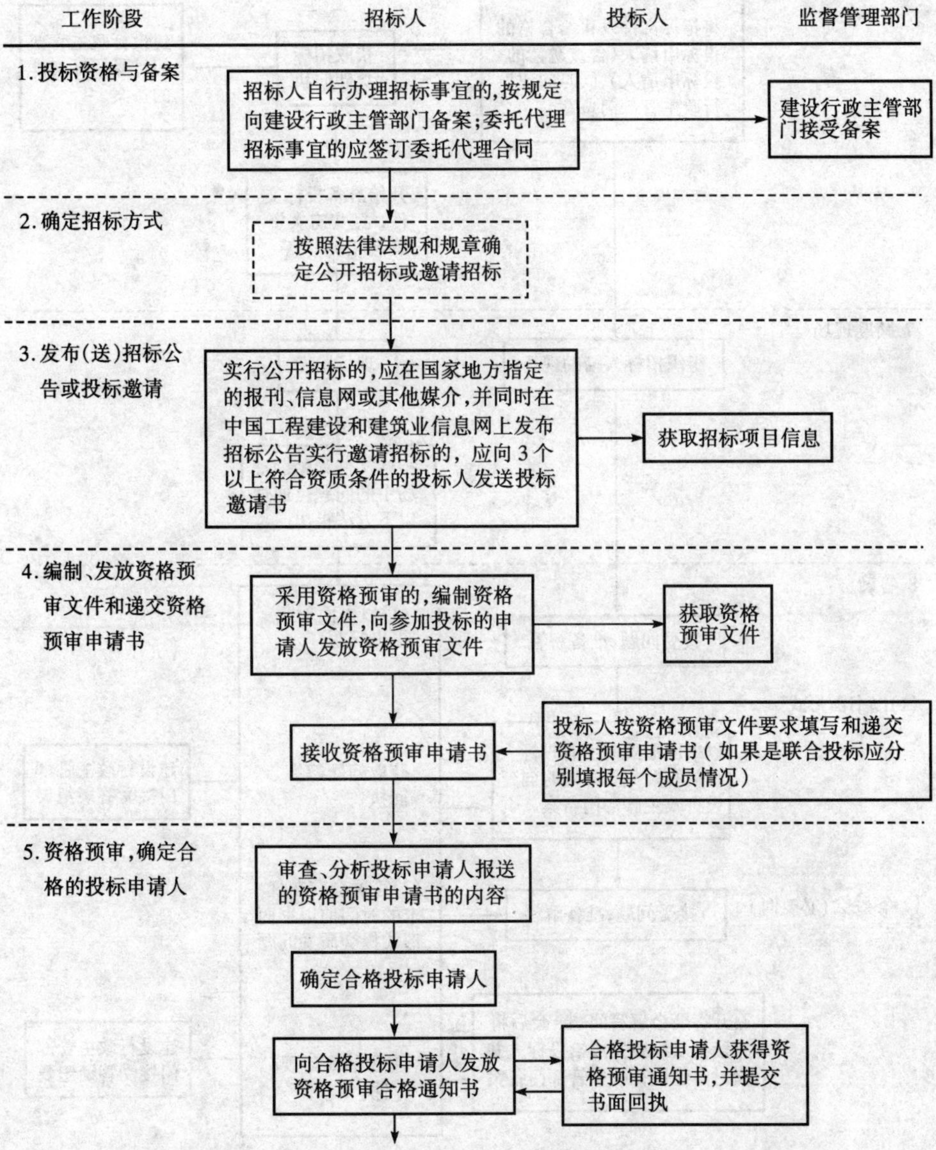

工作阶段	招标人	投标人	监督管理部门
1.投标资格与备案	招标人自行办理招标事宜的,按规定向建设行政主管部门备案;委托代理招标事宜的应签订委托代理合同		建设行政主管部门接受备案
2.确定招标方式	按照法律法规和规章确定公开招标或邀请招标		
3.发布(送)招标公告或投标邀请	实行公开招标的,应在国家地方指定的报刊、信息网或其他媒介,并同时在中国工程建设和建筑业信息网上发布招标公告实行邀请招标的,应向3个以上符合资质条件的投标人发送投标邀请书	获取招标项目信息	
4.编制、发放资格预审文件和递交资格预审申请书	采用资格预审的,编制资格预审文件,向参加投标的申请人发放资格预审文件	获取资格预审文件	
	接收资格预审申请书	投标人按资格预审文件要求填写和递交资格预审申请书(如果是联合投标应分别填报每个成员情况)	
5.资格预审,确定合格的投标申请人	审查、分析投标申请人报送的资格预审申请书的内容		
	确定合格投标申请人		
	向合格投标申请人发放资格预审合格通知书	合格投标申请人获得资格预审通知书,并提交书面回执	

图 8-12(1) 施工招投标程序

工作阶段	招标人	投标人	监督管理部门

6.编制、发出招标文件

编制招标文件

将招标文件发售给合格的投标申请人(含被邀请的投标申请人),同时向建设行政主管部门备案

获取招标文件回执

建设行政主管部门接受招标文件的备案

开始准备投标文件,搜集有关资料和相关信息

7.踏勘现场

组织招标人踏勘现场

现场踏勘

招标文件和踏勘现场中的问题可通过以下方法提出

8.答疑

接受问题,准备解答

(1)以书面形式提出问题

(1)以书面形式

以书面形式向所有投标人发放答疑纪要并同时向建设行政主管部门备案

获取问题解答回执

建设行政主管部门接受答疑纪要

(2)答疑会(必要时)

接受问题,准备解答

(2)答疑会前在规定的时间前以书面形式提交质疑问题

召开答疑会解答问题,会后将答疑会议纪要发放给投标人并同时向建设行政主管部门备案

获取答疑纪要回执

建设行政主管部门接受答疑纪要

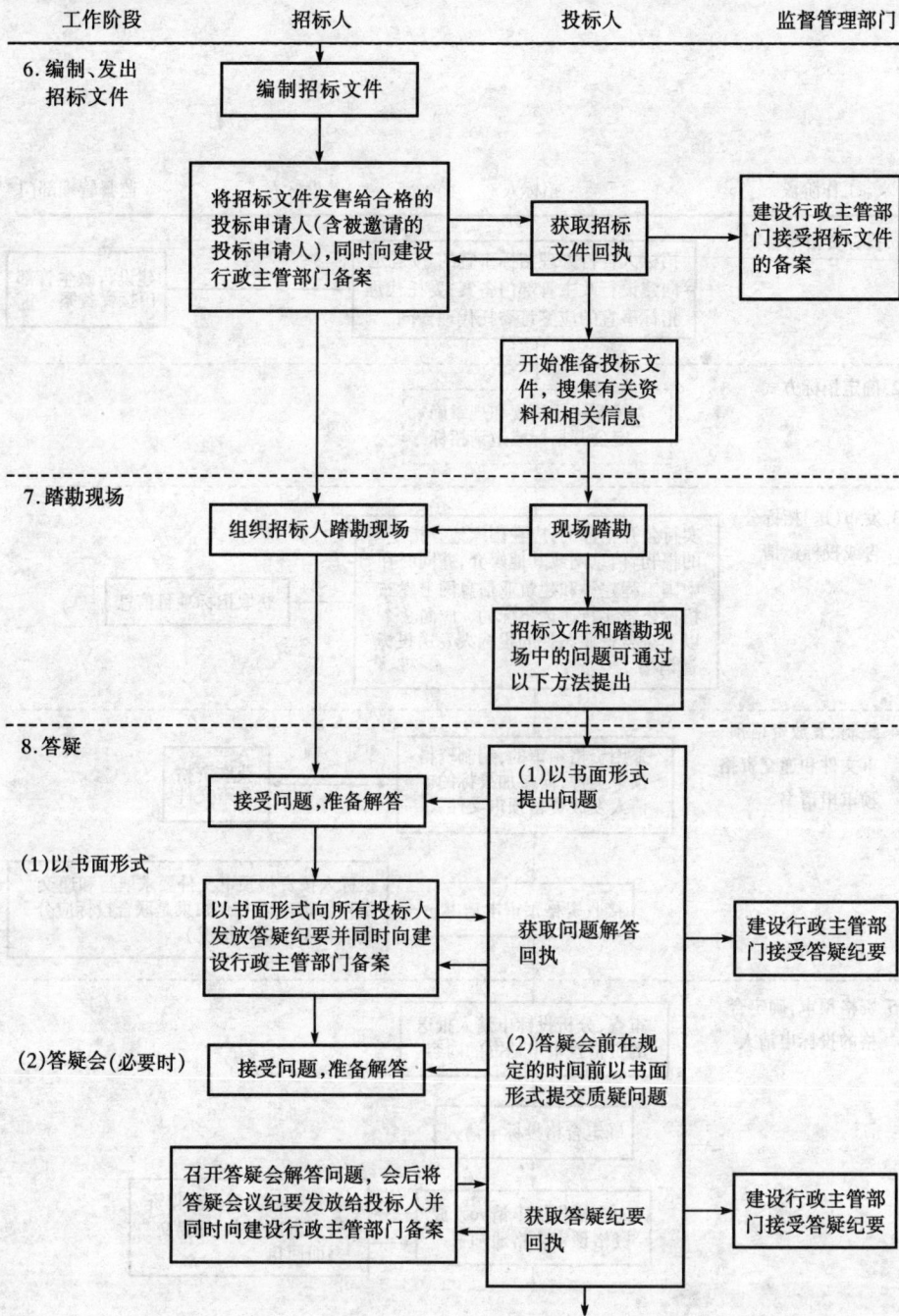

图 8-12(2) 施工招投标程序

工作阶段	招标人	投标人	监督管理部门

```
招标文件的澄清、修改  →  获取澄清、修改文件回执  →  建设行政主管部门接受招标文件澄清、修改备案
                           ↓
                        编制投标文件,办理投标担保
```

9. 编制、送达与签收投标文件

```
招标人接收投标文件记录接收日期、时间  ←  送达投标文件和投标担保回执
          ↓
退回逾期送达的投标文件  ←  逾期投标文件退回回执
          ↓
开标前妥善保存投标文件
```

10. 开标

```
招标人组织并主持开标、唱标  ←  投标人代表参加开标
```

11. 组建评标委员会

```
招标人依法律法规和规章的规定,组建评标委员会
```

12. 评标

```
评标委员会评标
①符合性评审
②技术标评审
③商务标评审
④资格审查(后审)
```

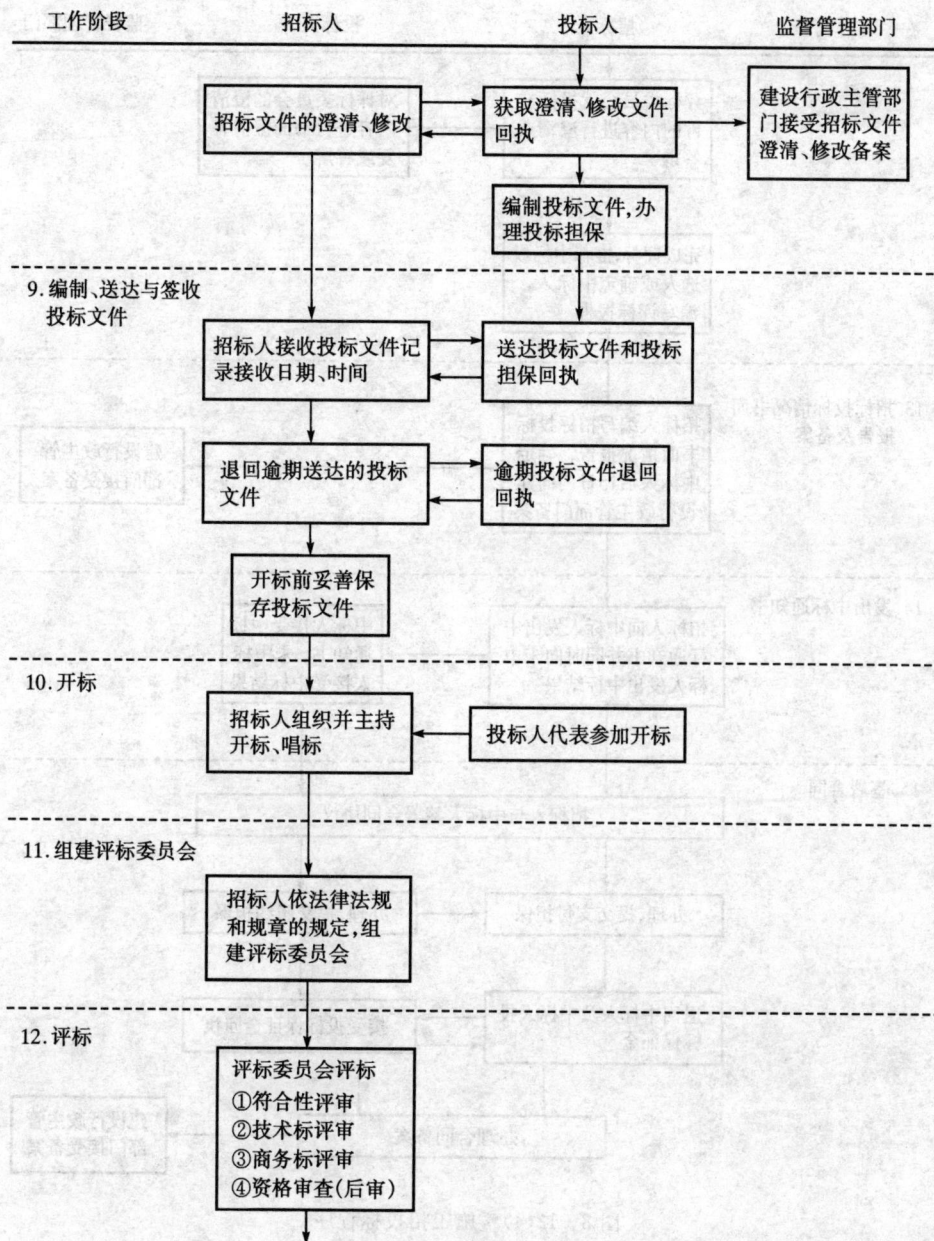

图 8 - 12(3)　施工招投标程序

工作阶段	招标人	投标人	监督管理部门

评标委员会就投标文件的内容进行澄清或答辩 → 对评标委员会的澄清内容进行书面澄清答复或答辩

完成评标,推荐中标候选人或确定中标人,编写评标报告

13.招标投标情况书面报告及备案 — 招标人编写招标投标书面情况报告,确定中标人后15日内向建设行政主管部门备案 → 建设行政主管部门接受备案

14.发出中标通知书 — 招标人向中标人发出中标通知书并同时向未中标人发出中标结果 → 中标人接受中标通知书,未中标人接受中标结果

15.签署合同 — 招标人与中标人签署合同协议

办理、提交支付担保 ← 办理、提交履约担保

退回中标人及中标人投标保证金 → 接受投标保证金回执

办理合同备案 → 建设行政主管部门接受备案

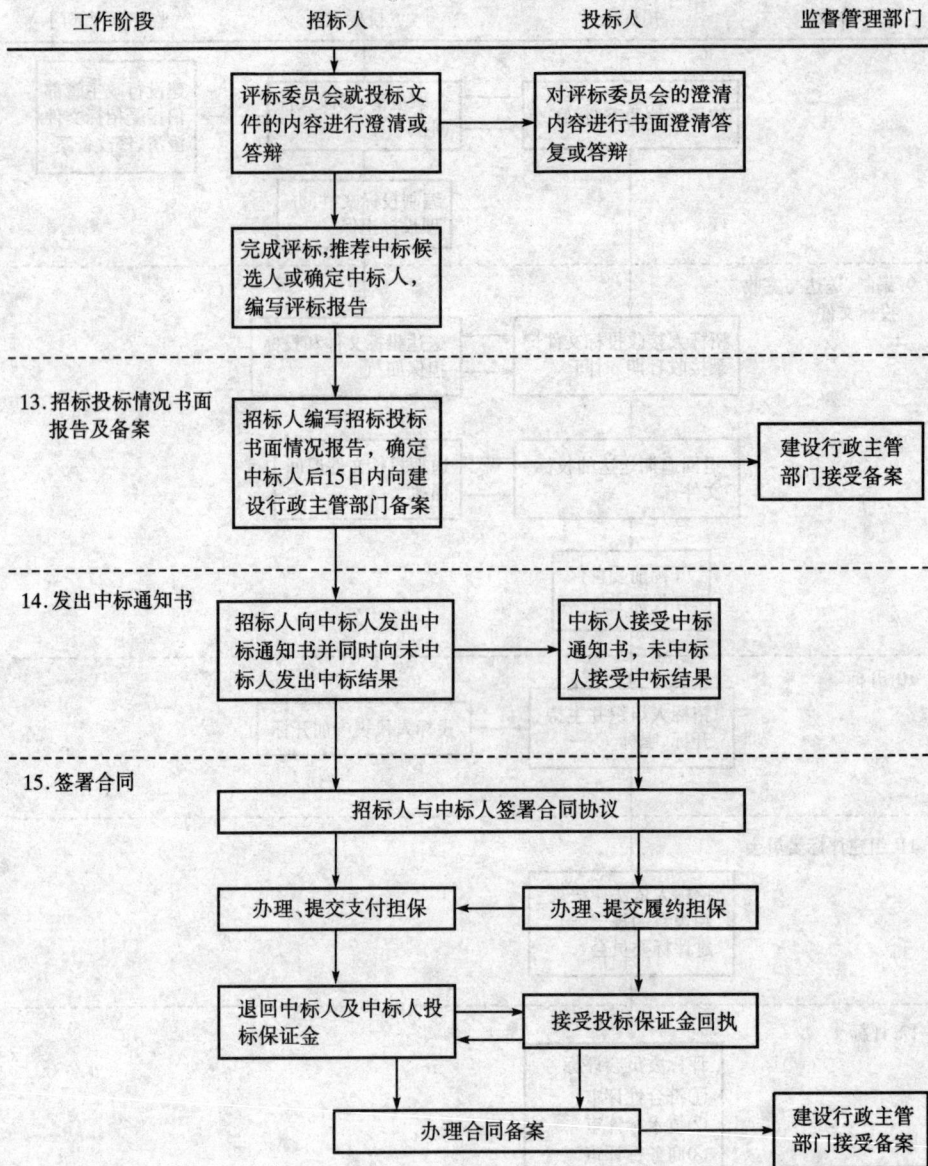

图 8-12(4)　施工招投标程序

③有满足施工招标需要的设计文件及其他技术资料;

④法律、法规、规章规定的其他条件。

如果招标人具备前述招标能力,可以自行办理招标事宜,向有关行政监督部门进行备案即可。否则,须委托具有相应资质的中介机构代理招标。

2.招标阶段的主要工作内容

从发布招标公告或投标邀请函开始,到投标截止日期为止的期间称为招标投标阶段。

(1)招标公告投标邀请书发布。招标人采用公开招标方式的,应当发布招标公告。招标公告必须通过一定的媒介进行传播。投标邀请书是指采用邀请招标方式的招标人,向三个以上

具备承担招标项目的能力、资信良好的特定法人或者其他组织发出的参加投标的邀请。

（2）资格预审。资格预审是指招标人在招标开始之前或开始初期，由招标人对申请参加投标的潜在投标人进行资质条件、业绩、信誉、技术、资金等多方面情况进行资格审查。只有在资格预审中被认定为合格的潜在投标人（或投标人），才可以参加投标。

（3）发售招标文件。招标文件一般发售给通过资格预审、获得投标资格的投标人。投标人在收到招标文件后应认真核对，核对无误后应以书面形式予以确认。投标人购买招标文件的费用，不论中标与否都不予退还。

招标人对已发售的招标文件进行必要的澄清与修改的，应当在招标文件要求提交投标文件截止时间至少 15 日前，以书面形式通知所有招标文件收受人。该澄清或者修改的内容为招标文件的组成部分。

（4）现场考察。招标人在投标须知规定的时间组织投标人自费进行现场考察。设置此程序的目的，一方面让投标人了解工程项目的现场情况、自然条件、施工条件以及周围环境条件，以便于编制投标书；另一方面也是要求投标人通过自己的实地考察确定投标的原则和策略，避免合同履行过程中投标人以不了解现场情况为由推卸应承担的合同责任。

（5）投标预备会（招标答疑）。投标人研究招标文件和现场考察后会以书面形式提出某些质疑问题，可以采取函件形式或召开投标答疑会（或签发会议纪要）的形式予以及时解答。招标人对任何一位投标人所提问题的回答，必须发送给每一位投标人，以保证招标的公开和公平，但不必说明问题的来源。回答函件作为招标文件的组成部分，如果书面解答的问题与招标文件中的规定不一致，以函件的解答为准。

（6）投标文件的递交。投标文件须由投标人编制，且盖有投标人的印鉴，法人代表或法人代表委托人的印鉴，密封后在投标截止日期前送达指定地点。若发现标书有误，需在投标截止时间前用正式函件更正，否则以原标书为准。投标人在招标文件要求提交投标文件的截止时间之前，可以补充、修改或者撤回已提交的投标文件，并以书面通知招标人。补充、修改的内容视为已提交的投标文件的组成部分。在招标文件要求提交投标文件的截止时间后送达的投标文件，招标人应当拒收。

3. 决标成交阶段的主要工作内容

（1）开标。在投标须知规定的时间和地点由招标人主持开标会议，所有投标人均应参加。开标时，由投标人或其推选的代表检验投标文件的密封情况；也可以由招标人委托的公证机构检查并公证。确认无误后，工作人员当众拆封。

在开标时，如果发现投标文件出现下列情形之一，应当作为无效投标文件：

①投标文件未按照招标文件的要求予以密封；

②投标文件中的投标函未加盖投标人的企业及企业法定代表人印章，或者企业法定代表人委托代理人没有合法、有效的委托书（原件）及委托代理人印章；

③投标文件的关键内容字迹模糊、无法辨认；

④投标人未按照招标文件的要求提供投标保证金或者投标保函；

⑤出现重大偏差，未能在实质上响应招标文件；

⑥组成联合体投标的，投标文件未附联合体各方共同投标协议等。

（2）评标。评标委员会由招标人的代表和有关技术、经济等方面的专家组成，成员人数为 5 人以上单数，其中招标人以外的专家不得少于成员总数的 2/3。专家人选应来自"专家库"并以随机抽取方式确定。与投标人有利害关系的人不得进入评标委员会,保证评标的公平与公正。

评标委员会完成评标后,应当向招标人提出书面评标报告,并推荐合格的中标候选人。招标人根据评标报告和推荐的中标候选人确定中标人,招标人也可以授权评标委员会直接确定中标人。

(3)定标。中标人应符合下列条件之一:

①能够最大限度满足招标文件中规定的各项综合评定标准;

②能够满足招标文件的实质性要求,并且经评审的投标价格最低;但是投标价格低于成本的除外。

在确定中标人之前,招标人不得与投标人就投标价格、投标方案等实质性内容进行谈判。经评标委员会论证,认定某投标人的报价低于其企业成本的,不能推荐为中标候选人。

(4)发出中标通知书并签订合同。中标人确定后,招标人应当向中标人发出中标通知书,并同时将中标结果通知所有未中标的投标人。

招标人和中标人应当自中标通知书发出之日起 30 日内,按照招标文件和中标人的投标文件订立书面合同。招标人和中标人不得另行订立背离合同实质性内容的其他协议。

➤ 8.3.3　工程投标报价的策略与技巧

1. 根据招标项目的不同特点采用不同报价

投标报价时,既要考虑自身的优势和劣势,也要分析招标项目的特点。按照工程项目的不同特点、类别、施工条件等来选择报价策略。

(1)高报价策略。遇到如下情况时报价可高一些:

①施工条件差的工程;

②专业要求的技术密集型工程,而本公司在这方面又有专长,声望也较高;

③总价低的小工程,以及自己不愿做、又不方便不投标的工程;

④特殊的工程,如港口码头、地下开挖工程等;

⑤工期要求急的工程;

⑥投标对手少的工程;

⑦支付条件不理想的工程。

(2)低报价策略。遇到如下情况时报价可低一些:

①施工条件好的工程,工作简单、工程量大而一般公司都可以做的工程;

②本公司目前急于打入某一市场、某一地区,或在该地区面临工程结束,机械设备等无工地转移时;

③本公司在附近有工程,而本项目又可利用该工程的设备、劳务,或有条件短期内突击完成的工程;

④投标对手多,竞争激烈的工程;

⑤非急需工程;

⑥支付条件好的工程。

2. 不平衡报价法

不平衡报价法是指一个工程项目总报价基本确定后,通过调整内部各个项目的报价,以期既不提高总报价、不影响中标，又能在结算时得到更理想的经济效益。一般可以考虑在以下几方面采用不平衡报价：

(1)能够早日结账收款的项目(如开办费、基础工程、土方开挖、桩基等)。这样的项目可适当提高报价，这样结算时能获得更多的资金时间价值。

(2)预计工程量变化的项目。预计工程量会增加的项目，单价可适当提高，这样在最终结算时可多获利；将工程量可能减少的项目单价降低，工程结算时损失会较小。

上述两种情况要统筹考虑，即对于工程量有错误的早期工程，如果实际工程量可能小于工程量表中的数量，则不能盲目抬高单价，要具体分析后再定。

(3)设计图纸不明确的项目。估计修改后工程量要增加的项目，可以提高单价；而工程内容解说不清楚的，则可适当降低单价，待澄清后可再要求提价。

采用不平衡报价一定要建立在对工程量表中工程量仔细核对分析的基础上，特别是对计划报低单价的项目，如项目实施时工程量增多将造成承包商的重大损失；不平衡报价过多和过于明显(一般在±10%左右)，可能会引起业主反对，甚至导致废标。

3. 多方案报价法

对于一些招标文件，如果发现工程范围不明确，条款不清楚或显失公正，或技术规范要求过于苛刻，则要在充分估计投标风险的基础上，按多方案报价法处理。

其具体做法为：按原招标文件报一个价；然后再提出如某条款作某些变动，报价可降低多少，由此可报出一个较低的价。这样，可以通过降低总价，吸引业主。

4. 增加建议方案法

增加建议方案法指的是：根据招标文件中规定，可以提一个建议方案，即可以修改原设计方案，提出投标者的方案。投标者可以抓住机会，对原招标文件的设计和施工方案仔细研究，提出更为合理的方案和相应报价，以吸引业主，促成自己中标。但要注意对原招标文件方案也一定要报价。

增加建议方案法与多方案报价法很容易混淆，应注意它们的区别。

①提出主体不同。多方案报价法是由投标人先行提出；增加建议方案法是必须由招标人先允许，允许投标人给自己提出建议方案并对原设计方案进行修改。

②参照依据不同。多方案报价法参照的依据是招标文件条款；增加建议方案法的依据是原设计方案。

③变动前后均须报价。多方案报价法是在条款变动前报一个价，条款变动后报一个价；增加建议方案法是原方案和建议方案均须报价。

5. 突然降价法

投标人在充分了解投标信息的前提下，通过对优化施工组织设计、加强内部管理、降低费用消耗的可能性分析，提出降低报价方案，并在投标截止日规定的时间之前提出，从而增加中标的机会。

6. 无利润报价法

无利润报价法即投标报价时测算的利润为零或非常低。该方法适用的情况如下：

(1)投标人在可能中标的情况下拟采取将部分工程分包给报价低的分包商；

(2)对于分期投标的工程采取前段中标后段得利；

(3)为了开拓建筑市场扭转企业长期无标的困境等。

思考与练习

1. 什么是建筑市场？有何特点？
2. 简述建筑企业经营方式的发展。
3. 简述建筑企业经营方式的分类。
4. 简述工程建设招标、投标的概念与招标方式。
5. 简述工程项目施工招投标的程序。
6. 建筑工程投标报价有哪些策略与技巧？
7. 简述多方案报价法和增加建议方案报价法的异同。

第 9 章 建筑企业生产要素管理

> **学习要点**

1. 建筑企业施工生产管理的概念
2. 建筑企业施工准备、现场施工管理、竣工验收的主要内容
3. 建筑企业材料管理的主要内容
4. 材料库存管理的技术方法
5. 机械设备管理的概念和内容
6. 机械设备的使用、维护保养与修理

9.1 建筑企业施工生产管理

9.1.1 建筑企业施工生产管理概述

1. 建筑企业施工生产管理的概念

建筑企业施工生产管理是指企业为了完成建筑产品的施工任务,从接受施工任务开始到工程交工验收为止的全过程中,围绕施工对象和施工现场而进行的生产事务的组织管理工作。

建筑企业的主要业务就是从事建安工程的施工生产活动,而在施工生产中,工程进度的快慢、工程质量的好坏、工程造价和资源的合理利用等都取决于施工管理的水平。所以,施工管理在很大程度上影响着建筑企业的生产经营实际效果,施工管理是建筑企业管理的重要组成部分。

2. 建筑企业施工生产管理的主要内容

建筑企业生产管理贯穿于建筑产品生产的全过程,不同阶段的工作内容各不相同。施工生产管理全过程按阶段可划分为施工准备、建安施工、交工验收三个阶段,其基本内容包括:落实施工任务,签订承包合同;进行开工前的各项业务准备和现场施工条件的准备,促成工程开工;进行施工中的经常性准备工作;按计划组织综合施工,进行施工过程的全面控制和全面协调;加强对施工现场的平面管理,合理利用空间,保证良好的施工条件;组织工程的交工验收。

从上述内容可以看出,建筑企业生产管理是一种综合性很强的管理工作,其中也包括与其

他各专业管理的配合。没有专业管理，建筑企业生产管理就失去了支柱；没有施工管理，专业管理会各行其是，缺乏应有的活力，不能服务于整体。因此建筑企业生产管理之所以重要，关键在于它的协调和组织作用。

➤ 9.1.2　建筑企业施工准备

施工准备是建筑企业生产管理工作中的第一个阶段，也是整个建筑安装工程施工的一个必须而重要的阶段。施工准备工作的基本任务是，掌握建设工程的特点、进度要求；摸清施工的客观条件；合理部署施工力量；从技术、物资、人力和组织等方面为建筑安装施工创造一切必要的条件。认真细致地做好施工准备工作，对充分发挥人的积极因素，合理组织人力物力，加快施工进度，提高工程质量，都起着十分重要的作用。

施工准备的依据是工程合同、施工图纸、现场地形图和土壤地质钻探资料等。施工准备的主要内容有以下几方面：

1. 办理开工手续

工程项目开工前必须办理施工许可证和开工报告。施工许可证由建设单位申请，经主管部门批准后，连同施工图纸发送给施工单位。开工报告由项目经理部申请，由公司工程管理部上报总公司批复后实施。未领取施工许可证和开工报告的项目不允许开工。

2. 技术准备

技术准备是指通过调查研究、搜集关于工程项目和施工区域的必要资料。编制合理的施工组织设计，为工程施工提供必要的技术条件。技术准备的主要工作如下：

（1）熟悉审查图纸及有关资料。该项工作主要包括：审查设计图纸和资料是否齐全，掌握工程结构和构造上的特点，了解设计意图，发现问题，消灭图纸上的差错；了解总图布置，各单项工程在工艺流程和配套投产上的相互关系；了解设计上的新结构、新工艺、特殊材料和专用设备等方面施工有无困难，施工条件和能力能否满足设计的要求；熟悉工程的土层、地质、水文等勘查资料，审查地基处理设计，审查建筑物与地下构筑物、管道等之间的关系，熟悉建设地区的规划资料。

（2）调查研究，收集必要的资料。进行施工准备时，不仅要从已有的书面资料了解建设要求和施工地区的情况，而且必须进行实地勘测调查，获得第一手资料，如气象资料、交通运输条件、地方材料、建筑构配件供应和加工能力等，这样才可能拟订出切合客观实际的施工组织设计，合理进行施工。

（3）编制施工组织设计。施工组织设计是指导建筑施工的重要技术文件。由于建筑生产的技术经济特点，建筑工程没有一个通用定型的、一成不变的施工方法，所以每个建筑工程项目都需要分别确定施工方案和施工组织方法，也就是要分别编制施工组织设计，作为组织和指导施工的重要依据。

（4）编制施工预算。施工预算是编制工程成本计划的基础，是控制施工工料消耗和成本支出的依据。施工预算的编制主要依据是施工组织设计确定的施工方案和技术组织措施计划。

3. 施工现场准备

施工现场准备主要是根据设计文件及已编制的施工组织设计中的有关各项要求进行，一般有下列几项工作：

（1）做好"三通一平"。工程现场清除施工障碍和平整场地，修通道路，接通施工用水、用电,简称"三通一平"。"三通一平"是建筑施工必须具备的基本条件。现在施工现场准备标准已升为"七通一平",即上水、下水、电力、电信、煤气、热力、道路通和场地平整。施工区域地形图、建筑总平面图、土方竖向设计图和施工组织设计是搞好"七通一平"工作的依据。

(2)场地测量控制网和水准点的测设。为了使建筑物的平面位置和高度严格符合设计要求,施工前应按总平面图的要求,测出占地范围,并按一定的距离布点,组成测量控制网,便于施工时按总平面图准确地定出建筑物的位置。工程开工前要进行厂区控制网的测设,设置永久性的水准基桩,根据经纬坐标和水准基点导引主要建筑物的控制桩。

(3)大型临时设施的准备。大型临时设施是施工必需的,包括各种附属生产加工场(如预制构件、混凝土搅拌、钢筋加工、木材加工等)、施工用各种仓库及公用设施、生活设施等。大型临时设施按施工组织设计中的规划修建,要因地制宜,尽可能利用永久性建筑和现有房屋,节约投资,降低成本,也可采用标准化、装拆式的临时房屋,便于拆迁和重复利用。

4. 物资准备

物资是施工的基础,必须在施工前做好准备,以保证施工顺利进行。施工所需要的物资包括建筑材料、构件、施工机械和机具设备、工具等,其种类繁多、规格型号复杂。因此,做好物资准备是一项较为复杂而又细致的工作,一般有建筑材料和生产设备的准备、施工机械和机具设备的准备等几项主要工作。

5. 施工队伍的准备

根据编制的劳动需用计划,由承建的承包单位具体安排,建立现场施工指挥机构,集结施工力量。在大批施工队伍进入现场之前对职工要进行技术交底和安全教育,对特殊工种要进行技术培训,同时必须做好后勤工作的安排,如职工的住、食、行等问题,都要在施工准备中全面考虑。保证职工有良好的生活条件,生产上无后顾之忧。

必须指出,施工准备工作不仅是在准备阶段进行,它还贯穿于整个施工过程中,随着工程的进展,在各分部分项工程施工之前,都要做好施工准备工作。因此,施工准备工作是有计划、有步骤、分阶段进行的,要贯穿于整个工程项目建设的始终。

因此,必须坚持没有做好施工准备不准开工的原则。要建立开工报告制度、单位工程开工,必须具备下列条件:施工图纸经过会审,图纸中存在的问题和错误已得到纠正;施工组织设计或施工方案已经批准并进行交底;施工图预算已经编制和审批,施工预算已编制;"三通一平"已完成或已满足开工要求;材料、成品、半成品和工艺设备等供应能满足连续施工的要求,基础工程需用材料已进场达 80% 以上;大型临时设施已能满足施工和生活的需要;施工机械、机具设备已进场,并经过检修能保证正常运转;劳动力已经调集,并已经过必要的技术安全和防火教育,安全消防设备已经具备;永久性或半永久性测量坐标和水准点已经设置;已经办理开工许可证。

➤ 9.1.3　建筑企业施工现场管理

现场施工管理,就是对施工生产过程的组织和管理。组织施工在整个建筑生产过程中,占有极为重要的地位,因为只有通过合理地组织施工,才能最后形成最终建筑产品。要把一个施工现场的许多专业队伍组织起来,有节奏地、均衡地施工,使其达到工期短、质量好、成本低和安全的目的,这是一个很复杂的问题。概括地说,组织施工应达到的目标是:工期短,质量好,成本低和生产安全。组织施工的主要内容应包括两个问题:一是如何按计划组织综合施工;二是如何对施工过程进行指挥、控制和协调。

1. 施工进度计划的贯彻

施工进度计划是现场施工管理的主要依据,根据施工方案编制的进度计划,确定了各分部分项工程的施工顺序、各施工过程的起止时间和相互衔接关系、按日历指示每天的工作项目和内容。

施工进度计划是一个动态过程,由于各种主客观因素的影响,实际进度与计划进度发生差异是常有的事,所以要定期及时的检查,掌握实际情况,分析进度超前或拖后的原因,研究对策和措施,保证整个工程施工进度计划的实施。

2. 施工过程中的检查

施工过程中的检查包括对技术、安全、节约等方面的检查。

(1)施工中的技术检查。技术检查是为了建立正常的施工秩序和保证工程质量。技术检查主要包括下列内容:检查工程施工是否按图施工,是否符合设计要求;检查工程施工是否贯彻施工组织设计规定的施工顺序和施工方法,施工是否遵守操作规程;对测量放线及各施工过程的技术检查和复核,要求符合图纸规定,符合质量标准,误差应控制在技术规范和标准的允许范围内;对材料、半成品、生产设备均须由供应单位提出合格证明文件,否则应进行必要的检验试验;隐蔽工程要符合质量检查的规定,并作必要的记录。

(2)施工中的安全检查。建筑安装工程由于是露天作业,有时还是立体交叉作业,施工条件较差,不安全因素多。因此加强施工过程中的安全检查,对保证安全生产,防止发生人身事故十分重要。安全检查是整个安全施工工作的一个重要环节,在做好安全教育,贯彻安全技术规程的基础上督促检查现场施工情况,发现隐患,杜绝事故,必须做好以下各方面工作:施工现场布置要符合安全规定,合理使用场地,不安全地段要设置安全围栏、安全网,运输道路和排水渠道要保证畅通,消防栓要按规定设置,防火设施应齐全;要检查脚手架、斜道、跳板等是否坚固和稳定可靠,高空作业要坚持使用安全帽、安全带和安全网,防止高空坠落物伤人;土石方施工要防止土石塌方,爆破要符合有关安全规程;施工机械要由专职人员操作,传动部分有保护装置,电器设备和线路绝缘可靠;搞好环境保护,对现场的防火、防爆、防毒、防尘和防噪音等都要符合有关安全规程。

(3)施工中的节约检查。节约检查主要是检查技术组织措施计划的落实。因为返工、返修是不必要的浪费,施工中需加强技术检查,防止质量事故的发生。

3. 专业业务分析

在现场施工组织管理中,还要深入开展各项专业业务分析活动。要根据大量的统计数据资料进行核算和专题分析研究。例如工程质量分析、材料消耗分析、机械使用情况分析、成本费用分析、安全施工情况分析、文明施工情况分析等。分析是为了了解这些专业业务的情况,解决存在的问题或制止某种不良的倾向,因此要及时把各种专业业务分析的结论、信息反映给现场施工指挥和调度部门,使得现场管理工作和作出的决定更加全面和正确。

4. 施工总平面管理

施工总平面管理是合理使用场地、保证现场交通道路和排水系统畅通以及文明施工的重要措施。所有施工现场都必须以施工组织设计所确定的施工总平面规划为依据,进行经常性的管理工作。施工总平面管理是全场性工作,由总包单位负责管理。由于施工是动态的、发展的,不同阶段施工平面布置的内容不同。因此,根据各施工单位不同时间对施工平面的要求,及时做好调整工作。

　　施工总平面的管理工作有以下几个方面:检查施工总平面规划的贯彻执行情况,指定大宗材料、成品、半成品和生产设备的堆放位置;确定大型暂设工程的位置和使用分配。如有增设、拆迁时,要经过有关部门批准方能执行;保证施工用水、用电,排水沟渠的畅通无阻;对于现场局部停水、停电,事先要有计划,并得到总指挥批准后才能实施;保证道路畅通,施工道路、轨道等交通线路上不准堆放材料,加强道路的维修,及时处理障碍物;签署和审批建筑物、构筑物、管线、道路等工程的开工申请;根据施工过程,不断修正施工总平面图。

▶ 9.1.4　竣工验收

　　工程的竣工验收是建筑生产组织管理的最后阶段,也是工程施工的最后一个环节。验收是一个法定手续,通过竣工验收,甲乙双方办理结算解除合同关系。对建筑企业来说,竣工验收意味着完成了一件最终产品,销售了一件建筑产品。因此,搞好竣工验收工作,对全面完成设计文件规定的施工内容,促进工程项目的及时投产或交付使用起着重要的作用。

　　竣工验收一般分为预验收、正式验收两部分。预验收是由施工单位申请监理单位给予验收,并提出问题进行进一步修改。正式验收是经过预验收后施工单位与建设单位、设计单位、监理单位、政府主管部门进行的正式验收,是进行最后交接前的最关键的一步。

　　1. 竣工验收的概念

　　竣工验收就是指施工企业已按照与建设单位签订的建设工程施工合同的要求完成建筑产品,建设工程已经完工,经建设单位验收合格,向建设单位移交建筑产品。如建设单位只进行一个单项工程建设,则此次向建设单位移交建筑产品的竣工验收工作已全部完成。如建设单位进行一个建设项目的建设,则要进行多次单项工程的竣工验收,待全部单项工程完成后,最后进行建设项目竣工验收,这时施工企业向建设单位移交建筑产品的工作才全部完成。

　　2. 竣工验收资料准备

　　竣工验收资料是工程竣工验收和质量保证的重要依据之一。施工单位应按合同要求提供竣工工程项目一览表、图纸会审记录、施工技术资料、质量检查记录、试验记录、施工记录等资料。经建设单位或监理工程师审核,确认无误后,方可进行竣工验收。

　　3. 竣工验收的组织

　　建设单位或监理工程师收到施工单位提交的竣工验收报告后,成立竣工验收领导小组,负责验收工作。领导小组由监理工程师牵头,由建设单位、设计单位、施工单位等组成。

　　4. 竣工验收程序及内容

　　竣工验收程序是按合同规定的质量等级,遵循现行的质量检验评定标准,按隐蔽工程验收、分部分项工程验收、单位工程验收、单项工程验收、建设项目验收的顺序,进行质量认可与否的过程。其主要程序如图 9-1 所示。

　　竣工验收的程序具体如下:

　　(1)由竣工验收小组组长主持竣工验收。

　　(2)建设、施工、监理、勘察、设计单位分别书面汇报工程项目建设质量状况、合同履约及执行国家法律、法规和工程建设强制性标准情况。

　　(3)验收组分三部分分别进行检查验收:①检查工程实物质量;②检查工程建设参与各方提供的竣工资料;③对建筑工程的使用功能进行抽查试验。

```
                    ┌─────────────────┐
            ┌──────→│   形成验收组织    │
            │       └────────┬────────┘
            │                ↓
            │       ┌─────────────────┐
            │       │各相关方分别书面汇报│
         存  │       │项目状况、合同履行及│
         在  │       │  标准执行状况     │
            │       └────────┬────────┘
            │                ↓
            │       ┌─────────────────┐
            └───────│ 现场验收是否存在问题│
                    └────────┬────────┘
                           不│
                           存│
                           在↓
                    ┌─────────────────┐
            ┌───────│讨论验收情况并汇总,听取质量监│
            │       │督机构意见,检查形成验收意见是│
            │       │      否一致       │
            │       └────────┬────────┘
            │              否│
            │                ↓
            │       ┌─────────────┐    不一致  ┌──────────┐
         是  │       │ 验收小组进行协商│─────────→│仲裁机构仲裁│
            │       └────────┬────┘          └─────┬────┘
            │              一│                      │
            │              致↓                      │
            │       ┌─────────────┐                │
            └──────→│填写相关表格及报告│←───────────────┘
                    └────────┬────┘
                             ↓
                    ┌─────────────┐
                    │完成验收报告后,报│
                    │  建设厅备案    │
                    └─────────────┘
```

图 9-1 竣工验收程序图

（4）对竣工验收情况进行汇总讨论，并听取质量监督机构对该工程质量监督情况。

（5）形成竣工验收意见，填写建设工程竣工验收备案表和建设工程竣工验收报告，验收小组人员分别签字，由建设单位盖章。

（6）当在验收过程中发现严重问题，达不到竣工验收标准时，验收小组应责成责任单位立即整改，并宣布本次竣工验收无效，重新确定时间组织竣工验收。

（7）当在竣工验收过程中发现一般需要改进的质量问题，验收小组可形成初步验收意见，填写有关表格，有关人员签字，但建设单位不加盖公章。验收小组责成有关责任单位整改，可委托建设单位项目负责人组织复查，整改完毕符合要求后，加盖建设单位公章。

（8）当竣工验收小组各方不能形成一致验收意见时，应当协商提出解决办法，待意见一致后，重新组织工程竣工验收。当协商不成时，应报建设行政主管部门或质量监督机构进行协调裁决。

5. 工程交接及保修

工程交接是工程项目通过了正式验收之后，施工单位向建设单位移交建设项目（含其他固定资产）所有权的过程。办理工程交接手续，应填写移交项目清单，竣工验收清单必须有三方（业主、监理、承包商）的签字方生效。工程进行竣工验收合格后，由监理工程师协助承建单位向业主进行项目移交，完成整个工程建设工作。

工程保修是建设工程项目在验收交付使用后，在一定期限内，对工程发生的确属施工责任造成的建筑物使用功能不良或无法使用的质量问题实行保修，直至达到正常使用标准。

9.2　建筑企业劳动管理

▶ 9.2.1　工资管理

工资是依据职工的技能、工作强度、责任、工作条件和实际贡献,以货币形式分配给个人的劳动报酬。建筑企业工资管理应坚持以按劳分配为主体、多种分配方式并存的分配原则,体现公平与效率,处理好各类人员的工资关系,达到既能防止工资增长过快,又能提高劳动效率的目的。

1. 工资制度

(1)结构工资。它是根据工资的不同决定因素和不同作用,将工资划分为几个不同的单元或部分,共同组成劳动报酬的一种工资形式。结构工资一般分为四个部分:①基础工资,是保障职工基本生活、维持劳动力再生产的必需的工资收入的基本部分,基础工资的数额按不同工资类区确定;②职务工资、职称岗位工资,干部按职务、职称,工人按工种岗位,根据职务高低、业务技术要求、劳动条件、责任大小等因素,划分为若干个工资等级标准;③工龄工资,是以工龄为主体来确定的工资性开支,工龄工资是随着工龄的增长而逐年增加的,它属于按劳动分配原则的范畴;④奖励工资,用于奖励在工作中做出了显著成绩的人员,有较大贡献的可以多奖,不搞平均发放。

(2)技能工资。即企业的工资分配不是根据一个职工的职称确定他的工资级别,而是根据职工掌握了多少种技能和能做多少工作来确定。简单地说就是以员工个人所掌握的知识、技术和所具备的能力为基础来进行工资报酬的支付。其特点是:不受工龄、资历等客观因素的制约;可以简化合并实行内部一条龙工资标准;可以考虑企业中提供技术者、出资者的利益;鼓励职工刻苦钻研技术、业务,不断提高技能素质,推进企业技术进步。

2. 工资形式

(1)计时工资。计时工资是按照劳动者的不同等级的工资标准和实际工作时间来计算以支付职工劳动报酬的工资形式。计时工资根据计算时间的不同,一般分为小时工资制、日工资制和月工作制。施工企业一般采取月工资制和日工资制相结合的方法来计算计时工资。计时工资的优点是简单易行,适应性强,实行范围广;其缺点是与劳动成果没有直接联系,不利于鼓励职工从物质利益上去关心劳动成果。

(2)计件工资。计件工资是按工人生产合格产品的数量或完成的作业数量,按照预先规定的计件单价,来计算劳动报酬的一种工资形式。按工资的支付方式,计件工资分为直接无限计件、有限计件、超额计件、包工计件和累进计件等形式。

由于计件工资把职工的工资收入同其劳动成果紧密地联系在一起,因此,计件工资更能体现多劳多得的分配原则。其特点是工人付出的劳动量以劳动成果的数量和质量表现出来,并以此来计算报酬。

计件工资的适用范围:计件工资适合于单纯依靠或主要依靠体力劳动进行生产,能单独计算劳动产品的数量或作业量,产品质量易检查,生产的品种或工程项目相对固定的工种工人。

(3)岗位工资。岗位工资是按照职工在劳动中的不同工作岗位确定劳动报酬的一种工资形式。岗位工资的特点是:按照工作难易、劳动轻重、责任大小以及劳动环境确定工资标准,同一岗位可以规定一个或几个工资档次。岗位工资一般适用于专业化程度较高,分工较细,同一工种内部技术差别不大,工作物对象和工作物等级比较固定,而且劳动强度较大的工种。

(4)浮动工资。浮动工资是在实行奖励制度的基础上,在贯彻经济责任制的实践中,由企业创造出来的工资形式。浮动工资的特点:工资既要随个人劳动贡献的大小而浮动,又要随企业经济效益的高低而浮动;既有个人工资的浮动,又有企业(单位)工资总额的浮动。把职工的物质利益同经济责任、经济效益挂起钩来,实行能上能下的浮动。

(5)包工工资。包工工资是将一定数量的施工任务包给施工队(或班、组、个人),规定完成任务的期限、质量标准和工资总额,如能按期、按质、按量完成生产任务,即可得到全部工资。这种工资形式由于实行"五包"(包工、包料、包质、包工期、包量),符合按劳分配的原则,适合建筑企业生产的特点,所以应用范围也较广泛。

(6)奖金。奖金是用货币形式支付的一种物质奖励,是对劳动者提供的超额劳动、劳动者的技术革新、新方法的运用等的报酬,它可以弥补工资的不足,是计时工资和计件工资的补充形式。

(7)津贴。津贴是职工劳动报酬的辅助形式,是用来补偿职工在特殊劳动条件下的额外劳动消耗和弥补生活费用的支出。

9.2.2 劳动力的优化配置

1. 劳动定员

劳动定员是企业根据一定时期的生产规模、任务和技术条件,本着节约用人、精简机构、提高效率的精神,规定企业必须配备的各类人员的质量要求、数量标准和比例,既要保证职工人数的总数上满足生产需要,又要在工种上保证满足工艺的需求。

通过劳动定员,可以使企业在配备使用人员方面有章可循,为合理使用劳动力提供条件;可以使企业在考核劳动效率和节约用人方面有明确目标,促使企业改善劳动组织;可以使企业在编制劳动计划时有所依据,保证企业在用人方面做到心中有数,为企业调整劳动力和控制各类人员比例提供标准。因此,劳动定员起到合理和节约使用劳动力、合理组织生产、提高劳动生产率的作用。

2. 建筑企业人员构成

按照在企业生产经营活动中执行的职能,企业人员包括:生产工人、学徒工、工程技术人员、管理人员、服务人员和其他人员等。按照与施工生产的关系可分为直接生产人员(即生产工人和学徒工)和非直接生产人员(即管理人员、工程技术人员、服务人员和其他人员)。

3. 编制定员的方法

按各类人员工作性质不同,企业确定人员数量的方法也不同,但都必须考虑定员标准的先进、合理,各类人员的比例要适当,管理制度要健全。在实践中,可考虑按以下几种方法来编制定员:

(1)按劳动效率定员。根据计划期生产任务量和劳动效率,考虑出勤率及工时利用情况影响,计算确定定员。劳动效率的确定要考虑以往历年企业劳动效率水平以及企业近期技术、管理能力的变化。其计算公式为:

$$\frac{\text{某工程计划}}{\text{定员人数}} = \frac{\text{某工种生产任务计划量}}{\text{某工种人员计划劳动生产率} \times \text{出勤率系数} \times \text{工时利用系数}} \quad (9-1)$$

（2）按设备定员。根据机构设备开动的台数和机械操作驾驶定额来计算定员人数。其主要用于施工机械的司机、机床工人等的定员。其计算公式为：

$$\text{某种机械设备计划定员人数} = \frac{\text{必需的机械设备台数} \times \text{开动班次} \times \text{每台班次所需人数}}{\text{计划出勤率} \times \text{计划出勤工日利用率}} \quad (9-2)$$

（3）按组织机构职责范围和业务分工定员。根据各个组织机构承担任务和分工需要确定定员人数。其主要用于管理人员和工程技术人员的定员。一般先确定领导体制、组织机构，然后确定各职能科室、各项业务的分工及职责范围，最后根据各项业务工作量的大小进行定员。

（4）按比例定员。即按照规定的各类人员之间的比例或某人员与他们所服务对象人数之间的比例关系来计算定员人数。如炊事员人数可按就餐人数确定。

（5）按岗位定员。按生产设备或工作岗位所必需的操作看管岗位和工作岗位数目确定定员。如企业门卫人员、变电所维护电工等的定员。

在实际工作中，建筑企业人员的确定一般是把上述几种方法结合起来使用的。

4. 劳动力管理

（1）用工制度。劳动用工制度是企业为了解决生产对劳动力的需要而采取的劳动力招收、录用、使用、调动和辞退等方面的制度。

建筑企业要按照劳动合同制度要求和本着先进、合理的原则，制订用工标准，要实行双向选择、择优录用、竞争上岗，建立企业的劳动合同制，用劳动合同这一法律形式确立和调整企业和劳动者之间的劳动关系。它较好地体现了用工管理上的经济手段、法律手段和行政手段相结合，双方责权利相统一，使劳动队伍既有相对的稳定性，又有合理的流动性。企业用工制度的管理应做好合同化管理、择优上岗制及试用工制等几项工作。

（2）劳动力的招收和调配。主要包括以下两方面内容。

①劳动力的招收是企业更新队伍、补充生产技术力量、保证施工生产所需劳动力的一种主要措施。劳动力的招收实行面向社会公开招考，全面考核，择优录用，并规定试用期，在试用期内发现不适合的可以调换或辞退。面向社会直接招考职工，可以先培训后就业，从而使招收的职工素质起点较高。

在录用形式上，企业根据生产和工作的特点及需要，可以招用 5 年以上的长期工，1 至 5 年的短期工和定期转换工、临时工、季节工，多种用工形式并存，统一实行劳动合同制。依据劳动合同的要求，规定双方的权利和义务。

②劳动力调配是把在职的劳动力在不同部门、不同地点、不同单位之间进行平衡调剂。劳动力调配工作，是建筑企业劳动力管理的一项重要工作，是有计划地安排劳动力的必要手段。

劳动力调配必须遵守以下几方面原则：要加强调查研究，有计划地调配劳动力；要统筹兼顾，全面安排；要按照"先内后外，先近后远"原则调剂劳动力余缺；要按岗位的特点和要求，安排合适的劳动力；调配工人时，力争做到专业对口，尽量发挥劳动者的专长。

劳动力的调配形式主要有：成建制调动，就是将某个单位的全部人员及设备、工具等一同迁入一个新地区或调入一个新单位；成套调动，是指人员配备成套，即一定数量的领导干部、技术骨干、生产工人配备成套，同时调入新建、扩建单位，这种调配方法适用于老企业支援新企业；成批调动，是指同时将同工种或不同工种的一部分职工从一部门地区的企业调动到另一部门地区的企业，采用这种方法是为了支持职工力量比较薄弱的单位；零星调动，包括对调、单调两种，这种调动除工作需要以外，在大多数情况下都是属于照顾性调动。

(3)劳动纪律。劳动纪律是有关劳动方面的规章制度,是人们在共同劳动中所必须遵守的行为规范。加强劳动纪律,严格奖惩制度,是有秩序地组织施工生产的有力保证。企业如果没有良好的劳动纪律,就无法组织生产。

劳动纪律的内容可分为三个方面:①工作纪律:要求所有参加劳动的职工必须严格遵守企业规定的工作守则,如遵守作息制度,服从生产指挥等;②工艺纪律:要求生产者必须遵守技术操作规程和各项规章制度,如施工中的水灰比例、振捣机械的操作要求等;③生产纪律:要求生产者必须遵守劳动保护和安全技术规程,按时、按质、按量完成生产任务,如施工中戴安全帽、钢筋的数量等。

➤ 9.2.3 劳动力动态管理

劳动力动态管理指的是根据生产任命和施工条件的变化,及时对劳动力进行跟踪平衡,避免劳动力与生产任务脱节的动态过程。

企业的劳动管理部门或劳务公司与施工项目经理部承担对劳动力进行动态管理的工作。

1. 企业的劳动管理部门或劳务公司承担的管理工作

(1)根据企业施工任务的需要和变化,在充分使用原有固定工人的基础上,及时从社会上的劳务市场招募劳动力。必要时,还须对工人进行上岗培训,以满足施工任务的需要。

(2)负责在企业范围内进行劳动力的平衡、调配和统一管理。具体是指及时了解企业范围内各个施工项目的进展情况,对施工项目中承包任务完成后收回劳动力,重新进行平衡、组织和派遣。

(3)根据施工项目经理提出的劳动力需要量计划,与施工项目经理部签订劳务合同,并按劳动合同的要求组织劳动力,向班组或作业队下达任务,派遣施工队伍。

(4)负责所管辖劳动人员的工资、奖金管理,实行按劳分配,兑现合同中确定的经济利益条款,进行合同中约定的奖罚规定。同时,也负责工人劳动应有的劳动安全保护等。

2. 施工项目经理部承担的管理工作

(1)按照确定的施工进度计划计算各工种劳动力需要量以及其他非生产性劳动力需要量,及时向企业的劳务公司或劳动管理部门申请派遣劳务人员,并与之签订劳务合同。

(2)按计划和需要在施工项目中合理分配劳务人员,并下达施工任务单或承包任务书,在工人上岗前进行必要的安全生产教育等。

(3)在项目施工过程中,根据任务变化和工程需要及时进行劳动力平衡和调整,妥善解决施工要求与劳动力数量、工种、技术能力和相互配合中存在的问题。

(4)按合同规定对施工质量和进度进行考核,考核合格应按时支付劳动报酬,施工任务结束,解除劳动合同时,将劳务人员遣归劳务公司或企业劳动管理部门。

劳动力动态管理的依据是项目施工进度计划决定的劳动量、需要量和劳务合同。劳动力动态管理的手段主要是动态平衡和日常调度。

➤ 9.2.4 劳动分配

1. 劳动分配的根据

企业一般根据下面内容进行劳动分配:

(1)劳动工资核算和设计预算。工资总额与劳动分配有关,要以此为基础进行劳动分配。

(2)劳务承包合同、劳务责任状和考核结果。项目经理部使用劳动力,不论是来自企业内部的劳务公司或成建制的农村(外省市)建筑队伍,都要实行劳务承包责任制,签订劳务承包合同。而劳务公司则需与派遣的班组或作业队签订劳务责任状。施工结束(或经过一定时间)就要根据签订的劳务承包合同和劳务责任状中规定的内容进行考核,根据任务完成情况、进度、质量等考核结果,以及原定的劳务费计取和结算方式等,结算并付给劳动报酬。

2. 分配的内容

施工项目范围内的劳动分配包括下述几个方面:

(1)项目经理部与劳务公司或成建制农村(外省市)建筑队伍的劳务费结算。

(2)班组或作业队劳务费的收入。

(3)班组或作业队向劳务管理部门上缴的费用。

(4)班组或作业队内部的报酬分配。

3. 劳动分配方式

劳动分配的方式各种各样,随着现代企业工资制度的建立,还会出现一些新的分配方式。目前常用的分配方式大致如下:

(1)项目经理部与企业劳务公司或成建制劳动队伍签订劳务承包合同时,一般采取包工资、包管理费的原则,对劳务费进行合同约定。经过考核后项目经理部按核算制度,每月结算一次,向劳务公司或成建制劳动队伍进行支付。

(2)劳务公司或成建制劳动队伍按劳务责任状和定期考核结果,按月向班组或作业队支付劳务费。该费用支付额一般根据劳务合同每月收入总量,扣除劳务管理部门的管理费及应上缴部分,经核算后支付。一般按计件工资制形式,在考核进度、质量、安全、节约、文明施工等基础进行支付。

(3)班组或作业队向工人进行分配,一般实行结构工资制形式,并根据劳动表现和考核结果加以浮动。

▶ 9.2.5 劳动力培训

培训是对员工潜力的再次挖掘,而且目前我国也很重视上岗前的培训,有些岗位需要有一定的上岗资质才允许上岗。

对于一些应用新技术、新工艺员工和特殊工种,上岗前的培训就更加重要。

劳动力培训主要由劳务管理部门负责进行,对于工程项目经理部自己招募的员工,根据工作需要,项目经理部要自己安排上岗前的培训。

9.3 建筑企业材料管理

▶ 9.3.1 建筑企业材料管理的特点和程序

建筑企业的材料管理是现代建筑企业管理的重要内容之一,搞好材料管理具有十分重要的意义。它是指对施工生产过程所需要的各种材料的计划、订货、采购、运输、保管、发放、使用所进行的一系列组织和管理工作。

加强材料管理是保证施工生产正常进行的物质前提,加强材料的采购、运输、储存保管、领发使用等各个环节,可以减少材料损耗,降低材料费用,从而降低工程成本,可以加速流动资金周转,减少流动资金的占用,并有利于保证工程质量和提高劳动生产率。

1. 材料管理的特点

建筑企业材料管理有以下几个特点:

(1)材料消耗的大量性与不均匀性。同一工程,施工阶段不同,所需材料的品种不同。建筑材料的数量通常以万吨计算,需要量是很大的,并且各阶段用料的品种和数量不固定、不均匀。

(2)材料供应的多样性和多变性。建筑材料品种规格繁多,既有大宗材料,又有零星材料,供应渠道多样,反映了建筑材料的多变性。

(3)材料储备的季节性。建筑材料的生产与供应,受季节影响很大,必须考虑季节储藏和供应,如沙子利用枯水期采取,伐木多在冬季。

(4)材料供应方式不固定。由于建筑生产的流动性,随着工程地点的变化,建筑材料的供应来源和运输方式受运输方面和运输环节的牵制不易固定。

2. 材料管理的程序

在材料管理的各个环节中,都涉及供方(供应商)的服务质量,各环节都应有对供方管理的评定,以使以后的材料管理程序更顺畅。材料管理的具体程序如图9-2所示。

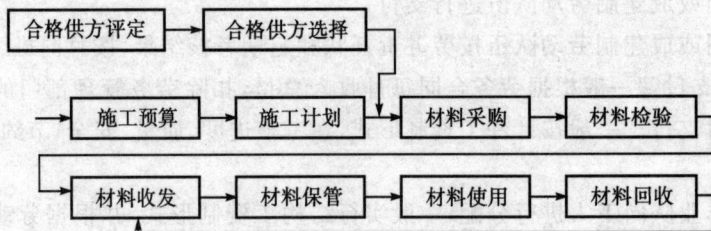

图 9-2 材料管理程序图

3. 材料管理的任务

(1)保证适时、适地、按质、按量、成套齐备地供应。①适时是指按规定的时间供应材料。供应时间不宜过早或过晚。过早则多占用仓库和施工现场,晚了则会造成停工停料。②适地是指按规定的地点供应。材料卸货地点不适当,就可能造成二次搬运,从而增加费用。③按质是指按规定的质量标准供应材料。材料质量低于标准要求,势必降低工程质量;若高于质量标准要求,则会增加材料费,加大成本。④按量是指按规定的数量供应材料。多了造成超储积压,多占用流动资金;少了停工待料,影响进度,延误工期。⑤成套齐备地供应是指供应的材料品种、规格要齐全、配套,要符合工程需要。

(2)加速材料周转,监督和促进材料的合理节约使用,以降低材料费用。在材料的供应管理上,既要保证生产的需要,又要注意经济效果,从各方面采取有效措施降低材料费用。如就近采购就近供应,尽量减少中间周转环节,组织好材料调运,节约运费;改善运输装卸、包装、保管工作,降低材料损耗;严格做好材料验收,控制材料的规格和质量,以避免大材小用、优材劣用和不合理的代用等;要合理地建立材料储备,严格进行库存控制,在保证生产正常进行的情况下,使得库存最小,避免材料积压和减少资金占用,加速资金周转,降低材料成本。

材料供应管理工作还包括监督其合理使用和节约使用。为此,材料供应管理部门要加强材料消耗定额的管理;建立健全材料发放制度,严格实行限额领料,控制用料;搞好清仓利库,修旧利废,做好废旧材料的回收和利用等。

在施工企业实行项目法施工后,施工现场材料管理的责任主要由项目经理部负责,企业材料管理的重点是内部材料市场的组织、运作,并对项目的材料管理负有检查、指导责任。

9.3.2 建筑企业材料计划的编制

1. 建筑企业材料计划的概念

建筑安装企业的材料计划是材料管理的组成部分,也是企业计划管理的重要环节。它是合理地利用人力、物力、财力,保证施工生产顺利进行,全面完成企业生产经营计划的一项重要管理工作。

材料计划是指根据施工生产对材料供应的要求以及市场材料供应情况而编制的各类计划的总称。在市场经济条件下,掌握建材市场供求信息,搞好建材市场的预测和分析,预测建筑材料在一定时期的供求变化及其发展趋势,已成为编制材料计划的重要依据。它可以避免材料采购供应中的盲目性,有利于降低材料采购成本,改善企业经营,提高企业的竞争能力。

2. 材料计划的编制

(1)材料需用计划的编制。材料需用计划是编制其他各类材料计划的基础,是控制供应量和供应时间的依据。根据不同的情况,可分别采用直接计算法或间接计算法确定材料需用量。

①直接计算法。对于工程任务明确、施工图纸齐全的企业,直接按施工图纸计算出分部分项工程实物工程量,套用相应的材料消耗定额,逐条逐项计算各种材料的需用量,然后汇总编制材料需用计划。然后,再按施工进度计划分期编制各期材料需用计划。直接计算法的公式如下:

$$材料计划需用量 = 建筑安装工程量 \times 材料消耗定额 \tag{9-3}$$

上式中,材料消耗定额的选用要视计划的用途而定,如计划需用量用于向建设单位结算或编制订货、采购计划,则应采用概算定额计算材料需用量;如计划需用量用于向单位工程承包人和班组实行定额供料,作为承包核算基础,则要采用施工定额计算材料需用量。

②间接计算法。对于工程任务已经落实,但设计尚未完成,技术资料不全,不具备直接计算需用量条件的情况,为了事前做好备料工作,可采用间接计算法。当设计图纸等技术资料具备后,应按直接计算法进行计算调整。

A. 利用概算指标计算材料需用量,其计算公式如下:

材料计划需用量=建筑面积×同类型工程每平方米建筑面积材料消耗定额×调整系数

$$\tag{9-4}$$

这种计算方法适用于已知工程结构类型和建筑面积,匡算主要材料需用量。

B. 当工程类型不具体,只知道计划总投资额时,用以下公式计算:

材料计划需用量=工程项目计划总投资×每万元产值材料消耗定额×调整系数

$$\tag{9-5}$$

由于该方法只考虑了投资报价,而未考虑不同结构类型工程之间材料消耗的区别,故其准确度差。

③动态分析法。即利用材料消耗的历史统计资料,分析变化规律,根据计划任务量估算材料计划需用量的方法。其公式如下:

$$某种材料计划需用量 = 上期该种材料消耗量 \times 调整系数 \qquad (9-6)$$

式中,任务量可用实物量,也可用价值量。

④类比分析法。即根据类似工程材料消耗水平来估算材料计划需用量的方法。其公式如下:

$$某种材料计划需用量=建筑面积 \times 类似工程每平方米该材料消耗量 \times 调整系数$$
$$或: \qquad =计划投资额 \times 每万元产值该材料消耗量 \times 调整系数$$

(2)材料供应计划的编制。材料供应计划是组织材料采购、加工订货、运输、仓储等材料管理工作的行动指南。

材料供应量的计算公式如下:

$$材料供应量 = 材料需用量 + 期末储备量 - 期初库存量 \qquad (9-7)$$

式中,期末储备量要根据储备定额来确定。

$$期末储备量 = 经常储备量 + 保险储备量 \qquad (9-8)$$

由于编制计划的时间与计划期开始时间不一致,故对期初库存量要根据这段时间差中材料收发情况进行调整。

$$期初库存量 = 编制计划时的实际库存 + 至计划期初的预计收入量 -$$
$$至计划期初的预计发出量 \qquad (9-9)$$

材料供应计划除确定供应量外,还要确定供应措施。

(3)材料采购及加工订货计划的编制。材料采购及加工订货计划是材料供应计划的具体落实。凡在市场上可以直接采购的材料,均应编制采购计划。这部分材料品种多、规格杂、分布广,供应渠道多,供应方式复杂,主要是通过计划控制采购材料的数量、规格及时间等。

凡需要与供货单位签订加工、订货合同的材料,均应编制加工、订货合同计划。计划中的主要内容应包括:材料名称、规格、型号、质量标准、技术要求、数量、交货时间和地点等。有的还应包括必要的技术图纸及说明材料,如有必要,可由加工厂家先期提供加工样品,待需方认可后再批量加工。

9.3.3 材料的库存决策和库存管理技术方法

建筑企业为了保证施工生产连续地有节奏地进行,需要建立一定的材料储备,也就是材料的库存。企业的库存必须经济合理,不能过多也不能过少。如果库存量过多,就会积压资金,增加库存保管费;如果库存量过少,就会导致停工待料,延误工期,造成损失。因此材料的储备应有个合理的界限,这个合理的储备界限就是材料的储备定额。

1. 材料储备定额的概念

材料储备定额,是指在一定的生产技术和组织管理条件下,为保证企业施工生产的正常进行所必需的合理储备材料的数量标准。建筑材料在施工中是逐渐地被消耗并转化成工程实体的组成部分,而各种材料的供应却是间断、分批进场的。为解决这个矛盾,企业就必须建立一定的材料储备。储备过多会造成材料积压,影响企业资金的周转,过少又不能保证生产的正常进行。因此确定材料储备定额,要依据两个原则,即材料储备数量能够满足施工生产需要,并且储备量应该是最低限度的。

2. 材料储备定额的作用

(1)材料储备定额是企业编制材料供应计划,确定订购批量和进料时间的重要依据。在材料供应计划中,利用库存是一项重要的供应措施。材料储备定额制定的合理,可以缓解材料供需矛盾,保证供应计划的实现。同时,企业材料采购的次数、一次进货数量即采购批量,都需要依据最佳储备数量而确定,由此必然影响到订购周期、进料频率,影响到仓库验收、保管、发放等一系列业务工作。因此,制定合理的材料储备定额,是储备管理的重要内容之一。

(2)材料储备定额是控制库存数量,考核库存水平的标准。材料储备定额,是根据施工生产和需求特点,根据资金状况和企业供应方式,根据企业管理水平综合制定的。材料储备定额是确定合理的储备数量,以此为衡量标准,则储备量超过材料储备定额,可能造成材料周转缓慢,资金占用增加,保管投入加大,材料利用效率下降等问题;储备量低于材料储备定额,可能影响施工生产,造成配套供应困难,仓库利用率低等各方面问题。因此应以材料储备定额为标准控制储备量,使库存数量始终处于合理水平。

(3)材料储备定额是核定储备资金、确定仓库储备面积、保管设备和管理人员的依据。材料储备定额是综合了各方面的因素而确定的数量标准。在企业编制资金使用计划时,储备定额正确合理与否直接影响到占用流动资金的大小和周转的快慢,影响企业经营成果的好坏。因此,可以据此确定储备材料资金占用水平、周转水平,确定库房、库区利用面积,装卸搬运机具、工具的配备和管理人员的配备,从人力、物力、财力三方面保证仓库工作运转正常,保证良好的配套供应能力。

3. 材料储备定额的计算

在社会再生产过程中,按材料储备所处的领域和所在的环节,一般分为生产储备、流通储备和国家储备。建筑企业的材料储备是生产储备,它处于生产领域内,是为保证生产进行、材料不间断供应而建立的储备。它由经常储备、保险储备和季节储备组成。

(1)经常储备。经常储备也称周转储备,是指企业在前后两批材料到货间隔期内,为保证施工生产正常进行所需要的材料经常储备量。经常储备量是一个周期性的变量,它随着供应情况和生产变化而不断变动。

经常储备量的计算公式如下:

经常储备量=(验收天数+整理准备天数+平均供应间隔天数)×平均每天材料需用量

式中:验收天数是指材料到达企业后在入库前所需的检验、清点计量、分类验收等的天数。

整理准备天数是指有些材料在投入施工生产使用前进行加工、技术处理和生产准备等所需的时间。

平均供应间隔天数是指前后两次购买材料之间相隔的天数(一般包括在途中的天数)。通常以算术加权平均法计算:

$$平均间隔天数 = \frac{\sum(供货间隔期 \times 供货量)}{\sum 供货量} \qquad (9-10)$$

材料经常储备情况如图9-3所示。

从图9-3可知,当一批材料进入企业时,此时材料储备达到最高水平,这一点叫做材料最高经常储备(最高库存),是储备量的上限,一般不得超过,如有超过则将造成超储积压。随着生产的耗用,材料储备量逐渐下降,直到下一批到货入库、验收、加工整理前,此时库存量为最小,叫做最低经常储备(最低库存),是储备量的下限。此时如不及时到货,将产生动用保险储备或造成停工待料的可能。建筑企业的日常材料经常储备,只能在最高库存和最低库存之间

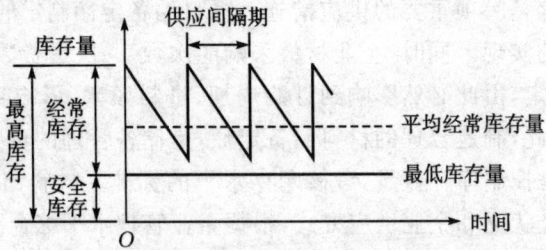

图 9-3 材料经常储备情况

进行。

(2)保险储备。保险储备也称安全储备,是指企业为了防止意外情况(如交货脱期、到货质量不符合要求退货等)造成的材料供应脱期,或适应生产中各种材料需用量的临时增加而建立的材料储备。为了保证施工生产的顺利进行,就需要在经常储备之外,对一些关键性的材料建立一部分保险储备。保险储备一般是一个常量,在正常情况下是不允许动用的,特殊情况下动用后,应立即补上。保险储备时间的计算,通常按历史统计资料确定,即从某种材料中断开始,到以最快速度重新取得可投入施工生产需要的时间为止。保险储备如图 9-4 所示。

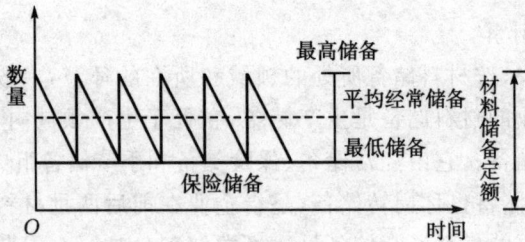

图 9-4 保险储备

保险储备的计算公式如下:

$$保险储备 = 平均每天材料消耗量 \times 保险天数 \tag{9-11}$$

(3)季节储备。季节储备是指企业为了适应某些材料的生产、供应受季节性的影响而中断的情况所建立的材料储备。如某些农副产品必须在收获季节采购储备,某些砂石材料因受洪灾、冰冻等季节的影响需提前备料等,这种临时增加的储备,只限于某些特定材料,一般材料不需作季节储备。

$$季节性材料储备量=季节性材料储备天数\times平均每天材料消耗量 \tag{9-12}$$

(4)材料储备定额的确定。由于企业库存材料的领用,通常是根据工程施工进度的每日耗用量呈有规律递减。在确定材料经常储备定额时,不必按到货期的最高储备计算,通常按库存材料的最大值和最小值平均计算,或以期初加上期末的材料储备量除以 2 计算,因此在确定企业某种材料储备定额时可按材料经常平均储备量加材料常年保险储备量计算。

$$材料储备定额 = 材料平均经常储备量 + 材料保险储备量 \tag{9-13}$$

实行保险储备后,能在供应不正常、需用有变动的情况下,仍保持供应不脱节。

4. 材料库存管理的技术方法

材料库存管理的技术方法,目前最基本的有 ABC 分类法、定量订购法和定期订购法。

（1）ABC 分类法。要搞好材料管理，首先就要对库存材料进行分类，抓住"关键的少数，次要的多数"，找出重点管理的材料。建筑企业所需要的材料种类繁多，消耗量、占用资金及重要程度各不相同，只有实行重点控制，才能达到有效管理。ABC 分类法就是一种科学的抓重点的管理方法。

在一个企业内部，材料的库存价值和品种数量之间是存在一定比例关系的，如表 9-1 所示。根据这一规律，将品种较少但需用量大、资金占用较高的材料，划分为 A 类；将品种数不多、资金占用额相当的划分为 B 类；而将品种数量很多、占用资金比重却较少的材料划分为 C 类，如图 9-5 所示。

表 9-1 ABC 分类及管理要求

分　类	比　例	管理要求
A	占总品种数的 5%～10% 占总金额的 10%～80%	精心管理，定期检查，控制进货，压低库存
B	占总品种数的 10%～25% 占总金额的 10%～20%	按经营方针，调节库存，管理方法可适当灵活，保险存量可稍大些
C	占总品种数的 70%～80% 占总金额的 5%～10%	简化管理，按最高储备定额核定库存，采用定期交点订货

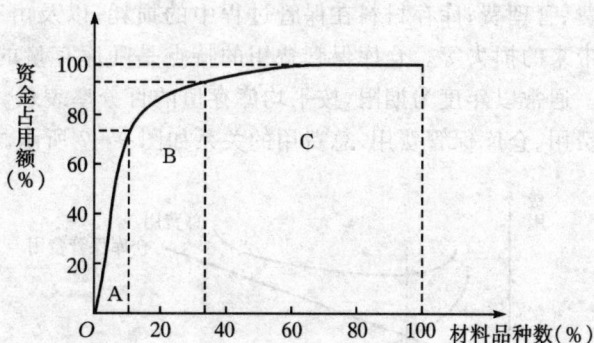

图 9-5 ABC 分类图

根据 ABC 三类材料的特点，可分别采取不同的库存管理方法。A 类材料是重点管理的材料，对其中的每种材料都是规定合理的经济订购批量，尽可能减少安全库存量，并对库存量随时进行严格盘点。把这类材料控制好了，对资金节省将起重要的作用。对 B 类材料也不能忽视，也要认真管理，控制其库存。对于 C 类材料，可采用简化的方法管理，如定期检查库存，组织在一起订货运输，或适当加大订货批量等。

（2）定量订购法。定量订购法是指某种材料的库存量由最高库存消耗到最低库存之前的某一预定的库存量水平时，就提出并组织订货，每次订货的数量是一定的。提出订货时的库存量称之为订购点库存量，简称订购点。每次订货的数量称之为订购批量。见图 9-6。

如图 9-6 所示，随着施工生产的进行，库存材料逐渐使用消耗，当库存量下降到订购点 A 点时，就立即提出订货，订购数量为 Q。这批材料在 B 点时到达入库，这时库存量升到 C 点，

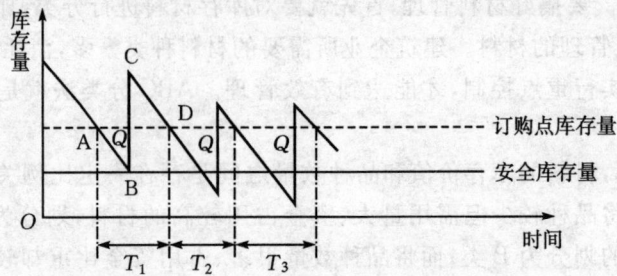

注：订购日期为 T_1、T_2、T_3

图 9-6　定量订购图

以后继续使用出库,库存量逐渐减少,又到订购点 D 点时,再进行订购,订购数量仍为 Q,这样依此重复进行。

经济订购批量是指某种材料的订购费用和仓库保管费用之和最低时的订购批量。

订购费用是指使某种材料成为企业库存的有关费用,主要包括:采购人员的工资、差旅费、采购手续费、检验费等。订购费用的特点是随订购次数的增加而增加。通常年需要量一定时,订购费用又随订购批量的增加而减少。

仓库保管费是指材料在库或在场所需要的一切费用,主要包括:库存材料占用流动资金的利息、仓库及仓库机械设备的折旧费和修理费、燃料动力费、采暖通风、照明费;仓库管理费,如仓库职工工资及办公费、管理费;库存材料在保管过程中的损耗;以及由于技术进步而使库存材料性能陈旧贬值而带来的损失等。仓库保管费用的特点是随库存量的增长而增长,也就是说与订购批量成正比。通常以年度为期限,按平均库存值的百分率表示。

订购批量与订购费用、仓库保管费用、总费用的关系如图 9-7 所示。

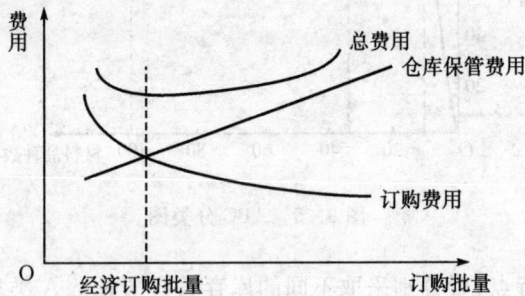

图 9-7　订购批量与费用关系图

订购费用和仓库保管费用之和即总费用为最小的经济订购批量(假定以年度为单位期限)可由以下推导的公式求得:

设:R——全年某种材料的需要量;

C——该材料的单价;

P——每次订购费用;

I——单位材料年度库存保管费率;

Q——每次订购批量;

因此,

$$年度总费用= 年度订购费用＋年度仓库保管费用$$
$$= 全年订购次数 \times 每次订购费用＋$$
$$全年平均库存值 \times 仓库保管费率 \qquad (9-14)$$

即：$T_c = \dfrac{R}{Q} \cdot P + \dfrac{CQ}{2} \cdot I$

求 T_c 最小时的订购批量 Q,须令 $\dfrac{\mathrm{d}T_c}{\mathrm{d}Q} = 0$

$$\frac{\mathrm{d}T_c}{\mathrm{d}Q} = -\frac{RP}{Q^2} + \frac{CI}{2} = 0$$

$$\frac{CI}{2} = \frac{RP}{Q^2}$$

$$Q^* = \sqrt{\frac{2RP}{CI}}$$

$$经济订购批量(Q^*) = \sqrt{\frac{2 \times 年需要量 \times 每次订购费用}{材料单价 \times 仓库保管费率}}$$

【例 9-1】某公司年需要某种材料 10000 件,每次订购费用为 100 元,仓库保管费率为 10％,材料单价为 20 元,则

$$经济订购批量 = \sqrt{\frac{2 \times 10000 \times 100}{20 \times 0.1}} = \sqrt{1000000} = 1000(件)$$

在图 9-7 中,经济订购批量就是仓库保管费用等于订购费用的那一点的批量。

计算经济订购批量所用的数据,一般是材料管理部门对实际值的最佳估计,所以经济订购批量值不是一个很精确的数字。尽管如此,它还是比主观估计的合理批量精确得多。

(3)定期订购法。定期订购法是事先确定好订货采购的时间,例如每月、每季或每旬订购一次,到达订货日期就组织订货,订货的周期相等。但每次订货的数量不一定,如图 9-8 所示。

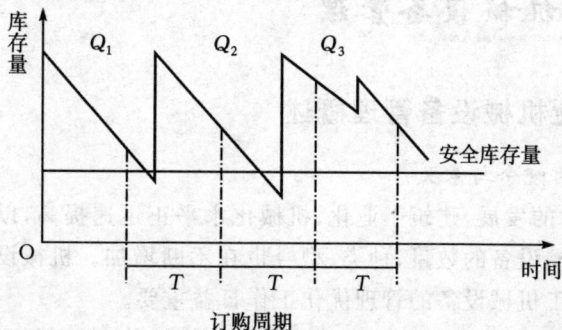

图 9-8 定期订购图

采用定期订购法,一是需要确定订购周期,即多长时间订一次货,具体什么时间订货;二是需要确定每次的订购数量。

订购周期一般是先用材料的年需要量除以经济订购批量求得订购次数,然后用 365 天除

以订购次数确定的。订购的具体日期应考虑提出订购时的实际库存量高于安全库存量,并满足订购期间的材料需要量。

每次订购的数量是根据下一次到货前所需材料的数量减去订货时的实际盘存量而定。其计算公式为:

订购量＝(订购天数＋供应间隔天数)×平均日需要量＋安全库存量－实际库存量

定期订购由于订货时间是固定不变的,所以其保险储备必须考虑整个供应间隔期和订购期间的需要,不得不适当多留一些。

采用定期订货方式,由于在订货期对各种材料统一组织订货,所以不要求平时对每种材料严格实行永续盘点,这可以简化订货组织工作,降低订货费用。另外,这种订货方式可以事先与供货方协商供应时间,做到有计划地安排产需衔接,有利于双方实行均衡生产。

我们可以根据经济订购批量公式计算出每次订货的最优供应天数、每年最优订购次数、最大库存值和平均库存值。例如我们可以求出每年最优订购次数(N^*)计算如下:

令 N 为每年订购次数,则:$Q=\dfrac{R}{N}$,$\dfrac{R}{N}=\sqrt{\dfrac{2RP}{CI}}$

$$N^*=\sqrt{\dfrac{RCI}{2P}}$$

【例 9-2】某建筑公司全年耗用水泥的总金额为 50 万元,每次订购费为 700 元,仓库保管费率为平均存货价值的 10%,求:①最优订购次数;②每次最佳订购量;③每次订购时间间隔期。

解:①最佳订购次数 $N=\sqrt{\dfrac{RCI}{2P}}=\sqrt{\dfrac{50\times10^4\times0.1}{2\times700}}=6$(次／年)

②每次最佳订购量 $Q=\dfrac{R}{N}=\dfrac{50\times10^4}{6}=8.3333$(万元)

③每次订购时间间隔$=\dfrac{365}{6}\approx60$(天)

9.4 建筑企业机械设备管理

▷ 9.4.1 建筑企业机械设备管理概述

1. 机械设备管理的概念与意义

随着建筑科学技术的发展,建筑工业化、机械化水平正迅速提高,以机械施工代替繁重的体力劳动日趋增多,机械设备的数量、种类、型号也在不断增加。机械设备在施工中所起的作用越来越大,加强对施工机械设备的管理优化工作日益重要。

机械设备管理是对机械设备从选购、验收、使用、维护、修理、更新到调出或报废为止的运动全过程的管理。按照优化原则,对施工机械设备进行选择、合理使用与适时更新。

机械设备管理是建筑企业管理的一项重要内容,设备管理好坏,对于产品的品种、产量、减轻劳动强度、提高劳动效率以及减少原材料消耗、降低成本,具有极其重要的作用。如果机械管理不善,将使产品质量下降,产量减少,消耗增加,成本上升,对于某些需连续施工的项目,如混凝土浇筑、大坝施工等,由于设备故障停工,会造成严重的经济损失和社会影响。如果一个企业的设备发生故障停产,还会引起连锁反应,影响整个工程的进展,甚至成败。

机械设备是建筑企业从事施工的物质技术基础。机械设备管理工作是保证企业正常生产秩序和均衡施工的前提,是发挥机械效率、提高经济效果的重要条件,也有利于提高机械化施工水平,促进建筑工业化发展。由于建筑机械使用流动性大,服务对象多,露天作业时间长,固定程度差,负荷不均衡、受手工操作与现场多工种交叉作业影响等,增加了其管理的复杂性,也体现了管理的重要性。

2. 机械设备管理的内容

机械设备管理的主要内容如下:

(1)正确配置机械设备。根据技术先进、经济合理的原则,通过技术经济评价,为施工生产提供性能好、效率高、作业成本低、通用性强、操作方便安全的机械设备。

(2)建立和健全机械设备管理制度。针对机械设备管理的特点,从合理操作和经济效益两个方面着手建立和健全各项规章制度,如机械设备的操作规程、岗位责任制、计划检修制度等。

(3)正确使用机械设备。做好日常管理工作,合理组织机械施工,充分发挥机械设备的效能,提高利用率和产出率。

(4)正确维修保养机械设备。按照检修制度,经常、及时做好维护、保养和修理工作,使其处于良好的技术状态,提高机械设备的完好率。

(5)正确进行机械设备的更新。根据设备的性能和技术改造规划,有计划、有重点地对现有机械设备进行技术改造和更新。

3. 机械设备的分类

建筑企业拥有的机械设备类型很多,从设备的功能来说,可以分为以下几类:

(1)土方工程机械。其主要用于土方工程场地平整、基坑开挖、填筑和压实、地下水处理等。只要有铲运机、推土机、正铲挖土机、反铲挖土机、装载机、压路机、夯实机械、振动机械、空气压缩机、水泵、降水井点设备等。

(2)桩工和地下连续墙机械。其主要用于打桩、压桩施工和地下连续墙挖槽,如柴油锤、振动锤、万能轨道式桩架、履带式桩架、液压静力压桩机、冲击钻机、螺旋钻机、转盘式循环钻机、潜水钻机、多头钻头、导板抓斗、液压导杆抓斗等。

(3)起重机械。其主要用于起重、吊装等作业,主要有桅杆起重机、履带起重机、汽车起重机、轮胎起重机、塔式起重机等。

(4)混凝土工程机械。其主要用于钢筋成型加工和连接、混凝土拌合物制备、运输、浇筑和捣实,如钢筋调直机、钢筋弯曲机、钢筋切割机、各种钢筋焊接机、混凝土搅拌机、混凝土搅拌运输车、混凝土泵和泵车、混凝土布料机、混凝土振动器等。

(5)装修机械。其主要用于室内外装修作业,如涂料研磨机、喷涂枪、射钉枪等。

(6)机械化工具。其主要包括电动工具、风动工具和液压式工具,如电锯、电刨、电钻、电动刻槽机、电动扳手、风镐、风动扳手、风动捣固机等。

(7)传导设备。其主要用于传送固体、液体、气体和动力的各种设备。如上下水管道,蒸汽、压缩空气的传导管,电力网,输电线路和传送带等。

(8)交通运输设备。其主要用于运送材料和载人的各种运输工具。如各种汽车、自行车、电瓶车等。

(9)仪器仪表。其主要用于工程和其他工作用的各种仪器、仪表和工具等。如测量仪器、测试仪器和科学实验设备等。

4. 机械设备的运动形态

所有机械设备都必须经历从选购、使用、损耗、补偿直到报废的运营过程。而机械设备的损耗及其补偿是决定机械设备管理的重要因素。机械设备的整个运营过程包括两种形态即物质运动形态和价值运动形态。物质运动形态包括设备的选购、进场验收、安装调试、使用维修、更新改造等。价值运动形态包括最初投资、折旧、维护修理和更新改造资金的来源、运用等。在实际工作中,前者是机械设备的使用业务管理,一般称为机械设备的技术管理,由机械管理部门承担;后者是设备的经济管理,称为固定资金管理,由企业财务部门承担。

5. 机械设备装备的外部因素

建筑机械设备装备的形式一般有三种:自制、购买和租赁。企业自行装备就是企业根据工作的性质、任务类型、施工工艺特点和技术发展趋势购置自有机械,自行使用。企业为达到较高的机械利用率和经济效果,自有机械设备应当是常年大量使用的机械。租赁就是对某些大型、专用的特殊建筑机械,一般企业自行装备在经济上不合理时,可向专门的机械供应站租赁使用。

机械施工承包是指某些操作复杂或要求人与机械密切配合的机械,由专业机械化施工公司装备,组织专业工程队承包,如大型构件的吊装、大型土方工程等。因此,建筑企业在机械设备装备时,应分析企业外部对机械设备装备的制约因素,以确定其装备的形式。

➤ 9.4.2 机械设备的使用、维护和修理

1. 建筑机械设备的特点

(1)流动性强。由于建筑施工生产具有很大的流动性,机械设备也随之而移动,现场调动频繁,搬迁安装,利用率低,易受颠簸,因而设备磨损加快。

(2)磨损快。建筑业多系露天高空作业,机械设备风吹、日晒、雨淋,深受自然界侵蚀,加速其磨损程度。

(3)均衡性差。建筑机械作业时间负荷的均衡性较差,易磨损。

(4)综合利用率低。建筑生产在同一现场的不同时间,或同一时间的不同现场进行配合作业,机械作业的连续性差,因而效率较低。

(5)管理的复杂性。建筑产品的多样性和工程复杂性,使建筑机械不易配套,且其品种规格复杂,相应也增加了管理工作量和维修工作的复杂性。

2. 机械设备的损耗

(1)机械设备损耗的形式。机械设备属于固定资产,其损耗包括有形损耗和无形损耗两类。机械设备的有形损耗也称实物损耗,包括使用损耗和自然损耗两类。使用损耗是机械设备在使用过程中,零件由于发生摩擦、震动、腐蚀和疲劳等现象产生的。这种损耗通常表现为机械零部件原始尺寸、形状发生变化,公差配合性质改变以及精度降低,零部件的损坏等。自然损耗是在机械设备的闲置过程中,由于自然力的作用而腐蚀,或由于管理不善和缺乏必要的维护而自然丧失精度和工作能力造成的损耗。

无形损耗是由于科学技术进步而不断出现性能更加完善、生产效率更高的设备,导致原有设备价值降低,或者是生产同样结构的设备由于工艺改进或加大生产规模等原因,使其重置价值不断降低,亦即原有设备贬值。这种无形损耗也可分为两种形式:一是由于相同结构设备重

置价格的降低而带来的原有设备价值的贬值;二是由于不断出现性能更完善、效率更高的设备而使原有设备在技术上显得陈旧和落后。

(2)机械设备磨损规律。机械设备磨损规律,是指机械设备从投入使用以后,机械设备磨损量随时间而变化的规律。它大致可分为初期磨损阶段、正常磨损阶段和急剧磨损阶段三个阶段。

①初期磨损阶段。其包括制造和大修理中的磨合磨损和使用期的走合磨损。此阶段内故障发生的原因多是由于设计、制造上缺陷,零部件磨合关系不好,搬运、拆卸、安装时的缺欠,操作人员不适应等造成的。特别是对于进口机械设备,操作人员的不熟练造成初期故障率较高,对于使用单位来说,要慎重地进行搬迁、拆卸,严格地进行验收、试运转,以及培训好操作人员等。

②正常磨损阶段。其包括使用磨损和自然磨损。此阶段设备处于正常运转时期,故障率最低,故障发生的主要原因是操作人员的疏忽与错误。因此,该阶段的工作重点应是加强正确操作,做好日常维护和保养,机械设备的寿命在很大程度上决定于正确操作和日常维护。

③急剧磨损阶段。该阶段机械设备性能和效率降低,应进行保养与维修,产生磨损的主要原因是机械零部件老化和间隙增大,产生冲击荷载。此阶段是由于磨损严重,机械设备性能劣化而造成故障,为了防止其故障发生,就要在零部件达到极限磨损前加以更换。

3. 机械设备的合理使用

(1)正确选配机械,合理组织机械施工。选配机械时应做到:根据工程量、施工方法和进度要求,确定机械机种规格,各机械间生产能力应当相适应,使每台机械都能充分发挥效能;要考虑尽可能在相邻工程项目上综合作业,多次使用,从而减少拆、装、运次数,提高设备利用率;工程量大而集中时,应采用大型专用机械设备,工程量小而分散时,应采用一专多用或移动灵活的中小型机械设备,以适应不同类型机械的特点;根据需要和可能,采用现代管理理论的经济性计算方法,在供需产生矛盾时寻求最优。

合理组织机械施工,要做好机械施工的计划工作,及时调度。编制机械设备的供需计划,经过平衡,共同遵守执行。要避免少用多要,迟用早要,使机械使用有计划地进行。与此同时,要保证合理组织的有效性,保证原料供应,水、电、动力的供应,保证施工场地和施工顺序安排的合理性,安排好机械设备的维修保养,避免带病运行,使所有机械都得到充分有效的利用。

(2)实行定人、定机、定岗位责任的使用管理制度。实行定人、定机、定岗位责任的"三定"制度是合理使用机械设备的基础和核心。把机械设备交给操作工人或班组固定使用,由他们负责保管、操作、保养和日常检修,在使用过程中对机械设备的技术状况和使用效率负责,以加强操作人员的责任心,保证安全生产,充分发挥机械设备的效能。凡属在用的机械设备,必须指定专人保管使用。"三定"的核心是执行岗位责任制。它要求机械操作人员严格遵守设备操作规程和设备维护规程,爱护机械设备,保管好原机零件、部件、附属设备和随机工具,认真执行交接班和操作证制度,填好运转记录,降低原材料和能源的消耗,提高机械设备质量,积极为施工生产服务。

(3)严格执行机械设备使用中的技术规定。

①机械设备的技术试验规定。凡是新机械或经过大修、改装、改造、重新安装的机械设备,均应进行技术试验后方可投入使用。新机械设备的检验由机械管理部分负责;大修、改装和改造后的机械设备的技术试验,由承担维修任务单位负责;重新安装的机械设备的技术试验,由

使用单位组织进行。

②机械设备磨合期的规定。新出厂或新大修的机械设备在投产使用初期,必须经过运行磨合(走合)过程。因为新加工的零件表面有比较粗糙的刀痕和加工痕迹,或存在装配表面未达到良好配合的情况,还需经过一定时间的运行磨合,才能保证达到正常运转。

③机械设备寒冷季节使用规定。为确定机械设备寒冷季节的正常运行,防止低温影响使用和造成损坏事故,必须遵守机械设备寒冷季节使用规定。在进入寒冷季节前,要制定寒冷季节机械施工安全技术措施,并对机械操作人员进行寒冷使用机械设备的安全教育。在技术上,要执行机械设备寒冷季节使用的技术措施,包括机械冷却系统防冻措施,燃料、润滑油料的选用和机械使用中应遵守的事项等内容。

4. 机械设备的检查

设备检查是对设备运转情况、技术状况、工作精度、零部件老化程度进行各种形式的检查和校验。设备检查是设备维护保养与修理工作的重要前提条件。通过检查能及时查明和清除隐患,针对发现的问题提出改进维修工作的措施;有目的地做好修理前的各项准备工作,以提高修理质量和缩短修理时间。设备检查从时间上可分为日常检查和定期检查;从技术上可分为机能检查和精度检查。

(1)日常检查是由操作人员结合日常保养进行的日检查和交班检查。凭借摸、听、看、嗅等方式或用简单的工具来进行。其目的是及时发现不正常的情况,并清楚和及时记录下来。

(2)定期检查是专业维修人员在操作人员的配合下,按计划进行检查,其目的是查明零部件磨损与腐蚀情况,以便确定修理类别、修理时间和修理前的各项准备工作。定期检查可进一步分为年检查、月检查等。

(3)机能检查又称功能检查,是对设备的各项功能进行检查和测定,如检查设备的漏油、漏水、漏气、防尘密封等功能情况。

(4)精度检查是对设备的精度进行检查和测定,以确定设备的实际状况。

5. 机械设备的维护保养

机械设备在使用过程中,不可避免地出现一些不正常的现象,例如紧固件松动,局部漏油,声音异常等,这种状况如不及时处理就会造成设备过早磨损。为了避免不应有的损失,必须经常对设备进行检查、调整和处理。如根据设备的技术资料或操作规程,对设备进行清洁、润滑、紧固、调整、防腐等工作,以减少磨损,延长设备使用年限,保证设备在正常条件下运转,这就是机械设备的维护保养。

机械设备保养的目的是为了保持机械设备的良好技术状态,提高设备运转的可靠性和安全性,减少零件的磨损,延长使用寿命,降低消耗,提高机械施工的经济效益。按工作量的大小可分为日常保养和定期保养。

(1)日常维护保养。日常维护保养又称例行保养,是操作人员每天(班)在设备使用前、使用过程中和使用后必须进行的工作,其基本要求是:操作者一律严格按操作规程使用设备,经常观察设备运转情况,并在班前、班后填写记录卡,通过维护保养,达到"整齐、清洁、安全、润滑"的要求。

(2)定期保养。定期保养的等级和内容,是根据机械设备的复杂程度、特性和作业环境等因素确定的。定期保养一般分为三级,大型机械实行四级保养制,小型机械实行二级保养制。

一级保养,是以定期检查为主,辅以维护性检修的一种间接预防性维修形式,除普遍地进行紧固、清洗、润滑、检查以外，还要部分地进行调整。其主要内容是：检查、清扫、调整电器（控制）部位；彻底清洗、擦拭外表；检查设备内脏；检查、调整各操纵、传动连接机构的零部件；检查油泵，疏通油路，清洗或更换油毡、油线，检查油箱油质、油量；清除各活动表面毛刺；检查、调节各指示仪表与安全防护装置。在检查中，发现故障、隐患和异常要予以排除。一级保养以操作人员为主，由专业维修人员配合进行。

二级保养，是磨损的一种补偿形式，它是以维持机械设备的技术状况为主的检修形式。二级保养主要是进行内部清洗、润滑、局部解体检查和调整、更换或修复磨损件，使局部恢复精度。对检测中获得的各项数据和状态情况，应及时、认真、详细地记录。二级保养以专业维修人员为主，操作工人配合参加。

三级保养，它是以专业维修人员为主，对设备的主体部分进行解体检查与调整，更换部分零件。其主要包括：二级保养项目；检查发动机运转情况，消除内部污垢，更换已磨损零件；对整机进行全面的清洗、检查、整修，排除异常现象，保持况良好、机容整洁。

对不同机械设备规定维护保养的类别和内容时，要根据设备的生产工艺、结构复杂程度和完成任务情况进行详细制定。

6. 机械设备的修理

修理是通过修复或更换磨损零件，调整精度，排除故障，恢复设备原有功能而进行的技术活动，其主要作用是恢复设备精度、性能，提高效率，延长使用寿命，保持生产能力。设备修理方式有两种：一种是待设备磨损到不能再继续使用时才进行，这种方式称为事后修理或故障修理；另一种是在设备未损坏之前就进行，其不仅能够恢复设备应有的技术状态和效能，同时也能够防止在使用过程中，因零部件磨损增多而突然发生故障或事故，这种形式称为预防性修理。

（1）预防性修理的方式。预防性修理按修理的程度和工作量大小，一般分为小修、中修和大修，在国内实践中，还产生了项修。

①小修是指对设备进行局部修理，没有固定时间，一般是根据机械故障情况临时安排。通常只需修复、更换部分磨损较快和使用期限等于或小于修理间隔期的零件，调整设备的局部机构，以保证设备能正常运行到下一次计划修理。

②中修是指对设备进行部分解体，修理或更换部分主要零部件和数量较多的其他磨损件，并校正机械设备的基准，恢复达到技术要求。设备修理后质量管理部门和设备管理部门组织车间人员、主修工人和操作者根据中修技术任务书的规定和有关要求，共同检查验收。中修费用由生产费用开支。

③大修是工作量最大的修理活动。大修要对设备进行全部拆卸和调整，更换或修复所有磨损部件，全面恢复设备原有精度、性能、效率，达到设备出厂时的水平。设备大修后，质量部门和设备管理部门应组织有关部门和人员共同验收。大修费用由专提的大修基金支付。

④项修是根据设备的实际技术状态，对设备精度、性能达不到工艺要求的某些项目，按实际需要进行针对性修理，在项修时一般要求进行部分解体、检查、修复或更新磨损机件，必要时对基准件进行局部修理，从而恢复设备的精度和性能。因只对其中丧失精度的某些项目进行恢复性修理，甚至是提高性的改善修理，因此既节约人力、物力和修理费用，又能缩短停机时间。一般来说，项修所花费用为大修的 $40\%\sim60\%$，而达到的效果仍能满足要求。因此，在我国项修已逐渐取代了中修，而且在某种程度上还可以代替大修。

（2）预防性修理的方法。预防性修理的方法大体上分为检查后修理法、定期修理法、标准修理法等三种方法。

①检查后修理法。这种方法是事先规定机械设备的检查期限，再根据检查的结果和积累的修理资料，编制修理计划，确定修理的日期、类别和内容。这种方法的优点是简便易行，与其他修理方法相比，修理的费用较低；缺点是不易做好修理前的准备工作，停修时间可能较长。这种方法适用于在缺乏修理定额资料，不能掌握零件磨损规律和使用寿命的情况下采用。

②定期修理法。这种方法是根据机械设备的实际使用情况和修理定额资料，制定检修计划，确定大致的修理日期、类别和内容。至于具体的修理日期、类别和内容，则需根据修理前的检查结果来确定。这种方法的优点是比较切合实际，便于做好修理前的准备工作，有利于采用先进的修理工艺，能缩短设备停修时间，保证修理质量。这种方法企业采用的比较普遍。

③标准修理法。标准修理法也叫强制修理法，这种方法是根据零件磨损规律和使用寿命，明确规定检修的日期、类别和内容，到了规定的时间，不管设备状态如何，就要按计划强制进行修理。这种方法的优点是能充分作好修前准备，有效地保证设备正常运转。但是要事先精确地规定零件的使用寿命是比较难的，还容易增加修理成本。因此这种方法只适用于必须保证安全运转的特别重要的设备。

▷ 9.4.3　机械设备的改造和更新

1. 机械设备的改造

机械设备的改造是指对原有设备进行技术改革，以改善和提高机械设备的性能、精度及生产效率。对现有设备进行有效的改造，是企业挖潜、革新、改造的重要内容。机械设备的改造是一项极为精细复杂的工作，必须充分考虑其改造的必要性、技术的可行性和经济的合理性。

（1）改造的必要性。必须根据生产技术发展的需要出发，针对设备对产量、质量、成本、安全、能源消耗和环境保护等各方面的影响程度，有计划、有步骤地进行，使设备经过革新改造以后，能达到预期的目的和要求。

（2）技术上的可行性。一般来说改造规模小，不影响设备的主要性能，可由使用单位经有关部门批准，自行设计改装。但必须充分考虑技术上的可行性，一切要提前通过实验进行验证。

（3）经济上的合理性。对于机械设备的各种改造方案，必须充分考虑经济上的合理性，要经过专业人员进行一系列的详细计算，从而通过进行技术经济论证和经济效果分析来选择。如果改造费用很高，或者改造后其效果很不理想，必须重新修改方案。

在机械设备进行改造时，必须与机械设备的大修理结合起来。这样，既能达到设备改造的目的，又能大大地节约改造费用，这是一种行之有效、经济合理的方法。

2. 机械设备的更新

（1）机械设备更新的意义。机械设备的修理和改造固然重要，但是，由机械设备使用中的技术规律可知机械设备使用期限并不是无休止的。过去有一种陈旧的观念，以为设备的使用寿命越长越好，根本不考虑经济效果，甚至在维修费和改造费超过更新设备费用时，还要千方百计地去维护陈旧和效率很低的设备，这种现象必须改变。

机械设备的更新，主要是指以新的、效率更高的设备，去更换陈旧的和经济上不合理的机械设备。由于现代科学技术日新月异，机械设备的陈旧愈来愈快，更新的周期愈来愈短，例如有的工业发达国家的机械设备,20 世纪 50 年代的更新周期约为 10 年左右,到 70 年代已缩短为 5 年左右。原来企业以增加设备拥有量为主,现在已转移到以设备更新为主。目前,我国建筑机械设备大多数是 20 世纪七八十年代的老产品。为适应现代化的要求,充分发挥企业生产技术潜力,对现有设备进行更新具有重要意义。

(2)确定机械设备的寿命。机械设备的寿命是指设备从投入使用开始,经过有形损耗和无形损耗,直到在技术上或经济上不宜继续使用,需要更新改造所经历的时间。按其性质,机械设备的寿命分为自然寿命、经济寿命、技术寿命。

①自然寿命,亦即物理寿命,指机械设备从开始使用起,直到由于有形损耗的原因造成不能继续使用为止所经历的整个时间。它与设备的维修、保养的状态有关,并可通过恢复性修理延长设备的自然寿命。

②经济寿命,指设备从投入使用到因继续使用会造成经济上不合理而退出服务为止所经历的时间,是从经济角度考虑最合理的使用年限。设备使用到后期,虽没有达到自然寿命,但由于性能老化,维修费用日益增多,靠高额维修费来维持使用,在经济上已不合理而应淘汰。常用最小平均费用法和低劣化数值法来判断设备的经济寿命。

③ 技术寿命,指设备从投产使用到由于新技术的出现使其丧失使用价值而被淘汰为止所经历的时间,技术进步越快,机械设备的技术寿命越短。

(3)建筑机械设备发展的趋势。随着科学技术的发展,建筑企业机械设备的技术含量愈来愈高,并正在向专用大型化、多能小型化、组装化、轮胎化、液压化、电子化、系列化等方向发展。

①专用大型化是指为提高生产效率和使用高层建筑而发展的大功率、大能力、大容量专门用途的新机种。

②多能小型化是指为了满足各种工程的不同要求而发展起来的多功能、多用途的新机种。

③组装化是指在施工现场,根据作业需要,将某些独立的组装件进行组装,称为需要的机械。实行机械设备的组装化,既可满足多种机械需要,又便于互换修理,减少机械闲置,有利于生产专业化和系列化。

④轮胎化是指发展轮胎机械,使其机动性强,移动轻便,结构简单,维修方便,但轮胎容易磨损。

⑤液压化是指广泛采用液压传动技术,可简化传动机械,减轻机械重量,操作起来平衡可靠,且便于机械设备实行标准化、系列化和通用化。

⑥电子化是指采用电子技术,发展无线电遥控、自动控制、自动测量计量、保安控制,以提高机械设备自动化程度。

⑦系列化是指同一种机械的性能、规格也要逐渐形成系列化。

思考与练习

1. 建筑企业施工生产管理的主要内容有哪些?
2. 工程竣工验收的程序和内容有哪些?
3. 简述劳动力动态管理概念及其内容。
4. 建筑企业材料管理的任务是什么?
5. 什么是材料的经常储备、保险储备和季节储备?
6. 材料储备定额与材料经常储备有什么区别?
7. 什么是 ABC 分类法? 它的特点是什么?
8. 机械设备管理的内容是什么?
9. 机械设备的损耗分哪几种?
10. 如何保证机械设备的合理使用?
11. 如何进行机械设备的修理?

第10章 建筑企业技术管理

学习要点

1. 建筑企业技术管理的概念、任务和内容
2. 建筑企业技术管理的基础工作
3. 建筑企业技术管理的主要工作
4. 建筑企业标准化管理与工法制度

10.1 建筑企业技术管理概述

10.1.1 建筑企业技术管理的概念和任务

1. 建筑企业技术管理的概念

建筑企业技术管理是对建筑企业中的各项技术活动过程和技术工作的各种要素进行的科学管理工作。建筑施工过程是建筑产品的生产过程,也是一系列技术活动进行的过程。因此,技术管理是建筑企业管理的重要组成部分。企业的技术管理活动不仅研究某项技术问题如何解决,而且还研究如何对各项技术活动和技术工作进行管理,即运用管理的职能促进各项技术工作的开展,保证施工生产的顺利进行。技术管理的基本概念,如图 10-1 所示。

建筑企业技术管理工作是至关重要的。据预测表明:企业将来采用新技术的新产品将占总销售额的三分之一,采用改进技术的新产品将占总销售额的三分之一以上,采用原技术的老产品将占总销售额的三分之一以下。这说明,在科学技术飞速发展的时代,如果技术水平跟不上时代的步伐,将会在激烈的市场竞争中被淘汰。建筑企业技术水平的高低,除受建筑企业所拥有的技术本身决定以外,还受建筑企业技术管理水平决定,技术管理水平尤为重要。因为建筑企业所拥有的技术人才和技术装备,只有通过技术管理工作,才能真正发挥技术作用,做到人尽其才,物尽其用。建筑企业必须加强技术管理工作,提高技术水平,增强生存发展能力。

2. 建筑企业技术管理的任务

建筑企业技术管理的基本任务有五个方面:

(1)正确贯彻国家的技术政策和上级对技术工作的指示与决定。

图 10-1　技术管理的基本概念

(2)按照"现场第一,强化服务"的原则,建立和健全组织机构,形成技术保障体系,按照技术规律,科学地组织各项技术工作,充分发挥技术的作用。

(3)建立技术责任制,严格遵守基本建设程序、施工程序和正常的生产技术秩序,组织现场文明施工,保证工程质量,安全施工,降低消耗,提高建设投资和生产施工设备投资效益。

(4)促进企业的科学研究、技术开发、技术教育、技术改造、技术更新和技术进步,不断提高技术水平。

(5)努力提高技术工作的经济效果,做到技术与经济的统一。

➤10.1.2　建筑企业技术管理的内容

建筑企业技术管理的内容是由技术管理的任务所决定的,又是与建筑施工技术工作的特点相适应的。建筑企业技术管理工作的内容,如图 10-2 所示。从图中可以看出,建筑企业技术管理的工作内容包括基础工作和基本工作两个部分。技术管理的基本工作是紧紧围绕技术管理的基本任务而展开的,它与技术管理的基础工作之间是相辅相成、相互依赖的关系。技术

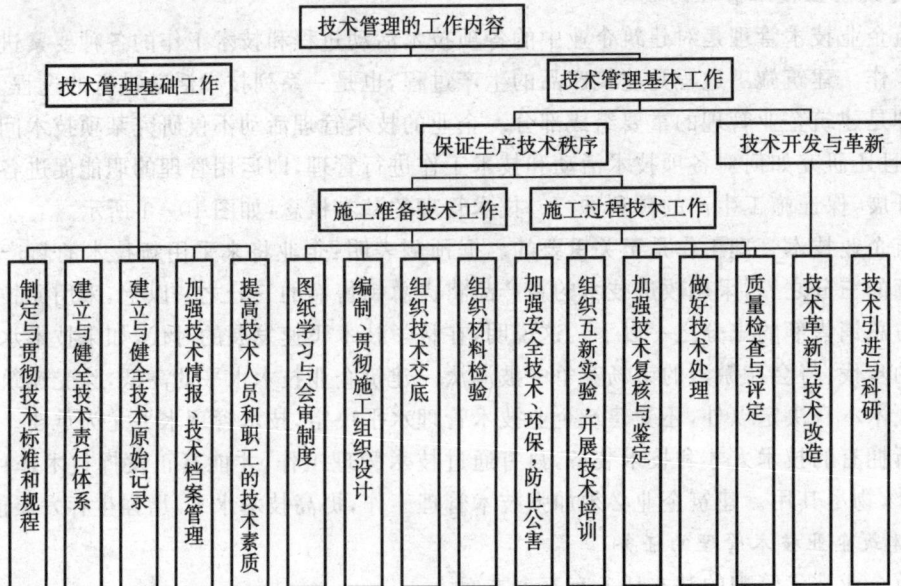

图 10-2　技术管理工作的内容

管理的基础工作是有效地开展技术管理的基本工作前提。所以,建筑企业只有全面地做好上述技术管理工作,才能保证企业生产技术活动得以正常进行,生产技术准备水平、工程质量、劳动生产率和经济效益得以不断提高,从而增强企业的技术经济活动,使自身得以不断发展壮大。

➤ 10.1.3 建筑企业技术管理的基础工作

建筑企业技术管理的基础工作是指为实现技术管理创造前提条件的最基本工作。

1. 制定与贯彻技术标准和技术规程

建筑安装工程技术标准,是对建筑安装工程质量、规格及其检验方法等所作的技术规定,是企业技术管理的依据。

我国现行的建筑安装工程技术标准有:《建筑安装工程施工及验收规范》、《建筑安装工程质量检验评定标准》。施工验收规范主要规定分部、分项工程的技术要求、质量标准及其检验方法。质量评定标准则是制定具体的检验方法,评定分部、分项和单位工程质量等级标准的依据。

技术标准可分为三级:国家标准、部标准(专业标准)和企业标准。部标准(专业标准)和企业标准不得与国家标准相抵触;企业标准不得与部标准(专业标准)相抵触。企业标准仅限于本企业范围内适用,是对国家和部标准中没有列入的项目所作的补充。为了不断提高产品质量,企业可以制订比国家和部标准更先进的技术标准。

建筑安装工程技术标准是建筑业长期生产实践经验的总结,也是建筑安装工程施工的标准,在技术管理上具有法律效力。技术标准反映了一个国家或一个企业在一定时期内的生产技术水平。技术标准不是一成不变的,随着国家技术经济条件的不断发展,必须及时进行修订。通常要求每隔 3～5 年检查一次,分别予以确认、修订或废止。

技术规程是对建筑产品的生产施工过程、操作方法、设备的使用与维修、施工安全技术等方面所作的具体技术规定。我国现行的建筑安装工程技术规程有:《建筑安装工程施工技术操作规程》、《建筑安装工程施工现场安全操作规程》。

技术规程因地区操作方法和操作习惯不同,在保证达到技术标准的前提下,一般由地区或企业自行制定执行。技术规程制订时,必须严格按照技术标准的要求,总结广大群众生产实践经验,在合理利用企业现有生产技术条件的同时,尽可能地采用国内外比较成熟的先进经验,以促进企业生产技术的发展。

除了上述的标准和规程外,国家还制定了一系列技术政策和法规,企业必须正确贯彻执行。贯彻国家的技术政策,要注意因时因地制宜,从企业实际情况出发制定规划并逐步实现。

2. 建立与健全技术责任体系

技术责任制是指将企业的全部技术管理工作分别落实到具体岗位(或个人)和具体的职能部门,使其职责明确并制度化。

企业内部的技术管理,实行公司和项目经理部两级管理。公司工程管理部下设技术管理室、科研室、实验室、计量室,在总工程师领导下进行技术、科研、试验、计量和测量管理工作。项目经理部设工程技术部,在项目经理和主任工程师领导下进行施工技术工作。总工程师、主任工程师是技术行政职务,属于同级行政领导成员,分别在总经理、项目部经理的领导下全面负责技术工作,对本单位的技术问题,如施工方案、各项技术措施、质量事故处理、科技开发和改造等重大问题有决定权。

建立技术责任制,不只是使各级技术人员具有一定的职权,更重要的是要充分发挥他们的作用。各级技术人员在做好职权范围内工作的同时,要不断地更新知识,树立开拓精神,使企业具有先进的施工技术和科学的管理水平。

3. 建立与健全技术原始记录

技术原始记录,是整个企业管理基础工作的重要组成部分。它包括:材料、构配件及建安工程质量检验记录;质量、安全事故分析和处理记录;设计变更记录,以及施工日记等。技术原始记录是评定产品质量、技术活动质量及产品交付使用后制定维修、加固或改建方案的重要依据。建筑企业必须建立和加强各项技术原始记录工作并使之形成制度。

施工日记是在建筑工程整个施工阶段有关施工技术方面的原始记录。因此,从工程开始施工时,就应由单位工程技术负责人进行记录,直至工程竣工。施工日记应逐日记录,并保持其完整,在工程竣工验收时,作为质量评定的一项重要依据。在工程竣工若干年后,其耐久性、可靠性、安全性发生问题,影响其功能使用须进行维修、加固时,施工日记也是制订方案的依据之一。施工日记的内容一般有:

(1)工程的开竣工日期以及主要分部分项工程的施工起止日期,技术资料供应情况;

(2)因设计与实际情况不符,由设计单位在现场解决的设计问题和对施工图修改的记录;

(3)重要工程的特殊质量要求和施工办法;

(4)在紧急情况下采取的特殊措施和施工方法;

(5)质量、安全、机械事故的情况,发生原因及处理方法的记录;

(6)有关领导或部门对工程所作的生产、技术方面的决定或建议;

(7)气候、气温、地质以及其他特殊情况(如停电、停水、停工待料)的记录等。

4. 加强技术情报、技术档案的管理

建筑企业的技术情报是指国内外建筑生产、技术发展动态的资料和信息。它包括有关的科技图书、科技刊物、科技报告、专门文献、学术论文和实物样本等。

技术情报是企业改进技术、发展技术的"耳目",它可以使企业及时获得先进的技术,并直接用于实践。这样,企业可以赢得时间,不必自己再去闯路子从头做起。同时,通过进行情报工作,总结和交流本企业的先进生产技术成果,可以促进企业内部各单位与各兄弟企业得到共同提高。

技术情报的管理,就是有计划、有目的、有组织地对建筑生产技术情报的收集、加工、存储、检索的管理。技术情报应当做到:走在科研和生产的前面;有目的地进行情报跟踪;及时交流和普及技术情报;应及时可靠;建立和完善技术情报工作机构等。

建筑企业的技术档案是指有计划地系统地积累具有一定价值的建筑技术经济资料。它来源于企业的生产和科研活动,反过来又为生产和科研服务。

建筑企业技术档案的内容可分两大类:一类是为工程交工验收而准备的技术资料,作为评定工程质量和使用、维护、改造、扩建的技术依据之一;另一类是企业自身要求保留的技术资料,如施工组织设计、施工经验总结、"五新"实验资料(新技术、新产品、新材料、新工艺、新设备)、重大质量和安全事故的分析与处理措施、有关技术管理工作经验总结等,作为继续进行生产、科研以及对外进行技术交流的重要依据。

10.2 建筑企业技术管理的主要工作

▷ 10.2.1 图纸会审

图纸会审是指开工前,由设计单位交底,施工单位参加,对全套施工图纸共同进行的检索与核对。

施工图纸是进行施工的依据,图纸学习与会审的目的是领会工程特点与设计意图,熟悉图纸的内容,明确技术要求,及早发现并消除图纸中的技术错误和不当之处,保证施工顺利进行。因此,图纸会审是一项严肃、重要的技术工作。

1. 图纸学习与自审

施工单位在收到施工图及有关技术文件后,应立即组织有关人员学习研究施工图纸。在学习、熟悉图纸的基础上,施工单位进行图纸自审。自审的要点是:

(1)了解、研究图纸与说明有无矛盾,图纸是否齐全,规定是否明确。

(2)图纸中主要的尺寸、标高、位置有无错误,平面图、立面图、剖面图之间是否有矛盾或标注是否遗漏。

(3)土建与水电设备之间如何交叉衔接。

(4)所采用的标准图集编号、型号与设计图纸有无矛盾。

(5)结构图中是否有钢筋明细表,若无钢筋明细表,关于钢筋构造方面的要求在图中是否说明清楚。

2. 图纸会审的内容

施工单位在自审基础上,再邀请建设单位、设计单位共同会审,也可以由建设单位组织,邀请设计单位、施工单位共同会审。会审的主要内容有:

(1)设计图纸必须是设计单位正式签署的图纸,凡是无证设计或越级设计,非设计单位正式签署的图纸不得施工。

(2)设计是否符合国家的有关技术政策、经济政策和其他法律法规规定。

(3)设计计算的假设条件和采用的处理方法是否符合实际情况,施工时计算方法有无足够的稳定性,对安全施工有无影响。

(4)核对地质勘探资料是否齐全,设计的地震烈度是否符合当地要求。

(5)核对建筑、结构、水、暖、电、卫与设备安装之间有无矛盾。

(6)核对图纸及说明是否齐全、清楚、明确,有无矛盾。

(7)核对图纸上的尺寸、标高、轴线、坐标及各种管线、道路、立体交叉、连接有无矛盾等。

(8)实现新技术项目、特殊项目、复杂设备的技术可能性和必要性如何,以及应采取的必要措施。

3. 图纸会审纪要

图纸会审的记录要会签。会后由组织会审的单位,将审查中提出的问题以及解决办法,根据记录,写成正式文件或会议纪要,作为施工或修改设计的依据。图纸会审纪要一般包括以下内容:

(1)会议地点、时间、参加会议人员名单。

（2）建设单位与施工单位对设计提出的要求，以及要求修改的内容。

（3）施工单位为便于施工、保证施工安全或建筑材料问题而要求设计单位修改部分设计图纸，会议商讨的结果与解决办法。

（4）会议中尚未解决或需进一步商讨的问题与要求等。

按图施工是建筑施工人员必须严格遵守的纪律，施工人员无权对设计图纸进行修改。在施工过程中，如发现图纸仍有差错或与实际情况不符或因施工条件、材料规格、品种、质量不能符合设计要求，以及职工提出了合理化建议，需要进行施工图修改时，必须严格执行技术核定和设计变更签证制度。如设计变更的内容对建设规格、投资等方面影响较大时，必须报请原批准单位同意。

所有技术核定和设计变更资料，包括设计变更通知、修改图纸等，都须有文字记录，归入技术档案，并作为施工和竣工结算的依据。

➤ 10.2.2　技术交底

在工程正式施工以前，为了使参加施工的技术人员和工人熟悉和了解所承担工程的特点、设计意图、技术要求、施工工艺和应注意的问题，以便科学地组织施工，必须认真做好技术交底工作。

1. 技术交底的内容

（1）施工组织设计交底。将施工组织设计的全部内容向参与施工的有关人员交代，以便其掌握工程特点、施工部署、任务划分、施工方法、施工进度、各项管理措施、平面布置等，用先进的技术手段和科学的组织手段完成施工任务。

（2）设计变更和洽商交底。将设计变更的结果向参与施工的人员做统一说明，便于施工过程中统一口径，避免差错。

（3）分项工程技术交底。分项工程技术交底主要包括施工工艺、技术安全措施、规范要求、操作规程和质量标准要求等。

对于重点工程、工程重要部位、特殊工程和推广与应用新技术、新工艺、新材料、新结构的工程，在技术交底时更需要作全面、明确、具体、详细的技术交底。

2. 技术交底的组织

（1）施工单位总工程师或主任工程师向施工队或项目负责人进行施工方案实施技术交底。

（2）施工队技术队长（或专责工程师）向单位工程负责人、质量检查员、安全员、有关职能人员、班组长进行施工方案、施工方法、质量要求及施工注意事项等内容交底。

（3）单位工程负责人向参与施工的班组长和操作工人进行交底。这是技术交底的关键，其内容包括：

①有关工程的各项要求；②必须注意的尺寸、轴线、标高以及预留孔洞、预埋件的位置、规格、数量等；③使用材料的品种、规格、等级、质量要求以及混凝土、砂浆、防水和耐火材料的配合比；④施工方法、施工顺序、工程配合、工序搭接、安全操作要求；⑤各项技术指标的要求和实施措施；⑥设计变更情况；⑦施工机械性能及使用注意事项等。

班组长在接受各项技术交底后，应组织班组的工人进行认真的讨论，制定保证全面完成任务的班组措施。班组长对新工人还应组织应知、应会的技术学习和技术练兵。

技术交底是一项重要的技术管理。书面交底仅仅是一种形式，技术管理的大量工作是在施工过程中,反复检查技术交底的落实情况,加强施工监督,对工程的中间验收要严格,从而保证施工质量。

10.2.3　技术检验

建筑材料、构件、零配件和设备质量的优劣,直接影响着建筑工程的质量。因此,必须加强技术检验工作,并健全试验、检验机构,把好质量检验关。技术检验是指对施工所需材料及构件在施工前进行的试验和检验,它是合理使用资源,确保工程质量的重要措施。

为了做好这项工作,建筑企业要根据实际需要建立健全试验、检验机构和制度,配合相应的人员和仪器设备,在企业总工程师和技术部门的领导下开展工作。

1. 对技术检验部门和施工技术人员的要求

(1)遵守国家有关技术标准、规范和设计要求,按照试验、检验规程进行操作,提出准确可靠的数据。

(2)试验、检验机构按规定对材料进行抽样检查从而提供数据并存入工程档案。

(3)施工技术人员在施工中应经常检查各种材料、半成品、成品的质量和使用情况,对不符合质量要求的,提出解决办法。

2. 对原材料、构件、设备检验的要求

(1)用于施工的原材料、成品、半成品和设备等,必须由供应部门提出合格证明文件,对没有证明文件或虽有证明文件,但技术部门认为必要时,在使用前必须进行抽查、复验,证明合格后才能使用。

(2)钢材、水泥、砖、焊件等结构使用的材料,除应有出厂证明或检验单外,还要根据规范和设计要求进行检验。

(3)高低压电缆和高压绝缘材料要进行耐压试验。

(4)混凝土、砂浆、防水材料的配合比,应进行试配,经试验合格后才能使用。

(5)钢筋混凝土构件及预应力钢筋混凝土构件,均应按规定方法进行抽样检验。

(6)预制厂、机修厂等部门必须对成品、半成品进行严格检查,签发出厂合格证,不合格的不能出厂。

(7)新材料、新产品、新构件应有权威的技术检验部门关于其技术性能的鉴定书,制定出质量标准及操作规程后,才能在工程上使用。

(8)对工业设备和建筑设备,安装前必须进行检查验收,做好记录。重要的设备、仪器、仪表还应开箱检验。

10.2.4　技术复核

技术复核是指在施工过程中对重要的和涉及工程全局的技术工作,依据设计文件和有关技术标准进行的复查和核验。其目的是避免发生重大差错,影响工程的质量和使用。技术复核的内容视工程的情况而定,一般包括建筑物位置坐标、标高和轴线、模版、钢筋、混凝土、大样图、主要管道、电气等及其配合。

如在混凝土结构工程施工的全过程中,每一分部、分项工程均必须对模板、钢筋、混凝土进行复核。其主要技术复核内容如下:

(1)模板组装施工全过程中主要复核的内容是:模板成型的模型几何尺寸、轴线、标高、挠度(起拱高度),承受竖向荷载的强度,支撑连接的牢固性;卡具的规格和数量,预埋件和预留孔的位置,模板及其支架是否达到设计的强度、刚度和稳定性。

(2)钢筋制作和组装过程的主要复核内容是:钢筋的材质、品种、制作与组装外形的几何尺寸,配筋的数量、间距、排距、接头的搭接长度、焊缝的质量,弯起钢筋的弯起点,预埋件的几何尺寸、数量、位置、垫块的强度和厚度,钢筋除锈情况。

(3)混凝土拌合、浇筑过程主要的复核内容是:混凝土组成的材料材质、配合比、计量衡具的准确性、混凝土拌合物的坍落度。

(4)构件安装前主要复核内容是:构件种类、型号、几何尺寸、预制构件起吊预测强度、安装的位置、标高、支座处锚固长度、接头及接缝情况。

技术复核的具体要求如下:

①建筑安装工程的技术复核应按系统回路、区段进行复核部位的划分。它的内容包括设计、材料、施工三个方面。每一个分部、分项工程进行一道工序时应及时进行复核,未经技术复核的项目不得进行下道工序施工。

②复核内容如建筑物内管道的标高、坡度是否根据设计和规范施工、空调的管道标高是否与设备协调等,对于设备基础应根据设备基础的位置标高进行复核。

③在建筑基础工程阶段的技术复核一般为埋地的各种管道、预留件及各种管道的预留洞口等。

➤ 10.2.5 技术核定

设计图纸虽然经过图纸会审,但是在施工过程中,仍有可能发现设计图纸上的差错或与实际情况不符的地方;或者由于施工条件、材料的规格、品种、质量不能完全满足设计要求,需要进行修改设计或替换材料;或者在使用功能上有某些变动,设计标准上有所提高或降低以及职工提供合理化建议,需要补充或修改设计图纸时,就必须进行工程变更。

要进行工程变更,就会带来一系列的问题,如返工损失、停工窝工、材料准备、设备供应、施工机械准备、工期拖延以及预算变更、工程决算变更等。但有的单位工程负责人发现设计图纸不全或尺寸不符,既不向上请示,又不和有关人员研究,就凭想当然,拍脑袋擅自决定。这样就不仅会造成工程费用扯皮,而且也容易造成工程质量事故最终形成难以弥补的缺陷,给工程带来不应有的损失。因此,对工程变更工作,绝不能忽视。

怎样进行工程变更呢?就必须严格地执行技术核定制度。所谓技术核定,就是需要进行设计变更时,必须经过有关部门的充分协商,在技术上、经济上、质量上、使用功能上、结构强度上进行全面考虑和技术复核,然后再写成技术核定单,经设计单位、建设单位和施工单位三方有关人员签署认可后,与设计图纸具有同等效力,是指导施工的依据。未经设计单位签署的核定单无效。

进行技术核定的情况,一般有以下几种:

1. 施工单位提出的问题

由施工队提出的一般技术问题,如不影响建筑结构强度、不降低登记标准、不改变设计功能等问题,必须经过建设单位、设计单位核定签署后,才能作为施工的依据。由施工单位提出的重大技术问题,如新技术、新材料的使用等,需经公司总工程师审核,并取得建设单位、设计单位的核定签署后,方能作为施工的依据。

2. 设计单位提出的问题

凡因设计错误、做法改变及由于建筑或结构变更等问题,由设计单位提出设计变更图纸或通知书,由施工队技术负责人根据施工准备和工程进度情况,由施工队技术负责人提出是否接受的意见。设计单位提出的重大的设计变更,应经公司总工程师审查后,由公司总工程师做出能不能变更的决定。

3. 建设单位提出的问题

建设单位对器具、设备安装及使用功能等方面提出的修改意见,必须经过设计单位进行技术核定,签署同意后,由设计单位提出设计变更图或设计变更通知书,施工队技术负责人应根据工程进度和施工准备工作情况,提出是否接受的意见。重大技术问题,应经过公司总工程师审查后,由公司总工程师做出能不能变更的决定。

图纸变更通知书和技术核定单的份数,应与发给施工单位图纸的份数相同。施工队收到技术核定单后,应及时转发给单位工程负责人、技术管理人员、预算员,并以此作为工程交工验收和工程竣工决算的依据。如果由于建设单位、设计单位提出的工程变更,造成返工、停工、材料浪费等情况,应由单位工程负责人及时向建设单位办理现场经济签证手段,核对造成的经济损失。双方签字认可后,将经济签证记录交给预算人员,作为工程竣工决算时的原始资料依据。

技术核定必须遵循以下权限和程序,并不得擅自修改设计。

(1)属于一般的技术核定,如钢筋代用(除预应力和特殊要求钢筋外),由经办技术人员核算,经技术负责人核定。

(2)凡涉及工程量变更,影响原设计标准、功能等,应由施工单位的主任工程师和总工程师核算,并经设计单位和建筑单位签署认可后,方能生效。

(3)由设计单位提出的变更,须有施工单位的是否接受的书面意见。

▶ 10.2.6　安全技术及施工公害防治

1. 安全施工及安全措施

(1)安全施工。安全是指在工程建设活动中没有危险,不出事故,不造成人身伤亡、财产损失。这里的安全不但包括人身安全,也包括财产安全。所谓安全施工是指通过宣传教育和采取技术组织措施,保证生产顺利进行,防止事故发生。

建筑安装工程工种繁多,流动性大,许多工种常年处于露天作业、高空作业、立体交叉施工,施工中不安全因素较多,保护职工在施工中的安全和健康,不仅是企业管理的首要职责,也是调动职工积极性的必要条件。"生产必须安全,安全为了生产"。没有安全施工的环境,便没有群众的高度积极性,也就没有施工的高效率。

(2)建筑生产中安全事故原因分析。发生安全事故不是偶然的,究其原因主要有以下几个方面:

①人的因素:包括思想麻痹,操作技术不熟练,安全知识差,违章作业,违章指挥等。

②物的因素:机械设备年久失修、超负荷运转或带病运转;现场布置杂乱无序,视线不畅,交通阻碍;现场安全标志不清等。

③管理因素:忽视劳动保护;纪律松弛,管理混乱,有章不循或无章可循;缺乏必要的安全检查;缺乏安全技术措施等。

（3）安全施工的措施。安全工作要以预防为主，必须从思想上、组织上、制度上、技术上采取相应的措施。

①思想重视，加强安全意识。思想重视，首先是领导的思想要重视，纠正只管生产，不管安全；只抓效益，不抓安全；不出事故，不抓安全的错误倾向。其次，要对职工进行安全生产的思想教育，加强他们的安全意识，使每个职工牢固树立"安全第一"的思想。

②建立安全管理制度。A. 建立安全生产责任制。安全生产责任制是企业岗位责任制的组成部分。根据"管生产必须管安全"的原则，明确规定企业各级领导、职能部门、工程技术人员和生产工人在施工中应负的安全责任。在当前建筑承包中，必须将施工安全列入承包主要指标内，建立安全施工责任制。B. 建立安全检查制度。安全检查是揭示和消除事故隐患，交流安全经验，促进安全生产的有效手段。安全检查分为经常性安全检查、专业性安全检查、季节性安全检查和节假日安全检查。C. 建立安全生产教育制度。运用各种形式，进行经常性的有针对性的安全教育。对新工人、学徒工、临时工及外包建筑队伍人员，要进行入场前的安全教育，学习安全操作规程和安全生产规章制度；在使用新工艺、新材料、新机械设备施工前，须进行详细的技术交底和安全交底，必要时应进行技术和安全培训；对塔吊和电梯司机，除进行安全教育外，必须经过培训持安全合格证方可上岗工作。D. 建立健全伤亡事故的调查处理制度。发生伤亡事故，要按照规定逐级报告。对重大事故要认真调查，分析原因确定性质，针对不同情况进行严肃处理。处理坚持"三不放过"原则，即事故原因分析不清不放过，事故责任者和群众没有受到教育不放过，没有防范措施不放过。根据国家有关规定，做好事故的善后处理工作，吸取教训，防止事故的重复发生。

（4）加强安全技术工作。

①严格执行安全生产责任制，使各级领导、各职能系统都负起责任，并制定安全施工奖罚条例。

②建立健全安全专职机构，配备专职安全技术干部，施工队设置专职安全检查员，在现场进行经常性安全检查。

③要切实保证职工在安全的条件下进行施工作业。现场内的安全、卫生、防火设施要齐全有效。

④安全技术措施要有针对性，安全交底要认真细致。在施工组织设计、施工方案、技术交底中，应将安全技术措施列为主要内容。

2. 施工公害的防治管理

在建筑施工中，往往会有噪音、振动、粉尘、烟气、废渣等产生，轻则影响本单位职工的作业条件和劳动卫生，重则影响和破坏地区原有的生产和生活环境，造成公害。对施工公害应制定防治措施，并在施工中进行检查和检测。施工公害的防治管理程序，可见图 10－3。

事前调查主要是调查所在施工地区的环境情况以及对环境保护的要求。然后根据有关规定，结合工程施工条件，确定控制公害的标准或控制值，即管理目标。若计算的公害或污染发生值低于管理目标，即认为是允许的；若计算的发生值高于管理目标，即造成公害，需制定技术对策，并进行现场监测，使公害发生值降至控制值之下。

```
                    ┌──────────────┐
                    │   事前调查    │
                    └──────┬───────┘
                           │
                    ┌──────┴───────┐
                    │  确定管理目标  │
                    └──────┬───────┘
                           │
              ┌────────────┴──────────────┐
              │  对公害或污染的发生值进行估计  │
              └────────────┬──────────────┘
                           │
                    ┌──────┴───────┐
                    │  与管理目标比较 │
                    └──────┬───────┘
    符合要求               │
                    ┌──────┴───────┐
                    │  制定技术对策  │
                    └──────┬───────┘
                           │
                    ┌──────┴───────┐
                    │  制定监测计划  │
                    └──────┬───────┘
                           │
                    ┌──────┴───────┐
                    │   现场监督    │
                    └──────┬───────┘
                           │
                    ┌──────┴───────┐
                    │  对检测值的分析 │       不符合要求
                    └──────┬───────┘
                           │
                    ┌──────┴───────┐
                    │  与管理目标比较 │
                    └──────┬───────┘
                           │
                    ┌──────┴───────┐
                    │  修订技术对策  │
    符合要求          └──────┬───────┘
                           │
                    ┌──────┴───────┐
                    │   继续作业    │
                    └──────────────┘
```

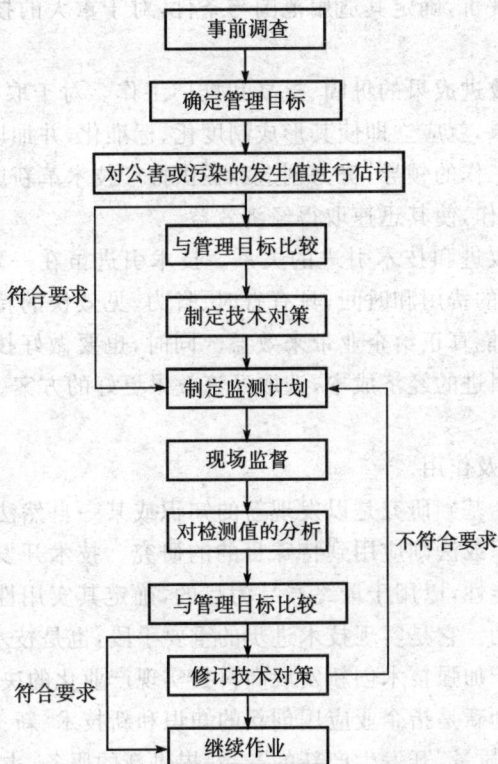

图 10-3 施工公害防治管理程序

➤ 10.2.7 技术改进与技术开发

技术改进与技术开发是建筑企业技术管理工作的主要内容,是提高建筑企业的工程质量水平和效益的重要途径之一。

1. 技术改进

技术改进是以提高生产效率和技术水平、降低材耗、提高工程质量为目的,用现代化的先进的机器设备和工艺方法对原有的技术进行改进,这是对现有技术的更新与发展,也是技术发展的量的变化。

(1)技术改进的内容。技术改进的内容主要包括改进施工工艺和操作方法,改进施工机械设备和工具,改进原料、材料、燃料的利用方法,采用新的结构形式,进行管理工具和管理方法的革新等。

(2)技术改进的组织与管理。技术改进工作必须加强领导,通过有效的组织与管理,调动各方面的积极性和创造性,具体工作中要注意以下环节:

①在技术改造活动中,首先要抓好管理的现代化,只有管理水平提高了,才能在现有技术装备的基础上发挥更大的效益,这是技术改进的大前提。

②在技术改进选题中,要从目前对本企业影响较大、最迫切的问题出发,提出方向性的技术改进课题,并制定技术改进规划和计划,进行科学组织,以取得良好的经济效益。

③技术改进要尊重科学,实事求是,每一项技术改进工作都要通过鉴定,对其技术的成熟

程度和经济合理性作出评价,确定其适用范围与条件,对于重大的技术改进项目,要有计划地组织攻关。

④要及时做好技术改进成果的巩固、提高和推广工作。对于取得的成果,经过鉴定,证明其是有效的技术革新成果,就应立即使其形成制度化、标准化,并加以巩固和提高,推广到生产施工中去。要加强推广工作的领导,努力创造和提供推广技术革新成果的条件,总结推广其中的经验教训,加速推广工作,使其迅速取得经济效益。

⑤要正确处理技术改进和技术引进的关系。技术引进虽在一定程度上提高了企业的水平,减少了技术改进研究的费用和时间,具有省时、省力、见效快的特点,但一定要对技术引进进行消化和吸收以后,才能真正给企业带来效益。同时,也要做好技术引进的经济评价工作,要比较自我改进和向外引进的经济成本,选取经济效果更好的方案。

2. 技术开发

(1)技术开发的含义及作用。

①技术开发的含义。基础研究是以发现新的知识或某一自然法则为目的的研究,而应用研究是将已发现的新知识或法则应用到特殊目的的研究。技术开发属于应用研究,是根据基础研究所阐明的技术可能性,以用于最终产品为目的,确定其实用性(功能、质量、成本)后,应用于企业的生产经济活动。它是实现技术进步的重要手段,也是技术管理的内容之一,技术开发就是技术创新,在《关于加强技术创新发展高科技实现产业化的决定》中,对技术创新下了一个明确的定义,即"技术创新是指企业应用创新的知识和新技术、新工艺、采用新的生产方式和经营管理模式,提高产品质量,开发生产新的产品,提供新的服务,占据市场并实现市场价值。"技术开发有四个要点:一是企业是技术开发的主体;二是科技成果必须转化为现实的生产力;三是转化的产品必须实现市场价值;四是技术开发必须以知识创新和科技创新为前提和条件。通过技术开发,创造或运用新技术,可以促进企业的技术进步,提高企业的施工生产和管理的水平。

②技术开发的作用。技术开发是科学技术转化为生产力的桥梁,例如建筑施工技术的开发,能使建筑生产难度大的工艺得以实现,能使工程的质量指标符合相关施工规范的要求,能更好地满足用户的需求,增强企业的竞争力,提高经济效益;再比如企业管理系统的技术开发,可以提高企业管理和项目决策的效率,降低决策成本。同时,通过技术开发的过程,也可为研究提出新的课题,提供新的研究手段,推动技术开发工作的发展。所以,技术开发对于保证企业的可持续发展,提高企业的核心竞争力意义重大。通过技术开发,建筑企业才能推进其自身的技术进步,才能发展生产力,才能在激烈的国内、国际竞争中立于不败之地。

(2)建筑企业技术开发的种类与对象。技术开发包括对企业中第一次应用或出现的技术所开展的一系列的活动,如引进、学习、吸收、消化、掌握和改进等。在建筑企业中,技术开发大致可分为四种,即小革新或小发明、局部革新、技术改造、技术的创新与发明。技术开发的对象是多方面的,主要有围绕产品开发的技术开发、针对设备和工具的开发、关于施工工艺的开发、能源和建筑材料的开发及改善生产环境的技术开发等。当然,技术开发的对象很广泛,企业应根据实际情况决定自己开发的重点,以促进经济效益的提高和技术进步。

(3)技术开发的程序与途径。

①技术开发的程序。技术开发的程序是指从企业开发开始,直到推广应用、企业化的过程。其共分为四个阶段:一是根据应用研究的成果,确定技术开发的项目、时间、开发技术的功

能、质量、特点等技术指标及要求。二是制定技术开发的工作计划。三是对技术开发的成果进行评价,评价分三个方面,即技术评价、经济评价、事业评价。所谓技术评价就是根据过去的情况、未来的趋势作技术预测,对比是否符合技术进步的方向,分析难度上的可行性和技术上的先进性;经济评价是根据一些经济指标如利润、费用指数、投资回收率、材耗降低率等来衡量其对企业的经济效益的贡献及影响;事业评价是指对比该项技术开发成果与建筑企业的经营方针、目标是否一致,是对增强企业的综合素质和对企业的发展的评价。四是技术的企业化阶段,包括试点实验、考察效果、正式应用或运行。

②技术开发的途径。独创型的技术开发,就是从基础研究、应用基础研究开始,通过应用研究取得技术上的重大突破,再通过技术开发,提出生产性的样机、样品在工厂中进行试生产,最后投入大批量生产;引进型的技术开发,是指从企业外部引进与转移新技术,通过人员培训和对技术的吸收、消化,并在吸收、消化基础上加以组配、仿制、创新提高,从而提高本企业的技术水平;综合与延伸型的技术开发,是技术开发的一个重要途径,即通过对现有技术的综合与延伸,进行技术开发、形成新技术,其还可进一步分为两种:一是单项移植、互相组配型技术开发,就是以某项技术为主体,使另一项技术与之组配,使之有机结合起来成为一个整体,从而产生性能更为优越的新型技术;二是多种技术的总和,也就是现有创造发明的成果的系列化,显然它并不是简单的相加,同样也存在着大量的研究与开发工作;总结、提高型的技术开发,即通过生产实践经验的总结、提高来开发新技术,促进企业技术的进步。

(4)技术开发的特点。技术开发与生产、经营活动不同,其主要特点是:

①技术开发要与社会和企业的具体要求相结合。②技术开发要注重相关技术的调查,所选开发项目应具有创新性和开拓性,能够使企业在该领域处于领先地位。③对于研究开发人员,要提供良好的工作环境,要注重开发人员的激励工作,调动他们的积极性与创造性,同时在经费上要给以保证。④技术开发的期限不等,一般要三年以上,风险较大,因此作为企业的决策者,要勇于承担风险,坚持技术开发,才能促进企业的技术进步。

总之,技术开发没有固定的模式可循,应根据课题、人员和具体条件的不同而有所区别。

(5)施工企业技术开发的主要内容。施工企业研究和开发的内容,应结合我国国情、科技发展方向以及施工企业本身的特点来确定。目前,就全国范围来看,在施工技术方面应重点研究开发的内容如下:

①复杂的地基处理技术。在工程建设中经常遇到软弱土、湿陷性黄土、膨胀土、岩石破碎带和软弱夹层等复杂地基处理问题。因此,施工企业应研究开发软土及超软土地的处理技术和多种地基加固、桩基施工新技术,改变安全依靠野外大型试验的方法。

②混凝土施工技术。施工企业应以大型工程项目和中心城市为重点,大力发展混凝土集中生产和商品化供应及其配套工艺,推广滑模施工工艺和碾压混凝土施工工艺,开发控制大体积混凝土温度裂缝的施工工艺、混凝土冬季施工方法和混凝土、钢筋混凝土新型质量检测设备技术。

③新型隔热、防腐材料及施工技术。施工企业应发展高效保温材料、防腐材料、保温防腐复合材料及施工工艺;充分利用粉煤灰、炉渣等工业废渣,积极开发装修、防水、隔热、饰面材料以及黏合剂的应用技术。

④焊接技术。施工企业应积极开发施工焊接新工艺、新设备和新材料,逐步实现焊接自动化。

⑤爆破技术。施工企业应开发新型爆破材料和技术,逐步做到爆破器材产品按防水、威力、控爆、专用的系列化,提高雷管质量和精度,完善爆破工艺和量测手段,解决爆破公害问题,研究爆破机理,提高爆破参数设计的科学性。

⑥旧建筑物和构筑物的改、扩建施工技术。我国相当一部分投资用于现有企业的技术改造和扩建,为适应这一形势,施工企业要开发改、扩建施工技术、旧建筑及构筑物的检测鉴定技术、结构系统的可靠性评定标准,以及加固改造的施工工艺。

⑦地下工程快速施工技术。我国目前地下工程的施工法方法比较落后,而地下工程将日益增多。为改变目前落后状态,施工企业应以发展快速、高效的掘进、装运、支护机构,采用先进的施工工艺为主要方向,发展锚喷支护技术、水泥裹沙喷射混凝土工艺及混凝土帷幕凿井技术。同时进一步开发通风、防毒、防尘和防排水技术。

⑧节约"三材"新技术。我国木材、钢材和水泥的供需矛盾在较长时期内存在,因此,必须坚持节约、代用的政策,同时,大力开发利用新型、轻质、高强、高效材料;推广先进的施工工艺,减少材料损耗,提高材料利用率和产品质量;开发多种形式和材质的模板、支撑系统以及脚手架;开发新型门窗和其他制品。

⑨现代施工管理科学技术。我国施工管理科学技术与国外先进水平差距很大。为此施工企业应大力开发适合我国国情的现代施工管理技术,加速开发施工管理应用软件。

10.3 建筑企业标准化管理与工法制度

➤ 10.3.1 标准化管理

1. 标准化管理的含义及作用

(1)标准化管理的含义。所谓标准化管理,是指为了取得最佳的经济效果,依据科学技术和实践经验,在充分协商的基础上,对经济技术活动中具有多样性和相关特性的重复事物,按一定的程序和形式颁发的统一规定。标准具有不同的级别,如国际标准、国家标准、部颁标准和企业标准等。标准化管理具有不同的类型,如技术标准、生产组织标准和经济管理标准等。

建筑标准分为强制性标准和推荐性标准两类,前者指有关安全、卫生、环境、基本功能要求、计量单位、质量测验等标准,具有法律性;后者指勘察设计、施工工艺、产品、技术经济和管理等标准,具有权威性。

(2)标准化管理的作用。标准化管理是一项重要的社会活动,建筑企业管理中的标准化对象,主要是生产活动中具有大量重复或重复性特征的事物。在技术管理中推行标准化工作的一个直接的、主要的目的,在于获得全面的、最佳的经济效益,因此搞好企业标准化管理工作具有十分重要的意义。

标准化管理是现代化大生产的必要条件,它能使广泛的生产经营活动按标准有秩序地进行。有了标准,各项工作就有衡量的尺度,可以减少施工生产中的盲目性和管理中的混乱现象,可使管理方法定型,简化管理程序,从而提高企业的科学管理水平;标准化能够促使管理工作高效化,可以大大减少随机性处理问题,它规定了工艺、原料、管理的标准,有利于从技术上保证建筑产品高质量、高速度、低成本,有利于提高工程质量,为用户与社会提供合格的产品,这样一方面有利于维护用户的利益,另一方面也有利于提高企业信誉和经济效益,使企业在国内、国际竞争中处于优势。标准化也是组织专业生产的可靠技术基础。专业化、协作化要依靠标准化工作,在标准化的基础上,企业按标准组织生产,互换性、通用性强,产品性能才能适应作用要求,才能在专业化的基础上进行协作。

2. 标准化管理的原则

标准化的管理原则是对标准化行动过程规律的认识,主要内容有以下四个方面:

(1)简化。所谓简化就是剔除多余,合并重复,增加互换性,使无秩序转化为有序,使放任转为规范管理,使混乱变为整齐,使复杂成为简单。

(2)统一。统一是指在标准化工作中要将名词、编码、代号、标识、计量单位和标准系列等予以统一。

(3)协调。先进的标准,如工期,它应与质量、成本实现最佳的协调。

(4)优化。优化是指在标准化的过程中,会有多个可行方案,要加以选优,从中选择一个功能最佳的方案。

3. 标准化管理的体系及其内容

所有标准都存在着内在联系,具有相互依存、相互补充、相互制约的关系,构成一个有机整体,这就是标准的体系。我国现行的建筑企业的技术标准分为四个层次。

(1)国际标准。国际标准是指为了适应全球经济一体化的需求,国际上统一规定的有关标准。如国际标准化组织(ISO)出台的 ISO9000 系列标准,就为各国企业参与国际合作与竞争提供了一种共同的质量管理语言,对于国内外工程的合作与竞争意义重大。

(2)国家标准。国家标准是对全国经济、技术发展具有重大意义而必须在全国范围内统一的标准,如《给排水管道工程施工及验收规范》、《通风与空调工程施工及验收规范》等。

(3)部标准。部标准主要是建设部颁布的一些规范和标准,如工程质量验收规范、建筑安装规范、材料标准、健康和环境保护标准等。

(4)企业标准。企业标准是指由建筑企业单位或其上级主管机关批准发布的用于企业的标准。为了不断提高产品质量,国内某些先进企业还制定了企业内控标准,以促进企业提高产品质量,提高建筑产品的竞争能力。在制定企业标准时要以技术先进、经济合理、安全可靠为原则。

4. 企业标准化推进

标准化管理在企业的管理工作中占有重要地位,通过标准化的推进和管理,可以提高企业的管理效率、竞争力和产品质量,因此在企业中,标准化的推进和管理往往是企业决策层的工作核心之一。要推进在建筑企业的标准化管理,首先要建立健全适于本企业职能部门活动的标准化组织机构,如标准化小组或标准化科室,以有效地推进管理标准化的工作。同时,还必须积极采用国际先进标准,推进国际标准化组织及其所承认的其他国际组织和国际电工委员会(IEC)已制定的相关标准。

5. 国家加强建筑标准化工作的政策

在国家建设部颁布的 1996—2010 年建筑技术政策中,对于加强建筑标准化工作,提出了七点意见:

(1)健全建筑标准化组织机构,完善建筑标准化体系,包括规划、勘察、设计、生产或施工、检验或验收等标准,规范建筑市场技术行为,保证建筑产品的使用功能和安全。

(2)继续完善强制性标准和推荐性标准相结合的建筑标准体制,在此基础上建立建筑技术法规与建筑技术标准相结合的体制。

(3)继续重点制定有关保障人体健康、人身财产安全的执行标准,加强建设单位和企事业单位采用的各种推荐性标准的实行。

(4)继续完善房屋建筑的模数协调体系,加速制定各类建筑制品和设备的产品标准,提高建筑制品和设备的定型化、系列化和通用化程度,提高建筑工业化水平。

(5)推动企业建立健全以技术标准为主体,包括工作标准和管理标准在内的企业标准体系,鼓励企业结合自身的特长制定高水平的企业技术标准,建立健全实施标准和对标准实施进行监督的组织机构,以增强本企业参与市场竞争的能力。

(6)结合国情认真研究、积极采用国际标准和国外先进标准,积极参与国际标准化活动,承担国际标准化工作。

(7)加强标准实施和监督工作,继续建立、完善工程和产品的安全和质量监督、检测机构,逐步建立产品准用证制度和质量认证制度,实施企业自控、行业管理、政府监督、社会监理、用户评价相结合的质量监督体系。

➢ 10.3.2 工法制度

在建筑企业管理中,应重视工程实践经验,编制工法和工艺标准,并在实践中加以贯彻,逐步形成具有企业特色的工艺技术标准。近年来,我国颁布并实施了相当数量的国家级、省级工法,如2009年建设部审定417项为2007—2008年度国家工法。这些工法的公布与实施对施工企业的技术进步起了积极的推动作用,提高了我国的施工技术水平。

1. 工法的定义

"工法"一词来自于日本,日本建筑大字典称工法是"建造建筑物(构筑物)的施工方法或建造方法"。日本的《国语大辞典》则称工法是"工艺方法和工程方法"。日本有"构法"一词,与工法有些相近,指"建筑物(构造物)的构成方法"。和工法相近的词义,在英美国家称为"construction method and system"。

我国建设部在颁发的《施工企业实行工法制度的试行管理办法》中对工法有如下定义:工法是指以工程为对象,以工艺为核心,运用系统工程的原理,结合先进技术与科学管理,在实践的基础上形成的综合配套技术的应用方法。它具有一定的实用价值和经济价值。

工法是指导建筑企业施工管理的一种规范化文件,是衡量企业技术水平和施工能力的重要标志,是施工企业技术进步的重要组成部分。对于推动企业技术创新工作深化,提高企业技术素质,保证工程质量,提高企业的市场竞争力,加快施工进度,增加经济效益,推动施工企业技术进步发挥了明显的作用。工法分为一级(国家级)、二级(地区部门级)、三级(企业级)。

2. 工法的内容

工法的内容一般可分为10个部分。

(1)工法的特点。比如对人员的专业化要求、机具设备的要求,施工的简洁与否及对周围环境的影响等。说明本工法使用功能和施工方法的特点。

(2)适用范围。说明本工法适用的工程对象或工程部位。

(3)工艺原理。说明本工法的核心工艺原理,包括基本原理、工艺流程、施工工艺。

(4)施工程序要点。施工程序要点的主要内容有原材料质量控制、施工工艺质量控制等内容。

(5)劳动组织与安全措施。劳动组织是对人员的安排,包括技术管理人员的数量和专业水平等作出安排;安全措施主要是对施工人员在施工中的各个工序环节的安全提出注意事项,以保证安全施工。

(6)机具设备。一般以表格的形式列出本工法所需的各种机具设备的名称、规格、单位和数量。

(7)质量控制。对工法所涉及的各个项目的允许偏差作出说明,并对保证质量及注意事项等作出详细的规定和说明。

(8)技术经济分析与评价。以技术指标和经济指标对工法实施的情况作出分析与评价。

(9)工程实例。以具体事例对工法实施情况加以论证,说明其技术及经济的优越性能。

(10)工法的执笔人及参加人员的署名。

3. 工法管理及应用

企业的工法管理工作应由总工程师负责领导,并设立相应各级主管机构和专人负责日常管理工作,其主要职责是负责组织本企业的工法立项、申报、评审和公布,以及推广应用、考核和奖励等日常管理工作。目前国家级工法每两年评审、公布一次,企业可根据具体情况作出相应的安排。

工法是一项技术性工作,企业要做好宣传和推广应用工作,不断完善管理体制,建立健全规章制度,使工法工作不断发展完善,要在物质和人力上加大投入,从政策上调动广大工程技术人员的积极性,对工法工作中有贡献的工程技术人员应予以奖励,并作为考核、晋升和职称评定的依据。

建筑企业要认真做好工法的申报、评审和公布工作。这是一项细致和时间性很强的工作,应按国家有关规定及时完成。

建筑企业要加强工法推广应用工作。工法编制的目的在于应用,企业应选择合适的工程积极推广应用,通过工程实践再总结修订工法,使之不断充实和完善,成为企业的优势技术,增强企业在建筑市场中的竞争实力。根据当前应用较好的企业经验,越是工程项目难度大,任务重,企业的技术攻关课题多,推广应用效果就越好,企业的经济效益好,实力增强,对工法的投入就多,从而形成良性循环。所以工法的应用与效益和再投入有着密切联系。

思考与练习

1. 建筑企业技术管理的内容有哪些?
2. 如何进行图纸会审?
3. 简述技术交底的内容及组织。
4. 搞好安全施工主要应抓哪些工作?
5. 什么是技术开发?技术开发有哪些途径?
6. 什么是标准化管理?标准化管理体系有哪些内容?
7. 工法的含义及内容是什么?

第 11 章　建筑企业质量管理

学习要点

1. 质量及建筑工程质量的概念，质量管理的发展过程
2. 全面质量管理的特点和程序
3. 建筑企业质量管理的原则
4. 建筑企业质量管理体系的建立与实施
5. 建筑企业质量管理常用的统计分析方法
6. 建筑企业一体化管理体系的建立

11.1　质量管理概述

▶ 11.1.1　质量、建筑工程质量的概念

1. 质量的基本概念

2008 版 ISO 9000 标准中质量定义为"一组固有特性满足要求的程度"。

对上述定义我们可以从以下几个方面来理解：

(1)质量不仅针对产品，也针对过程和体系二者的结合；

(2)质量定义中的"要求"是指"明示的、隐含的或必须履行的需求或期望"；

(3)无论是产品、过程或体系，都是为满足顾客或其他相关方的一定"要求"而生产的，要满足这种要求，就要使产品、过程和体系具有一定的特性；

(4)术语"质量"可以用形容词，例如差、好或优秀等来修饰。

2. 建筑工程质量的概念

建筑工程质量分为狭义和广义两种含义。狭义的建筑工程质量是指工程符合业主需要而具备的使用功能。这一概念强调的是工程的实体质量，如基础是否坚固，主体结构是否安全以及通风、采光是否合理等。

广义的建筑工程质量不仅包括工程的实体质量，还包括形成实体质量的工作质量。工作质量是指参与工程的建设者，为了保证工程实体质量所从事工作的水平和完善程度，包括社会

工作质量,如社会调查、市场预测、质量回访和保修服务等;生产过程工作质量,如管理工作质量、技术工作质量和后勤工作质量等。工作质量直接决定了实体质量,工程实体质量的好坏是决策、建设工程勘察、设计、施工等单位各方面、各环节工作质量的综合反映。

因此,我们须从广义上理解建筑工程质量的概念,而不能仅仅把认识停留在工程的实体质量上。过去对建筑工程质量的管理通常是一种事后的行为,楼倒人伤才想起应该追究有关方面的工程质量责任,这时即使对责任主体依法惩处,也无法挽回已经造成的损失。但如果在工程质量形成过程中就对参建单位的建设活动进行规范化管理,就可以将工程质量隐患消灭在萌芽状态,这样虽然看上去加大了工作量,但却可以有效地解决工程质量问题。

与一般的产品质量相比较,建筑工程质量具有如下一些特点:

(1)影响因素多,质量变动大。决策、设计、材料、机械、环境、施工工艺、管理制度以及参建人员素质等均直接或间接地影响建筑工程质量。工程项目建设不像一般工业产品的生产那样,在固定的生产流水线,有规范化的生产工艺和完善的检测技术,有成套的生产设备和稳定的生产环境,因此它具有受影响因素多、质量波动较大的特点。

(2)隐蔽性强,终检局限大。先期存在的质量问题,事后表面上质量尽管很好,但这时可能混凝土已经失去了强度,钢筋已经被锈蚀得完全失去了作用,诸如此类的工程质量问题在终检时是很难通过肉眼判断出来的,有时即使用上检测工具,也不一定能发现问题。

(3)对社会环境影响大。与工程规划、设计、施工质量的好坏有密切联系的不仅仅是使用者,而是整个社会。建筑工程质量不仅直接影响人民群众的生产生活,而且还影响着社会可持续发展的环境,特别是有关绿化、环保和噪音等方面的问题。

(4)工程建设各阶段都存在着影响质量的因素。工程项目具有周期长的特点,工程质量不是在旦夕之间形成的。人们常常只对设计和施工阶段比较重视,殊不知工程建设各阶段紧密衔接,互相制约影响,所以工程建设的每一阶段均对建筑工程质量的形成具有十分重要的影响。

(5)评价方法的特殊性。工程质量的检查评定及验收是按检验批、分项工程、分部工程、单位工程进行的。工程质量是在施工单位按合格质量标准自行检查评定的基础上,组织有关单位、人员确认验收。这种评价方法体现了"验评分离、强化验收、完善手段、过程控制"的思想。

▷ 11.1.2 质量管理的发展过程

随着生产力和科学技术的发展,国内外企业质量管理的发展大体上经历了三个阶段。

1. 质量检验阶段（1920—1940）

20 世纪前,产品质量主要依靠操作者本人的技艺水平和经验来保证,属于"操作者的质量管理"。20 世纪初,以泰勒(F. W. Taylor)为代表的科学管理理论的产生,促使产品的质量检验从加工制造中分离出来,质量管理的职能由操作者转移给工长,是"工长的质量管理"。随着企业生产规模的扩大和产品复杂程度的提高,产品有了技术标准(技术条件),公差制度(见公差制)也日趋完善,各种检验工具和检验技术也随之发展,大多数企业开始设置检验部门,有的直属于厂长领导,这时是"检验员的质量管理"。上述几种做法都属于事后检验的质量管理方式。

2. 统计质量控制阶段（1940—1960）

1924 年,美国数理统计学家休哈特提出控制和预防缺陷的概念。他运用数理统计的原理提出在生产过程中控制产品质量的"6σ"法,绘制出第一张控制图并建立了一套统计卡片。与此同时,美国贝尔研究所提出关于抽样检验的概念及其实施方案,成为运用数理统计理论解决质量问题的先驱,但当时并未被普遍接受。以数理统计理论为基础的统计质量控制的推广应用始自第二次世界大战。由于事后检验无法控制武器弹药的质量,美国国防部决定把数理统计法用于质量管理,并由标准协会制定有关数理统计方法应用于质量管理方面的规划,成立了专门委员会,并于 1941—1942 年先后公布一批美国战时的质量管理标准。

3. 全面质量管理阶段(1960 至今)

20 世纪 50 年代以来,随着生产力的迅速发展和科学技术的日新月异,人们对产品的质量从注重产品的一般性能发展为注重产品的耐用性、可靠性、安全性、维修性和经济性等。在生产技术和企业管理中要求运用系统的观点来研究质量问题。在管理理论上也有了新的发展,突出重视人的因素,强调依靠企业全体人员的努力来保证质量。此外,还有"保护消费者利益"运动的兴起,使得企业之间市场竞争越来越激烈。在这种情况下,美国费根鲍姆(Armand V. Feigenbaum)于 60 年代初提出全面质量管理的概念。他提出,全面质量管理是"为了能够在最经济的水平上、并考虑到充分满足顾客要求的条件下进行生产和提供服务,并把企业各部门在研制质量、维持质量和提高质量方面的活动构成为一体的一种有效体系"。

➤ 11.1.3 全面质量管理的概念及特点

1. 全面质量管理的概念

全面质量管理是以组织全员参与为基础的质量管理形式。全面质量管理代表了质量管理发展的最新阶段,它起源于美国,后来在其他一些工业发达国家开始推行,并且在实践运用中各有所长。特别是日本,在 20 世纪 60 年代以后推行全面质量管理并取得了丰硕的成果,引起世界各国的瞩目。

全面质量管理在早期称为 TQC,以后进一步演化成为 TQM。费根鲍姆于 1961 年在其《全面质量管理》一书中首先提出了全面质量管理的概念,具体内容如前所述。费氏的这个定义强调了三个方面。首先,这里的"全面"一词首先是相对于统计质量控制中的"统计"而言。也就是说要生产出满足顾客要求的产品,提供顾客满意的服务,单靠统计方法控制生产过程是很不够的,必须综合运用各种管理方法和手段,充分发挥组织中的每一个成员的作用,从而更全面地去解决质量问题。其次,"全面"还相对于制造过程而言。产品质量有个产生、形成和实现的过程,这一过程包括市场研究、研制、设计、制订标准与工艺、采购、配备设备与工装、加工制造、工序控制、检验、销售、售后服务等多个环节,它们相互制约、共同作用的结果决定出最终的质量水准,仅仅局限于只对制造过程实行控制是远远不够的。再次,质量应当是"最经济的水平"与"充分满足顾客要求"的完美统一,离开经济效益和质量成本去谈质量是没有实际意义的。

费氏的全面质量管理观点在世界范围内得到了广泛的接受。但各个国家在实践中都结合自己的实际进行了创新。特别是 20 世纪 80 年代后期以来,全面质量管理得到了进一步的扩展和深化,其含义远远超出了一般意义上的质量管理的领域,而成为一种综合的、全面的经营管理方式和理念。在这一过程中,全面质量管理的概念也得到了进一步的发展。

2. 全面质量管理的特点

全面质量管理与一般的质量管理理念相比,表现出如下几个方面的特点。

(1)全过程的质量管理。任何产品或服务的质量,都有一个产生、形成和实现的过程。从全过程的角度来看,质量产生、形成和实现的整个过程是由多个相互联系、相互影响的环节所组成的,每一个环节都影响着最终的质量状况。为了保证和提高质量就必须把影响质量的所有环节和因素都控制起来。为此,全过程的质量管理包括了从市场调研、产品的设计开发、生产(作业),到销售、服务等全部有关过程的质量管理。换句话说,要保证产品或服务的质量,不仅要搞好生产或作业过程的质量管理,还要搞好设计过程和使用过程的质量管理。要把质量形成全过程的各个环节或有关因素控制起来,形成一个综合性的质量管理体系,做到以预防为主,防检结合,重在提高。全过程的质量管理就意味着全面质量管理要"始于识别顾客的需要,终于满足顾客的需要"。

(2)全员的质量管理。产品或服务质量是企业各方面、各部门、各环节工作质量的综合反映。企业中任何一个环节,任何一个人的工作质量都会不同程度地直接或间接地影响着产品质量或服务质量。因此,产品质量人人有责,人人关心产品质量和服务质量,人人做好本职工作。全体人员都参加质量管理,才能生产出顾客满意的产品。

(3)全企业的质量管理。全企业的质量管理可以从纵横两个方面来加以理解。从纵向的组织管理角度来看,质量目标的实现有赖于企业的上层、中层、基层管理者乃至一线员工的通力协作,其中尤其以高层管理者能否全力以赴起着决定性的作用。从企业职能间的横向配合来看,要保证和提高产品质量必须使企业研制、维持和改进质量的所有活动构成为一个有效的整体。全企业的质量管理就是要"以质量为中心,领导重视、组织落实、体系完善"。

(4)多方法的质量管理。影响产品质量和服务质量的因素越来越复杂:既有物质的因素,又有人的因素;既有技术的因素,又有管理的因素;既有企业内部的因素,又有随着现代科学技术的发展,对产品质量和服务质量提出越来越高要求的企业外部的因素。要把这一系列的因素系统地控制起来,全面管好,就必须根据不同情况,区别不同的影响因素,广泛、灵活地运用多种多样的现代化管理办法来解决当代的质量问题。

上述"三全一多样"的质量管理,都是围绕着"有效地利用人力、物力、财力、信息等资源,以最经济的手段生产出顾客满意的产品"这一企业目标来展开的,这是企业推行全面质量管理的出发点和落脚点,也是全面质量管理的基本特点与要求。坚持质量第一,就要把顾客的需要放在第一位,树立为顾客服务、对顾客负责的思想,这也是企业推行全面质量管理贯彻始终的指导思想。

➢ 11.1.4 PDCA 循环

全面质量管理保证体系运转的基本方式是以计划—实施—检查—处理(plan,do,check,action,缩写为 PDCA)的科学程序进行管理循环。这个循环包括质量保证体系活动必须经历的四个阶段和八个步骤,并周而复始地运转。它体现了全面质量管理的先进思想方法和科学的工作步骤。

1.PDCA 循环的程序和内容

PDCA 循环包括的质量保证体系活动必须经历四个阶段和八个步骤,具体如下:

(1)计划阶段。它包括制定质量方针、目标、措施和管理项目等计划活动。其具体包括以下四个步骤:第一步,调查分析质量现状找出存在的问题;第二步,查出产生质量问题的原因;第三步,从各种质量问题原因中找出主要原因;第四步,针对主要原因制定出明确具体的措施计划,主要包括实施方案、预计效果、时间进度、负责部门、执行者和完成方法等内容。

(2)实施阶段。这是管理循环的第五个步骤,它是按照预定计划和措施具体组织实施和执行的过程。

(3)检查阶段。这是管理循环的第六个步骤。它是把执行的结果与预定的目标进行对比,检查按预定计划目标的执行情况哪些做了,哪些还没做;哪些做对了,哪些做错了;总结成功经验;找出失败的教训并分析其原因。

(4)处理阶段。它包括第七、第八两个步骤。

第七步:总结经验教训。把成功的经验加以肯定,制定成标准,以便再次使用时有所遵循;把失败的教训进行总结整理,记录在案,作为前车之鉴,防止以后再次发生。

第八步:处理遗留问题,即把没有解决的问题转入下一个管理循环,作为下一个管理循环的第一阶段的计划目标。

质量保证体系运转的基本方式——计划、实施、检查、处理,即管理循环工作程序的四个阶段、八个步骤,可以分别表示成图 11-1 的形式和表 11-1 的内容。

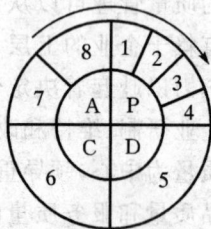

图 11-1 PDCA 循环示意图

表 11-1 PDCA 循环工作程序内容表

PDCA 循环		八个工作步骤
第一阶段	计划:P	1. 检查质量现状,找出存在问题 2. 查出产生质量问题的原因 3. 找出主要原因 4. 针对主要原因,定出具体实施计划
第二阶段	实施:D	5. 贯彻和实施预定计划和措施
第三阶段	检查:C	6. 检查预定目标执行情况
第四阶段	处理:A	7. 总结经验教训 8. 遗留问题转入下一个管理循环

2. PDCA 循环的特点

质量保证体系按照 PDCA 管理循环运行时,有以下三个特点:

(1)大环套小环,互相促进。小环是大环的分解,大环是小环的母体,小环保大环,推动大循环。PDCA 循环作为企业管理的一种科学方法,适用于企业管理各方面的工作。整个企业是个大 PDCA 循环系统,各个部门又都是各自成 PDCA 循环,依次有车间、班组,乃至每个人的更小循环。这些逐级分层的 PDCA 循环不断地运转,把企业各项工作有机地联系起来,彼此协同,互相促进,如图 11-2 所示。

（2）PDCA循环每转动一周就是提高一步。管理循环的四个阶段周而复始地转动,如同一个循环的车轮,每转动一次就前进一步;也像在上楼梯,向上滚动,每旋转一周就上升一个台阶,达到一个新的目标,不停地转动,不停地提高,如图11-3所示。

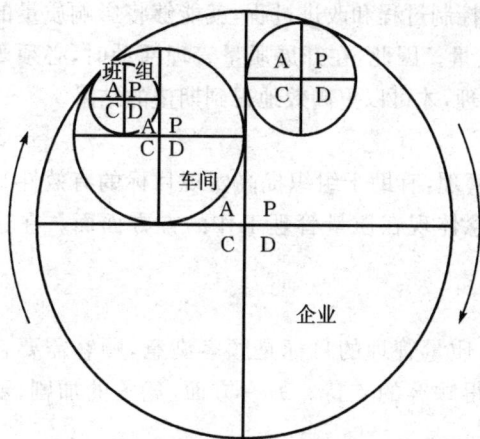

图 11-2 大环套小环

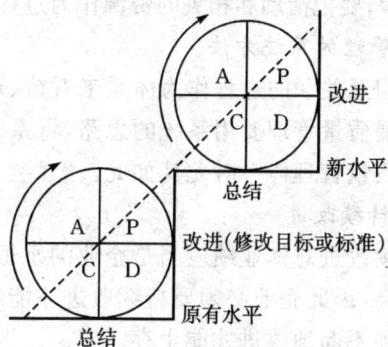

图 11-3 循环上升图

（3）PDCA循环是综合性循环。把管理过程划分为四个阶段是相对的,它们之间不是截然分开的,而是紧紧衔接并存在一定交叉。PDCA的实际工作过程就是,边计划边执行,边执行边检验,边检验边总结,边总结边改进,边改进边制定下一个循环的计划过程。

11.1.5 建筑企业质量管理的原则

成功地领导和运作一个组织,需要采用系统和透明的方式进行管理。针对所有相关方的需要,实施并保持持续改进其业绩的管理体系,可使组织获得成功。质量管理是企业各项管理的内容之一。

国际标准化组织总结了质量管理近百年的实践经验,吸纳了当代最杰出的质量管理专家的理念,用高度概括而又易于理解的语言,总结出质量管理的八项原则,这些原则也是建立质量管理体系的理论基础。建筑企业在进行质量管理过程中也应遵循以下八项原则:

1. 以顾客为关注焦点

企业依存于顾客。顾客是决定企业生存和发展的最重要因素,服务于顾客并满足他们的需要应该成为企业存在的前提和决策的基础。为了赢得顾客,企业必须首先深入了解和掌握顾客当前的和未来的需求,在此基础上才能满足顾客要求并争取超越顾客期望。为了确保企业的经营以顾客为中心,企业必须把顾客要求放在第一位。

2. 领导作用

领导者可以确保企业的目的与方向的一致。企业领导能够将组织的宗旨、方向和内部环境统一起来,并创造使员工能够充分参与实现组织目标的环境,从而带领全体员工共同去实现目标。

3. 全员参与

各级人员都是企业之本,唯有其充分参与,才能使他们为企业的利益发挥其才干。产品和服务的质量是企业中所有部门和人员工作质量的直接或间接的反映。因此,企业的质量管理不仅需要最高管理者的正确领导,更重要的是全员参与。

4. 过程方法

将活动和相关资源作为过程进行管理,可以更高效地得到期望的结果。质量管理理论认为,任何活动都是通过"过程"实现的。通过分析过程、控制过程和改进过程,就能够将影响质量的所有活动和所有环节控制住,确保产品和服务的高质量。因此,在开展质量管理活动时,必须要着眼于过程,要把活动和相关的资源作为过程进行管理,才可以更高效地得到期望的结果。

5. 管理的系统方法

将相互关联的过程作为体系来看待、理解和管理,有助于组织提高实现目标的有效性和效率。开展质量管理要用系统的思路,将系统的理念体现在质量管理工作的方方面面。在建立和实施质量管理体系时尤其如此。

6. 持续改进

持续改进总体业绩应当是企业的永恒目标。质量管理的目标是顾客满意,顾客需要在不断地提高,因此企业必须要持续改进才能继续获得顾客的支持。另一方面,竞争的加剧,要求企业必须不断地改进才能生存。

7. 基于事实的决策方法

有效决策是建立在数据和信息分析的基础上。为了防止决策失误,必须要以事实为基础。为此必须要广泛收集信息,用科学的方法处理和分析数据和信息,不能够"凭经验、靠运气"。为了确保信息的充分性,应该建立企业内外部的信息系统。坚持以事实为基础进行决策就是要克服"情况不明决心大,心中无数点子多"的不良决策作风。

8. 与供方互利的关系

企业与供方是相互依存、相互受益的关系可增强双方创造价值的能力。在目前的经营环境中,企业与企业已经形成了"共生共荣"的企业生态系统。企业之间的合作关系不再是短期的,甚至一次性的合作,而是要致力于双方共同发展的长期合作关系。

八项质量管理原则之间的关系如图 11-4 所示。

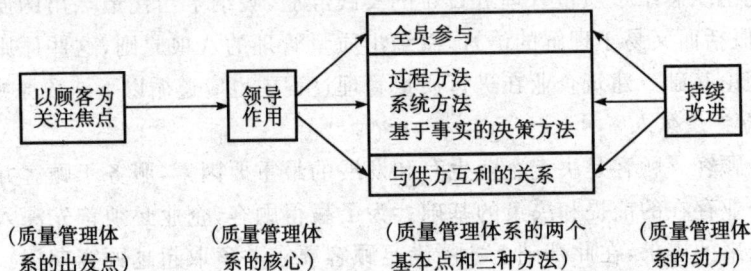

图 11-4 八项质量管理原则的关系图

11.2 建筑企业质量管理体系

➤ 11.2.1 质量管理体系定义

质量管理体系是建立质量方针和质量目标,并实现这些目标的一组相互关联的或相互作用的要素的集合。

质量管理体系包括硬件和软件两大部分。建筑企业在进行质量管理时,首先根据达到质量目标的需要,准备必要的条件,包括人员素质、试验、施工、检测设备的能力等资源;然后,通过设置组织机构,分析确定需要开发的各项质量活动(过程);分配、协调各项活动的职责和接口,通过程序的制定给出从事各项质量活动的工作方法,使各项质量活动(过程)能经济、有效、协调地进行,这样组成的有机整体就是建筑企业的质量管理体系。

➤ 11.2.2 质量管理体系的基础

1. 质量管理体系的理论说明

说明质量管理体系的目的就是要帮助企业增进用户满意;说明用户对企业的重要性;说明用户对企业持续改进的影响,由于用户对需求和期望是不断变化的,这就驱使企业持续改进其产品化过程;说明了质量管理体系的重要作用。

2. 质量管理体系的要求与产品要求

ISO 9000 族标准区分了质量管理体系要求和产品要求。

ISO 9001 规定了质量管理体系要求。质量管理体系要求是通用的,适用于所有行业或经济领域,不论其提供何种类别的产品。但 ISO 9001 本身并不规定产品要求。

质量管理体系要求和产品要求的差异见表 11 - 2。

表 11 - 2　质量管理体系要求和产品要求的差异

项目	质量管理体系要求	产品要求
含义	(1)为建立质量方针和质量目标并实现这些目标的一组相互关联的或相互作用的要素,是对质量管理体系固有特性提出的要求。 (2)质量管理体系的固有特性是体系满足方针和目标的能力、体系的协调性、自我完善能力、有效性的效果等。	(1)产品的固有特性所提出的要求,有时也包括与产品有关过程的要求。 (2)产品的固有特性主要是指产品物理的、感观的、行为的、时间的、功能的和人体功效方面的有关要求。
目的	(1)证实组织有能力稳定地提供满足顾客和法律法规要求的产品。 (2)通过体系的有效应用和持续改进,预防不合格,增强顾客满意。	验收产品并满足顾客。
适用范围	通用的要求,适用于各种类型、规模、提供不同产品的组织。	特定要求,适用于特定产品。
表达形式	ISO 9001 质量管理体系要求标准或其他质量管理体系要求或法律法规要求。	技术规范、产品标准、合同、协议、法律法规,有时也反映在过程标准中。
要求的提出	由 ISO 9001 标准确定。	可由顾客规定;可由组织通过预测顾客要求来规定;可由法规规定。
相互关系	质量管理体系要求本身不规定产品要求,但它是对产品要求的补充。	

3. 质量管理体系方法

质量管理体系方法是为帮助组织致力于质量管理,建立一个协调的、有效运行的质量管理体系,从而实现组织的质量方针和目标提出的一套系统而严谨的逻辑步骤和运作程序。建立和实施质量管理体系的方法包括以下步骤:

(1)确定顾客和相关方的需求和期望;

(2)建立企业的质量方针和质量目标;

(3)确定实现质量目标必需的过程和职责;

(4)确定和提供实现质量目标必需的资源;

(5)规定测量每个过程的有效性和效率的方法;

(6)应用这些方法确定每个过程的有效性和效率;

(7)确定防止不合格并针对产生不合格的原因采取相应的措施;

(8)建立和应用持续改进质量管理体系的过程。

上述方法也适用于保持和改进现有的质量管理体系。

采用上述方法的组织能对其过程能力和产品质量树立信心,为持续改进企业质量体系提供基础,从而增进顾客和其他相关方满意,并使企业产品获得成功。

4. 过程方法

所谓"过程方法",就是"系统地识别和管理企业所应用的过程,特别是这些过程之间的相互作用"。这里的过程方法具体来讲,首先是识别质量管理体系所需要的过程,包括与企业的管理活动、资源提供、产品实现和测量有关的过程,并确定过程的顺序和相互作用。其次是要对各过程加以管理,也就是要控制各个过程的要素,包括输入、输出、活动和资源等,这样才能够使过程有效。

2008 年版 ISO 9000 族标准把以过程为基础的质量管理体系用一个模型图来表示,如图11-5 所示。从图中可以看出,质量管理体系的四大过程——"管理职责"、"资源管理"、"产品实现"和"测量分析和改进"——彼此相连,最后通过体系的持续改进而进入更高阶段。利用这

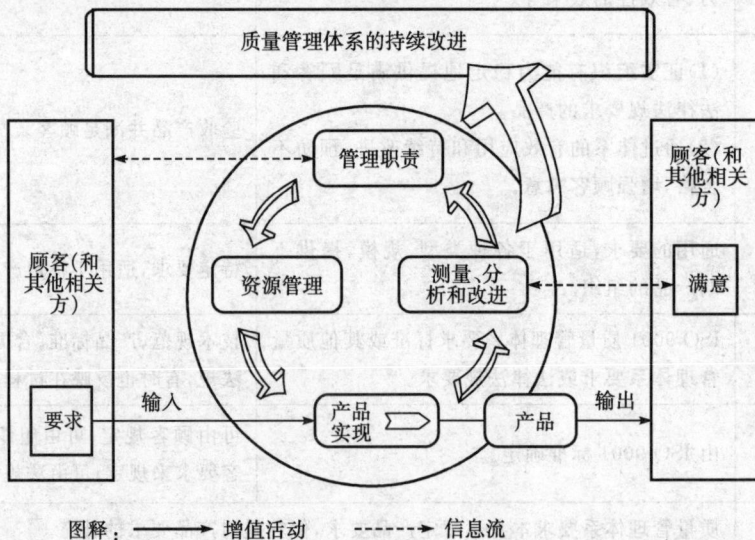

图 11-5　以过程为基础的质量管理体系模型图

个模型图,企业可以明确质量管理的主要过程,并将其进一步展开、细化,并对过程进行连续控制,从而改进质量管理体系的有效性。

5. 质量方针和质量目标

质量方针是指由企业的最高管理者正式发布的该企业的总的质量宗旨和方向。质量目标是指企业在质量方面所追求的目的。质量方针和质量目标的建立为企业提供了关注的焦点,两者都确定了企业想要达到的产品预期结果,并帮助企业利用其资源来实现这些结果。

质量方针和质量目标的关系是:质量方针为建立和评审质量目标提供框架并具体体现为企业对持续改进的承诺;质量目标则是在此框架内确立、开展和细化;两者应保持一致,不能脱节和偏离。

6. 最高管理者

最高管理者指企业的最高领导层,具有决策、指挥和控制的职责和权力。最高管理者通过其领导作用和实际行动,可以创造一个员工充分参与的环境,质量管理体系能够在这种环境中有效运行。最高管理者可以运用质量管理原则作为发挥以下作用的基础:

(1)制定并保持企业的质量方针和质量目标;

(2)通过在整个企业内宣传质量方针并促进质量目标的实现,增强员工的意识、积极性和参与程度;

(3)确保整个企业关注顾客的要求;

(4)确保实施适宜的过程,以满足顾客和其他相关方的要求并实现质量目标;

(5)确保建立、实施和保持一个有效和高效的质量管理体系以实现企业的质量目标;

(6)确保获得必要资源;

(7)定期评审质量管理体系;

(8)决定有关质量方针和质量目标的措施;

(9)决定改进质量管理体系的措施。

7. 文件

所谓文件是指信息及其承载媒体。文件的价值是传递信息、沟通意图、统一行动。文件的具体用途主要包括:满足顾客要求和质量改进,提供适宜的培训,提供客观证据和用以评价质量管理体系的有效性和持续适宜性。

质量管理体系中使用文件的类型主要有以下几种:

(1)质量手册。即规定企业质量管理体系的文件,它是向企业内部和外部提供关于质量管理体系的一致信息。

(2)质量计划。即对特定的项目、产品、工程或合同,规定由谁及何时使用哪些程序和相关资源的文件。

(3)规范。即阐明要求的文件。

(4)指南。即阐明推荐的方法或建议的文件。

(5)程序、作业指导书和图样。这些都是提供如何一致地完成活动和过程的信息文件。

质量管理体系中文件数量的多少、详略程度等取决于如下一些因素:企业的类型和规模,过程的复杂性和相互作用,产品(施工)的复杂性,顾客的要求,适用的法规要求,经证实的人员能力,满足体系要求所需证实的程度等。

8. 质量管理体系评价

企业在质量管理体系建立并实施后,可能会发现其不完善或不适应的情况。所以需要对它的适宜性、充分性和有效性进行系统的、定期的评价。

企业质量管理体系的评价包括质量管理体系过程的评价、质量管理体系的审核、质量管理体系的评审和自我评定。

(1)质量管理体系过程的评价。企业的质量管理体系是由许多相互关联和相互作用的过程构成的,所以对各个过程的评价是质量管理体系评价的基础。在评价质量管理体系时,应对每个被评价的过程,提出如下几个基本问题:①过程是否被识别并确定相互关系?②职责是否已被分配?③程序是否得到实施和保证?④在现实所要求的结果方面,过程是否有效?

综合上述问题的答案可以确定评价结果。质量管理体系评价可在不同的范围内,通过一系列活动来开展,如审核和评审质量管理体系以及自我评定。

(2)质量管理体系的审核。所谓审核就是指为获得审核证据并对其进行客观的评价,以确定满足审核准则的程度所进行的系统的、独立的并形成文件的过程。

体系审核用于确定符合质量管理体系要求的程度。审核发现(即审核的结果)可用于评定质量管理体系的有效性和识别改进的机会。企业在进行质量管理体系审核时,"审核准则"一般指 GB/T19001 标准、质量手册、程序以及适用的法规等。体系审核有第一方审核(内审)、第二方审核和第三方审核三种类型。

(3)质量管理体系评审。最高管理者的任务之一是对照质量方针和质量目标,定期和系统地评价质量管理体系的适宜性、充分性、有效性和效率。这种评审可包括考虑是否需要修改质量方针和质量目标,以响应相关方需求和期望的变化,也包括确定是否需要采取改进措施。

(4)自我评定。企业的自我评定是一种参照质量管理体系或卓越模式,对企业的活动和结果所进行的全面的和系统的评审,也是一种第一方评价。自我评定可以对企业业绩以及体系成熟度提供一个总的看法,它还有助于识别需要改进的领域及需要优先开展的活动。

9. 持续改进

持续改进是八项质量管理原则之一。持续改进原则用于质量管理体系时,其目的在于增加顾客和其他相关方满意的机会。

企业在对质量管理体系实施持续改进时,也要采取管理系统方法。其步骤如下:

(1)分析和评价现状,以识别改进的区域;

(2)确定改进的目标;

(3)寻找可能的解决办法以实施这些目标;

(4)评价这些解决办法并做出选择;

(5)实施选定的解决办法;

(6)测量、验证、分析和评价实施的结果以确定这些目标已经实现;

(7)正式采纳更改,形成正式的规定;

(8)必要时,对结果进行评审,以确定进一步改进的机会。

10. 统计技术的作用

统计技术可以对质量管理过程中产生的变异进行测量、描述、分析、解释和建立数学模型,帮助企业更好地理解变异的性质、程度和产生变异的原因,从而可帮助企业决策,即采取相应的措施,解决已出现的问题,甚至可以预防由变异产生的问题。因此统计技术是促进持续改进产品质量和过程及体系的有效性的有力武器。

11. 质量管理体系与其他管理体系的关注点

一个企业的管理体系包含若干个不同的分体系,如质量管理体系、财务管理体系、环境管理体系、职业健康安全管理体系等。这些管理体系有各自的方针和目标。除了质量目标外,企业还可能有增长率、资金、利润、环境、职业卫生与安全等目标。这些目标相辅相成,构成了企业各方面的奋斗目标。

企业的各部分管理体系也是相互联系的。最理想的是将这些分体系有机地结合成一个总的管理体系,尽量采用相同的要素(如文件、记录等),这样将有利于企业的总体策划、资源的配置,有利于确定互补的目标并评价企业的整体有效性。

12. 质量管理体系与卓越模式之间的关系

ISO 9000 族标准和组织卓越模式提出的质量管理体系方法依据的是共同的原则。它们两者的共同关注点是:①使组织能够识别它的强项和弱项;②包含对照通用模式进行评价的规定;③为持续改进提供基础;④包含外部承认的规定。

ISO 9000 族质量管理体系与卓越模式之间的差异性,如表 11-3 所示。

表 11-3　ISO 9000 族质量管理体系与卓越模式之间的差异

序号	项目内容	ISO 9000 族质量管理体系	卓越模式
1	目的	为证实组织具有满足顾客和适用的法规要求的能力	有助于组织使顾客满意和相关方受益,改进组织的总体业绩
2	类型	合格评定	卓越评审(成熟度,水平对比)
3	应用范围	提出了质量管理体系要求和业绩改进指南,质量管理体系评价可确定这些要求是否得到满足	能够对组织业绩进行比较评价的准则,并能适用于组织的全部活动和所有相关方
4	重点	强调过程	既强调过程,更重视结果
5	作用	质量管理体系是引导、确认组织在市场中产品和服务质量水平的基本要求	卓越绩效模式是引导、评价、确认组织在竞争中的经营管理及绩效水平

▷11.2.3　建筑企业质量管理体系的建立与实施

建筑企业质量管理体系的建立及实施步骤包括质量管理体系的策划和设计、质量管理体系文件的编制和质量管理体系的实施运行。

1. 质量管理体系的策划与设计

(1)领导带头,统一认识。这是建立与实施质量管理体系的关键。建立和实施质量管理体系要求企业领导高度重视、正确决策,并要亲自参与。

(2)组织落实,成立工作班子。即组织一部分既懂技术又懂质量管理并具有较强分析能力及文字能力的业务骨干组成工作班子,从事质量管理体系的设计与建立工作。

(3)学习培训,制定工作计划。首先采用自上而下的方法组织培训各层次人员,学习质量管理和质量保证族标准,以提高每个员工的质量意识,使其了解建立和实施质量管理体系的重要意义。在此基础上制订出一个全面而周密的关于建立质量管理体系的实施计划。计划的制订要做到明确目标、控制进程并突出重点。

(4)制定质量方针,确立质量目标。质量方针是企业进行质量管理、建立和实施质量管理体系、开展各项质量管理活动的根本准则,是企业质量政策的体现。质量方针的制定要体现全局性、方向性、经营性、激励性和可行性,要被全体员工理解并指导企业各项工作的展开。根据质量方针和企业经营总目标等组织人员制定有关产品质量、工作质量、质量保证和质量管理体系等方面的质量目标,该目标是企业所确定的在一定时期内质量活动应实现的成果。

(5)调查现状,找出薄弱环节。只有充分地了解企业的现状,认识到存在的问题,才能建立适合企业需要的质量管理体系。因为当前存在的主要问题就是今后建立质量管理体系是要重点解决的问题。

(6)与质量管理体系标准对比分析。将关于现状调查的结果与标准要求进行全面的、逐条逐项的对比分析。

(7)确定质量管理体系要求和对质量起作用的活动(简称管理活动)。质量管理体系总体设计应是按企业质量形成过程的实际,明确完成一定质量职能的过程。对于确实影响质量的过程,尽管标准没有提及也应该以实际需要为要求,通过要求所对应的过程展开所需要的活动。

(8)确定质量责任和权限、质量管理体系组织结构和资源配备。要落实完成质量管理体系要求展开以后对应的质量活动,必须将活动相应的工作责任和权限分配到各个职能部门,做到事事有人负责。一般地讲,一个质量管理职能部门可以负责或参与多个质量活动,但不能让一项质量活动由多个部门来负责。要按质量管理体系的要求和分解的质量活动基础对组织结构进行调整。企业在质量活动展开的过程中,相应的硬件、软件和人员的配备要依据对产品质量保证的需要调整和充实。

2. 质量管理体系文件的编制

(1)质量手册的编制。质量手册是总体描述企业质量方针和质量管理体系的通用文件。因此要求编写的质量手册要清楚、准确、全面、扼要地阐述企业质量方针、目标和控制程序,反映企业的特色并符合族标准要求。

(2)程序文件的编制。所谓程序是指为进行某项活动所规定的途径。在很多情况下,程序是文件化的,因此通常称之为书面文件或形成文件的程序。质量管理体系程序是质量手册的支持性文件,是企业的各职能部门为落实质量手册要求而规定的实施细则。编制质量管理体系程序就是要明确各项质量活动的“5W1H”。程序文件的编制既要重视采取预防措施避免问题的发生,又不能忽视发现问题加以纠正,从而使每个过程、每项活动都尽可能得到适当的、连续的控制。需要注意的是,程序应得到有关责任人员的同意和接受,并为所有与其作业有关人员所理解,必须经过审批,注明修订情况和有效期。

(3)质量计划的编制。所谓质量计划是指针对特定的产品、项目或合同,规定专门的质量措施、资源和活动顺序的文件。质量计划应指出如何将通用的程序文件与具体的产品、项目或合同所持有的一些必要补充文件结合起来,以实现规定的质量目标。质量计划的格式与详细程度应与顾客的要求、企业的生产特点和将要完成活动的复杂性相适应。

(4)质量记录的编制。质量记录是产品质量水平和企业质量管理体系中各项质量活动的客观反映,是企业最基础的文件,其特点是涉及面广、数量多。因此对质量记录及其编制要求是:标准化、真实和准确、经济实用和便于管理。

3. 质量管理体系的实施运行

(1)质量管理体系的实施教育。虽然在质量管理体系建立的开始时已对员工进行了培训,但是当时培训的重点是使员工对族标准的概况有所了解,尚未涉及自己的工作本身。到了质量管理体系实施与运行时,就会涉及人们传统的认识、习惯和做法,以及技术上、管理上的不适应,这就要求制定全面的人员培训计划,并实施培训,使企业全体员工在思想认识、技术和管理业务上都有所提高。

(2)组织协调。质量管理体系是人造的软件体系,它的运行是借助于质量管理体系组织结构进行的。组织和协调工作是维护质量管理体系运行的动力。质量管理体系的运行涉及企业众多部门的活动。就建筑企业而言,计划部门、施工生产部门、技术部门、试验检验部门、测量部门等都必须在目标、分工、时间和联系方面协调一致,责任范围不能出现空当,保持体系的有序性。这些都需要通过组织和协调工作来实现。实现这种协调工作的人,应该是企业的主要领导。只有由主要领导主持,质量管理部门负责,通过组织协调才能保持质量管理体系的正常运行。

(3)质量信息管理和质量监督。企业的组织结构是企业质量管理体系的骨架,而企业的质量信息系统则是质量管理体系的神经系统,是保证质量管理体系正常运行的重要系统。在质量管理体系的运行中,通过质量信息反馈系统对异常信息的反馈和处理,进行动态控制,从而使各项质量活动和工程实体质量保持受控状态。

质量信息管理和质量监督、组织协调工作是密切联系在一起的。异常信息一般来自质量监督,异常信息的处理要依靠组织协调工作,三者的有机结合是使质量管理体系有效运行的保证。

(4)质量管理体系的审核与评审。企业在质量管理体系各个过程评价基础上,审核发现用于评定质量管理体系的有效性和识别改进的机会,定期地、系统地评审质量管理体系的适宜性、充分性、有效性和效率。开展质量管理体系的审核与评审是保持质量管理体系持续有效运行的主要手段。

以上所述建筑企业质量管理体系建立及实施的具体步骤,如图 11-6 所示。

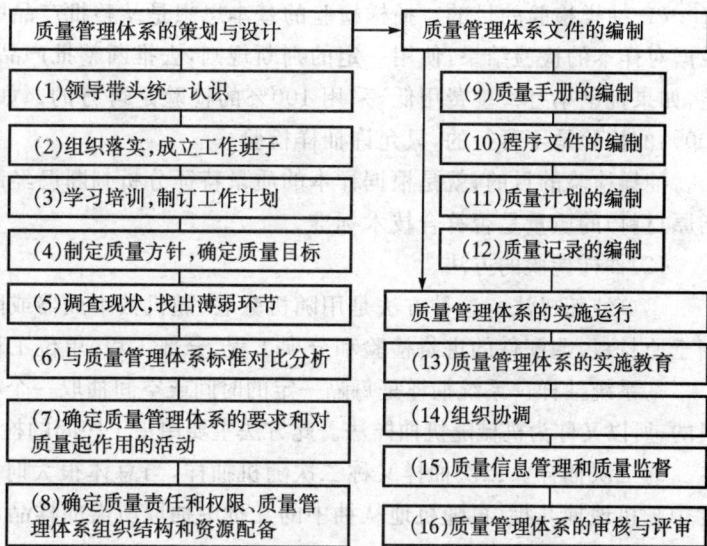

图 11-6　质量管理体系建立及实施的具体步骤

11.3 建筑企业质量管理常用统计分析方法

11.3.1 质量统计数据

1. 总体、样本及统计推断工作过程

每件产品检测得到的某一质量数据(强度、几何尺寸、重量等)即质量特性值被视为个体,产品的全部质量数据的集合即为总体。

样本,又称为子样,是从总体中随机抽取出来,并根据对其研究的结果推断总体质量特征的那部分个体。样品,即被抽中的个体;样本容量,即样品的数目。

统计推断工作过程如图 11-7 所示。

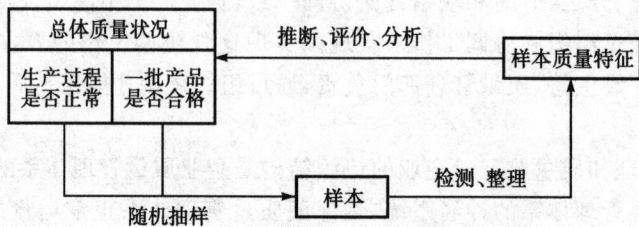

图 11-7 统计推断工作过程图

2. 质量数据的收集

数据是进行质量控制的基础,是工程项目质量监控的基本出发点。质量统计数据的收集有全数检验和抽样检验,但实际应用中,数据的产生依赖于抽样检验。

(1)抽样检验的目的。抽样检验的基本思想是从整批产品中随机抽取部分产品作为样本,根据对样本的检验结果,使用一定的判断规则,去推断整批产品的质量水平。对于非破坏性检验,如果批量小且检验费用低,采用 100% 的检验是可行的。如果批量大或检验费用高,采用 100% 的检验是不可行的,只允许抽样检验。

抽样检验的目的,就是根据样本的质量特征分析判断已经制造出来全部成品或半成品(包括原材料)的质量是否符合技术标准。

(2)抽样检验的方法。

①单纯随机法。这种方法是用随机数表、随机数生成器或随机数色子来进行抽样,广泛应用于原材料、购配件的进货检验和分项工程、分部工程、单位工程竣工后的检验。

②系统抽样。系统抽样是每隔一定的时间或空间抽取一个样本的方法,其第一个样本是随机的,所以又称为机械随机抽样法。此方法主要用于工序间的检验,如混凝土的坍落度检验。

③二次抽样。二次抽样又称二次随机抽样,当总体很大时,将总体分为若干批,先从这些批中随机地抽几批,再随机地从抽中的几批中抽取所需的样品,如对批量很大的砖进行抽样就可采用二次抽样的方法。

④分层抽样。它是先将批分为若干层,然后从每层中抽取样本的方法,这种方法是为了使样本具有较好的代表性,如砂、石、水泥等散料的检验和分层堆放整齐的构配件的检验,都可用这种方法抽取样品。

(3)抽样检验中的两类风险。

①供方风险。供方风险也称生产者风险,是指将合格品判为不合格品,而错误地拒收的概率,用 α 表示。对主控项目和一般项目均应控制在 5% 以内。

②需方风险。需方风险也称消费者风险,是指将不合格品判为合格品,而错误地接收的概率,用 β 表示。对主控项目应控制在 5% 以内,一般项目应控制在 10% 以内。

3. 质量样本数据的特征值

(1)均值。样本的均值又称为样本的算术平均值。它表示数据集中的位置。

(2)中位数。先将样本中的数据按大小排列,样本为奇数时,中间的一个数即为中位数;样本为偶数时,中间两个数的平均值即为中位数。

(3)极值。一个样本中的最大值和最小值称为极值,第 i 个样本的最大值用 $X_{i\max}$ 表示;第 i 个样本的最小值用 $X_{i\min}$ 表示。

(4)极差值。样本中最大值与最小值之差称为极差,第 i 个样本的极值用 R_i 来表示。$R_i = x_{i\max} - x_{i\min}$,它表示数据的分散程度。

(5)标准偏差。总体的标准偏差用 δ 表示:

$$\delta = \sqrt{\dfrac{\sum\limits_{i=1}^{N}(x_i - \mu)^2}{N}}$$

式中:N——总体大小;

μ——总体均值。

样本的标准偏差用 S 表示:

$$S = \sqrt{\dfrac{\sum\limits_{i=1}^{n}(x_i - \bar{x})^2}{n-1}}$$

式中:X_i——第 i 个样品的数值;

n——样本大小。

S 也叫标准偏差的无偏估计,它的大小反映了数据的波动情况,即分散程度。

(6)变异系数。变异系数表示数据的相对波动大小,即相对的分散程度,用 C_V 表示

$$C_V = \frac{S}{x} \times 100\% \ (\text{样本})$$

$$\text{或} \ C_V = \frac{\delta}{\mu} \times 100\% \ (\text{总体})$$

4. 质量数据的特性和质量波动原因的分析

(1)质量数据的特性。质量数据具有个体数值的波动性,样本或总体数据的规律性。即在实际质量检测中,个体产品质量特性数值具有互不相同性、随机性。但样本或总体数据呈现出发展变化的内在规律性。

(2)质量波动的原因。质量波动也称质量变异,其影响因素分为偶然性因素和系统性因素两大类。

①偶然性因素。偶然性因素又称随机性因素,经常是随机发生的、不可避免的、难以控制和消除的因素,或者是在经济上不值得消除的因素。这类因素对质量影响很小,属于允许偏差

范围的波动,不影响生产过程的正常和稳定。通常把"4M1E"(人、机器、材料、方法、环境)因素的微小变化归为偶然性原因。

②系统性因素。系统性因素是可控制的、易消除的因素。这类因素不经常发生,但对工程质量的影响较大。质量的波动属于非正常波动,即非正常变异。例如:材料的规格、型号不对;机械设备故障或过度磨损;工人违规操作等。

质量控制的目标就是要查找系统性因素并加以排除,使质量只受随机偶然性因素的影响。随着科学技术的发展,以上两类因素在一定条件下可以相互转化,因而它们的区别是相对的,关键是要加强对它们的预测和控制。

▶ 11.3.2 质量控制常用统计的分析方法

广泛地采用统计分析技术能使质量管理工作的效益和效率不断提高。质量控制中常用的七种工具和方法是:分层法、调查表法、排列图法、因果分析图法、相关图法、直方图法和控制图法。

1. 分层法

分层法是将收集来的数据,按不同情况和不同条件分组,每组叫做一层。所以,分层法又称为分类法或分组法。分层的方法很多,可按班次、日期分类;可按操作者、操作方法、检测方法分类;可按设备型号、施工方法分类;可按使用的材料规格、型号、供料单位分类等。

分层法一般用于将原始数据进行分门别类,使人们能从不同角度分析产品质量问题和影响因素,现举例来说明分层法的应用。

【例 11-1】某批钢筋的焊接由三个师傅操作,而焊条是两个厂家提供的产品,对钢筋焊接质量调查了 50 个焊接点,其中不合格的 19 个,不合格率为 38%。存在严重的质量问题,用分层法分析质量问题的原因。

解:(1)按操作者分层,见表 11-4 所示。从分析结果看出,焊接质量最好的 B 师傅,不合格率为 25%。

表 11-4 按操作者分类表

操作者	不合格点数	合格点数	不合格率/%
A	6	13	32
B	3	9	25
C	10	9	53
合计	19	31	38

(2)按供应焊条的厂家分层,见表 11-5 所示。发现不论是采用甲厂还是乙厂的焊条,不合格率都很高而且相差不多。

表 11-5 按供应焊条工厂分层表

工厂	不合格	合格	不合格率/%
甲	9	14	39
乙	10	17	37
合计	19	31	38

（3）综合分层。将操作者与供应焊条的厂家接合起来分层，见表 11－6。根据表 11－6 的综合分析可知，在使用甲厂的焊条时，应使用 B 师傅的操作方法为好；在使用乙厂的焊条时，应采用 A 师傅的操作方法为好，这样会使合格率大大提高。

表 11－6　综合分层分析焊接质量

操作者	工厂	甲厂	乙厂	合计
A	不合格点数	6	0	6
A	合格点数	2	11	13
B	不合格点数	0	3	3
B	合格点数	5	4	9
C	不合格点数	3	7	10
C	合格点数	7	2	9
合计	不合格点数	9	10	19
合计	合格点数	14	17	31

2. 调查表法

调查表法又称调查分析法、检查表法，就是收集和整理数据用的统计表，利用这些统计表对数据进行整理，并可粗略地进行原因分析。按使用的目的不同，常用的调查表有工序分布调查表、缺陷位置调查表、不良项目调查表、不良原因调查表等。调查表形式灵活，简便实用，与分层法相结合可更快、更好地找出问题的原因。表 11－7 所示是混凝土预制板不合格项目的调查表。

表 11－7　预制混凝土板不合格项目的调查表

序号	项目	检查记录	小计	备注
1	强度不足	正正正正下	23	
2	蜂窝麻面	正正正正一	21	
3	局部露筋	正正正	15	
4	局部有裂缝	正正丁	12	
5	折断	正丁	9	

3. 排列图法

（1）排列图的概念。排列图的全称是"主次因素排列图"也称为 Pareto 图。在生产过程中，影响产品质量的因素常常不只几个、几十个，在这些纷繁庞杂的众多因素中，迅速、准确地找出主要因素的最有效方法就是排列图法。它有利于企业抓住关键因素，用有限的资源解决更大的问题，使企业取得更好的经济效益。

排列图法并不仅仅适用于确定某个特定产品的质量问题，更重要的是要在合理分层的基础上,分别找出各层的主要矛盾及其相互关系。例如,从整个企业来看,可能找出影响产品质量的主要工序是铸造和金属加工,而这两组工序内部又可以分别找出主要产品的主要部件、关键零件及关键工序等。由此可见,排列图法可以步步深入,具体地找出有关影响产品质量的根本原因。

排列图是由两个纵坐标,一个横坐标,几个直方图和一条曲线组成的。左边的纵坐标表示频数(件数、金额、时间等),右边的纵坐标表示累计频率(以百分数表示)。有时候为了方便,也可以把两个纵坐标都画在左边。横坐标表示影响质量的各个因素,按其影响程度的大小从左到右顺序排列,直方图的高度表示某个影响因素的影响大小,而图中的曲线表示各个影响因素大小的累计百分比数。通过这条曲线所对应的累计百分数划分为三个区域:累计百分数 0%~80% 为 A 类区,对应 A 类的因素一般称为主要因素;累计百分数 80%~90% 称为 B 类区,对应 B 类区的因素称为次要因素;累计百分数 90%~100% 称为 C 类区,对应 C 区的因素称为更次要因素。

(2)排列图的作图步骤。

①在一定时期内收集有关质量问题的数据。

②将收集到的数据资料,按不同的问题进行分层次处理,每一层作为一个项目,然后统计出每一个项目反复出现的频数,一些小问题可以合并在一起统称为"其他"一项;最后将这些项目和相应的频数按照频数的大小列成数据表,作为计算和作图的依据。

③计算数据表中每一个项目的频数占总频数的百分比和累积百分比,把这些数据填在记录表中。

④画两根纵轴和一根横轴。左边纵轴,标上频数刻度,最大刻度为总频数;右边纵轴,标上频率刻度,最大刻度为 100%;在横轴上按频数大小依次列出各项影响因素。

⑤在横轴上按频数大小画出直方柱。

⑥在每一个直方柱右侧上方,按累计值描点,并用直线连接,画出排列线。

(3)使用排列图应注意的事项。

①找出的主要因素不要过多,一般来说,主要原因确定一两个,是多不能超过三个,它们所占的频数必须高于 50%(如果项目少时,则应高于 70% 或 80%),否则就失去了找出主要因素的意义,就要考虑重新进行分类。

②当采取措施解决或基本解决了这些主要因素后,原先次要的因素将上升为主要因素,此时可以再通过做帕累托曲线来分析处理。这样不断循序渐进,可以使产品质量得到不断的改进和提高。

③纵坐标可以用件数或金额表示,也可以用时间表示,也有用"可能性"来表示。原则是以能够较好地找出主要因素为准。

④不重要的项目很多时,为了避免横坐标过长,通常合并列入"其他"栏内,并置于最后一项。对于一些较小的问题,如果不容易分类,也可以将其归入"其他"栏内。如"其他"项的频数太多时,就需要考虑重新分类。

⑤为作排列图而选取数据时,应考虑不同的原因、状况和条件后对数据进行分类,如按时间、产品、服务、工序、人员等分类,以取得更多有效的信息。

【例 11-2】某工程施工监理中,监理工程师对承建商在施工现场制作的水泥预制板进行质量检查,抽查了 500 块,发现其中存在如表 11-8 所示的质量问题。

问题：产品的主要质量问题是什么？监理工程师应如何处理？

解：(1)采用排列图法分析产品的主要质量问题。

第一步，针对本题特点，应选择排列图法进行分析。

第二步，根据检查记录，按不良品数由大到小进行整理排列，算出频数和累计频率，如表 11-8 所示。

表 11-8　预制板质量问题及相关资料

序号	存在问题项目	出现问题频数	累计频率(%)
1	蜂窝麻面	22	55
2	局部露筋	10	80
3	强度不足	4	90
4	横向裂缝	3	97.5
5	纵向裂缝	1	100
合计	存在问题项目	40	

第三步，绘制排列图，如图 11-8 所示。

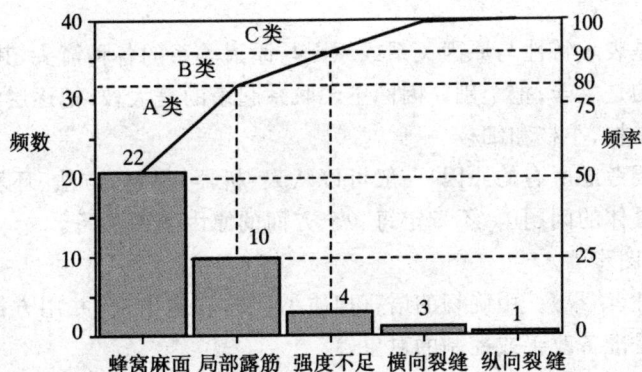

图 11-8　排列图示例

第四步，分析。由排列图可见，主要的质量问题是水泥预制板的表面出现蜂窝麻面和局部露筋，次要问题是混凝土强度不足，一般问题是横向和纵向裂缝。

(2)出现质量问题后的处理。监理工程师应要求承建商提出具体的质量改进方案，分析产生质量问题的原因，制定具体的措施提交监理工程师审查，经监理工程师审查确认后，由施工单位实施改进。执行过程中，监理工程师应严格监控。

4. 因果分析图法

(1)因果图的概念。因果分析图又叫特性要素图、树枝图和鱼刺图等，是质量管理常用的工具之一。它于 1953 年最早在日本川缔制铁公司毒合工厂应用，并取得了很好的效果，从而得到推广。

影响产品质量的因素多种多样，这些因素往往又错综复杂地交织在一起，企业只有准确地找出问题产生的根源才能从根本上解决问题，进而保证质量得到持续改进。因果分析图就是寻找质量问题产生原因的一种有效方法，它能清晰、有效地整理和分析出产品质量和诸因素之间的关系。

一般说来,影响产品质量的原因尽管很多,关系复杂,但归纳起来,一般都存在两种互为依存的关系,即平行关系和因果关系。在进行质量分析时,如果通过直观方法能够找出属于同一层的有关因素的主次关系(平行关系),就可以利用排列图对它们进行统计分析。但是由于因素在层间还存在着纵向的因果关系,这就要求要有一种方法能同时整理出这两种关系,因果分析图就是根据这种需要而构思的。在具体分析时,我们可以从质量问题出发,首先分析哪些因素是影响产品质量的大原因,进而从大原因出发寻找中原因、小原因和更小原因,并分析和确定主要原因。

(2)因果图的格式。因果图的格式如图11-9所示,它由以下几个部分组成:

①特性。因果图中所提出的特性,是指要通过管理工作和技术措施予以解决并能够解决的问题。

②原因。原因是对质量特性产生影响的主要因素,一般是导致质量特性发生分散的几个主要来源。原因通常分为大原因、中原因和小原因等。

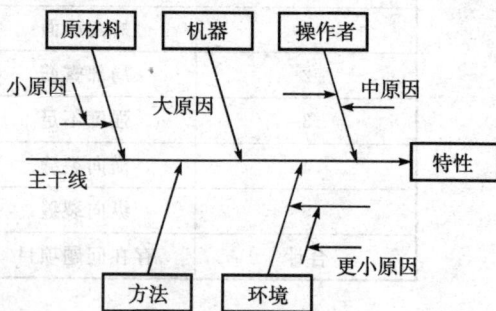

图 11-9 因果图的格式

③枝干。枝干是表示特性与原因关系或原因与原因关系的各种箭头,其中,把全部原因同质量特性联系起来的是主干;把个别原因同主干联系起来的是大枝;把逐层细分的因素同各个原因联系起来的是中枝、小枝和细枝。

建立因果图时要考虑所有的原因,一般可以从人、机器、材料、方法、环境及测量等多个方面去寻找。在一个具体的问题中,不一定每一个方面的原因多要具备。

(3)因果图的作图步骤。

①确定质量特性(结果)。用确切的语言把质量问题表达出来,并用方框画在图面的最右边。所谓质量特性是准备改善或控制的对象。

②组织讨论。从这个质量问题出发先分析大原因,再以大原因作为结果寻找中原因,然后以中原因为结果寻找小原因,甚至更小的原因,尽可能找出可能会影响结果的所有因素。由于因果图实质上是一种枚举法,为了能够把所有重要因素都能列举上,故在构造因果图时,强调通过座谈法,畅所欲言,集思广益。

③找出各因素之间的因果关系。先找出影响质量特性的大原因,再进一步找出影响质量的中原因、小原因。注意所分析的各层次原因之间的关系必须是因果关系,分析原因要直到能采取措施为止。

④画出主干线。主干线的箭头指向质量问题,再从主干线的两边依次用不同粗细的箭头线表示出大、中、小原因之间的因果关系,在相应箭头线旁边注出原因内容。

⑤根据对结果影响的程度,找出主要原因,将对结果有显著影响的重要原因用明显的符号标示出来。

⑥记录必要的有关事项,如因果图的标题、制图者、时间及其他备查事项。

(4)使用因果图应注意的事项。

①所有分析的某种质量问题只能是一个,主干线箭头就指向这个结果(要解决的问题),并

且该问题要提得具体。

②质量问题中的大原因一般有人、机器、材料、方法、环境五个方面,以这些方面作为切入点,分析中原因、小原因时要追根究底,直至分析出可以采取具体措施的原因为止。因果图中的原因是可以归类的,类与类之间的原因不发生联系,要避免归类不当的错误,同时要避免因果倒置的错误。

③最后细分出来的原因应是具体的,以便采取措施。

④在分析原因时,要设法找到主要原因,注意大原因不一定都是主要原因。为了找出主要原因,可作进一步调查、验证。

⑤分析时要充分发扬民主,各抒己见,主持会议者要注意会议形式,以有利于集思广益为宗旨。

5. 相关图法

(1)相关图的概念与格式。相关图法又称散点图法,它是将两个变量(两个质量特性)间的相互关系用一个直角坐标表示出来,从相关图中点子的分布状况就可以看出两个变量间的相互关系,以及关系的密切程度。

相关图的几种基本类型如图 11-10 所示,分别表示以下关系。

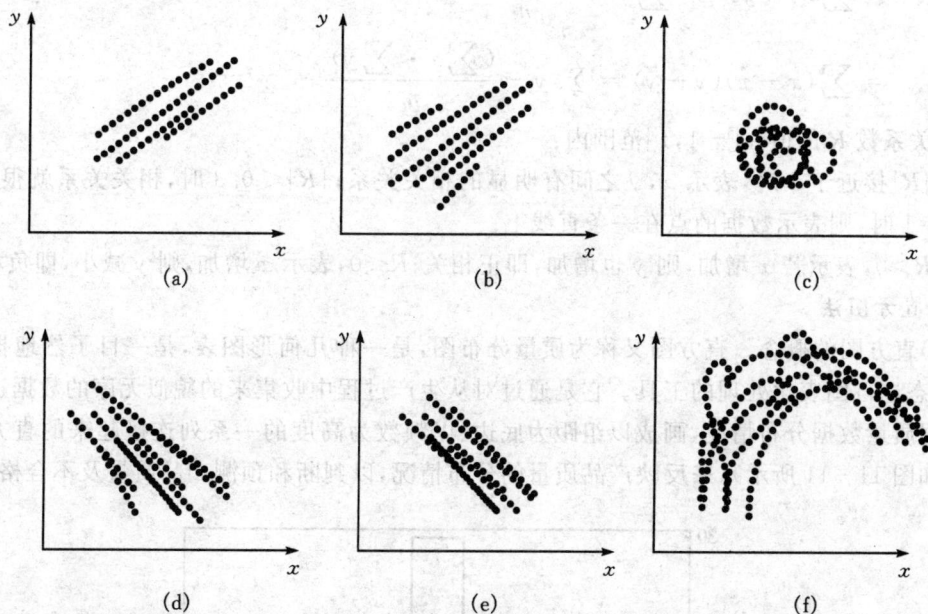

图 11-10 相关图基本类型

①正相关:因素 x 增加,结果 y 也明显增加,如图 11-10(a)。

②弱正相关:因素 x 增加,结果 y 略有增加,如图 11-10(b)。

③不相关:因素 x 与结果 y 没有关系,如图 11-10(c)。

④弱负相关:因素 x 增加,结果 y 略有减小,如图 11-10(d)。

⑤负相关:因素 x 增加,结果 y 明显减小,如图 11-10(e)。

⑥非线性相关:因素 x 增加到某一范围时,结果 y 也增加,但超过一定范围后 y 反而减小,如图 11-10(f)。

从图 11-10(a)和(e)两种图形可以判断 x 是质量特性 y 的重要影响因素,而控制好因素 x,就可以把结果 y 较为有效地控制起来。

(2)相关系数的计算。从相关图上可以大概上知道两个因素的相关程度,而相关系数则是定量地分析两个变量相关程度,亦即将两个因素的相关程度用数值表示出来。相关系数的公式为:

$$R = \frac{S_{(xy)}}{\sqrt{S_{(xx)}S_{(yy)}}}$$

其中,R 为 xy 的相关系数;

$S_{(xy)}$ 为 xy 的协方差;

$S_{(xx)}$ 为 x 的标准差;

$S_{(yy)}$ 为 y 的标准差。

式中:

$$S_{(xx)} = \sum (x - \bar{x})^2 = \sum x^2 - \frac{(\sum x)^2}{n}$$

$$S_{(yy)} = \sum (y - \bar{y})^2 = \sum y^2 - \frac{(\sum y)^2}{n}$$

$$S_{(xy)} = \sum (x - \bar{x})(y - \bar{y}) = \sum xy - \frac{(\sum x \cdot \sum y)}{n}$$

相关系数 R 的值在 $[-1,1]$ 范围内:

①$|R|$ 接近于 1 时,表示 x,y 之间有明显的相关关系;$|R| \leqslant 0.3$ 时,相关关系就很弱了;当 $|R| = 1$ 时,则表示数据的点在一条直线上。

②$R > 0$,表示若 x 增加,则 y 也增加,即正相关;$R < 0$,表示 x 增加,则 y 减小,即负相关。

6. 直方图法

(1)直方图的概念。直方图又称为质量分布图,是一种几何形图表,是一目了然地把质量分布状态进行图表化处理的工具。它是通过对从生产过程中收集来的貌似无序的数据进行处理,根据质量数据分布情况,画成以组距为底边、以频数为高度的一系列连接起来的直方型矩形图(如图 11-11 所示),来反映产品质量的分布情况,以判断和预测产品质量及不合格率。

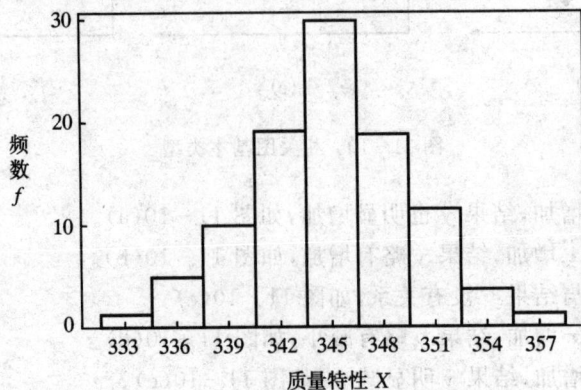

图 11-11　直方图

（2）直方图的作用。直方图法是从总体中随机抽取样本，将从样本中获得的数据进行整理，从而根据这些数据找出数据变化的规律，来判断生产过程质量的一种常用方法。作直方图的目的就是通过观察图的形状，判断生产过程是否稳定，预测生产过程的质量。具体来说，作直方图的作用有：

①比较直观地反映出质量特性分布状态，便于及时掌握质量分布状况和判断一批已加工完成的产品质量。

②考察过程能力，估计生产过程的不合格率，了解过程能力对产品质量的保证情况。

③可以用来提高人们的质量意识。在生产现场挂出直方图，可以给全体人员一个"产品质量第一"的观念，有助于提高全体人员的管理意识和质量意识。

（3）直方图的作图步骤。

①集中和记录数据，求出其最大值和最小值。数据的数量应在 100 个以上，在数量不多的情况下，至少也应在 50 个以上。

②将数据分成若干组，并做好记号。分组的数量在 6～20 之间较为适宜。

③计算组距的宽度。用组数去除最大值和最小值之差，求出组距的宽度。

④计算各组的界限位。各组的界限位可以从第一组开始依次计算，第一组的下界为最小值减去组距的一半，第一组的上界为其下界值加上组距。第二组的下界限为第一组的上界限值，第二组的下界限值加上组距，就是第二组的上界限，依此类推。

⑤统计各组数据出现频数，作频数分布表。

⑥作直方图。以组距为底长，以频数为高，作各组的矩形图。

【例 11-3】

①数据的收集与整理。某工地在一个时期内生产的 C30 混凝土，共做试验 100 块，抗压强度如表 11-9 所示。由该表中找出全体数据中最大值为 34.7，最小值为 27.4，两者之差即 $34.7-27.4=7.3$，称为极差，用符号 R 表示。

表 11-9　混凝土试块强度统计数据表（单位：N/mm²）

组号	各组中的数据序号										组中最大	组中最小
	1	2	3	4	5	6	7	8	9	10		
1	32.3	31.0	32.6	30.1	32.0	31.1	32.7	31.6	29.4	31.9	32.7	29.4
2	32.2	32.0	28.7	31.0	29.5	31.4	31.7	30.9	31.8	31.6	32.2	28.7
3	31.4	34.1	31.4	34.0	33.5	32.6	30.9	30.8	31.6	30.4	34.1	30.4
4	31.5	32.7	32.6	32.0	32.4	31.7	32.7	29.4	31.7	31.6	32.7	29.4
5	30.9	32.9	31.4	30.8	33.1	33.0	31.3	32.9	31.6	29.4	33.1	29.4
6	30.3	30.4	30.6	30.9	31.0	31.4	33.0	31.3	31.9	31.8	33.0	30.4
7	31.9	30.9	31.1	31.3	31.9	31.3	30.8	30.5	31.4	31.3	31.9	30.5
8	31.7	31.6	32.2	31.6	32.7	31.6	27.4	30.9	32.0	32.7	32.7	27.4
9	34.7	30.3	31.2	32.0	34.3	33.5	31.8	31.1	31.6	31.0	34.7	30.3
10	30.8	32.0	31.3	29.7	30.5	31.6	31.7	30.4	31.1	32.7	32.7	29.7

②确定直方图的组数和组距，组数多少要按收集数据的多少来确定。当数据总数为 50～100 时，可分为 8～12 组，组数用字母 K 表示。为了方便，通常可选定组数，然后算出组距，组

距用字母 h 表示。

组数与组距的关系式是：组数＝$\dfrac{\text{极差}}{\text{组距}}$，即 $K=\dfrac{R}{h}$

本例组数选定 $K=10$ 组，则组距 $h=\dfrac{R}{K}=\dfrac{7.3}{10}=0.73\approx0.8$

③确定数据分组区间。数据分组区间应遵循如下的规则来确定：相邻区间在数值上应当是连续的，即前一区间的上界值应等于后一区间的下界值；要避免数据落在区间的分界上。为此，一般把区间分界值精度比数据值精度提高半级。即第一区间的下界值，可取最小值减0.05；上界值采用最小值减0.05再加组距，在本例中具体为：

第一区间下界值＝最小值－0.05＝27.4－0.05＝27.35

第一区间上界值＝第一区间下界值＋h＝27.35＋0.8＝28.15

第二区间下界值＝第一区间上界值＝28.15

第二区间上界值＝其下界值＋h＝28.15＋0.8＝28.95

以下类推。

④编制频数分布统计表。根据确定的各个区间值，就可以进行频数统计，编制出频数分布统计表，如表 11-10 所示。

表 11-10　频数分布统计表

序号	分组区间	频数	序号	分组区间	频数
1	27.35～28.15	1	6	31.35～32.15	37
2	28.15～28.95	1	7	32.15～32.95	15
3	28.95～29.75	4	8	32.95～33.75	5
4	29.75～30.55	8	9	33.75～34.55	3
5	30.55～31.35	25	10	34.55～35.35	1
合　计					100

⑤绘制频数直方图。用横坐标表示数据分组区间，纵坐标表示各数据分组区间出现的频数。本例中混凝土强度频数直方图如图 11-12 所示。

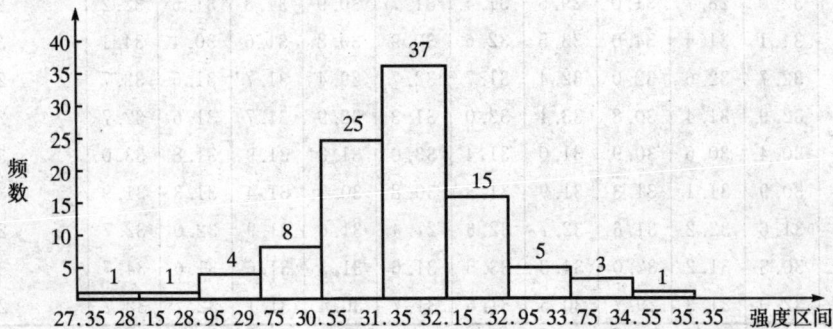

图 11-12　混凝土强度直方图

(4)直方图的观察和分析。

①分布状态的分析。对直方图分布状态进行分析,可判断生产过程是否正常,常见的直方图如图 11-13 所示,分析如下:

A. 正态分布,见图 11-13(a)。说明生产过程正常、质量稳定。

B. 偏态分布,见图 11-13(b)、(c)。由于技术或习惯上原因,或由于上(下)限控制过严造成的。

C. 锯齿分布,见图 11-13(d)。由于组数或组距不当,或测试所用方法和读数有问题所致。

D. 孤岛分布,见图 11-13(e)。由于原材料变化如少量材料不合格,或工人临时替班所致。

E. 陡壁分布,见图 11-13(f)。往往是由于剔除不合格品、等外品或超差返修后造成的。

F. 双峰分布,见图 11-13(g)。把两种不同方法、产品或服务生产的产品数据混淆在一起所致。

G. 平峰分布,见图 11-13(h)。由于生产过程中有缓慢变化的因素起主导作用。

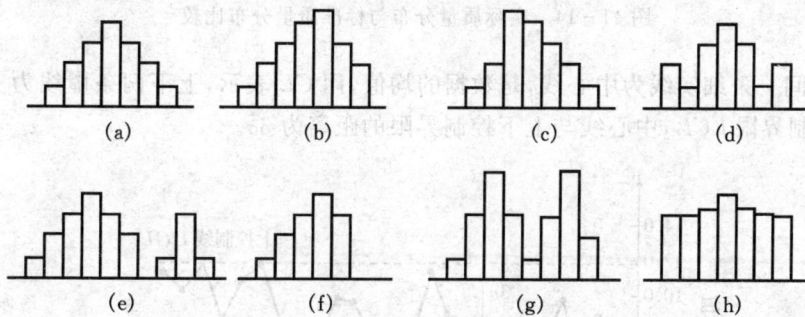

图 11-13　常见直方图分析

②实际分布与标准分布的比较。将正常型直方图与质量标准进行比较,判断实际施工能力。如图 11-14 所示,T 表示质量标准要求的界限,B 代表实际质量特性值分布范围。比较结果一般有以下几种情况:

A. B 在 T 中间,两边各有一定余地,这是理想的情况,见图 11-14(a)。

B. B 虽在 T 之内,但偏向一边,有超差的可能,需要采取纠偏措施,见图 11-14(b)。

C. B 与 T 相重合,实际分布太宽,易超差,要减少数据的分散,见图 11-14(c)。

D. B 过分小于 T,说明加工过于精确,不经济,见图 11-14(d)。

E. 由于 B 过分偏离 T 的中心,造成很多废品,需要调整,见图 11-14(e)。

F. 实际分布范围 B 过大,产生大量废品,说明不能满足技术要求,见图 11-14(f)。

7. 控制图法

(1)控制图的概念。前述的各种质量控制统计方法均为静态方法,都是某一段时间内的数值,通过这些数据,事后进行分析,拟定控制的方法。而控制图法则可以动态地反映质量特性的变化,依数据随时间的变化,可以动态地掌握质量状态,判断其生产过程的稳定性,这样,就可以实现对工序质量的动态控制,及时发现隐患,并采取措施,防止不合格产品的产生。

控制图的形式很简单,如图 11-15 所示,一个纵坐标为质量特性,横坐标为样本序号,图

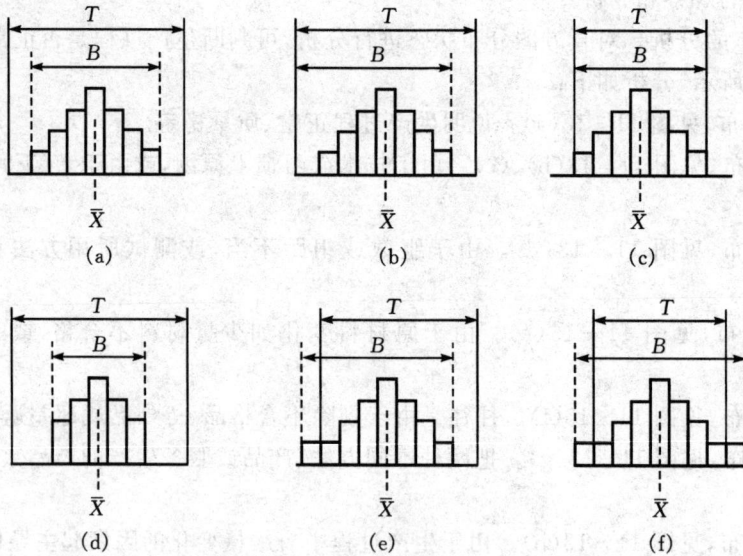

图 11-14 实际质量分布与标准质量分布比较

中三条线,中间一条细实线为中心线,是数据的均值,用 CL 表示,上下两条虚线为上控制界限 UCL 和下控制界限 LCL,中心线与上下控制界限的距离为 3σ。

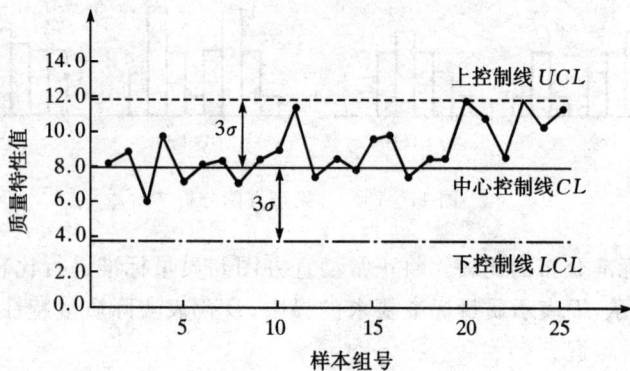

图 11-15 控制图

(2)基本原理。

①分布曲线与界限。生产处于稳定状态时,质量特性有一定的分布规律,应该是一条稳定的分布曲线,通常为正态分布曲线。生产过程发生异常时,即有系统因素影响时,分布曲线的形状发生变化或者是位置发生变化,也可能是位置和形状同时发生变化。

控制图中的上下控制界限与质量特性值的上下公差界限不同。公差界限用来判断产品合格与否,而控制界限则用来判断工序是否正常。

②控制界限。控制界限是以正态分布为理论基础的,生产若处于稳定状态,对正态分布而言,质量数据落在 $\mu\pm3\sigma$ 范围内的概率为 99.73%,因此,用 $\mu\pm3\sigma$ 作为控制界限,质量数据落在控制界限内,即可判断生产的稳定性。控制界限定在 $\mu\pm3\sigma$,又称"3σ 法则"。

(3)控制图的种类。控制图分为计量值控制图和计数值控制图两大类,常用的控制图,如

图 11-16 所示。

$$控制图 \begin{cases} 计量值控制图 \begin{cases} X\text{ 图(单值控制图)} \\ \overline{X}\text{-}R\text{ 图(平均值—极差控制图)} \\ \widetilde{X}\text{-}R\text{ 图(中位数—极差控制图)} \\ X\text{-}R_s\text{ 图(单值—移动极差控制图)} \end{cases} \\ 计数值控制图 \begin{cases} 计件值控制图 \begin{cases} pn\text{ 图(不良品数控制图)} \\ p\text{ 图(不良品率控制图)} \end{cases} \\ 计点值控制图 \begin{cases} c\text{ 图(样本缺陷数控制图)} \\ u\text{ 图(单位产品缺陷数控制图)} \end{cases} \end{cases} \end{cases}$$

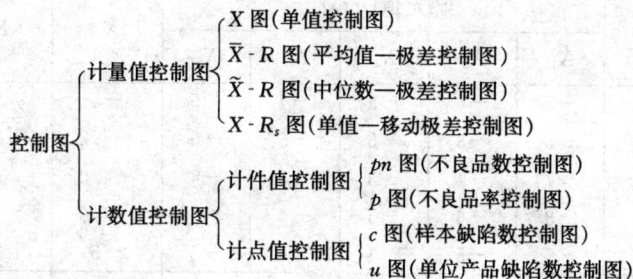

图 11-16　常用控制图分类

①X 控制图,又称单值控制图,是把每一个计量值的数据直接点入控制图,即每次抽检的样本为 1 的情况,通常用于测量费用高,得到数据间隔较长的场合,或只需测量一个数据就可反映质量特性的场合。这种控制图的检出能力较低,所以使用时要特别注意。

②$\overline{X}$-R 控制图,即平均值—极差控制图,是用平均值控制图和极差控制图联合使用,这种控制图可以对生产过程的状况作较全面而准确的分析,提供的信息较多,检出能力高,是被广泛采用的计量值控制图。

③$\widetilde{X}$-R 控制图,即中位数—极差控制图,是将 $\widetilde{X}$ 控制图代替了 $\overline{X}$-R 中的 $\overline{X}$ 控制图制成的,这种控制图可以不计算样本的平均值,做起来简单,很适用于现场操作,但 $\widetilde{X}$ 控制图的检出能力比 $\overline{X}$ 控制图较差。

④X-R_s 控制图,即单值—移动极差控制图,是将单值控制图与移动极差控制图联合使用,单值控制图每次只取一个数据,无法观察数据分散程度的变化,所以和移动极差控制图并用,移动极差就是相邻两个数据 x_i 和 x_{i+1} 之差的绝对值,即:$R_s = |x_i - x_{i+1}|(i=1,2,\cdots,k-1)$。

⑤pn 图,即不良品数控制图,使用这种控制图时,要求每次抽检的样本大小 n 要相同,这种控制图可以把检验中所得的不合格品数直接点入图中,比较好用。

⑥p 图,即不良品率控制图,除不合格品率以外,凡符合二项分布的计算值,如出勤率、合格品率等,也可使用这种控制图。在运用上 p 图必须经过运算求出 p 后才能点入图中,因此较麻烦,但当 n 在检验中取值不同时,必须用 p 图。

⑦c 图,即样本缺陷数控制图,例如门窗安装的缺陷、混凝土地面的缺陷等都可以采用。

⑧u 图,即单位产品缺陷数控制图,如墙面每平方米的缺陷数、同型号的每台电梯安装的缺陷数等均可采用。

(4)控制图的做法。以常用的 $\overline{X}$-R 控制图为例,说明控制图的作图步骤。例如,若采用 $\overline{X}$-R 控制图对拉模生产多孔板的生产过程进行控制,用系统抽样法收集了 25 组数据,如表 11-11所示。

①计算控制界限。

A. 在表 11-9 中计算出 $\overline{X}_i$,R_i 和 $\sum \overline{X}_i$,$\sum R_i$,本例中,$\sum \overline{X}_i = -126.6$(mm)、$\sum R_i = 69$(mm)。

B. 计算总平均值 $\overline{\overline{X}}_i$。

本例中,$\overline{\overline{X}}_i = \dfrac{1}{K}\sum \overline{X}_i = \dfrac{1}{25} \times (-126.6) = -5.06$(mm)

表 11 - 11　拉模生产多孔板长度偏差

组号	测定值（mm）					$\overline{X}_i$	R_i
	X_1	X_2	X_3	X_4	X_5		
1	−5	−6	−5	−4	−5	−5	2
2	−3	−3	−5	−5	−5	−4.2	2
3	−7	−4	−3	−5	−4	−4.6	4
4	−3	−6	−5	−4	−5	−4.6	3
5	−5	−5	−4	−6	−5	−5	2
6	−6	−7	−5	−4	−4	−5.2	3
7	−5	−3	−5	−5	−6	−4.8	3
8	−3	−6	−7	−4	−4	−4.8	4
9	−3	−4	−3	−6	−5	−4.2	3
10	−5	−4	−6	−4	−5	−4.8	2
11	−3	−5	−7	−5	−6	−5.2	4
12	−6	−4	−5	−3	−5	−4.6	3
13	−5	−4	−6	−5	−6	−5.2	2
14	−3	−5	−3	−7	−5	−4.6	4
15	−5	−5	−5	−6	−5	−5.2	1
16	−4	−6	−4	−6	−7	−5.4	3
17	−6	−4	−7	−5	−5	−5.4	3
18	−6	−4	−5	−7	−7	−5.8	3
19	−5	−7	−5	−6	−5	−5.6	2
20	−7	−6	−7	−5	−5	−6.2	2
21	−6	−7	−7	−7	−6	−6.6	1
22	−4	−3	−5	−6	−4	−4.4	3
23	−3	−4	−5	−6	−5	−4.6	3
24	−3	−7	−5	−4	−5	−4.8	4
25	−7	−5	−7	−4	−6	−5.8	3
合计						−126.6	69

C. 计算极差平均值 $\overline{R}$。

本例中，$\overline{R}=\dfrac{1}{K}\sum R_i=\dfrac{1}{25}\times 69=2.76(\text{mm})$

D. 计算控制界限。

$\overline{X}$ 图的控制界限：中心线 $CL=\overline{\overline{X}}=-5.06(\text{mm})$

上控制极限 $UCL=\overline{\overline{X}}+A_2\overline{R}=-5.06+0.577\times 2.76=-3.47(\text{mm})$

下控制界限 $LCL=\overline{R}-A_2\overline{R}=-5.06-0.577\times 2.76=-6.66(\text{mm})$

R 图的控制界限：

中心线 $CL=\overline{R}=2.76(\text{mm})$

上控制极限 $UCL=D_4\overline{R}=2.115\times 2.76=5.84(\text{mm})$

下控制界限 $LCL=D_3\overline{R}=0$

计算中的 A_2,D_4,D_3 可由控制图系数表查得。

②绘制 $\bar{X}$-R 控制图。$\bar{X}$ 图在上,R 图在下,纵坐标分别为 $\bar{X}$ 和 R,横坐标为抽样时间或样本序号,依计算结果绘出中心线和上下控制界限,并将计算控制界限所用的数据 $\bar{X}_i$ 和 R_i 描述在控制图上,如图 11-17 所示。

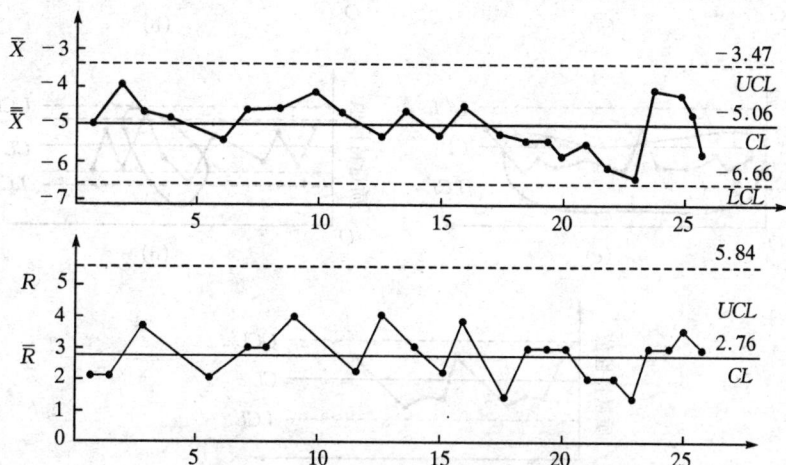

图 11-17 拉模生产多孔板过程的 $\bar{X}$-R 控制图

③写上注意事项。在图上标明图的名称、产品或工序的名称、质量特性、制图者、操作者等事项。

应该注意的是,$\bar{X}$-R 控制图是把 $\bar{X}$ 控制图与 R 控制图联合使用,两个图需对照起来分析的序号必须对齐,因此,纵坐标须对齐,横坐标也可只用 R 图的一个横坐标,但绝对不可以把两个图分开来画。

(5)控制图的观察分析。应用控制图的主要目的是分析判断生产过程是否处于稳定状态,预防不合格品的发生。当控制图的点子满足以下两个条件,一是点子没有跳出控制界限,二是点子随机排列且没有缺陷,我们就认为生产过程基本上处于控制状态,即生产正常。否则,就认为生产过程发生了异常变化,必须把引起这种变化的原因找出来排除掉。这里所说的点子在控制界限内排列有缺陷,包括以下几种情况:

①点子连续在中心线一侧出现 7 个以上,见图 11-18(a)。

②连续 7 个以上点子上升或下降,见图 11-18(b)。

③点子在中心线一侧多次出现。见连续 11 个点中至少有 10 个点在同一侧,如图 11-18(c);或连续 14 点中至少有 12 点、或连续 17 点中至少有 14 点、或连续 20 点中至少有 16 点出现在同一侧。

④点子接近控制界限。如连续 3 个点中至少有 2 点在中心线上或下二倍标准偏差横线以外出现,见图 11-18(d);或连续 7 点中至少有 3 点、或连续 10 点中至少有 4 点在该横线外出现。

⑤点子出现周期性波动,见图 11-18(e)。

(6)使用控制图应注意的事项。在使用控制图时,除了上述异常情况外,下列几种情况也应引起重视:

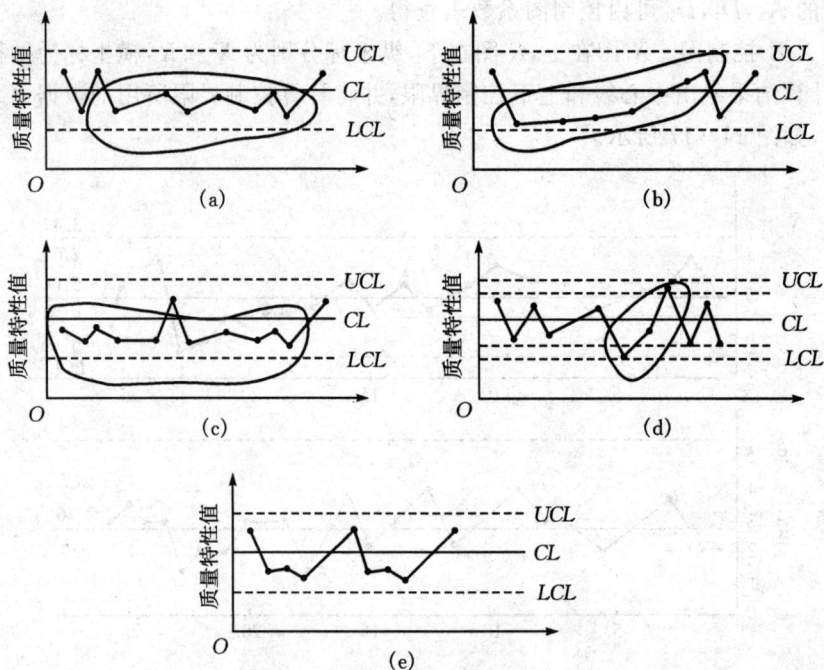

图 11-18 控制图的观察分析

①数据点出现上、下循环移动的情形。可能是由于季节性的环境影响,也可能是由于操作人员的轮换或操作人员的疲劳造成的。

②数据点出现朝单一方向变化的趋势。其原因可能是工具磨损,产品或服务未按期进行检验,或原材料的均匀性变质。

③连续若干点集中出现在某些不同的数值上。其原因可能是工具磨损,产品或服务未按期进行检验。

④太多的数据点接近中心线。若连续 13 点以上落在中心线 $\pm\sigma$ 的带型区域内,此为小概率事件,该情况也应判为异常。出现的原因可能是控制图使用太久没有加以修改而失去了控制作用,或者数据不真实。

11.4 建筑企业一体化管理体系的建立

➤ 11.4.1 ISO 9000 质量管理体系标准概况

1.ISO 9000 族标准的产生及发展

ISO 9000 族标准是国际标准化组织(英文缩写为 ISO)于 1987 年制定,后经不断修改完善而成的系列标准。现已有 90 多个国家和地区将此标准等同转化为国家标准。ISO 9000 族标准的发展主要经历以下几个阶段:

(1)ISO/TC176 参照各国标准于 1986 年发布了 ISO 8402,并于 1987 年发布 ISO 9000、ISO 9001/2/3/4,统称为 ISO 9000 系列 87 版标准。后来又逐渐发展成为 ISO 9000 族标准,

使各国的品质管理和品质保证活动统一在它的基础上,产生了积极深远的影响。

(2)ISO/TC176 于 1990 年发布了《2000 年展望》,并决定按其理念对 87 版分两个阶段进行修订:第一阶段修改(有限修改),形成了 94 版标准;第二阶段修改,形成了 2000 版标准:总体结构和技术内容彻底修改,形成四个核心标准。此次修订对提高企业的运作能力、增强国际贸易、保护顾客利益、提高认证的有效性等都产生积极而深远的影响。

(3)2000 版发布后 ISO9000 族标准发生了一些变化:

①2002 年 10 月 1 日发布了 ISO 19011:2002《质量和(或)环境管理体系审核指南》。

②2005 年 9 月 15 日发布了 ISO 9000:2005《质量管理体系基础和术语》。

③2008 年 11 月 15 日发布了 ISO 9001:2008,主要对规范性文件内容的特定部分进行了修改、增加或删除。

2. ISO 9000 族标准规范内容

ISO 9000 族标准并不是产品的技术标准,而是针对组织的管理结构、人员、技术能力、各项规章制度、技术文件和内部监督机制等一系列体现组织保证产品及服务质量的管理措施的标准。具体地讲 ISO 9000 族标准就是在以下四个方面规范质量管理:

(1)机构。该标准明确规定了为保证产品质量而必须建立的管理机构及职责权限。

(2)程序。组织的产品生产必须制定规章制度、技术标准、质量手册、质量体系操作检查程序,并使之文件化。

(3)过程。质量控制是对生产的全部过程加以控制,是面的控制,不是点的控制。从根据市场调研确定产品、设计产品、采购原材料,到生产、检验、包装和储运等,其全过程按程序要求控制质量,并要求过程具有标识性、监督性、可追溯性。

(4)总结。不断地总结、评价质量管理体系,不断地改进质量管理体系,使质量管理呈螺旋式上升。

▷ 11.4.2 ISO 14000 环境管理体系标准概况

ISO 14000 是国际标准化组织制定的环境管理体系国际标准。ISO 14000 认证已经成为打破国际绿色壁垒、进入欧美市场的准入证,通过 ISO 14000 认证的企业可以节能降耗、优化成本、满足政府法律要求,改善企业形象,提高企业竞争力。ISO 14000 已经成为一套目前世界上最全面和最系统的环境管理国际化标准,并引起世界各国政府、企业界的普遍重视和积极响应。

1. ISO 14000 系列标准的分类

(1)按性质分类。ISO 14000 系列标准按性质分为:基础标准——术语标准;基本标准——环境管理体系、规范、原理、应用指南;支持技术类标准(工具)——环境审核、环境标志、环境行为评价和生命周期评估。

(2)按功能分类。ISO 14000 系列标准按功能分为:评价组织,包括环境管理体系、环境行为评价和环境评审;评价产品,包括生命周期评估、环境标志和产品标准中的环境指标。

2. ISO 14000 与 ISO 9000 的异同

(1)共同点。①两套标准都是 ISO 组织制订的针对管理方面的标准,都是国际贸易中消除贸易壁垒的有效手段。②两套标准的要素有相同或相似之处。

(2)不同点。如表 11-12 所示,二者的不同点主要体现在以下几方面:

①两套标准最大的区别在于承诺的对象不同。ISO 9000 系列标准是对顾客承诺,ISO 14000 系列标准是对政府、社会和众多相关方(包括股东、贷款方、保险公司等);ISO 9000 系列标准缺乏行之有效的外部监督机制,而实施 ISO 14000 系列标准的同时,就要接受政府、执法当局、社会公众和各相关方的监督。

②两套标准最大的区别在于承诺的内容也不同。ISO 9000 系列标准是保证产品的质量;而 ISO 14000 系列标准则要求企业承诺遵守环境法律、法规及其他要求,并对污染预防和持续改进作出承诺。

③对审核人员的资格要求不同。ISO 14000 系列标准涉及的是环境问题,面对的是如何按照本国的环境法规、标准等要求保护生态环境、防治和处理污染环境问题,故环境管理体系对企业有目标、指标的要求。因此,从事 ISO 14000 认证工作的人员必须具备相应的环境知识和环境管理经验,否则,难以对现场存在的环境问题做出正确的判断。

表 11 - 12　ISO 14000 与 ISO 9000 要素对比表

ISO 14000	ISO 9000
环境方针	质量方针
组织结构和职责	职责与权限
人员环境培训	人员质量培训
环境信息交流	质量信息交流
环境文件控制	质量文件控制
应急准备和响应	部分与消防安全的要求相同
不符合、纠正和预防措施	不符合、纠正和预防措施
环境记录	质量记录
内部审核	内部审核
管理评审	管理评审

➢ 11.4.3　OHSMS 18000 职业安全健康管理体系概况

20 世纪 80 年代末开始,一些发达国家率先开展了研究及实施职业安全健康管理体系的活动。国际标准化组织(ISO)及国际劳工组织(ILO)研究和讨论了职业安全健康管理体系标准化问题,许多国家也相应建立了自己的工作小组开展这方面的研究,并在本国或所在地区发展这一标准,为了适应全球日益增加的职业安全健康管理体系认证需求,1999 年英国标准协会(BSI)、挪威船级社(DNV)等 13 个组织提出了职业安全卫生评价系列(OHSAS)标准,即 OHSMS 18001 和 OHSAS 18002,成为国际上普遍采用的职业安全与卫生管理体系认证标准。1999 年英国标准协会(BSI)等 13 个国家的相关组织提出了职业安全卫生管理体系(Occupational Health and Safety Management Systems,OHSMS 18001)标准。我国国家经贸委在原有工作基础上,于 2001 年 12 月,发布《职业安全健康管理体系指导意见》和《职业安全健康管理体系审核规范》。

职业安全健康管理体系审核规范秉承了 ISO 14001 标准成功的思维及管理(PDCA)模

式,且由于职业安全健康管理体系与环境管理体系的密切联系和共通之处,其标准条款及相应要求也具备许多共同的特点。

职业安全健康管理体系是一套系统化、程序化和具有高度自我约束、自我完善的科学管理体系。其核心是要求企业采用现代化的管理模式,使包括安全生产管理在内的所有生产经营活动科学、规范和有效,建立安全健康风险防范体系从而预防事故发生和控制职业危害。这与我国"安全第一,预防为主"的基本工作方针相一致,是当前市场经济、国家企业,尤其是大的跨国公司一致采用的安全生产管理体系,具有很高的科学性、安全性和实效性。

目前,职业安全健康管理体系已被广泛关注,包括组织的员工和多元化的相关方(如:居民、社会团体、供方、顾客、投资方、签约者、保险公司等)。职业安全健康管理体系的标准要求组织建立并保持职业安全与卫生管理体系,识别危险源并进行风险评价,制定相应的控制对策和程序,以达到法律法规要求并持续改进。在企业内部,体系的实施以组织全员活动为原则,并在一个统一的方针下开展活动,这一方针应为职业安全健康管理工作提供框架和指导作用,同时要向全体相关方公开。

▶ 11.4.4 建筑企业一体化管理体系的建立

1. 三大标准体系的异同

(1)不同点。

①目的、对象和适用范围不完全相同。ISO 9000 标准是指导企业建立质量管理体系,通过对影响质量的过程和要素控制,旨在增强顾客满意度;ISO 14000 标准是用于企业建立环境管理体系,规范企业的环境管理,通过体系运行和持续改进,达到改善环境绩效,使社会及众多相关方满意;OHSMS 18000 标准是指导企业建立职业安全健康管理体系,通过体系运行和持续改进,达到改善企业安全卫生绩效,满足员工及企业内相关方的要求。

②要素名称虽然相同或相近,但内容差别较大。例如三大标准体系中都有"方针"、"目标"要素,虽然目标管理都要求在组织的相关职能和层次上建立并形成文件,但质量目标、环境目标和职业安全卫生目标的内容却不同。

③满足不同相关方的要求。ISO 9000 标准的目的是满足顾客要求,落脚点是产品,强制性要求较少。因为只有提高产品质量,才能达到顾客满意。

ISO 14000 标准的目的是满足社会等众多相关方的要求,落脚点是生产过程,强制性要求较多。因为企业在生产过程中,只有减少污染,充分利用自然资源,才能增强其对社会的责任感,提高企业的社会信誉度。

OHSMS 18000 标准的目的是满足员工及企业内部相关方的要求,落脚点是所有的生产活动,强制性要求较多,体现的是以人为本的理念,其目的是提高员工满意度,为员工创造一个安全舒适的环境,这样有利于调动全体员工的积极性,为企业创造更多价值。

这三个体系的优先顺序是先解决企业生存的问题,这就必须占领市场,使顾客满意;第二步是解决企业的可持续发展的问题,即员工和社会环境的问题。其关系如图 11-19 所示。

④体系的要素不尽相同。各个标准体系都有其区别于其他体系的专用性要素,如图11-20所示。

(2)共同点。

①三大标准体系的核心内容相同。三大标准体系的核心内容都是根据管理学原理,为企

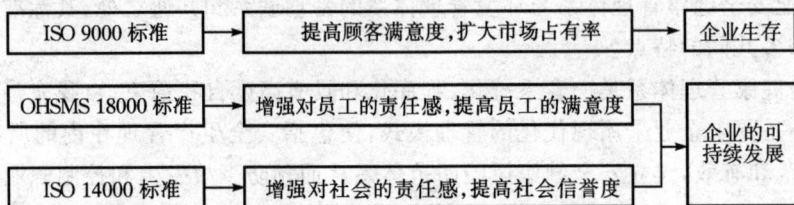

图 11-19 三大标准体系的作用

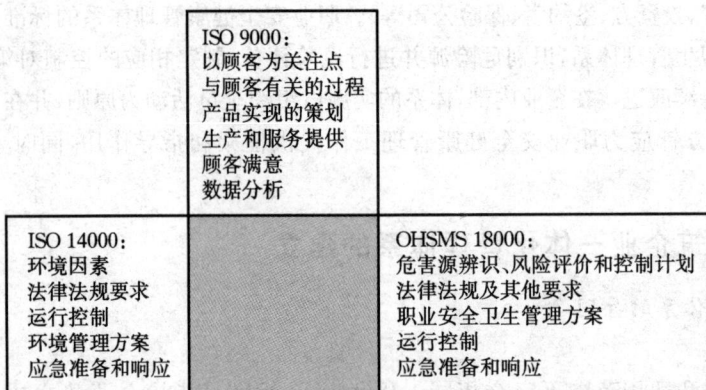

图 11-20 三大标准体系要素及关系图

业建立了一个动态循环的管理过程框架,以持续改进的思想指导企业系统地实现其既定目标,如图 11-21 所示。

②三大标准体系的基本结构十分接近。三大标准体系在结构章节上尽管不是一一对应的,但其基本结构是一致的,如表 11-13 所示。

③三大标准体系的管理性内容要求相同。管理性内容共同的部分包括:组织结构和职责;方针目标;培训、意识和能力;交流与沟通;资源管理;法律法规要求;文件控制;记录控制;实施与运行;监视和测量;纠正措施和预防措施;内部审核;管理评审。

④三大标准体系对管理体系建立的原则和实施的方法要求一致。

A. 三大标准体系都是自愿采用的管理型标准。

B. 三大标准体系都要求采用系统的方法,通过实施完善的管理体系,在企业内建立起一个完整、有效的文件化管理体系。

C. 三大标准体系都通过管理体系的建立、实施与改进,采用过程的方法,对企业的活动过程进行控制和优化,实现企业方针、承诺,并达到预期的目的。

D. 都按 PDCA 的循环思想,通过识别影响质量、环境、职业安全健康的因素,有针对性地制订计划和管理方案,实施运行控制,并采取必要的监视和测量,发现问题,实施改进,实现管理体系的持续改进。

总之,三大标准体系都要求在管理体系建立的过程中遵守领导作用、全员参与、过程方法、管理的系统方法、持续改进等管理原则。

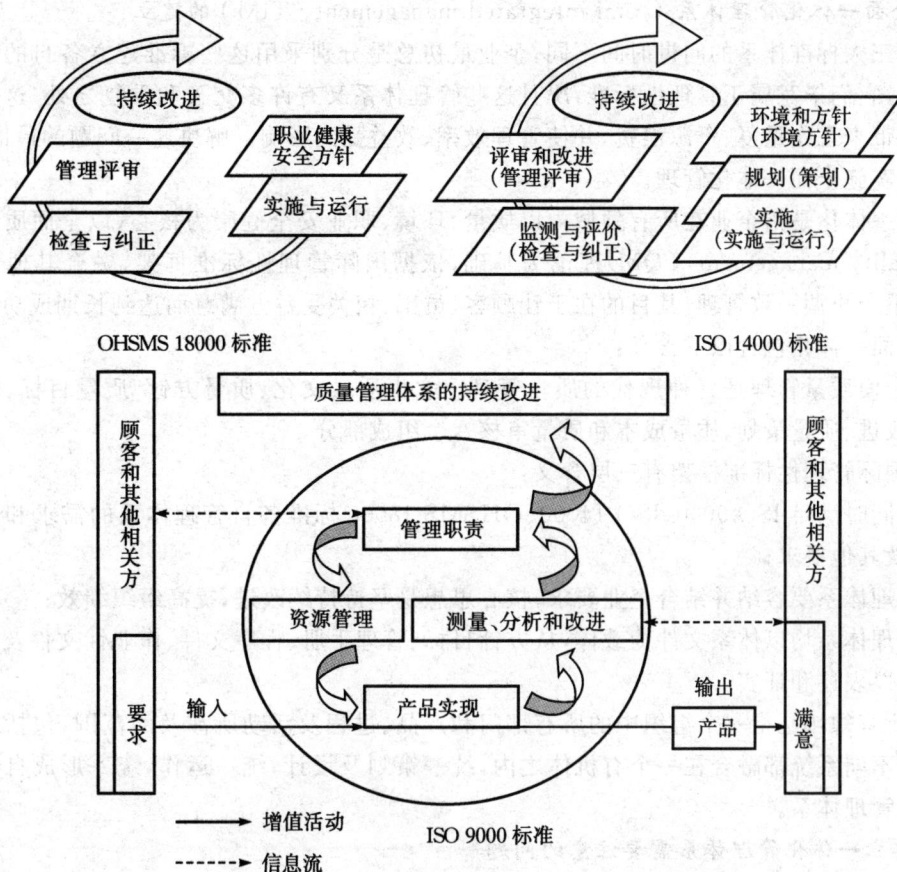

图 11－21 三大标准体系的管理过程图

表 11－13 三大标准体系结构比较

质量管理 ISO 9000	环境管理 ISO 14000	职业安全健康管理 OHSMS 18000
1.范围	1.范围	1.范围
2.应用标准(规范性引用文件)	2.应用标准(规范性引用文件)	2.应用标准(规范性引用文件)
3.术语和定义	3.术语和定义	3.术语和定义
4.质量管理体系	4.环境管理体系要求	4.职业安全健康管理体系要求
5.管理职责	4.1 总要求	4.1 总要求
6.资源管理	4.2 环境方针	4.2 职业安全卫生方针
7.产品实现	4.3 规划(策划)	4.3 策划
8.测量、分析和改进	4.4 实施与运行	4.4 实施与运行
	4.5 检查和纠正措施	4.5 检查和纠正措施
	4.6 管理评审	4.6 管理评审

2. 全面一体化管理体系（total integrated management, TIM）**的建立**

由于三大标准体系的问世时间不同，企业最初总是分别采用这些标准建立各自的管理体系。但是，它们毕竟属于管理性标准，况且这些管理体系又有许多交叉和重复之处，这就是难免给组织带来工作重复、资源浪费，并使管理效率、效益受到影响。解决这一问题的最佳途径，就是企业实施全面一体化管理。

全面一体化是指企业在所有领域内以质量、环境、职业安全健康为核心，以全面质量管理（total quality management, TQM）理论为基础，依据国际管理性标准框架，融合其他管理要求，优化整合协调一致管理，其目的在于让顾客、员工、相关受益方满意而达到长期成功的管理途径。全面一体化包含以下含义：

（1）全面质量管理是一种现代的质量管理。它由质量文化、质量方针、质量目标、质量体系、质量改进、质量策划、质量成本和质量审核八个组成部分。

（2）国际管理性标准框架有三层含义：

①要同时满足 ISO 9000、ISO 14000、OHSMS 18000 标准各自管理体系的需求和适用法律、法规及其他要求；

②管理体系要容纳并结合企业要求，核心思想是坚持持续改进，提高组织绩效；

③管理体系均以体系文件为载体，从方针目标、管理手册、程序文件、作业性文件及记录五个层次予以表述和证实。

（3）所有领域是指一个组织中的所有部门和产品、过程及活动所涉及的范围，包括组织所有层次和不同系统都融合在一个有机体之内，统一策划及设计，统一运作，统一形成自我完善的一体化管理体系。

3. 建立一体化管理体系需要注意的问题

（1）一体化管理体系策划和设计的若干统一点。

①统一三个定位——供应链及相关方、产品及相关方活动、部门及其区域；

②统一四种要求——顾客、社会、员工及相关方、法律法规及其他；

③统一五项确定——目标、过程、准则、能力、资源；

④统一三种关键——过程识别确定、环境评价判定、危害识别评价。

（2）建立一体化管理体系需要正确处理以下几个关系。

①正确处理好一体化管理体系与"自在"管理体系的关系。任何组织在客观上都存在着质量、环境、职业暗区卫生的"自在"管理体系，而这个体系是不完整、不规范的。按照三大标准体系建立的一体化管理体系，不是对原有"自在"管理体系的全盘否定，而是依据三个标准加以改进，使之更加科学化、规范化和程序化。

②正确处理好一体化管理体系与企业标准化管理的关系。一体化管理体系文件是企业标准化管理的主要组成部分。企业的三大标准有技术标准、管理标准、工作标准及制度、规范等，是全面一体化管理体系文件中的作业性文件。显然，一体化管理体系文件属于企业管理标准的范畴，但它涉及的人、机器、材料、方法、环境等内容更广，几种关系更严密。因此，建立一体化管理体系更有助于提高企业标准化工作的水平。

③正确处理好一体化管理体系与企业文化建设的关系。一体化管理体系的策划与设计，注重提高员工的质量意识、环境意识及职业安全卫生意识。三大标准都强调管理职责及人员的培训教育，最大限度地发挥员工的创新热情。因此，要坚持以人为本，营造一种使整个企业

在哲学理念、道德观念、思维方式及自身作风等方面都追求卓越的氛围。一体化管理体系文件为指导和约束企业整体行为以及员工的行为提供了统一的准则。

4. 建立一体化管理体系的步骤

三个管理体系的整合通常需要经历从组织整合、文件整合、作业整合到持续改进整合等几个步骤。然而即使是这样,也仅仅是两个或三个管理体系的部分整合,真正意义上的完全整合有赖于组织有关方面经验的积累,以及推行管理体系整合的决心和效果。

(1)组织机构与职责的整合——组织整合。

①组织机构和职责划分的重新设置。三个管理体系的整合首先要从组织内部有关管理体系的组织机构入手。由于质量管理体系通常没有包含组织所有的部门,特别是与质量管理没有直接关系的生产辅助部门、后勤部门及相关现场,但是环境管理体系和职业安全健康管理体系必须是全员参与,即体系包括企业的全体员工和所有部门,因此,在进行三个管理体系整合时,需要重新考虑管理体系的组织机构设置。质量管理体系虽然不必涵盖所有部门,但需要在整合的管理体系组织机构图中明确注明。

整合的管理体系的职责需要重新划分。绝大多数组织质量管理的管理部门与环境、安全健康生管理的管理部门不同,而相对来说质量管理的职责划分通常是比较全面的。在进行三个管理体系整合时,必须将已有的质量、环境、安全健康管理职责重新整理,从管理体系整合的角度归并组织的职责描述,尤其是应考虑将三个体系的管理职能合并到一个主管部门,以便于统筹管理体系运行,减少组织因多头管理造成的低效和内耗。

三个管理体系的管理者代表最好由一人集"三个代表"于一身。由于职业安全健康管理体系对于管理者代表的人选有特殊要求,即必须由高层管理人员(董事会或执委会人员)担任,因此,三个管理体系共同的代表人选也必须出自最高管理者的副职。管理者代表的行政职位比较高,有助于统一指挥和协调三个管理体系的整合工作,提高组织内部管理的有效性。

②内审员双重或三重资格培训和多体系参与。内审员是企业内部建立、整合、维护三个管理体系的主要力量。在三个管理体系未整合之前,企业的质量管理内审员与安全卫生管理内审员几乎不会由同一个人兼任。但是,如果企业要实现两个或三个管理体系的整合,则内审员必须具备多重资格,能够同时参与质量、环境、职业安全健康管理体系的运行、维护,并承担两个或三个管理体系的联合内部审核工作,以及接受外部认证机构的一体化审核。

③体系主管部门应配置必要的人力资源。企业为了进行三个管理体系整合,将设立三个体系的归口主管部门,但该部门必须具有相应的人力资源。主管部门要负责质量、环境、职业安全健康管理体系的整合、运行,并组织应对外部审核,因此,需要配置懂得企业管理、质量管理、环境管理、安全管理、卫生管理、体系和认证管理等的有关人员,至少需要三名具有丰富的体系管理经验的专职人员,维持三个管理体系的日常运行和认证资格工作。

(2)文件化体系的整合——文件整合。

①关于管理手册。管理手册的主要内容是描述有关标准要求和组织机构与职责划分,由于 ISO 9001—2000 标准的结构形式和条款编号,与 ISO 14001—1996 标准和 OHSAS 18001 标准的结构形式和条款编号相差很远,因此,要编写三个管理体系统一的管理手册有一定的困难。与此相反,环境和职业安全健康管理体系的标准无论结构、形式、条款名称、要素编号都非常相似,完全有可能进行整合编写,故企业通常更容易将"环境和安全管理手册"合并为一册,而另册编写其"质量手册"。

如果企业希望将三个管理体系的手册合并,则通常要以 ISO 9001—2000 版标准为基本模式,按照 PDCA 循环的规律和标准以及各条款的功能,插入环境和职业安全健康管理体系标准的相应要求。但是,这样做一定要避免在"三合一"管理手册的描述中缺失有关 ISO 14001 和 OHSAS 18001 标准的有关要求。

②关于程序文件。与 ISO 9000—1994 族质量管理体系标准相比,ISO 9001—2000 版标准更容易与环境和职业安全健康管理体系进行程序文件的整合。由于经过修订的 2000 版质量管理体系标准,比原有 1994 版标准更加强调 PDCA 循环,而其明确规定需要编写程序文件的条款已经减少到了六个,使不同性质企业的质量管理具有更加广阔的自主空间,也为与环境和职业安全健康管理体系的兼容提供了更大的可能性。

质量管理体系中六个需要程序文件的条款,有五个可以与环境和职业安全健康管理体系的程序文件整合编写。此外,一些质量管理体系涉及的现场管理要求也可以与环境和职业安全健康管理体系的现场管理要求合并,例如:对于材料和化学品的储存、堆放和标识管理,对于供方和承包方的调查、评价和选择管理,对于设备和设施的管理,对于仪器和仪表的校准和维护管理,对于组织设计和过程更改的管理,等等。因此,应该结合本企业的实际情况,充分考虑可行性和可操作性,在企业已有的质量管理惯例的基础上,最大限度地兼容环境和职业安全健康管理要求。

③关于第三层次文件。对于第三层次文件即组织的作业指导书或操作规程来说,由于不受必须按照要素进行描述的约束,因此完全可以将两个或三个管理体系的现场操作文件按照岗位的需要进行合并编写,从而大大减少了文件管理的工作量,也方便了作业现场的使用。

(3)管理体系运行整合——作业整合。文件整合是作业整合的基础。由于有了文件化体系的整合,就有可能将三个管理体系的运行、维护、现场管理活动、改进等进行合并,从而达到作业整合。

①管理策划的协调一致。三个管理体系的整合应体现在管理体系策划(方针、目标、管理对象)的协调一致,以及与组织经营目标的协调一致。无论是质量目标、职业安全健康目标、环境目标和指标都需要定期更新。随着企业的活动、产品、服务的变化、机构和职责的调整、新的法律法规颁布等情况的发生,企业需要定期或不定期地更新或修订其过程控制方法、重要环境因素、重大风险或不可承受风险等。为了与时俱进,不断适应市场竞争的需要,企业还需要不断地提出更高的经营目标,其中也包括与管理体系目标有关的内容,例如:原辅材料消耗定额、不合格品率、重大工伤事故发生率、重大交通事故发生率、重大财产损失率、劳动生产率等。

②三个管理体系运行和维护同步实施。管理体系的运行和维护通常包括:培训、日常运行、监视和测量、不符合纠正和预防措施、内部审核、管理评审、文件修改、一体化监督审核等内容。作业整合就是将三个管理体系的上述各个过程同步实施,以简化组织内部管理的步骤,减少三个管理体系维护的人力、时间、资金等资源投入。

③持续改进,共同提高。持续改进是三个管理体系提出的要求,也是组织内部管理和自我发展追求的目标。国际标准中持续改进的含义是:通过改进和强化管理体系达到提高组织各种绩效的目的。因此,三个管理体系达到浑然一体就是持续改进的内容。企业要经过不懈的努力才可能使管理体系从合并变成兼容,从兼容变成融合,从一时的融合达到长久的融合,实现三个管理体系的共同提高,以及达到质量、环境、安全、卫生绩效的不断提高。这个过程通常可以从几个方面来考虑:过程控制的优化、管理职能的简化、管理人员的多能化、文件构成的简

约化、记录设置的合理性、监视和测量的有效性等。

总之，三个管理体系的整合需要从部分整合向全面整合发展，它不仅仅是管理体系文件的整合，也不是简单的管理职责合并。管理体系整合的目的是全面提升企业的内部管理水平，通过提高管理效率达到提高经济效益的最终目的。

思考与练习

1. 简述质量的概念及质量管理的发展过程。

2. 建筑工程质量的概念及其特点是什么？

3. 全面质量管理有何特点？

4. 建筑企业质量管理的原则是什么？

5. 什么是质量管理体系？质量管理体系的要求与产品要求的差异是什么？

6. 试解释以过程为基础的质量管理体系模型。

7. 简述持续改进的步骤。

8. 简述质量管理体系与卓越模式之间的差异。

9. 质量体系建立与实施的步骤是什么？

10. 抽样检验中的两类风险是什么？质量波动原因有哪些？

11. 对某工程楼地面质量进行调查，发现有 80 间房间地面起砂，统计结果如题表 11-1 所示，试绘制地面起砂原因排列图，并加以分析。

题表 11-1　地面起砂原因统计结果

起砂原因	出现房间数	起砂原因	出现房间数
砂含泥量过大	17	砂浆配合比不当	7
砂粒径过大	47	水泥标号太低	3
养护不良	5	压光不足	1

12. 某大型基础工程的混凝土设计强度为 C30。在混凝土开始浇筑后，施工单位按规定预留了 40 组混凝土试块，根据其抗压强度试验结果绘制出频数分布情况见题表 11-2。

如已知 C30 混凝土强度质量控制范围取值为：上限 $T_u = 38.2\text{MPa}$，下限 $T_L = 24.8\text{MPa}$，请绘制频数直方图，并对混凝土浇筑质量给予全面评价。

题表 11-2　混凝土试块抗压强度试验结果

组号	分组区间	频数	频率
1	25.15～26.95	2	0.05
2	26.95～28.75	4	0.10
3	28.75～30.55	8	0.20
4	30.55～32.35	11	0.275
5	32.35～34.15	7	0.175

组号	分组区间	频数	频率
6	34.15～35.95	5	0.125
7	35.95～37.75	3	0.075

13. 三大标准体系有何异同？

14. 什么是全面一体化管理体系，企业为什么要建立全面一体化管理系？

15. 建立一体化管理体系应该注意什么问题？

第 12 章　建筑企业信息化管理

学习要点

1. 信息及信息化的基本概念
2. 企业信息化的发展过程模型
3. 建筑企业信息化的应用
4. 建筑企业信息化实施的方法和手段
5. 企业管理信息系统的构成
6. 企业管理信息系统的开发步骤
7. 建筑企业信息管理系统的开发

12.1　建筑企业信息化管理概述

12.1.1　信息化概述

1. 数据和信息的基本概念

（1）数据。在日常工作中，我们大量接触的是各种数据，数据和信息既有联系又有区别。数据有不同的定义，从信息处理的角度出发，可以给数据如下的定义：数据是客观实体属性的反映，是一组表示数量、行为和目标，可以记录下来加以鉴别的符号。

数据，首先是客观实体属性的反映，客观实体通过各个角度的属性描述，反映其与其他实体的区别。例如，在反映某个建筑工程质量时，我们通过对设计、施工单位资质、人员、施工设备、使用的材料、构配件、施工方法、工程地质、天气、水文等各个角度的数据搜集汇总起来，就很好地反映了该工程的总体质量。这里各个角度的数据，就是建筑工程这个实体各种属性的反映。

数据有多种形态，这里所提到的数据是广义的数据概念，包括文字、数值、语言、图表、图形、颜色等多种形态。计算机对此类数据都可以加以处理，例如：施工图纸、管理人员发出的指令、施工进度的网络图、管理用的直方图、月报表等都是数据。

（2）信息。数据和信息是不可分割的。信息来源于数据，又高于数据，信息是数据的灵魂，数据是信息的载体。信息也有不同的定义,从辩证唯物主义的角度出发,信息的定义为:信息是对数据的解释,反映了事物(事件)的客观规律,为使用者提供决策和管理所需要的依据。

信息首先是对数据的解释,数据通过某种处理,并经过人的进一步解释后得到信息。信息来源于数据,信息又不同于数据。原因是数据经过不同人的解释后有不同的结论,因为不同的人对客观规律的认识有差距,会得到不同的信息。这里,人的因素是第一位的,要得到真实的信息,掌握事物的客观规律,需要提高对数据进行处理的人的素质。

通常人们往往在实际使用中把数据也称为信息,原因是信息的载体是数据,甚至有些数据就是信息。

使用信息的目的是为管理和决策服务。信息是决策和管理的基础,决策和管理依赖信息。正确的信息才能保证决策的正确,错误的信息则可能造成决策的失误。管理则更离不开信息,传统的管理是定性分析,现代的管理则是定量管理,定量管理离不开系统信息的支持。

(3)信息的时态。信息有三个时态:信息的过去时是知识,现在时是数据,将来时是情报。

①信息的过去时是知识。知识是前人经验的总结,是人类对自然界规律的认识和把握,是一种系统化的信息。在人类实践过程中,一方面总结、保存原有的知识,另一方面继承、发展、更新,产生新的知识,丰富原有的知识,这是无止境的。知识是必须掌握的,但不能局限于原有的知识,要对知识创新,用发展的眼光看待知识。

②信息的现在时是数据。数据是人类生产实践中不断产生信息的载体,要用动态的眼光来看待数据,把握住了数据的动态节奏,就掌握了信息的变化。通过数据,进一步加工产生知识。数据是信息的主体,比知识更难掌握,也是信息系统的主要组成部分。用计算机处理数据的目的,就是要用现代手段把握好数据的节奏,以便及时提供信息。

③信息的将来时是情报。情报代表信息的趋势和前沿,情报往往要用特定的手段获取,有特定的使用范围、特定的目的、特定的时间、特定的传递方式,带有特定的机密性。在实际工作中,一方面要重视科技、经济、商业情报的收集,另一方面也要重视工程范围内情报的保密。从信息处理的角度,情报往往是最容易被工程技术人员忽视的信息部分。

2. 信息的特点和信息管理的任务

(1)企业信息的特点。

①真实性。真实是信息的基本特点,也是信息的价值所在。不符合事实的信息不仅无用而且有害,真实、准确地把握好信息是处理数据的最终目的。

②系统性。在实际中,不能片面地处理数据,片面地产生、使用信息。信息本身就需要全面地掌握各方面的数据后才能得到。信息也是系统中的组成部分之一,要求从系统的观点来对待各种信息,才能避免工作的片面性。

③时效性。由于信息在工程实际中是动态的、不断变化、不断产生的,要求及时处理数据,及时得到信息,才能做好决策和工程管理工作,避免事故的发生,真正做到事前管理,信息本身有强烈的时效性。

④不完全性。使用数据的人对客观事物认识的局限性、不完全性是难免的。对于某种客观事物的真实情况往往是不可能完全得到的,数据的收集或信息的转换与人的思路关系很大,所以只有舍弃无用的和次要的信息才能正确地使用信息。

⑤层次性。信息的使用者是有不同的对象的,不同的决策、不同的管理需要不同的信息,因此针对不同的信息需求必须分类提供相应的信息。一般把信息分为决策级、管理级、作业级

三个层次,不同层次的信息在内容、来源、精度、使用时间、使用频度上是不同的。决策级信息需要更多的外部信息和深度加工的内部信息。

(2)企业信息管理的任务主要包括:

①组织企业基本情况的信息,编制企业信息手册。企业管理的任务之一是按照企业的任务、生产要求设计企业经营管理中的信息和信息流,确定它们的基本要求和特征,并保证在实施过程中信息流通畅。

②报告各种资料的规定,例如资料的格式、内容、数据结构要求。

③按照企业组织和产品生产过程建立企业管理信息系统流程,在实际工作中保证整个系统正常运行,并控制信息流。

④文档管理工作。

3.企业信息化的内涵和外延

企业信息化是指挖掘先进的管理理念,应用先进的计算机网络技术去整合企业现有的生产、经营、设计、制造、管理,及时地为企业的战术、战略决策、经营运作和管理提供准确而有效的数据信息,以便对市场需求作出迅速反应,其本质是提升企业的核心竞争力。企业信息化的内涵和外延如下所述。

(1)企业信息化的内涵。

①目标:利用先进的信息技术和手段,把瞬息万变的信息转化为企业管理者的知识,将知识变成企业领导者的正确决策,最后由正确的决策带给企业实实在在的利润,从而帮助企业抓住机遇,快速占领市场,提高经济效益。

②手段:计算机网络技术。

③部门:涉及企业的各个部门,包括企业的生产、经营、设计、制造、管理等所有部门。

④支持层:高级管理层、中间管理层和基础业务层。

⑤功能:进行信息的收集、传输、加工、存储、更新和维护。

⑥组成:企业信息化是一个人机合一的系统,包括人、计算机网络硬件、系统平台、数据库平台、通用软件、应用软件及必要的终端设备。

(2)企业信息化的外延。

①企业信息化的基础是企业的管理和运行模式,而不是计算机网络技术本身,计算机网络技术仅仅是实现企业信息化的手段。

②企业信息化建设的概念是发展的,它随着管理理念、实现手段等因素的发展而发展。

③企业信息化是一项集成技术。企业信息化建设的关键点在于信息的集成和共享,将关键的、准确的数据及时地传输给相应的决策人,为企业的决策运作提供可靠的数据。

④企业信息化是一个系统工程。企业的信息化建设是一个人机合一的、有层次的系统工程,包括企业领导和员工理念的信息化,企业决策、组织管理信息化,企业经营手段信息化,生产运作过程信息化。

⑤企业信息化的实现是一个过程。企业信息化包含了人才培养、咨询服务、方案设计、设备采购、网络建设、软件选型、应用培训、二次开发等过程。

➤ 12.1.2 企业信息化的发展过程模型

目前,关于企业信息化发展阶段的问题,国内外已有很多专家和学者进行了研究和描述。

这些研究成果是对大量企业信息化实践的总结，它们从不同的角度反映了企业信息化的发展过程。

1. 诺兰模型

美国管理信息系统专家诺兰通过对 200 多个公司、部门开发信息系统的实践经验的总结，提出了著名的信息系统进化的阶段模型，即诺兰模型。

诺兰认为，任何组织由手工信息系统向以计算机为基础的信息系统发展时，都存在着一条客观的发展历程和规律。数据处理的发展涉及技术的进步、应用的拓展、计划和控制战略的变化以及用户的状态四个方面。1979 年，诺兰将计算机信息系统的发展历程分为六个阶段。诺兰强调，任何组织在实现以计算机为基础的信息系统时都必须从一个阶段发展到下一个阶段，不能实现跳跃式发展。

诺兰模型的六个阶段分别是：初始阶段、传播阶段、控制阶段、集成阶段、数据管理阶段和成熟阶段。

(1)初始阶段。组织引入了像管理应收账款和工资这样的数据处理系统，各个部门职能（如财务）的专家致力于发展他们自己的系统。人们对数据处理费用缺乏控制，信息系统的建立往往不讲究经济效益，用户对信息系统也是抱着敬而远之的态度。

(2)传播阶段。在此阶段信息技术应用开始扩散，数据处理专家开始在组织内部鼓吹自动化作用。这时，组织管理者开始关注信息系统方面投资的经济效益，但是实质的控制还不存在。

(3)控制阶段。出于控制数据费用的需要，管理者开始召集来自不同部门的用户组成委员会，共同规划信息系统的发展。管理信息系统成为一个正式部门，以控制企业内部活动，启动了项目管理计划和系统发展方法。目前的应用开始走向正轨，并为将来的信息系统发展打下了基础。

(4)集成阶段。组织从管理计算机转向管理信息资源，这是一个质的飞跃。从初始阶段到控制阶段，通常产生了很多独立的实体。在集成阶段，组织开始使用数据库和远程通信技术，努力整合现有的信息系统。

(5)数据管理阶段。信息系统开始从支持单项应用发展到在逻辑数据库支持下的综合应用。组织开始全面考察和评估信息系统建设的各种成本和效益，全面分析和解决信息系统投资中各个领域的平衡与协调问题。

(6)成熟阶段。中上层和高层管理者开始认识到，管理信息系统是组织不可缺少的基础，正式的信息资源计划和控制系统投入使用，确保管理信息系统有效支持业务计划实施，使信息资源管理的效用充分体现出来。

2. 系统进化模型

美国的 C. 埃德沃斯等人利用两种参数，对企业信息化的发展过程进行了划分，埃德沃斯认为，信息技术在企业中的应用是沿着从内部到外部、从分散到整合、从追求效率到追求效益向前发展的。这种划分理清了企业应用信息技术的思想脉络，比较符合企业信息化的实际进程。同时，这种划分也为企业信息化的实施、管理和评估奠定了基础。

(1)阶段 1：内部效率。大多数组织的最初活动集中于开发以改善内部效率为目的的系统。秘书承担的任务被计算机化，出现了开发票、会计和订单处理这类任务的系统，数据处理部门已经诞生。

（2）阶段 2：内部有效性。随着时间的推移，企业信息化的注意力转向以管理信息为目的在计算机中存储大量信息和使用这些信息。这类信息与组织的内部工作相关，因此"管理信息系统"出现了。这一时期的主要问题在于系统开发可用的工具仍是数据处理时期所使用的工具。用户提出了灵活性的要求，希望在他们的需求发生变化时可以修补系统。这时，还很难实现比较好的数据共享，每个部门都试图独立开发自己的系统。

（3）阶段 3：内部综合。通过在各种业务功能之间共享数据，或以共享系统方式来努力实现。将企业中可用的信息综合，而不是把它们分割到各个功能子系统中。

（4）阶段 4：外部效率。许多组织已经认识到：在纸张上打印订单并邮寄给供应商只是为了供方不再输入到他们的计算机中。不同组织的计算机连接起来形成网络克服了这种低效率，订单、发票、产品规格以及其他文件都被电子传送。

（5）阶段 5：外部有效性。电子信息交换涉及各种组织之间的信息共享。这里不只是客户和供应商之间联网而省去了有关的打印设备，而是为了所有方面的共同利益在各个不同的组织之间真正实现共享信息。

（6）阶段 6：外部综合。客户能够承担传统上是由供应商完成的任务，如由客户自己产生发票。供应商能够承担传统上由客户执行的任务，如供应商代表客户产生订货单。

3. 渐进式模型

企业信息化的进程大致分为以下六个阶段，虽然企业信息化的过程未必都经历这六个阶段，这六个阶段在时间上的先后顺序也不是绝对的，但这六个阶段基本上遵循着由低级到高级、由局部到全局、由战术到战略的规律。

（1）企业进入数字化生存阶段。企业购买第一台计算机开始即进入数字化生存阶段。也许一开始只用它来打字，但是它对于企业来说是一个里程碑。企业知识第一次有了数字化的存在形式，标志着企业对于数字化生存的认可，企业信息化的进程从此开始。

（2）单点数字化阶段。单点数字化阶段是指企业某些部门的基本数据和文件开始进行数字化处理。其特征有以下几个方面：

①在个别部门内应用了处理软件、财务软件处理文件和数据，或使用拨号上网等单机形式从互联网上获得信息。

②软件的应用仅限于数据和信息的数字化，以便于数据和信息的存储查询和使用。

③没有使用数据库，或使用了数据库，但仅限于编辑、查询、输出，没有进一步的功能开发。

（3）单点自动化阶段。企业实现单点自动化，是指企业某些部门的业务流程的自动化。其特征有以下三点：

①在个别部门内应用办公自动化、计算机辅助设计系统、计算机辅助制造系统、人力资源管理系统、财务管理系统等，支持其业务流程的自动化，部门工作的效率得到了较大的提高。

②为适应企业信息化，部门内部进行业务流程重组。

③开始建立基于部门业务需要的数据库，数据库处于分散组织状态，部门内部的信息资源开始逐步有序化。

由于部门之间或企业与外部不能进行电子化的业务流程处理，故还称之为单点。单点自动化阶段可以表现为多种状态。一个部门实现了自动化叫单点自动化，多个部门实现了自动化，也不过是自动化思想的复制，所以，仍然叫单点自动化，就某一个点来说，单点自动化也是有层次的，企业可以不断地深化和改进单点的管理。盲目地追求整个企业的信息化，经常会导致信息技术应用的形式化,看起来很好看,而实际上信息技术在经营管理中并没有起到应有的作用。单点自动化是企业信息化的基础,只有把这一阶段的工作做好做实,整个企业的信息化才能真正地发挥作用。

对于以上三个阶段,信息技术的应用基本处于战术层次,即为自动化和信息沟通的工具。

(4)联合自动化阶段。在联合自动化阶段,企业部门之间或企业与外部之间可以进行电子化的业务流程处理。其特征如下。

①企业有了联合的集成框架,部门之间能够实现数据和资源的整合和优化。

②数据库管理成为企业关注的重要事情,建立了数据仓库,企业可以在一个平台上利用来自各个部门的信息进行计划、组织整个控制工作。

③人们的思想认识发生根本的转变,开始尝试采用全新的工作方式。企业的组织结构和业务运行不再基于传统的部门制,组织结构实现扁平化,以团队或项目组织形式进行业务运行,企业水平界限开始被打破。联合自动化阶段可以表现为多种状态,最初,可能只有两个部门之间实现了电子化业务流程处理,虽然如此,却标志着企业应用信息技术的水平又迈上了一个新的台阶。

(5)决策支持自动化阶段。企业实现自动化的决策支持,是指企业有了所有人员能够使用的辅助决策的知识平台和协调机制,还包括决策信息的自动发布。其特征有以下四点:

①信息和数据进入自组织状态,他们可以在恰当的时间自动、合理地流向需要它们的地方。

②应用了专家系统、决策支持系统等软件,企业的决策能力得到了加强。

③有面向各层次的简单易用的知识管理工具,企业能够及时地捕捉、加工和利用企业内外部的各种信息,可以实现业务的实时管理。

④组织层级之间的垂直界限被打破,信息在企业内部畅通无阻地流动,企业对市场的反应能力得到了极大的增强。

(6)敏捷的、虚拟化企业阶段。企业实现基于信息技术的敏捷的、虚拟化阶段,是指企业作为一个智能的主体,有快速反应的市场能力,并能利用与其他企业的协作,快速组织生产,满足市场需求。其特征如下:

①能通过网络和对企业采购、营销、维护数据的分析,及时了解市场信息和顾客需求。

②企业实现了与合作伙伴之间的数据和资源的共享与整合。

③在实现企业目标的过程中,企业能迅速找到合适的合作伙伴,将自己不擅长或盈利少的业务分包出去。

④企业打破了外部界限,实现了组织之间的业务流程重组;在信息技术的支持下,业务网络重新设计,业务范围重新定义。

对于以上三个阶段,信息技术的应用已处于战略层次。企业应该时刻准备着进行变革,实现对知识联网和集成过程、对话式工作等新的组织和管理模式。企业在进行信息化投资前,应深入分析信息化的基础条件,认真评估所处的信息化阶段,有针对性地制订信息化方案。

➤ 12.1.3　现代信息科学的发展对建筑企业的影响

现代信息技术正突飞猛进地发展,给企业管理带来许多新的问题,特别是计算机联网、电子信箱、互联网的使用,造成了信息高度网络化的流通。这不仅表现在企业内部,而且还表现在企业和企业之间、企业各职能部门之间以及项目与外界环境（国际的和国内的）之间。例如：企业财务部门直接可以通过计算机查阅项目的成本和支出，查阅项目采购订货单；项目负责人可直接查阅企业库存材料和设备供应状况等等。因此，企业和项目之间、企业内部多个部门之间形成了信息流通，如图 12-1 所示。

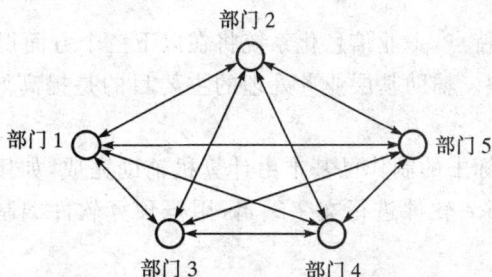

图 12-1 部门间信息流通

现代信息技术对现代企业管理有很大的促进作用，同时又会给企业带来很大的冲击。人们必须全面研究现代信息技术的影响，特别是可能产生的负面影响，以使人们的管理理念、管理方法、管理手段更适应现代建筑企业的特殊性。

(1)现代信息技术加快了企业管理系统中的信息反馈速度和系统的反应速度，使人们能够及时查询有关工程进展情况的信息，进而能及时地发现问题并作出决策。

(2)现代信息技术企业使企业的透明度增加，人们能够了解企业和项目的全貌从而使总目标更容易贯彻，项目经理和上层领导容易发现问题。下层管理人员和执行人员也更快、更容易了解和领会上层的意图，使得各方面协调更为容易。

(3)信息的可靠性增加。人们可以直接查询和使用其他部门的信息，这样不仅可以减少信息的加工和处理工作，而且在传输过程中信息不易失真。

(4)与传统的信息处理和传输方法相比，现代信息技术有更大的信息容量。人们使用信息的宽度和广度大大增加。例如项目管理职能人员可以从互联网上直接查询最新的工程招标信息、原材料市场行情。

(5)使企业风险管理的能力和水平大为提高。由于现代市场经济的特点，工程项目的风险越来越大。风险管理需要大量的信息，而且要迅速获得这些信息，需要十分复杂的信息处理过程。现代信息技术使人们能够对风险进行有效地迅速地预测、分析、防范和控制。

(6)现代信息技术使人们更科学、更方便地管理大型的、特大型的、特别复杂的项目，实施多项目的管理，即一个企业同时管理许多项目，如管理远程项目、国际投资项目、国际工程等。这些显示出现代信息技术的生命力，它推动了整个企业管理的发展，提高了项目管理的效率，降低了管理成本。

(7)现代信息技术在企业管理中的应用也带来了新的问题。现代信息技术虽然加快了信息的传输速度，但并未能解决心理和行为问题，甚至有时还可能引起反作用：

①按照传统的组织原则，许多网络状的信息流通（例如对其他部门信息的查询）不能算作正式的沟通，只能算非正式的沟通。而这种沟通对企业管理有着非常大的影响，会削弱正式信息沟通方式的效用。

②在一些特殊情况下，这种信息沟通容易造成各个部门各行其是，造成总体协调的困难和

行为的离散。

③容易造成信息在传递过程中的失真、变形。

④容易造成信息污染。

▷ 12.1.4 建筑企业信息化的应用

综合建筑企业的自身特点,企业信息化系统将在以下三个方面得到应用。

(1)辅助基层业务处理。辅助基层业务处理的主要目的是提高效率,降低成本,这也是目前运用较普通的层次。

①辅助投标。目前投标书的制作已基本由计算机辅助完成,如用 CAD 软件及 Project 等项目管理软件绘图,用 Office 软件进行文字编辑,用概预算软件编制商务报价,利用计算机、投影仪唱标演示等。

②辅助施工过程控制。如编制施工组织设计、施工计划、施工预算、财务会计处理、工程结算等。

③充分利用设计成果,提高效率。设计单位向业主、施工单位提交图纸、资料,以电子文档代替目前的纸质文档,提到了传递速度,同时便于施工单位的二次利用(翻样、施工预算、成本控制),节省大量的人力、纸张、时间等资源。

④辅助采购。将整个企业的材料、设备采购需求合并,统一由企业利用互联网对外发标,通过网上供货商的竞标,以最低价格完成采购。这样不仅有利于降低材料、设备的采购价格,同时也有利于降低采购成本。如通用汽车公司实施全球各地的采购集中进行法,现每年仅办公类物品的采购就可节省上千万美元的支出。

⑤辅助企业实现依法经营。工程项目建设中会涉及很多相关的法律、条例、规程、规范、定额等法规性文件,涉外工程还将涉及项目所在国的法律法规文件、国际惯例。企业很难将这些资料收集齐全,有时即使有资料,查询起来也相当花费时间。随着政府上网工程的推行,将使企业查找法规性文件变得非常容易。

⑥辅助企业进行统计工作。过去企业的综合性统计数据,需要在月底、季末、年底计算后才能得到,计算机系统的应用使得管理人员随时可得到企业前一天、上个月、上一季度乃至一年内任何时间、任何类别的信息。

⑦辅助营销。互联网的广泛性,为企业开辟了一个新的销售渠道,使得无店铺销售成为可能。通过互联网,企业可获得大量定购信息,再向供货商获得产品,提供给最终的客户。不需要大量有形资产的投入,就可以完成传统贸易公司的全球业务,成本低,利润大。就建筑而言,可利用互联网在世界范围内实现企业介绍、投标报价、签订合同、工程结算等工作。

(2)辅助管理。建筑管理的职能是计划、组织、协调、领导和控制。实施企业管理信息化,可以更好地进行计划、组织、协调、控制,从而及时实现企业的价值。

①计划。当前流行的计划管理软件有 P3、Project、梦龙、同洲等。一般建筑企业均拥有此类软件,但目前大多还停留在打字阶段,其强大功能远未被充分利用。对其进一步利用的目标应是:综合考虑工程成本、质量等因素确定工程最优工期;根据工期目标、资源配置、劳动定额等条件自动生成详细的优化网络计划,用以指导施工;根据工期、劳动定额等条件优化资源配置;为实施施工进度的动态控制提供分析资料。

②组织。A. 促使组织结构扁平化。随着企业的扩张,其管理层次和机构也在发展,结果

是组织结构越来越臃肿,管理流程越来越复杂,造成大量的冗员和官僚作风。而当今高速发展变化的市场,需要企业迅速对市场作出反应,使决策者和执行者快速沟通,企业结构必须趋向扁平。若能充分利用信息技术手段,使管理人员的管理跨度大幅提高,组织结构迅速扁平,既精简了机构、人员,又提高了效率、效益,真正做到向管理要效益。B. 合作组织虚拟化。当前整个世界施工能力过剩,因此企业更多采取专业化的协作方式,有任务时合作,无任务时解散。互联网为实现世界范围虚拟合作提供了条件。众所周知的 IBM 公司,已经大规模地精简了制造工厂,每年的产品主要依靠上千个合作制造商完成,就是依靠信息手段将其与合作制造商联系在一起的。IBM 的采购中心将其信息专线一直接到其合作制造商的生产线上,在第一时间就能掌握生产进度、产品质量、制造成本等。

③协调。由于建筑企业的可变因素多,协调工作量非常大。通过建立公司的机械信息网、周转性材料信息网、人力资源信息网、资金信息网等,使资源的时空调配变得非常简单、及时、合理,使现有的资源得以充分利用,也将促使企业资源不断优化。此外,通过建立网络化的平台,可使声音、文字、图像等交流不受时空、地域的限制,从而使大量且复杂的施工界面及工种间的技术协调得以简化。

④控制。建筑企业需要控制的要素有进度、质量、成本、安全、环保等,通过信息系统实现信息公开、程序透明、规范化运营,避免人为因素,可以及时发现和解决出现的问题,提高对过程的动态、量化的控制。

(3)辅助决策。决策的基本内容是制定企业的目标和战略,决定企业的经营方针和组织结构等。建筑企业的辅助决策信息系统主要有国际、国内工程项目信息系统,企业人、财、物资源信息系统,生产信息系统,管理信息系统,行业技术信息系统,政策信息系统,行业发展方向信息系统以及多元化经营研究信息系统。

辅助决策信息系统的主要作用是根据及时全面的信息,利用现代管理方法和数学模型,辅助决策者进行科学决策,使科学的决策方法代替主要依靠决策人的经验进行决策的传统方法,从而科学合理地规划企业目标和充分利用人、财、物等资源。

12.2 建筑企业信息化的实施

▷ 12.2.1 建筑企业信息化建设的现状

1. 企业对管理信息化的模式和整体需求不清楚

由于企业传统管理的不规范性以及受到资金、人才的限制,很多企业不能清楚、系统、专业性地提出本企业管理信息化建设的模式,也不能按信息化建设的要求提炼出管理和业务处理流程。具体表现在从事企业经营管理业务的人不知道该怎样把信息化建设需求说明白,搞信息技术的人如果没有对企业和工程管理的深入学习和实践,单靠几个月的调研又无法确定企业需求,当然也就无法为建筑企业提出先进实用的信息化建设解决方案,即使近几年流行的综合解决方案(包括 ERP)在建筑企业的推行也是困难重重,成功率很低。

2. 企业的管理运作流程优化和流程再造往往不考虑信息化处理的要求和规范

国际上管理信息化应用比较好的建筑承包商,其企业管理运作方式是规范化、程序化的,而我国很多企业管理运作规范化较差,程序化较低。企业管理者在流程优化、流程再造上没有采取真正的措施,即使是现在被很多企业看重的 ISO 质量认证体系,即使企业取得了认证,大部分建筑企业其 ISO 运作程序也和实际管理程序脱节,企业只是为了拿到认证而做文章,没有将认证通过的 ISO 工作程序和工作执行程序纳入到管理信息化程序中。信息化成功的企业的经验证明,企业的 ISO 工作程序的实施可以作为企业信息化建设成功的保障。在企业现代化管理过程中,很多企业强调管理流程的优化或再造,但却缺乏将流程再造或优化与信息化建设相结合的考虑,这种只停留在传统管理模式的流程改造给企业信息化建设反而带来难度,使企业在实施信息化建设时不得不迁就传统的管理模式和流程。

3. 企业的信息化建设方法存在一定问题

我国一些建筑企业计算机技术在管理方面的应用从 20 世纪 70 年代末、80 年代初的预算软件开发应用开始,经过 20 多年的发展至今,仍然没有发展出一套代表行业发展水平的、具有先进管理模式、设计理念先进、应用效果理想的"建筑企业管理信息系统",即使引进或购买又改造后的国外的系统,也只能在特定范围内使用而无法在行业内推行,产生这种现象的原因除了行业引导不够、认识和观念转变停留在表面、投入资金不足、复合型人才严重缺乏等问题外,企业管理信息化建设方法也存在一定问题。

(1)企业信息化建设普遍缺乏整体规划和分步实施的措施。建筑企业在计算机应用和现在的信息化建设上,往往在没有制定好可操作性的规划或计划的情况下就开发或购买引进软件,投入比较盲目,哪个部门需要软件就编写或买一个,能满足自己就可以,即使计算机网络运行多年,数据仍然只能在各个"孤岛"中使用,无法有序共享,这是企业目前信息化的普遍现象。没有规划,就没有高起点,也就不会有足够的投入的准备,单个开发的系统只能是普通水平。有了规划,还要有分步分期实施的计划和措施,才能保证规划的实现。

(2)企业软件开发各自为战、重复投入、浪费资源。不管是靠自己的人员还是请软件公司开发,多年来各建筑企业的应用软件开发基本上是各搞各的,很少有联合,结果是企业开发出的软件水平不高、应用效果差,有的开发完了也用不起来,被自然淘汰。另外在开发过程中,大多没有遵循软件工程的要求进行,开发文档、记录不完整,需要验收或鉴定时才在开发完成后补写资料,有的单位甚至开发的人走了连源程序也带走了。

(3)信息化只是模拟手工过程,对改造提升企业管理水平的作用不明显。企业在软件开发工作中虽然进行了必要的用户需求分析,但为了迎合用户要求,系统设计时没有在系统分析的基础上进行充分的总结、提炼、创新,做出的软件基本是用计算机模拟手工业务处理和管理的过程,没有进行必要合理的流程优化或再造,而由于手工管理模式的落后又决定了软件没有先进性。

(4)企业与软件公司(或产、学、研)结合存在问题。通过对企业自己开发或购买使用软件公司开发的软件应用考察情况看,软件公司在经过预算、进度、材料、成本等单项业务处理软件的开发推广应用过程后,在集成、整合进而完成供企业使用的管理信息系统软件上进展缓慢,更不要说建筑企业 ERP 的建设了,大量信息孤岛无法给企业共享是普遍现象,企业自己没有力量做好这项工作,而没有企业的合作,建筑软件公司也无法单独完成。建筑软件公司和企业合作存在的问题是:软件公司的开发人员对企业的管理运作程序和业务处理过程及发展需求不是很了解,即使通过调研了解了"一些",也很难做到彻底了解和理解,加上建筑企业管理运作程序的随意性和不确定性太多,开发出的信息系统与用户理想的要求相差甚远,只能长期不断地修改完善,系统还没有成熟就失去了先进性,推广应用困难。另外,在合作中,企业往往只看眼前要求不愿意投入资金,软件公司重点考虑推广利益不愿意将其应有的权益让给企业,合作的结果往往是只能量身定做出特定企业的产品,缺乏行业代表性和先进性,系统缺乏生命力。

(5)企业信息化建设对信息化标准规范的建立和使用问题。直至目前为止,建筑企业在信息化建设上缺乏可以遵循的行业性企业信息化基础和信息规范,大多数企业自己也没有建立企业内部的基础信息规范和信息指标项目编码体系。企业基础信息规范编码标准是企业信息化建设需要优先考虑的基础性工作,目前已有一些大型建筑企业研究制订出了本企业的基础信息规范编码标准。

▷ 12.2.2　建筑企业信息化实施的基础

1. 需要领导的大力支持与参与

企业信息化监视要定位在企业的决策者和管理者。企业的信息化系统是为企业管理服务的,是一种现代化的管理手段。企业的领导者能够利用信息系统平台,及时准确地了解到与企业生产运作密切相关的各类信息,从而进行科学的管理。因此,作为这一现代化管理手段的主要使用者,企业的领导尤其是高层领导,必须从思想深处对企业信息化建设有充分的认识,一方面要认清企业信息化建设是发展的必然方向,主动地去接受信息化建设;另一方面对于信息化建设中出现的各种问题和困难,也要做好思想准备,要有打攻坚战的准备。国外一些发达国家的企业信息化建设经过多年的发展,已经建立和完善了信息化领导机制。最高信息主管(chief information office,CIO)作为最高管理层中的一员,全面负责企业信息基础建设、信息资源与业务流程的整合等战略性工作,从而推进企业信息化工作健康有序地进行。对于国内企业来说,不仅要拥有自己的CIO,更重要的是要有企业一把手的全力支持和直接参与。

2. 需要具备科学合理的管理制度

企业的信息化建设借助于现代网络信息技术使得企业的信息传递更加畅通,但在某种意义上讲,它所起到的是一种催化剂的作用,要使其发挥巨大的功效,还必须以企业科学合理的管理体系作为基础。

首先,管理体系为信息化建设提供合理的信息流程。信息流程是参照管理流程而设定,如果管理体系本身就不完善,管理流程存在着诸多紊乱,信息流程就会出现错误,有时甚至将管理体系中的错误放大,使后果更为严重。

其次,管理体系为信息化建设提供职能保证。信息化建设的核心就是实现信息的价值增值,信息作为资源要素,要通过具体的管理职能来实现其价值,而各个管理职能综合体现为管理体系,因此,信息化建设必须依靠管理体系提供的管理职能进行具体运作。

最后,管理信息为信息系统提供规范的信息数据格式。信息系统传递的信息应当具备统一的规范格式,目的是节约时间,使信息的接受方不产生歧义或误解。管理体系以规章制度的形式对信息格式做出统一的规定,为信息系统提供形式上的保证。

3. 需要组建跨部门的团队

理想的信息化组织机构是在企业内部组建一个跨部门的、长期的独立团队。它直接受命于企业信息化领导小组,由具有全新的知识结构、信息化意识和管理理念的人员领导,汇集企业各方面的业务骨干和精英。这样的团队不仅为企业信息化提供技术支持,更重要的是对业务流程的梳理和规范,统一业务流程基础数据的数字化,建立类似于 ISO 质量标准体系的信息化建设、实施和评估体系,从而可以很好地将信息技术与传统业务有机整合。

4．需要新型人才当家做主

企业信息化的主体是人,从某种意义上讲,信息化首先是人的信息化。如果从企业高层管理者一直到普通员工都对信息化有正确的认识,并掌握一定的信息化知识,那么,一切问题将迎刃而解。但是,事实上在一些传统企业中,我们却不得不面对这样的现实:管理层知识老化、观念陈腐、因循守旧、故步自封,远远不能理解信息化的真正涵义。而中底层管理者虽然有这方面的人才,往往人微言轻,正确的意见得不到采纳。在社会大环境的影响下,他们一方面在招聘计算机专业人才,另一方面这样的人才却在悄悄流失。所以,只有具有信息化意识的新型人才真正走上中高级管理层形成有效的人才机制,才能为实施信息化奠定基础。

➤ 12.2.3　建筑企业信息化实施的原则

1．利益最大化

利益最大化是企业进行一切经营活动的根本目的。在信息经济时代,信息化建设的出发点就是将信息作为一项重要的资源,使其创造出更大的价值。遵循这一原则,企业必须考虑如何使信息的价值充分地体现,信息与人力、资本、物资和技术知识等资源要密切地衔接和配合,真正使信息渗透到管理系统的各个职能中去,同时要考虑各种新增的成本,把眼前利益和长远利益结合起来,追求最佳效益。

2．稳定性与灵活性相结合

信息系统一经形成,将成为企业信息要素传递的基本通道。随着信息经济的深入发展,信息要素在企业发展中的权重将不断增大,信息系统将作为指导整个企业经营运作的框架。信息系统的重要作用必然要求其具备优良的稳定性,这包括两方面的内容:一是系统的运行质量稳定,故障率必须低;二是强调主体结构稳定,不宜频繁改动。信息时代的环境条件变化更为迅速,信息系统作为整个企业的神经中枢,要及时应对各种变化,灵活地对自身作出各种适应的调整。

稳定性与灵活性是一致的。系统建设之初为避免出现频繁的变动,要充分考虑到各种不定因素以及相应的措施去灵活应对,稳定性要求系统建设留有余量。一个灵活的信息系统具备很强的适应性,能够在主体结构保持相对稳定的情况下处理新情况、新问题。系统的灵活性越强,对系统的变动也就越少,系统也就越稳定。

3．长期性与阶段性相一致

信息技术起初的作用是战术层次的,但随着它向企业经营各个环节的渗透,会逐渐产生战略性的影响,从而作为自动化的工具和信息沟通的手段,到决策支持直至促使企业运作模式和组织结构的变化,这可能是一个相当漫长的过程。在这一过程中,制定阶段性的发展计划是完全有必要的。信息系统发展的速度取决于两个因素:一是随着企业业务的发展而发展,而信息系统的发展、企业信息化水平的提高反过来又促进企业业务的发展。这样就形成一个良性的循环。二是随着员工对数字化工具使用的水平提高而提高。长期性的发展战略为企业的信息化建设指明方向,阶段性的发展计划则是将这一目标细化分解,每一个阶段性成果的取得,都会使得整个信息化建设前进一步,能够不断地激励员工的热情;同时,一旦环境条件发生变化时,阶段性的发展计划又能对整体的发展战略作出及时正确的调整,确保信息化建设的质量水平。在这一过程中,教育培训工作应该始终走在前面,使员工对数字化工具的使用产生成就感和舒适感,不能让信息系统的发展使员工感到无所适从,疲于奔命。

4. 面向使用端的实用性

信息化建设中选取的信息系统软件大致有两种类型:一种是通用型软件,如 Project、P3 等项目管理软件;另一类是专门为某一企业量身定做的软件平台,或基于某一种现有的通用软件平台进行系统的二次开发。不管企业采用哪一种类型,都必须强调面向使用端的实用性。开发人员与使用方必须经常互相沟通、交流,使开发员的技术用语与使用端的业务术语在项目含义上基本一致,满足企业的特定需求;同时,企业也应当尽可能地遵循行业的统一标准规范,减少系统软件不必要的调整。

5. 系统性和模块化相结合

企业作为一个整体,系统性是企业的内在要求。信息化建设涉及企业的方方面面,因此,也必须符合系统性原理。企业在信息化建设之初,就应当对信息系统的整体做统筹安排,明确总体要求和各个业务之间的内在联系。在系统设计中,应当遵循模块化的设计原则,将系统化整为零。首先,这有利于企业的信息化建设取得阶段性成果,尤其是某些问题难以马上解决的情况下,避免全局工作止步不前;其次,这也便于及时对系统作出调整,当系统某些环节的最初要求或目标不能够适应环境的变化要求时,只需要对涉及的模块作出调整即可,不至于对整个信息系统造成重大影响;最后,这也方便企业开展员工培训工作,减少信息化建设中的阻力。

6. 具备自我诊断和自我完善的机能

在信息经济时代,信息要素是反应最为灵敏的要素,据此建立的信息系统也必然是一个灵敏迅速的系统。信息系统要向着智能化的方向发展,一旦系统中出现事故,能够进行自我诊断,分析判断出问题的所在,并且能够提出相应的参考方案,使信息系统成为具有生命力的有机体。

➤ 12.2.4　建筑企业信息化实施的方法和手段

1. 进行建设工程项目信息分类和编码

(1)建设工程项目信息编码的含义和意义。现在的建设项目工程规模庞大,项目参与者众多,在工程项目决策和实施过程中产生的信息量大,形式多样,信息传递界面多。一个建设工程项目有不同类型和不同用途的信息,为了有组织地存储信息、方便信息的检索和信息的加工整理,必须对建设项目的信息进行编码。

所谓信息分类就是把具有相同属性或特征的信息归并在一起,把不具有这种属性或特征的信息区别开来的过程。信息分类的产物是各种各样的分类或分类表,并建立起一定的分类系统和排列顺序,以便管理和使用信息。在建筑业内,针对不同的应用需求,各国的研究者也开发设计了大量的信息分类标准。

编码由一系列符号(如文字)和数字组成,编码是信息处理的一项重要的基础工作。建设项目信息的分类、编码和统一的术语是进行计算机建设项目信息管理的基础和前提;也是不同项目参与方之间、不同组织之间消除界面障碍,保持信息交流和传递流畅、准确和有效的保证。

建设项目信息分类和编码体系的统一体现在两个方面:第一,不同项目参与者如业主、设计单位、施工单位和项目管理单位的划分体系一,即横向统一;第二,项目在整个实施周期包括设计、招投标、施工等各个阶段的划分体系一,即纵向统一。横向统一有利于不同项目参与者之间的信息传递和信息共享,纵向统一有利于项目实施周期信息管理工作的一致性和项目实施情况的追踪与比较。

目前,在国际上对建设项目信息的分类和编码体系的研究已经开展了广泛的合作,研究对象已从建设项目信息分类体系上升到国家范围内的行业信息分类体系,现在正向国际上统一的产品信息分类体系进军。大量的政府机构、学术研究机构、商业机构已投入到这些研究中,如国际标准化组织 ISO 的技术报告《建设行业信息分类标准研究报告》,该报告把建设项目信息分解为过程信息、产品信息、资源信息和控制信息,并构建了大型建设项目信息分类体系的框架;欧洲共同体投资巨额资金,花费较长时间组织了建筑产品在共同体内自由流通的基础信息分类研究。这两个研究成果已被广泛利用,前者已成为很多国家开发新的建筑业信息分类体系的依据,后者已成为德国制定《建筑产品法》的基础(注:此处"建筑产品"专指我国意义上的建筑构配件和材料等)。

建设项目业主方和项目参与各方可根据各自项目管理的需求确定其信息管理的分类,但为了信息交流的方便和实现部分信息共享,应尽可能做一些统一分类的规定,如项目的分解结构应统一。在进行项目信息分类时,可以从不同的角度对建设项目的信息进行分类,如:①按项目管理工作的对象,即按项目的分解结构,如子项目 1、子项目 2 等进行信息分类;②按项目实施的工作过程,如设计准备、设计、招投标和施工过程等进行信息分类;③按项目管理工作的任务,如投资控制、进度控制、质量控制等进行信息分类;④按信息的内容属性,如组织类信息、管理类信息、经济类信息和技术类信息。

为满足投资建设项目管理工作的要求,往往需要对建设项目信息进行综合分类,即按多维进行分类,如:①第一维,按项目的分解结构;②第二维,按项目实施的工作过程;③第三维,按项目管理工作的任务。

(2)建设项目信息分类和编码的内容和方法。建设项目信息的分类和编码可以有多种,如:①建设项目的结构编码;②建设项目管理组织结构编码;③建设项目的政府主管部门和各参与单位编码(组织编码);④建设项目实施的工作项编码(建设项目实施的工作过程的编码);⑤建设项目的投资项编码(业主方)/成本项编码(施工方);⑥建设项目的进度项(进度计划的工作项)编码;⑦建设项目进展报告和各类报表编码;⑧合同编码;⑨函件编码;⑩工程档案编码等。

以上这些编码是因不同的用途而编制的,如投资项编码(业主方)/成本项编码(施工方)服务于投资控制工作/成本控制工作;进度项编码服务于进度控制工作。但是有些编码并不是针对某一项管理工作而编制的,如投资控制、成本控制、进度控制、质量控制、合同管理、编制建设项目进展报告等都要使用建设项目的结构编码,因此需要进行编码的组合。建设项目信息分类和编码的主要方法如下:

①建设工程项目的结构编码依据项目结构图,对项目结构每一层的每一个组成部分进行编码;项目管理组织结构编码依据项目管理的组织结构图,对每一个工作部门进行编码。

②建设工程项目的政府主管部门和各参与单位的编码,包括:政府主管部门;业主方的上级单位或部门;金融机构;工程咨询单位;设计单位;施工单位;物资供应单位;物业管理单位等。

③在进行建设项目信息分类和编码时,建设项目实施的工作项目编码应覆盖项目实施的工作任务目录的全部内容,它包括:设计准备阶段的工作项;设计阶段的工作项;招投标工作

项;施工和设备安装工作项;项目动用前准备工作项等。

④建设项目的投资项编码并不是概预算定额确定的分部分项工程的编码,它应综合考虑概算、预算、标底、合同价和工程款的支付等因素,建立统一的编码,以服务于项目投资目标的动态控制。

⑤建设项目成本项编码并不是预算定额确定的分部分项工程的编码,它应综合考虑预算、投标价估算、合同价、施工成本分析和工程款的支付等因素,建立统一的编码,以服务于项目成本目标的动态控制。

⑥建设项目的进度项编码应综合考虑不同层次、不同深度和不同用途的进度计划工作项的需要,建立统一的编码,服务于建设项目进度目标的动态控制。

⑦建设项目进展报告和各类报表编码应包括建设项目形成的各种报告和报表的编码。

⑧合同编码应参考项目的合同结构和合同的分类,应反映合同的类型、相应的项目结构和合同签订的时间等特征。

⑨函件编码应反映发函者、收函者、函件内容所涉及的分类和时间等,以便函件的查询和整理。

⑩工程档案的编码应根据有关工程档案的规定、建设项目的特点和建设项目实施单位的需求而建立。

2. 进行信息化参与人员的教育和培训

信息化的成功实施需要对建设项目管理组织中的各级人员进行广泛的培训,它包括以下几个方面:

(1)项目领导者的培训。项目领导者对待建设工程信息化的态度是信息化实施成败的关键因素,对项目领导者的培训主要侧重于对建设工程信息化进程的认识和现代建设项目管理思想和方法的学习。

(2)开发人员的学习与培训。开发团队中由于人员知识结构的差异,进行跨学科的学习和培训是十分重要的,包括建设项目管理人员对信息处理技术和信息系统开发方法的学习,以及软件开发人员对建设项目管理知识的学习等。

(3)使用人员的培训。对信息化成果使用人员的培训直接关系到信息化成果实际运行的效率,培训的内容包括信息管理制度的学习、计算机软硬件基础知识的学习和系统操作的学习,结合我国实际情况,对于建设项目管理信息系统使用人员的培训应投入较大的时间和精力。

3. 开发或引进建设工程信息化核心软件,建立建设工程信息化的硬件平台

开发先进适用的信息化核心软件不仅是软件开发人员的工作,也是建设项目管理界的一项重要课题。在现有条件下引进国际上成熟的商品化软件不失为一个较好的解决方案。

(1)引进建设工程信息化核心软件应注意的问题:①结合应用环境,选择较高性价比的适用软件;②注意二次开发,包括软件的汉化和与原有软件的集成;③注意人员培训;④注意引进软件在购买和使用中的知识产权问题等。

(2)建立建设工程信息化的硬件平台应注意的问题:①注意有关设备性能的可靠性。不论是服务器、工作站还是各种网络设备的选择,首先应考虑其运行的可靠性,这是系统正常运行的基础。②采用高性能的网络硬件平台,应通过采用合理的分布计算模式,如 Client/Server、Browser/Server 体系结构和先进的网络架构,提高信息处理和传递的效率,目前在大型建设项目中也有使用网络技术,建立基于 Browser/Server 体系结构的内部网络平台,这样可以方便地连接到互联网。

➤ 12.2.5 建筑企业管理信息化应注意的问题及对策

1. 建筑企业管理信息化应注意的问题

(1)控制信息化建设的成本。企业的信息化建设不仅需要投入大量的人力、物力和时间,并且会对原有的管理体系产生改变,会产生制度成本和替代成本,因此,必须要考虑信息化建设的成本问题。在考虑成本问题时,要全方位综合地考虑,对信息化建设所能增加的价值和所带来的成本变化要有一个较为精确的分析,把企业的长期利益和短期利益相结合。信息化一定要算效益账,要有投资回报率的概念。

对我国建筑企业而言,由于人工成本低和从业人员的素质不高,又长期受计划体制的影响,在推行信息化建设时的阻力尤其巨大,并且受施工现场的条件约束,相应的各种成本也较高,因此,建筑企业应根据行业特点和本企业的实际情况,以科学的态度处理信息化建设的成本问题。

(2)掌握信息化建设的时机。就发展趋势而言,企业信息化建设势在必行。但是,企业信息化建设存在一个时机问题。一方面它需要企业具有良好的管理基础工作,在人员、物资、制度和环境等各种因素到位的情况下才能提到议事日程上来,要避免盲目地赶潮流;同时,企业信息化建设需要较长的时间,要尽可能地避免与其他工作相冲突。另一方面,企业要对当前的各项成本综合考虑,在企业利益最大化的原则下开展信息化建设。

(3)明确信息系统的辅助决策功能。信息系统的辅助决策功能有两层含义:一是指通过信息系统提供的决策模型可以很好地辅助决策,对市场的变化作出迅速反应,从而避免决策过程中的主观臆断,增强决策的科学性;二是作为管理者,必须认识到信息系统的决策模型起到的作用仅是辅助性的,其决策是辅助决策,而不能代替人进行决策。因此,在使用信息系统时,必须要明确其辅助决策性,对信息系统业务流程的原理要知其然,更要知其所以然。

(4)保证信息系统中的信息安全。信息安全是信息化建设的基本要求,未经授权的信息访问者一旦侵入信息系统,所造成的危害是难以估量的。信息安全主要通过以下几个方面实现:

①访问控制。即对访问用户进行访问授权,设定访问等级。

②认证。保证另一方确实是所需要的对话者。

③一致性。发出和接受的信息必须是一致的。

④设置"防火墙"。确保信息系统不被非法用户侵入。

⑤设置"信息访问跟踪"。即对每一个访问用户的每一次访问均进行记录,设置问题档案,并提出相应的责任要求。

(5)实现信息化建设中的信息价值增值。通过企业的信息化建设,管理者能够初步掌握与企业发展相关的各类信息。但是,信息化决不能只停留在信息数据的收集整理上,应当注重将信息管理上升到知识管理的高度。

对于建筑企业而言,现场的工程管理者在每项工程建设的实践中都积累了大量的实用型知识,使这些隐性的知识转化为可供整个企业所共享的知识,在今后的工作中加以应用,将会不断提高建筑企业的管理水平。企业实施信息化,为知识传播、团队学习、组织提高提供了信息化平台,这样才能真正体现出信息价值的增值。

2. 建筑企业管理信息化的对策

随着国际国内竞争的越来越激烈,建筑企业要想在日后激烈的竞争中立足,必须及早做好准备工作。实现信息化是建筑企业生存发展、增强国际竞争力的必然要求。建筑企业必须深刻地认识到信息技术在工程项目实施过程中扮演着越来越重要的角色,从而加大这一方面产品的应用工作。信息化建设一定要从企业的本身条件出发,按照客观规律的要求来推进。

(1)企业内部进行资源整合、准确定位。在投资建设信息化之前,企业决策层首先应当从经营战略、体制、技术、管理企业文化、人力资源、行业环境等方面,对企业进行全面的自我诊断和准确定位甚至重新定位,在此基础上确定本企业信息化建设的关键需求、方针、范围、阶段和深度,确定信息化建设的策略,才能很好地服务于企业未来经营发展和增强核心竞争力。

(2)明确企业信息化建设的总目标和阶段目标。企业首先应制定总体目标,同时,根据企业本身的经营方式、产品特点、管理流程来规划信息化发展的阶段目标。

(3)确定启动信息化建设的时机及投资力度。启动时机和投资力度的选择已变得至关重要,企业应全面、客观地分析国家对信息化建设和企业自身对信息化建设的关系,蓄积动力,克服阻力,积极地、有计划地准备信息化实施所需的条件,并由此确定启动信息化建设的最佳时机和最佳投资额。

(4)进行信息化建设的评价。必须定期对信息化管理和信息化业务进行评价,明确企业信息化建设过程中的不足与过剩,及时调整企业信息化建设的策略,才能实现优化企业的价值链,提高生产效率,创造更多价值的目标。

12.3 建筑企业管理信息系统

管理信息系统(简称 MIS)是一门新兴科学。它是近年来随着管理科学、信息科学、计算机科学与通信技术的不断发展和相互交融逐渐形成的一门综合性、边缘性学科。管理信息系统作为现代化管理的重要手段和标志,已经成为管理活动中必不可少的一个组成部分。

12.3.1 企业管理信息系统的构成

管理信息系统是用系统思维的方法以计算机和现代通信技术为基本信息处理手段和传输工具,能为管理决策提供信息服务的人机系统。企业管理信息系统是以整个企业生产经营活动为对象的复杂系统,包括各职能子系统,如财务、合同、技术等要素子系统,还包括企业经理的经营决策子系统,如图 12-2 和 12-3 所示。

管理信息系统主要由硬件、软件、数据库、运行规程以及系统工作人员构成的。硬件包括计算机和有关的各种设备,主要完成输入、输出、通信、存储数据和数据处理等功能。软件分系统软件和应用软件两类。系统软件主要用于计算机的管理、维护、控制以及程序的装入和编译等功能;应用软件是完成具体管理功能,提供信息的程序,如财务管理软件、工资核算软件等。数据库是系统中数据文件的逻辑组织,它包括了所有应用软件使用的数据。运行规程是对系统的使用要求,它包括用户手册、操作手册和运行手册等内容。系统的工作人员主要包括系统的分析人员、设计人员、系统实施人员,操作人员、系统的管理人员和数据准备人员等。计算机系统在不同管理系统中的作用和影响是有区别的,计算机系统所支持的管理活动层次可分为事务处理系统、管理信息系统、决策支持系统和专家系统。

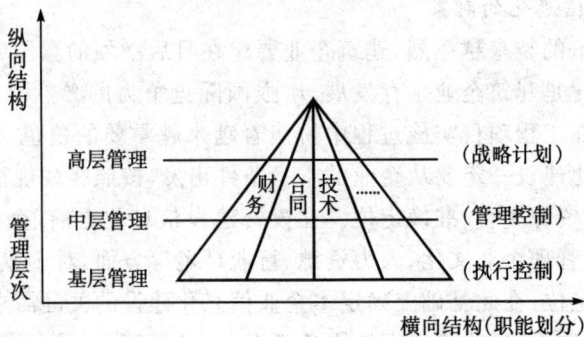

图 12-2 企业管理信息系统与管理活动关系示意图

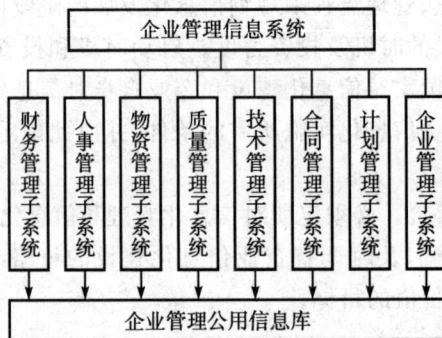

图 12-3 企业管理信息系统的构成

（1）事务处理系统。事务处理系统主要处理企业基层作业活动形成的基本文件，如仓库管理中的入库通知单、技术文档管理等，适用于企业的最低层管理活动即进行作业控制。

（2）管理信息系统。管理信息系统处理企业结构化的决策管理问题，如企业质量数据分析等，适用于企业的中层管理活动与管理控制。

（3）决策支持系统。决策支持系统主要处理企业半结构化或非结构化等问题的决策，是管理信息系统到专家系统发展的中间阶段，如多方案投资分析等，适用于企业的中层管理控制活动或企业的高层管理。

（4）专家系统。专家系统是集中专家知识和经验，模仿专家思维处理企业非结构化的决策问题，具备启发性、直观性和灵活性，是管理信息系统发展的最高阶段，如企业投标决策中的标价确定等问题，适用于高层管理。

➤ 12.3.2　企业管理信息系统的开发步骤

任何一个系统都有发生、发展和消亡的过程，新系统在旧系统的基础上产生、发展、老化、淘汰，最后又被更新的系统所取代。这个系统的发展更新过程被称为系统的生命周期。在管理信息系统的开发过程中，把实施过程划分为互相衔接又明确区分的各个阶段，借以实现管理控制，有利于把复杂问题简单化，实现过程条理化。管理信息系统开发的主要步骤如下：

1. 总体规划

总体规划是系统开发的必须准备和总部署，是建立管理信息系统的先行工程，它是在系统开发前进行的。其主要内容有:用户环境的需求调查和分析,新系统规划设计,新系统实施的初步计划,系统开发可行性分析,系统开发的策略规划和分析。

2. 系统分析

系统分析是系统开发的关键阶段,又称新系统逻辑设计。逻辑设计是指在逻辑上构造新系统的功能,即解决新系统"做什么"的问题。其主要有以下四个步骤:

(1)问题的提出。问题的提出是对所开发系统在管理工作中的重要性和所要解决的问题进行论述。

(2)可行性研究。可行性研究包括现行系统的初步调查;不同方案的提出和比较;开发费用的估计。

(3)系统调查。系统调查主要包括对现行系统的详细调查,输入、输出文件的收集和整理。

(4)初步模型的确立。初步模型的确立是指给出初步的系统模型,在技术、经济环境的约束下修正模型。

3. 系统设计

系统设计是在系统分析的基础上,根据系统分析阶段所提出的新系统逻辑模型,建立起新系统的物理逻辑,具体地说,就是根据新系统逻辑模型的主要功能和要求,结合实际的设计条件,详细地确定出新系统的结构,为系统实施阶段准备全部必要的技术资料和有关文件。系统设计分为两个阶段进行:①详细设计,包括处理逻辑的设计,文件设计,输入、输出设计。②编写各种说明,包括对程序的详细要求说明,系统的用户界面说明。

4. 系统实施

系统实施是继系统规划、系统分析、系统设计之后又一个重要阶段。它将按照系统设计选定的方案具体实施。这一阶段的主要任务有四个方面:①编程,即选择合适的高级语言编制程序;②调试,包括单项程序调试,几个模块的联合调试,用户界面的调试;③人员培训,即对参与管理人员进行培训,使其掌握(或了解)该程序的特点和使用方法;④系统转换。

5. 系统运行与维护

新系统在试运行成功后,进入系统转换步骤,接下来就进入系统运行维护阶段。这标志着目标系统开发已经结束,计算机管理信息系统已经建成。系统运行与维护主要包括:①正常运行,即系统的正常运转、系统的维护。②系统评价与系统补充。

▷12.3.3 建筑企业管理信息系统开发

从分析系统的功能出发,讨论系统的逻辑结构模式,可以为建筑企业实际开发提供一些参考和思路。图 12-4 所示为某建筑企业管理信息系统总体功能结构图。图 12-5 和图 12-6 所示为某建筑企业经营管理和工程管理子系统流程图。

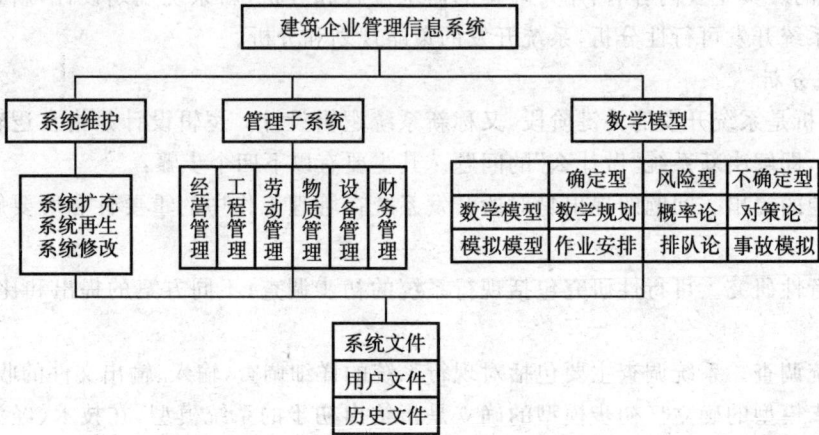

图 12-4 某建筑企业管理信息系统总体功能结构图

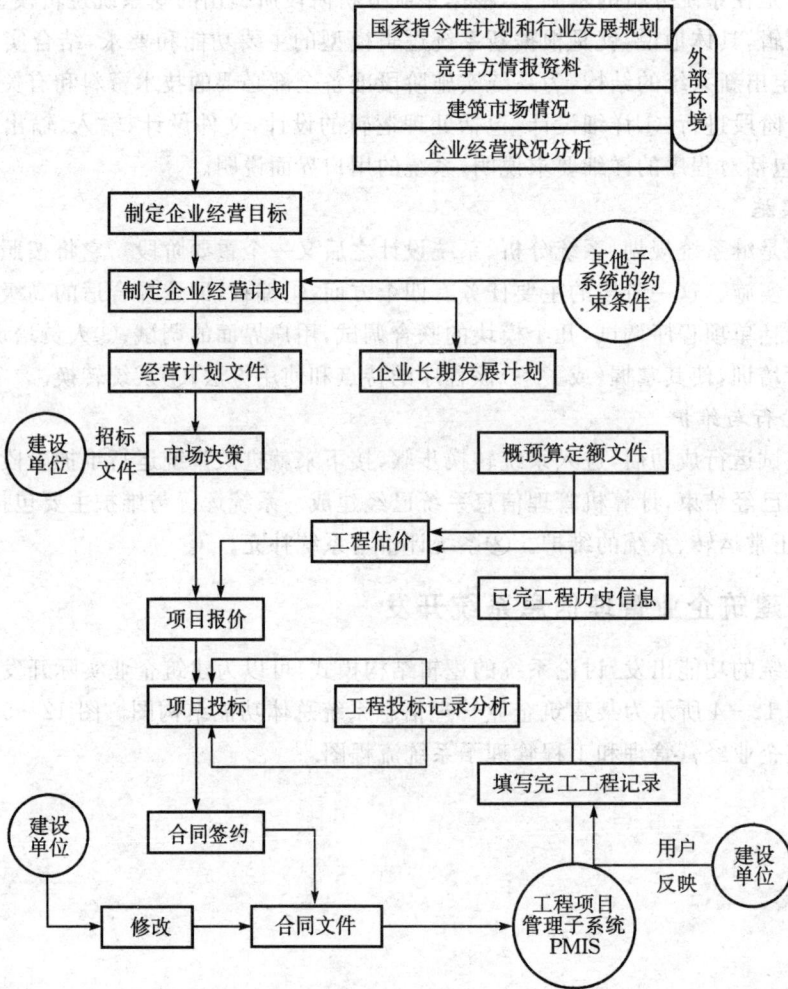

图 12-5 某建筑企业经营管理子系统流程图

工程签证
技术条件 → 施工准备

施工方案 ← 施工定额文件 ← 工程合同文件

施工预算

网络计划 → 资源使用计划

企业经营目标 → 建筑企业经营管理子系统

协调平衡 ← 资源情况 其他工程 ← 各资源子系统

N ← 资源、工期、成本符合要求?

Y

编制工程进度 → 已完历史工程记录文件

工程进度计划文件

进度计划

编制作业计划

作业计划文件

填发任务单 ← 质量要求 → 质量分析

进度分析

工程施工 → 质量信息文件

工程进度

工程记录文件

资源目标消耗

资源分析

用量

目标成本 Ⓐ 工期成本

计划单价 Ⓐ 实际单价 比较 → 报表

N 完工 Y

建筑企业财务管理子系统

单位工程技术经济数据分析

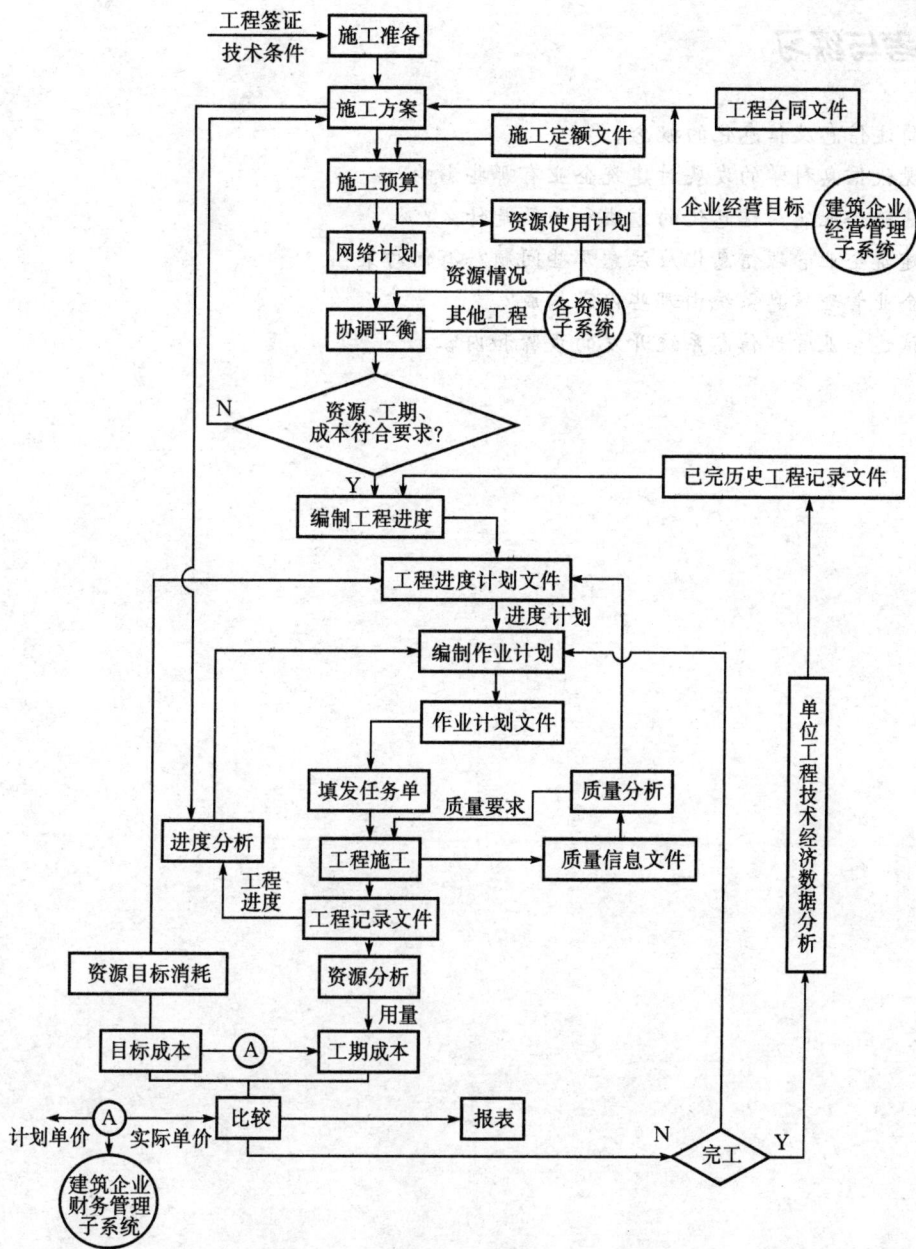

图 12-6 某建筑企业工程管理子系统流程图

思考与练习

1. 简述信息及信息化的概念。
2. 现代信息科学的发展对建筑企业有哪些影响?
3. 建筑企业实施信息化的方法和手段是什么?
4. 建筑企业管理信息化应注意哪些问题? 有何对策?
5. 企业管理信息系统由哪些内容构成?
6. 试述企业管理信息系统开发的步骤和内容。

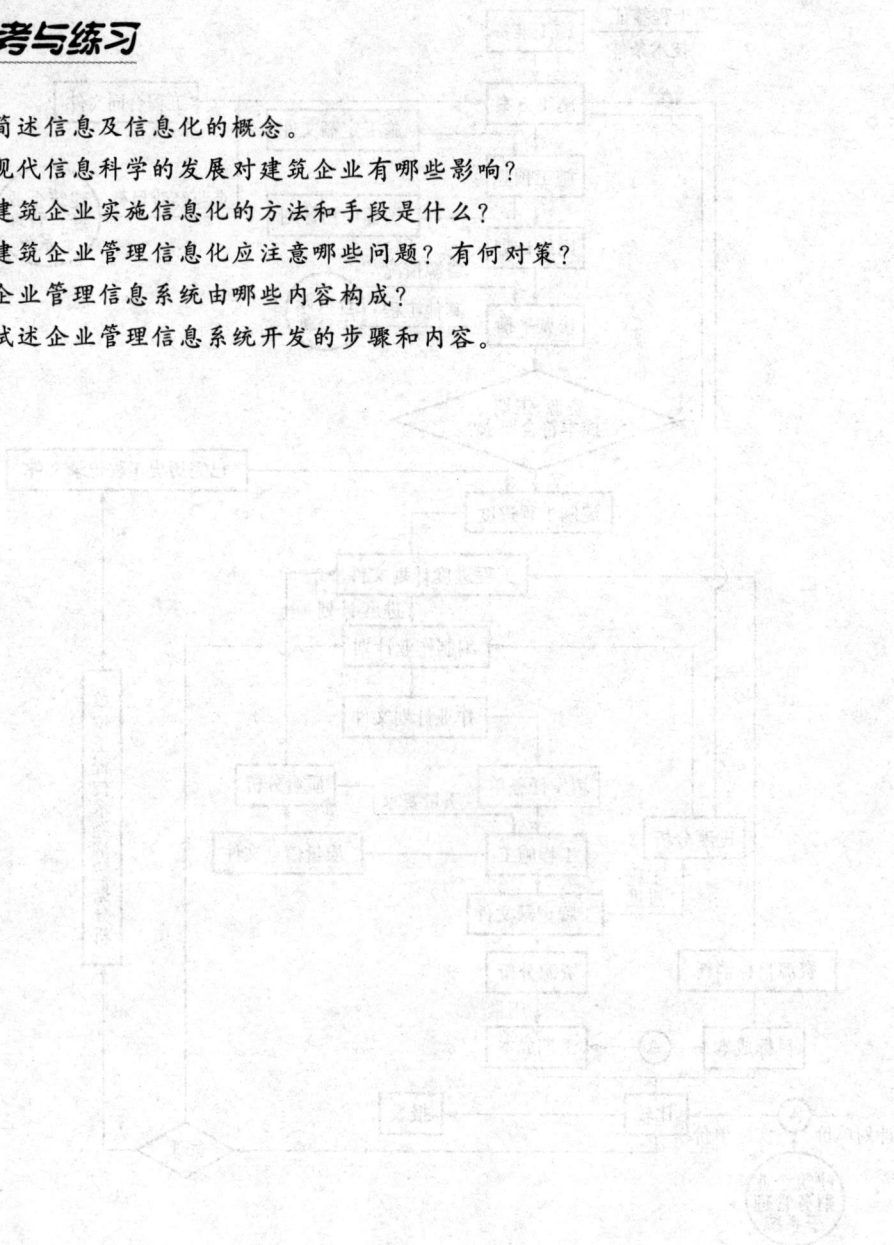

参考文献

[1]田金信.建筑企业管理学[M].3版.北京:中国建筑工业出版社,2009.

[2]刘伊生.建筑企业管理[M].北京:北京交通大学出版社,2003.

[3]赵西萍.高级管理学教程及学习指导[M].北京:高等教育出版社,1999.

[4]戴淑芬.管理学教程[M].2版.北京:北京大学出版社,2005.

[5]刘国靖.现代项目管理教程[M].北京:中国人民大学出版社,2004.

[6]孙兴民.建筑企业管理[M].北京:科学出版社,2002.

[7]张海贵.现代建筑施工项目管理[M].北京:金盾出版社,2001.

[8]周直.工程项目管理[M].北京:人民交通出版社,2000.

[9]石勇民.施工企业经营管理学[M].北京:人民交通出版社,2001.

[10]黄强.建筑企业管理与改制[M].北京:中国建筑工业出版社,2002.

[11]刘冀生.企业经营战略[M].北京:清华大学出版社,1995.

[12]徐君.企业战略管理[M].北京:清华大学出版社,2008.

[13]彼得·圣吉.第五项修炼——学习型组织的艺术与实务[M].郭进隆,译.上海:上海三联
    书店,1994.

[14]彭剑锋.人力资源管理概论[M].上海:复旦大学出版社,2008.

[15]Joseph E. Champoux.组织行为学:基本原则[M].2版.北京:清华大学出版社,2004.

[16]谢晋宇.人力资源开发概论[M].北京:清华大学出版社,2005.

[17]张国兴.建筑企业管理[M].武汉:武汉理工大学出版社,2005.

[18]徐盛华,陈子慧.现代企业管理学[M].北京:清华大学出版社,2004.

[19]谢启南,韩兆洲.统计学原理[M].5版.广州:暨南大学出版社,2004.

[20]夏昌祥.现代企业管理[M].重庆:重庆大学出版社,2002.

[21]余向平.企业管理原理[M].2版.北京:经济管理出版社,2004.

[22]胡宇辰.企业管理学[M].3版.北京:经济管理出版社,2003.

[23]安学锋.现代工业企业管理学[M].北京:经济管理出版社.2002.

[24]周三多.管理学——原理与方法[M].4版.上海:复旦大学出版社,2003.

[25]杨青,胡艳等.技术经济学[M].武汉:武汉理工大学出版社,2003.

[26]尤利群.管理学[M].杭州:浙江大学出版社,2009.

[27]李永清,钱敏.现代管理学导论[M].北京:化学工业出版社,2010.

[28]杨顺勇.管理学[M].北京:化学工业出版社,2009.

[29]卢有杰.新建筑经济学[M].北京:中国水利水电出版社,2002.

[30]姜早龙.工程造价案例分析[M].2版.大连:大连理工大学出版社,2006.

[31]姜早龙.建设工程监理案例分析[M].大连:大连理工大学出版社,2006.

[32]汪琳芳,赵志缙.新编建设工程项目经理工作手册[M].上海:同济大学出版社,2003.

[33]阮连法.建筑企业管理学[M].2版.杭州:浙江大学出版社,2004.

[34]龚晓海.工程建设企业质量管理[M].北京:中国水利水电出版社,2002.

[35]华夏认证中心有限公司,中国铁路工程公司,中国铁道建筑总公司.建筑施工企业一体化

管理体系的建立与实施：质量、环境、职业健康安全管理体系应用指南[M].北京：中国标准出版社，2005.

[36]韩同银，刘庆凡.建设项目施工组织与管理[M].北京：中国铁道出版社，2000.

[37]郭峰.工程项目管理[M].贵阳：贵州科技出版社，2001.

[38]张旭梅，但斌，刘飞.企业信息化工程[M].北京：科学出版社，2003.

[39]甘利人.企业信息化建设与管理[M].北京：北京大学出版社，2001.

[40]尤建新，曹吉鸣.建筑企业管理[M].北京：中国建筑工业出版社，2008.

[41]丁士昭.建设工程信息化导论[M].北京：中国建筑工业出版社，2005.

[42]王要武.工程项目信息化管理——Autodesk Buzzsaw[M].北京：中国建筑工业出版社，2005.

[43]丁士昭.工程项目管理[M].北京：中国建筑工业出版社，2006.

[44]吴杰，刘伊生.我国建筑企业现状及发展策略[J].北京交通大学学报，2001，25(5)：98－102.

[45]熊钟.企业管理现代化的发展趋势分析[J].现代管理科学，2005(5)：99－100.

[46]张映辉.小议市场调研新法[J].科技信息，2009(28)：558.

[47]刘宏.企业目标管理之道[J].施工企业管理，2008(5)：24.

[48]工程项目管理模式[EB/OL][2008－5－26].http://www.chinardm.com/blog/user1/xxyyzz89/index.html.

[49]崔惠钦，杨富春.建筑企业管理信息化问题与对策研究[J].施工技术，2005(2)：8－10.

[50]周红.试论建设企业信息化建设的发展方向及对策[J].决策管理，2009(7)：17－18.

普通高等教育"十三五"工程管理专业系列规划教材

工程项目管理	建筑设备工程
建设工程招投标与合同管理	物业管理
工程造价管理	建设法规
工程经济学	建设项目评估
工程估价	建筑企业管理
建筑施工组织与管理	建设工程监理概论
建筑工程概论	工程项目融资
建筑工程概预算	国际工程管理
房地产开发与经营	工程管理专业英语(第2版)
房地产投资分析与决策	工程风险与保险
房地产项目策划	建筑制图
房地产估价	工程结构
房地产经济学	土木工程技术

欢迎各位老师联系投稿!

联系人:祝翠华
手机:13572026447   办公电话:029—82665375
电子邮件:zhu_cuihua@163.com 37209887@qq.com
QQ:37209887(加为好友时请注明"教材编写"等字样)